Im Dialog / In Dialogue

Bestellnummer: ED 20211

Redaktion: Micaela Grüner und Esther Bacher, Salzburg
Umschlagfoto: Stefan Randelshofer © Orff-Schulwerk Forum Salzburg
Weitere Fotos: Stefan Randelshofer © Orff-Schulwerk Forum Salzburg und privat (Porträts)
Satz & Layout: Digital-Publishing Peteratzinger, Hünfelden
Printed in Germany · BSS 52533
ISBN 978-3-7957-0596-1

Im Dialog / In Dialogue

Elementare Musik- und Tanzpädagogik im Interdisziplinären Kontext
Elemental Music and Dance Education in Interdisciplinary Contexts

Dokumentation / Documentation
Orff-Schulwerk Symposium
Salzburg 2006

Herausgegeben von / Edited by
Barbara Haselbach – Micaela Grüner – Shirley Salmon
unter Mitarbeit von / in collaboration with Esther Bacher

DVD
Coloman Kallós, Hanz Eder

Übersetzung / Translation
Iris Dahlmeier, Barbara Haselbach, Verena Maschat,
Margaret Murray, Shirley Salmon, Miriam Samuelson,
Adelheid Weidlich

SCHOTT

Mainz · London · Berlin · Madrid · New York · Paris · Prague · Tokyo · Toronto

Contents

Introduction

I Contributions from Different Scientific Disciplines

Sciences of Education

Inhalt

Einleitung

I Beiträge aus unterschiedlichen wissenschaftlichen Disziplinen

Erziehungswissenschaften

Neurowissenschaft

Säuglingsforschung

Musikwissenschaft

Musikpsychologie

Psychologie

II Beiträge zur Kunstvermittlung

Vorträge

III Künstlerische Beiträge

IV Anhang

Barbara Haselbach

About the Concept of the Symposium 2006

The Orff Institute of the University Mozarteum, Salzburg has been organizing International Symposia in Salzburg for thirty years. These have generated a continuum of encounters, presentations of new developments and exchanges of experience that have attracted and stimulated dialogue not only between Orff pedagogues worldwide, but equally between many interested people from various disciplines.

An artistic pedagogical idea such as Orff-Schulwerk, that for more than fifty years has had the power and the transmitting capacity again and again to fascinate and enthral people of different cultures, races, ages and professions, must a priori be involved in dialogue or these effects would never have come about.

In the five decades' history of Orff-Schulwerk's influence many contacts have been established – often unnoticed in the public worlds of science, education and art. These contacts have often led to year-long professional dialogues between representatives of various disciplines from which influences and consequences have arisen in both directions. We wanted to trace these developments and therefore for the 2006 Symposium we chose the title:

Orff-Schulwerk
»IN DIALOGUE«
Elemental Music and Dance Education
in Interdisciplinary Contexts

From the wealth of such connections we have chosen those that we believe are influential on Aesthetic Education in general and particularly influential on a Music and Dance Education conceived according to the ideas of Orff-Schulwerk.

- Already decades ago, in his intuitive artistic way, Carl Orff opened up paths that are now found to be a kind of explanatory argument for contemporary scientific thought. The dialogues with neurobiology, the Theory of Multiple Intelligences and the Music Learning Theory were concerned with this.
- Orff-Schulwerk, or Music and Dance Education according to the ideas of Carl Orff and Gunild Keetman, has for several years attracted interest and found acceptance in more and more new target groups. That this interest was a response to an early, perceived, acute social need is now confirmed by research into the demographic changes in our society. The use of Schulwerk with the very young and with the elderly, but also with large groups of people with particular needs or gifts, corresponded

Zum Konzept des Symposions 2006

Seit 30 Jahren veranstaltet das Orff-Institut der Universität Mozarteum Salzburg Internationale Symposien. Damit wurde ein Kontinuum der Begegnung, der Präsentation von neuen Entwicklungen und des Austausches von Erfahrungen geschaffen, das seit vielen Jahren nicht nur Pädagogen aus aller Welt, sondern gleichermaßen viele interessierte Menschen aus unterschiedlichen Disziplinen anzieht und zum Dialog einlädt.

Denn eine künstlerisch-pädagogische Idee wie das Orff-Schulwerk, das seit über fünfzig Jahren die Kraft und Ausstrahlung hat, Menschen unterschiedlicher Kulturen, Rassen, Lebensstufen und Berufe immer noch und immer wieder neu zu faszinieren und in seinen Bann zu ziehen, muss a priori dialogisch sein, sonst hätte diese Wirkung niemals entstehen können.

In den fünf Jahrzehnten der Wirkungsgeschichte des Orff-Schulwerks entstanden – meist unbemerkt von der wissenschaftlich-pädagogisch-künstlerischen Öffentlichkeit – viele Kontakte, die zu oft jahrelangen fachlichen Dialogen zwischen Vertretern unterschiedlicher Disziplinen führten und Einflüsse und Auswirkungen nach beiden Richtungen entstehen ließen. Wir wollten solchen Prozessen auf die Spur kommen und stellten aus diesem Grunde das Symposion 2006 unter das Motto:

Orff-Schulwerk
»IM DIALOG«
Elementare Musik und Tanzpädagogik
im Interdisziplinären Kontext

Aus der Fülle der bestehenden Vernetzungen haben wir solche ausgewählt, von denen wir meinen, dass sie sich einflussreich auf die Ästhetische Erziehung im Allgemeinen und auf eine ganzheitlich konzipierte Musik- und Tanzerziehung im Sinne des Orff-Schulwerks im Besonderen auswirken.

- Schon vor Jahrzehnten hat Carl Orff auf seine intuitiv-künstlerische Weise Wege eröffnet, für die heute von der zeitgenössischen Wissenschaft eine Art erklärende Beweisführung gefunden worden ist. Die Dialoge mit den Neurowissenschaften, der Theorie der Vielfachen Intelligenzen und der Music Learning Theory befassen sich damit.
- Auch hat das Orff-Schulwerk oder die Musik- und Tanzerziehung im Sinne von Carl Orff und Gunild Keetman seit vielen Jahren bei immer neuen Zielgruppen Interesse erweckt und Aufnahme gefunden. Untersuchungen über den demographischen Wan-

and continues to correspond with this social need. Papers concerned with inclusive education, with research into infant behaviour, with music with the elderly as well as artistic demonstrations showed how this desired and welcome picture of a heterogeneous human kind can also be supported by the idea of Orff-Schulwerk.

- In the quest for new audiences and the wish to attract them to the arts (particularly to concerts but also to art museums) many interesting ideas have been developed in the field of Aesthetic Education. Have any of Carl Orff's works or ideas from Orff-Schulwerk left their mark on these experiments? Or the reverse, what can we learn from such models? These themes were also investigated in dialogues after the lectures and workshops on examples of concert and museum pedagogy from the various countries.
- With our continuously changing social conditions the dialogue with educational sciences continued to question whether and to what extent mankind needs art and what consequences must be drawn from the answer.

  In addition there were research reports about the slow but steady influence of the Orff approach on the traditional music education system.

The Symposium offered different forms of dialogue. Dialogue involves interchange, exchange of question and answer, to impart, confirm or disprove views so that new insights may be gained. This was the classical form of dialogue between two people that took place before the public in an assembly and after lectures and presentations of papers.

But verbal dialogue was by no means the only, and perhaps not even the most important kind of dialogue. Most participants looked mainly for sensory/practical dialogue with the opinions and results of colleagues as shown in numerous workshops and performances with groups of children and young people from different countries, in performances by students and graduates of the Orff Institute and in guest demonstrations. These were presentations expressing what others saw to be artistically and educationally valuable and important and were an indication of their attitude to life and art for which Music and Dance Education acts as a medium.

These dialogues were effective not only at a rational but also particularly at an emotional level and found their continuation in an inner dialogue in which many participants, stimulated by the inspiration of the Symposium, reconsider and redevelop their own work, or as one participant wrote to us:

> *In this technology-riddled world it has become so particularly important to be in personal dialogue with both like-minded people and with those of different opinions. To gain lively impressions instead of just once more getting information from the internet, to experience something together, to feel the power and vitality of a commonly held idea and to question afresh [...] for this the Symposium creates a central network of unequalled opportunities. (Cora Krötz)*

DVD

Since a documentation in written form can only transmit the verbal contributions, a DVD giving extracts from the various events has been included. It is hoped that this

del in unserer Gesellschaft bestätigen, dass damit schon früh ein akutes soziales Bedürfnis wahrgenommen wurde. Die Anwendung des Schulwerks bei ganz jungen Menschen sowie bei Senioren, aber auch bei der großen Gruppe von Menschen mit besonderen Bedürfnissen und Begabungen entsprach und entspricht weiterhin einer gesellschaftlichen Notwendigkeit. Wie dieses Menschenbild einer erwünschten und begrüßten Heterogenität auch durch die Idee des Orff-Schulwerks unterstützt werden kann, behandelten Referate zur Inklusiven Pädagogik, zur Säuglingsforschung und Musikgeragogik sowie künstlerische Demonstrationen.

- Im Bereich der Ästhetischen Erziehung haben sich viele interessante Impulse in der Suche nach einem neuen Publikum und seiner Heranführung an die Kunst (im Besonderen an die Konzertmusik, aber auch an Kunstmuseen) entwickelt. Sind Werke von Carl Orff oder Ideen aus der Schulwerkpädagogik in solche Experimente eingeflossen? Und umgekehrt, was können wir wiederum von solchen Modellen lernen? Auch diese Thematik wurde in Dialogen nach Vorträgen und Workshops zu Beispielen der Konzert- und Museumspädagogik verschiedener Länder untersucht.
- Die Dialoge mit den Erziehungswissenschaften hinterfragten, immer wieder neu ausgehend von den sich ständig verändernden gesellschaftlichen Bedingungen, ob und in welcher Weise der Mensch die Kunst zum Leben braucht und welche Konsequenzen aus der Antwort gezogen werden müssen.

  Daneben standen Forschungsberichte über die langsame aber stetige Beeinflussung von traditionellen Musikerziehungssystemen durch die Schulwerkpädagogik.

Das Symposion bot verschiedene Formen des Dialogs. Dialog ist Austausch, Wechselspiel von Frage und Antwort, um Ansichten mitzuteilen, zu bestätigen oder zu widerlegen, um neue Einsichten zu gewinnen. So fand die klassische Form des Dialogs zwischen zwei Personen vor und mit dem Publikum in Plenumsveranstaltungen und nach Vorträgen und Referaten statt.

Aber verbale Dialoge waren keinesfalls die einzigen und vielleicht nicht einmal die wichtigsten. Die meisten Teilnehmer suchten vor allem den sinnlich-praktischen Dialog mit den Auffassungen und Resultaten von Kollegen, wie er in zahlreichen Workshops sowie in Aufführungen mit Gruppen von Kindern und Jugendlichen aus verschiedenen Ländern, in Performances von Studierenden und Absolventen des Orff-Instituts und in Demonstrationen von Gästen vorgestellt wurden. Diese Darbietungen waren Ausdruck dessen, was andere Menschen als künstlerisch-pädagogisch wertvoll und wichtig ansehen und waren Zeichen für deren Sichtweisen zum Leben und zur Kunst, für die Musik- und Tanzpädagogik eine Mittlerin sein will.

Diese Dialoge wurden nicht nur auf rationaler, sondern in besonderer Weise auch auf emotionaler Ebene wirksam und fanden ihre Fortsetzung in den inneren Dialogen, in denen viele Teilnehmer, angeregt durch die Inspiration des Symposions, ihre eigene Arbeit überdenken und weiterentwickeln. Oder, wie eine Teilnehmerin uns schrieb:

> *Im persönlichen Dialog sein mit Gleich- und auch Andersgesinnten ist in dieser technisch vernetzten Welt so besonders wichtig geworden. Statt Infos aus dem Netz wieder einmal lebendige Eindrücke zu gewinnen, etwas miteinander zu erleben, die Kraft und*

will restore the balance of the senses and convey something of the atmosphere of the Symposium.

At this point the editors would like to thank most warmly the Mozarteum University Salzburg, the sponsors, and particularly all collaborators for their contributions to the Symposium and to the realization of this documentation.

Lebendigkeit einer gemeinsam getragenen Idee zu spüren und immer neu zu hinterfragen [...] da schafft das Symposion einen Netzwerkmittelpunkt, der seinesgleichen sucht. (Cora Krötz)

Da die schriftliche Form der Dokumentation nur die verbalen Beiträge vermitteln kann, wurde dem Buch eine DVD beigegeben, die Ausschnitte aus den verschiedenen Veranstaltungen und damit die sinnliche Ebene zeigt und etwas von der Atmosphäre des Symposions vermitteln möchte. DVD

Die Herausgeber möchten an dieser Stelle der Universität Mozarteum Salzburg, den Sponsoren und allen Mitarbeitern für ihre Beiträge zum Symposion und zum Zustandekommen dieser Dokumentation herzlich danken.

Rudolf Nykrin

Dialogues with Orff-Schulwerk

The following article was written after the Symposium *Orff-Schulwerk in Dialogue.* It links the theme of the Symposium to a number of comments and thoughts on the history and current relevance of Orff-Schulwerk. This exposition should help to relate the form, content and activities of this Symposium to the fundamental principles that have broadened in the course of history.

Historical facts and concise quotations call the reader to a critical appraisal. The point of view of the author cannot be excluded – nor should it be. The reader is invited to participate in a dialogue.

Early Dialogues with Lasting Results

The historical sources of Music and Dance Education continue to be mentioned and are thus saved from falling into oblivion[1]. The uninhibited approach and spirit of adventure with which people in the first half of the 20th century gave new life to the age-old bond between dance and music, in the cultural context of their time, continues to inspire us today. Who would not like to participate today in the working dialogues between musicians and dancers, as described by Gunild Keetman?

> *Starting with a dance idea, particularly at the beginning, worked out by Dorothee Günther and Maja Lex, Lex would work to realize this idea with her dance students. [...] Many, as their titles showed, were ideas of existing movement sequences, of particular paths in space, or of group formations that had to be worked out and given a final form. When such a start had been made and found successful – Lex would sing many melodies while she worked, some of which I could take over and use for the music – it was then the turn of we »musicians« to see what had been completed so far. We would then usually discuss together and decide on the most appropriate instrumentation and*

1 Cf. e. g. Kugler, Michael, 2000: *Die Methode Jaques-Dalcroze und das Orff-Schulwerk – Elementare Musikübung. Bewegungsorientierte Konzeptionen der Musikpädagogik,* in: Nolte, E./Weyer, R. (Ed.), 2000: *Beiträge zur Geschichte der Musikpädagogik,* Vol. IX, Frankfurt/Main e. a.; Regner, Hermann/Ronnefeld, Minna (Ed.), 2004: *Gunild Keetman*, Mainz; Kugler, Michael (Ed.), 2002: *Elementarer Tanz – Elementare Musik. Die Güntherschue München 1924–1944,* Mainz; Kallós, Coloman: *Die Günthershule (1936–1944). Mänaden der dreißiger Jahre des 20. Jahrhunderts,* video-documentary about a meeting of former students of the Günther School at the Orff Centre Munich from 8th to 11th March 1998. This video is in the archives of the Orff Centre Munich.

Dialoge mit dem Orff-Schulwerk

Der folgende Beitrag wurde im Anschluss an das Symposion *Orff-Schulwerk im Dialog* geschrieben. Er verbindet das Thema des Symposions mit einer Folge von Anmerkungen und Gedanken zur Geschichte und Aktualität des Orff-Schulwerks. Die Ausführungen sollen helfen, die Form, die Inhalte und das Wirken dieses Symposions auf historisch gewachsene Grundlagen zu beziehen.

Historische Fakten und prägnante Zitate fordern zur persönlichen Auseinandersetzung auf. Aber auch die Sichtweise des Verfassers kann und soll nicht ausgeblendet werden: Der Leser ist auch hier zum Dialog eingeladen.

Frühe Dialoge mit bleibenden Ergebnissen

Immer noch werden die historischen Quellen der Musik- und Tanzpädagogik weiter aufgezeigt und vor dem Vergessen bewahrt[1]. Die Unbefangenheit und Entdeckungslust, mit der Menschen in der ersten Hälfte des 20. Jahrhunderts der uralten Verbindung von Tanz und Musik in den kulturellen Bezügen ihrer Zeit eine neue Lebendigkeit gegeben haben, inspiriert bis heute. Wer möchte an Arbeitsdialogen zwischen Musikern und Tänzern, wie sie Gunild Keetman beschrieben hat, nicht auch heute teilnehmen?

> *Von einer besonders im Anfang von Dorothee Günther und Maja Lex gemeinsam entworfenen Tanzidee ausgehend, arbeitete Lex mit ihren Tänzerinnen an deren Verwirklichung. [...] Meist waren schon durch den Titel Vorstellungen kleinerer oder größerer Bewegungsabläufe, bestimmter Raumwege oder Gruppenkonstellationen vorhanden, die nun ausprobiert und festgelegt wurden. War solch ein Anfang gemacht und für gut befunden worden – Lex sang dazu häufig Melodien, die ich zum Teil auch in die Musikgestaltung übernehmen konnte –, so kamen wir, »die Musiker«, um uns den bis dahin fertigen Ablauf anzusehen. Meist beriet man dann gemeinsam über die beste Art der Instrumentation, die nun in unserem großen Übungsraum, in dem alle Instrumente stets griffbereit*

[1] Vgl. z.B. Kugler, Michael, 2000: *Die Methode Jaques-Dalcroze und das Orff-Schulwerk – Elementare Musikübung. Bewegungsorientierte Konzeptionen der Musikpädagogik*, in: Nolte, E./Weyer, R. (Hrsg.), 2000: *Beiträge zur Geschichte der Musikpädagogik*, Bd. IX, Frankfurt/Main u.a.; Regner, Hermann/Ronnefeld, Minna (Hrsg.), 2004: *Gunild Keetman*, Mainz; Kugler, Michael (Hrsg.), 2002: *Elementarer Tanz – Elementare Musik. Die Günther-Schule München 1924–1944*, Mainz; Kallós, Coloman: *Die Güntherschule (1936–1944). Mänaden der dreißiger Jahre des 20. Jahrhunderts,* Video-Reportage über ein Treffen ehemaliger Günther-Schülerinnen im Orff-Zentrum München vom 8.–11. März 1998. Das Video befindet sich im Archiv des Orff-Zentrums München.

then work out the music for the dance in our large music room where all the instruments were kept, always ready to be played. It was most important that the melody and the accompanying rhythm should fit the dance in every way. Sometimes the accompaniment was purely rhythmic. Much was tried out together, suggestions were either rejected or taken up, and then came the decisive moment: we gathered up our instruments and took them to the big hall to see and hear whether the »made-to-measure costume« fitted in every detail. Great was the joy when it did – but often it didn't: some part did not quite work and alterations had to be made.[2]

Dialogues where priority was given to practical, creative, artistic work constituted uncharted territory for art and education:

- Dialogues held by the dancers with themselves to find their own bodies' possibilities for spontaneous and elemental movement;
- Dialogues between dancers and instruments that could inspire and challenge their movements;
- Dialogues between the dancers and musicians – also in their exchange of roles, as was the custom for all students at the Günther School.

The artistic results of such dialogues received awards and the educational perspectives attracted a great deal of attention[3].

Carl Orff had a special dialogue with Curt Sachs, the musicologist and Director of the State Collection of Musical Instruments in Berlin, the results of which continue to have an impact today.

He *[...] revealed to him the overwhelming variety of instruments to be found in the cultures of the world. He emphasised above all the importance of percussion for dance-related musical practice, a standpoint which he expressed in the simple statement »in the beginning was the drum«.*[4]

Orff also asked Sachs for advice in selecting the instruments in the Günther School orchestra that were to play the melodic part.

Sachs advised him not to reproduce the African xylophone with calabash resonators and recommended the recorder. Orff followed both Sachs' advice and his own intuition. He ordered a set of recorders from Peter Harlan and at the same time engaged Karl Maendler, the Munich instrument builder, to build xylophones with a European tuning.[5]

This interchange, unique for the development of Orff-Schulwerk, shows two conditions that mark every productive dialogue: the first, the most »burning« interest

2 quotes by Kugler 2000, p. 207

3 Cf. Orff, Carl: Early writings: a) *Musik aus der Bewegung,* in: *Deutsche Tonkünstler Zeitung,* issue 17, 1930, reprint in: *Orff-Schulwerk Informationen,* Nr. 55, Salzburg 1995, pp. 4–6; b) *Bewegungs- und Musikerziehung als Einheit,* in: *Die Musik,* Berlin, July 1931.
An introduction of Orff-Schulwerk into schools in Berlin planned by Leo Kestenberg couldn't take place due to his dismissal by the National Socialist Party.

4 Kugler 2000, p. 178

5 ibid.

waren, realisiert werden musste. Das Wichtigste war, dass Melodie und Begleitrhythmen dem Tanz in jeder Weise angepasst wurden. In einigen Fällen gab es nur rhythmische Begleitungen. Vieles wurde gemeinsam probiert, es wurden Vorschläge gemacht, verworfen oder angenommen, dann kam der alles entscheidende Augenblick: Man packte seine Instrumente zusammen und begab sich in den großen Saal, um zu sehen und zu hören, ob das »maßgeschneiderte Kleid« auch in allen Einzelheiten passte. Groß war die Freude, wenn es der Fall war, aber oft war es auch anders: Manches stimmte nicht ganz überein, Änderungen mussten vorgenommen werden.[2]

Dialoge, in denen das künstlerisch-praktische Gestalten im Vordergrund stand, schufen Neuland für Kunst und Pädagogik:

- Dialoge Tanzender mit sich selbst, um die spontanen und elementaren Bewegungsmöglichkeiten ihrer Körper zu finden;
- Dialoge Tanzender mit Instrumenten, die ihre Bewegungen anregen, herausfordern konnten;
- Dialoge zwischen Tanzenden und Musizierenden – auch im Wechsel der Rollen, wie sie alle Studierenden der Günther-Schule erlebten.

Die künstlerischen Ergebnisse solcher Dialoge erhielten Auszeichnungen und die pädagogischen Perspektiven fanden hohe Aufmerksamkeit[3].

Einen speziellen Dialog führte Carl Orff mit Curt Sachs, dem Musikwissenschaftler und Leiter der Staatlichen Musikinstrumentensammlung Berlin. Seine Ergebnisse wirken bis heute fort.

Er *[...] öffnete ihm die Augen für die überwältigende Vielfalt der Instrumente in den Musikkulturen der Welt. Vor allem betonte er für die tanzgebundene Musikpraxis die Bedeutung der Perkussion, die er in dem plakativen Satz »Am Anfang war die Trommel« zusammengefasst hat.*[4]

Orff bat Sachs auch um Rat in der Frage, welche Instrumente im Orchester der Günther-Schule den melodischen Part übernehmen sollten.

Sachs riet ihm vom Nachbau eines afrikanischen Xylophons mit Kalebassenresonatoren ab und empfahl ihm Blockflöten. Orff folgte sowohl dem Rat von Sachs wie seiner eigenen Intuition. Er bestellte einerseits einen Satz Blockflöten bei Peter Harlan und beauftragte andererseits den Münchner Instrumentenbauer Karl Maendler, Xylophone in europäischer Stimmung zu bauen.[5]

Dieser für die Entwicklung des Orff-Schulwerks solitäre Dialog zeigt auch zwei generelle Bedingungen auf, die jeden f r u c h t b a r e n D i a l o g kennzeichnen: das eigene, mög-

2 zit. nach Kugler 2000, S. 207

3 Vgl. die frühen programmatischen Schriften von Carl Orff: a) *Musik aus der Bewegung*, in: *Deutsche Tonkünstler Zeitung*, Heft 17, 1930, Nachdruck in: *Orff-Schulwerk Informationen,* Nr. 55, Salzburg 1995, S. 4–6; b) *Bewegungs- und Musikerziehung als Einheit*, in: *Die Musik*, Berlin, Juli 1931.
Eine von Leo Kestenberg, Ministerialrat am Preußischen Ministerium für Wissenschaft, Kunst und Volksbildung, in Berliner Schulen geplante Einführung des Orff-Schulwerks konnte wegen dessen Versetzung in den Ruhestand durch die Nationalsozialisten nicht mehr stattfinden.

4 Kugler 2000, S. 178

possible on the part of the partner, who drives the dialogue, and the expertise of the other that makes the dialogue rich in content.

In some of its essential characteristics the further development of Orff-Schulwerk can be seen as a dialogue, such as Orff's pre-occupation with old sources (languages, text collections, songs etc.), or the collaboration between Orff and Keetman in the creation of their Schulwerk (first and foremost by means of a musical exchange – how many words did they need anyway?).

And last but not least, the publication *Orff-Schulwerk – Music for Children*[6], of which Gunild Keetman is the equal co-author, can be interpreted as the opening of a new dialogue on a now wide open plain.

Dialogues with Orff-Schulwerk

In a speech for the foundation of the Orff Institute, Carl Orff described his view of Schulwerk with few words. They clearly state that he saw it as a proposition for others, to work at it in their own way, but in the beginning he could not see the subsequent effects:

> *Looking back I would like to describe Schulwerk as a wild flower. I am a passionate gardener so this description seems to me a very suitable one. As in nature plants establish themselves where they are needed and where the conditions are favourable, so Schulwerk has grown from ideas that were rife at the time and that found their favourable conditions in my work. Schulwerk did not develop from any pre-considered plan – I could never have imagined such a far-reaching one – but it came from a need that I was able to recognize as such. It is an experience of long standing that wild flowers always prosper, while carefully-planned, cultivated plants often produce disappointing results. [...]*
>
> *Every phase of Schulwerk will always provide stimulation for new independent growth; therefore it is never conclusive and settled, but always developing, always growing, always flowing.*[7]

At the beginning of the sixties Orff concluded that

> *[...] the Schulwerk complex is complete and proven, so that one has to accept it as a fact. The structure of Schulwerk however, is such that the existing material can be developed in many ways.*[8]

And his wish was: *[...] to continue our work, collect experiences and make experiments*[9].

Carl Orff was still able to experience himself some of the forms and results of the dialogue that the rapidly increasing number of teachers held with Orff-Schulwerk. He was critical of some things that claimed to be based on Orff-Schulwerk and summarised his observations and personal consequences as follows:

6 Orff, Carl/Keetman, Gunild: *Orff-Schulwerk – Musik für Kinder,* Vol. I–V, Mainz 1950–1954; later numerous supplements

7 Orff, Carl: *Orff-Schulwerk: Past and Future,* in: *Music in Education,* Sep/Oct 1964 (transl. Margaret Murray)

8 ibid., p. 20

9 ibid.

lichst »brennende« Interesse der Partner, das den Dialog vorantreibt, und ihre Kompetenz, die den Dialog gehaltvoll macht.

Auch die weitere Entwicklung des Orff-Schulwerks kann in einigen wesentlichen Zügen als ein Dialog betrachtet werden, so Orffs Auseinandersetzung mit alten Quellen (Sprachen, Textsammlungen, Liedern usw.) oder die Zusammenarbeit Orffs und Keetman bei der Konzeption ihres Schulwerks (vornehmlich wohl in Form des musikalischen Austauschs – wie viele Worte wurden überhaupt gebraucht?).

Nicht zuletzt kann die Publikation *Orff-Schulwerk – Musik für Kinder*[6], für die Gunild Keetman in gleichem Ausmaß als Urheberin zu nennen ist, als die Eröffnung eines neuen Dialogs auf einer nun weit geöffneten Ebene interpretiert werden.

Dialoge mit dem Orff-Schulwerk

In einer Rede zur Gründung des Orff-Instituts beschrieb Carl Orff seine Sicht auf das Schulwerk in knappen Worten. Sie machen deutlich, dass er darin ein Angebot an andere sah, sich eigentätig damit auseinanderzusetzen, ohne dass er die Wirkungen am Beginn absehen konnte:

> *Rückschauend möchte ich das Schulwerk als Wildwuchs bezeichnen. Mir als passioniertem Gärtner liegt ein solches Bild nahe. Wie in der Natur sich die Pflanzen immer da ansiedeln, wo sie geeigneten Boden finden und notwendig sind, so entstand das Schulwerk aus Ideen, die in der Zeit lagen und die in meiner Arbeit den ihnen gemäßen Boden fanden. Das Schulwerk entstand nicht aus einem vorbedachten Plan – einen so weitreichenden hätte ich mir gar nicht erdenken können –, sondern aus einer Notwendigkeit heraus, die ich als solche erkannte. Es ist eine alte Erfahrung, dass jeder Wildwuchs besonders kräftig gedeiht, während man mit planmäßig angelegten Pflanzungen oft Enttäuschungen erlebt. [...]*
>
> *Immer will das Schulwerk in jeder seiner Phasen Anregungen zum selbständigen Weitergestalten geben; so ist es niemals endgültig und abgeschlossen, sondern immer in der Entwicklung, im Werden, im Fluss.*[7]

Am Beginn der 1960er-Jahre lag aus der Sicht Carl Orffs

> *[...] der ganze Schulwerk-Komplex doch so geschlossen und erprobt vor, dass man mit ihm als einer Gegebenheit rechnen kann. Er ist aber so angelegt, dass das vorhandene Material noch auf die vielfältigste Weise ausgebaut werden kann.*[8]

Und er wünschte sich dies: *[...] ständig weiterarbeiten, Erfahrungen sammeln und Versuche anstellen*[9].

5 Kugler, 2000, S. 178

6 Orff, Carl/Keetman, Gunild: *Orff-Schulwerk – Musik für Kinder,* Bde I–V, Mainz 1950–1954, später zahlreiche Ergänzungshefte

7 Orff, Carl: *Das Schulwerk – Rückblick und Ausblick*, in: Thomas, Werner/Götze, Willibald (Hrsg.): *Orff-Institut. Jahrbuch 1963*, Mainz 1964, S. 13

8 ebda., S. 20

9 ebda.

> *The Schulwerk is cited in practically every educational work concerned with music. There are, however, many »continuations«, »completions«, »improvements«, »elaborations«, and school song books »written along Orff-Schulwerk lines«, amongst others, which amount to much chaff and very little good corn. The so-called »Orff instruments« are being used in many schools today, but it would be a mistake to conclude that Schulwerk had a solid foundation in all these schools. The instruments are often used in a completely misunderstood way, and thereby do more harm than good.*[10]
>
> *[...] I therefore felt obliged to intervene personally. [...] Now that Schulwerk has its own institute, the Orff Institute, dedicated exclusively to the work of Schulwerk and its development, here at last is a central meeting point for all interested parties, both teachers and students from at home and abroad, and above all, here is the special training centre for Schulwerk teachers that has so often been demanded in the past.*[11]

Both Carl Orff and Gunild Keetman placed the dialogue with Orff-Schulwerk into the hands of others. This dialogue continues around the world and people there are creating their own forums. Its forms and results can only be listed in categories:

- Institutionalisation of the dialogue in a central training centre, the Orff Institute in Salzburg[12];
- Dialogue between national cultures and Orff-Schulwerk, resulting initially in »translations«, but later in »adaptations« in numerous languages, followed by formation of numerous Orff-Schulwerk Associations;
- Education in general adopts many stimuli from Orff-Schulwerk;
- Practical adaptation and theoretical explication of Orff-Schulwerk;
- Establishment of closely related training courses and teaching subjects called, for example, Music and Movement Education, Elemental Music Education, Orff-Schulwerk.

These dialogues are reflected in the regular symposia[13] and regular issues of the *Orff-Schulwerk Informationen*[14] which have been published since 1964, as well as in the now vast numbers of relevant publications in many countries. They illustrate – in all their variety – above all the lasting fascination evoked by the initial contact with »Orff-Schulwerk« and the imaginative paths and processes through which teachers, together with

10 Orff 1964, p. 19

11 ibid., p. 18

12 Founded in 1961 as Orff-Schulwerk Information Centre and Seminar (Seminar und Zentralstelle für das Orff-Schulwerk) at the Akademie (today University) »Mozarteum« in Salzburg

13 cf. the documentation of the international symposia: Symposium *Orff-Schulwerk 1975* / Symposium 1980: *Orff-Schulwerk* / Symposium 1985: *Orff-Schulwerk in the world of tomorrow* / Symposium 1990: *Orff-Schulwerk: Erbe und Auftrag – A Continuing Heritage* (in: *Orff-Schulwerk Informationen,* Nr. 46, Salzburg 1990 / Symposium 1995: *The Inherent – the Foreign – in common* / Symposium 2000: *Changing with the Times – 50 Years Music for Children*

14 *Orff-Schulwerk Informationen,* (Ed.) Department for Elemental Music and Dance Pedagogy »Orff Institute«, Mozarteum University, Salzburg and the Orff-Schulwerk Forum Salzburg, published twice yearly

Carl Orff hat Formen und Ergebnisse des Dialogs, den eine rasch ansteigende Zahl von Pädagogen mit dem Orff-Schulwerk führte, noch selbst erlebt. Er war kritisch gegenüber manchem, was angab, sich auf das Orff-Schulwerk zu beziehen und fasste Beobachtungen und persönliche Konsequenzen wie folgt zusammen:

> *Das Schulwerk ist heute in fast jeder einschlägigen musikpädagogischen Arbeit zitiert. Es erschienen aber auch »Fortsetzungen«, »Ergänzungen«, »Verbesserungen« und »Verarbeitungen«, Schulliederbücher »Im Anschluss an das Orffsche Schulwerk« u. a. – viel Spreu und leider wenig gutes Korn. Die so genannten Orff-Instrumente sind heute zwar in vielen Schulen verbreitet; es wäre aber irrig, daraus zu schließen, dass auch die Schulwerk-Arbeit schon ihren festen Platz in diesen Schulen gefunden hätte. Die Instrumente werden oft in völlig missverstandener Weise verwendet, wodurch mehr geschadet als genützt wird.*[10]
>
> *[...] Deshalb fühlte ich mich verpflichtet, persönlich einzugreifen. [...] Nachdem nun zum ersten Mal ein eigenes Institut, das Orff-Institut, ausschließlich für die Arbeit mit dem Schulwerk und seinen weiteren Ausbau ins Leben gerufen wurde, ist hier ein Mittelpunkt geschaffen für alle am Schulwerk Interessierten, ein Treffpunkt für Lehrende und Lernende aus dem In- und Ausland, vor allem aber eine so oft geforderte eigene Ausbildungsstätte für Schulwerk-Lehrkräfte.*[11]

Carl Orff und auch Gunild Keetman legten den Dialog über das Orff-Schulwerk in andere Hände. Bis heute führen ihn Menschen in aller Welt weiter und bilden eigene Foren dafür. Seine Formen und Ergebnisse können hier nur kategorial angesprochen werden:

- Institutionalisierung des Dialogs in einer zentralen Ausbildungsstätte, dem Salzburger Orff-Institut[12];
- Dialoge nationaler Kulturen mit dem Orff-Schulwerk, die zunächst zu »Übersetzungen« und später zu Adaptionen in zahlreichen Sprachen geführt haben, Gründung zahlreicher Orff-Schulwerk-Gesellschaften;
- Aufnahme vieler Anregungen des Orff-Schulwerks in die Pädagogik;
- Praktische Adaption und theoretische Explikation des Orff-Schulwerks;
- Einrichtung nahe stehender Ausbildungsgänge und Unterrichtsfächer unter Bezeichnungen wie z. B. Musik- und Bewegungserziehung, Elementare Musikpädagogik, Orff-Schulwerk.

In den durch das Orff-Institut regelmäßig veranstalteten Symposien[13] und den seit 1964 erscheinenden Ausgaben der *Orff-Schulwerk Informationen*[14] spiegeln sich diese Dialoge

10 Orff 1964, S. 19

11 ebda., S. 18

12 gegründet 1961 als Seminar und Zentralstelle für das Orff-Schulwerk an der Akademie (heute Universität) »Mozarteum« in Salzburg

13 vgl. die Dokumentationen der internationalen Symposia: Symposion *Orff-Schulwerk 1975* / Symposion 1980: *Orff-Schulwerk* / Symposion 1985: *Orff-Schulwerk in der Welt von morgen* / Symposion 1990: *Orff-Schulwerk: Erbe und Auftrag* (in: *Orff-Schulwerk Informationen,* Nr. 46, Salzburg 1990 / Symposion 1995: *Das Eigene – Das Fremde – Das Gemeinsame* / Symposion 2000: *Im Wandel der Zeit. 50 Jahre Musik für Kinder*

14 *Orff-Schulwerk Informationen,* (Hrsg.) Abteilung für Musik- und Tanzpädagogik »Orff-Institut« der Universität Mozarteum Salzburg und das Orff-Schulwerk Forum Salzburg, z. Z. halbjährlich erscheinend

children and adults, have gained inspiration from it or have written their own versions »in the spirit of Orff-Schulwerk«.

Orff-Schulwerk proved to be open to this dialogue in many ways. Typical levels and possibilities will now be illustrated in more detail below.

Dialogues based on Orff-Schulwerk: Formal Thoughts

Carl Orff and Gunild Keetman articulated their artistic educational ideas with a sure hand and with great determination: in hundreds of texts, songs, pieces and exercises and with few explanatory words. Over 50 years already separate us from the first publication and it is self-evident that the dialogues with Orff-Schulwerk are now being held on different levels:

- In the practical implementation of the concrete Orff-Schulwerk models for practical teaching;
- In the indirect use of stimuli from Orff-Schulwerk as the basis for new artistic models;
- In the conscious (theoretical) exploration of the principles that characterise Orff-Schulwerk.

Each of these levels developed a different dynamic defined by time:

- The direct practical implementation naturally spread with particular intensity in the »early years«, decreasing noticeably with the increasing passing of time.
- The indirect use of Orff-Schulwerk as a source of inspiration for the formation of new teaching incentives continues to the present time, although the conscious connection to Orff-Schulwerk is often lost (and sometimes also concealed).
- Contributions to the theoretical justification for Music and Dance Education were and are always available. At times they were further intensified by prominent publications[15] and surprising discussions[16] and are becoming more controversial as questions regarding the identity of Music and Dance Education (see below) arise.

Orff-Schulwerk continues to exist on all these levels – also there where its influence can no longer be directly ascertained. Generations of students have transformed the impulses they received during their training at the Orff Institute and put them into their professional practice and updated them. Thousands of those who attended courses have taken with them the stimuli, based on the content and principles of Orff-Schulwerk, and communicated them to others.

The ideas inherent to Music and Dance Education can be found in many areas today – music education, dance education, Integrative Education, Social Work etc. They enrich the palette of colours available in the range of teaching ideas and offer possibilities for

[15] e. g. Jungmair, Ulrike E., 2003²: *Das Elementare. Zur Musik und Bewegungserziehung im Sinne Carl Orffs*, Mainz

[16] cf. Nykrin, Rudolf: *Findet die Musikpädagogik das »Elementare« wieder? Einblicke in eine laufende Diskussion*, in: *Orff-Schulwerk Informationen,* Nr. 60, Salzburg 1998, pp. 28–36

ebenso wie in den unüberschaubar gewordenen einschlägigen Publikationen aus vielen Ländern. Sie zeigen – bei aller Verschiedenheit – vor allem zunächst die bleibende Faszination durch das initiale »Orff-Schulwerk« und die fantasiereichen Wege und Prozesse, in denen Pädagogen zusammen mit Kindern und Erwachsenen hieraus Anregungen entnommen oder auch eigenständige Entwürfe »im Sinne des Orff-Schulwerks« verfasst haben.

Das Orff-Schulwerk erwies sich in vieler Weise als dem Dialog offen stehend. Typische Ebenen und Möglichkeiten sollen im Folgenden nun ausführlicher beleuchtet werden.

Dialoge auf der Basis des Orff-Schulwerks: formale Überlegungen

Mit sicherer Hand, in größter Entschiedenheit, haben Carl Orff und Gunild Keetman ihre künstlerisch-pädagogischen Vorstellungen artikuliert: in Hunderten von Texten, Liedern, Stücken und Übungen und wenigen erklärenden Worten. Mehr als 50 Jahre trennen uns schon von der Erstveröffentlichung, und es ist nur selbstverständlich, dass die Dialoge mit dem Orff-Schulwerk inzwischen auf verschiedenen Ebenen geführt werden:

- In der praktischen Umsetzung der konkreten Modelle des Orff-Schulwerks für die Unterrichtspraxis;
- Im mittelbaren Gebrauch der Anregungen des Orff-Schulwerks als Vorbilder für eigene, neue Gestaltungsmodelle;
- In der bewussten (theoretischen) Auseinandersetzung mit Prinzipien, die das Orff-Schulwerk kennzeichnen.

Jede dieser Ebenen entwickelte eine andere zeitgebundene Dynamik:

- Die direkte praktische Umsetzung entflammte mit besonderer Intensität naturgemäß in den »Anfangsjahren« und verringerte sich mit zunehmendem zeitlichem Abstand deutlich.
- Die mittelbare Nutzung des Orff-Schulwerks als einer Quelle von Anregungen für die Gestaltung neuer Unterrichtsimpulse hält bis heute an, wobei jedoch oft der bewusste Bezug zum Orff-Schulwerk verloren geht (und manchmal wohl auch verborgen wird).
- Stets präsent waren und sind Beiträge zur theoretischen Begründung der Musik- und Tanzerziehung. Sie wurden durch markante Veröffentlichungen[15] und überraschend aufkommende Diskurse[16] phasenweise zusätzlich intensiviert und gewinnen durch Fragen zur Identität der Musik- und Tanzpädagogik (s. u.) zusätzliche Brisanz.

Das Orff-Schulwerk lebt auf allen diesen Ebenen fort – auch dort, wo sein Einfluss nicht mehr unmittelbar festgestellt werden kann. Generationen von Studierenden haben die

[15] z. B. Jungmair, Ulrike E., 2003²: *Das Elementare. Zur Musik- und Bewegungserziehung im Sinne Carl Orffs*, Mainz

[16] vgl. Nykrin, Rudolf: *Findet die Musikpädagogik das »Elementare« wieder? Einblicke in eine laufende Diskussion*, in: *Orff-Schulwerk Informationen*, Nr. 60, Salzburg 1998, S. 28–36

personalising the communication processes, intensifying them with direct experiences and making them more effective.

Taking up Concrete Models and Impulses from Orff-Schulwerk

Carl Orff described the subject matter level of Orff-Schulwerk as follows:

> *Elemental music is never music alone, but forms a unity with movement, dance and speech. It is music that one makes oneself, in which one takes part not as a listener but as a participant. It is unsophisticated, employs no big forms and no big architectural structures, and it uses small sequence forms, ostinato and rondo. Elemental music is near the earth, natural, physical, within the range of everyone to learn it and experience it, and suitable for the child.*[17]

Music for Children – Orff-Schulwerk contains a wealth of material and goals: it leads to a musically-shaped language and to singing and making music with carefully selected instruments[18]. Improvisation and reproductive skills are developed on the basis of rhythm and tonality.

The interested person looks today at the original work with reservation: many songs and texts, *the collection of old children's songs*, are now no longer seen as a *valid starting point for work*[19]. In any case one must always select! Much material that is particularly well worth keeping, can be found in the chapters in the section *Rhythmic-melodic Exercises*[20]. They present a musical workshop, the likes of which would be hard to find anywhere else today. It contains speech exercises; rhythms for imitation; rhythms for clapping, melody making and fitting words to rhythmic patterns; rhythms for ostinato accompaniments and over ostinato accompaniments; unfinished rhythms and melodies to be completed; rhythmic rondos; songs with rhythmic accompaniments; rhythmic and melodic canons; exercises for »Patschen« (thigh or knee-slapping); ostinato exercises for barred instruments; instrumental rondos etc. Every child, every student should – can – may become competent in all these activities, and in playing – listening – singing, become familiar with all these multi-associative examples of active music making. A lasting offer of possibilities!

These are complemented by many a »pearl« that can be found in the five basic volumes of Orff-Schulwerk: enchanting music for playing, rhythmically exciting pieces – some for

17 cf. Orff 1964, p. 16

18 Also included are the recorder as a melody instrument, lute and guitar or low-pitched string instrument that is mainly used to play the »bass«!

19 Carl Orff, foreword to *Orff-Schulwerk – Musik für Kinder*, Vol. I

20 cf. *Orff-Schulwerk – Musik für Kinder*, Vol. I, p. 67ff.

Impulse, die sie während ihrer Ausbildung am Orff-Institut erhalten haben, in ihrer Berufspraxis verwandelt und aktualisiert. Tausende von Kursteilnehmern haben die Anregungen, die auf Inhalten und Prinzipien des Orff-Schulwerks fußten, mit sich getragen und Anderen mitgeteilt.

In vielen Arbeitsfeldern – Musikpädagogik, Tanzpädagogik, Integrative Pädagogik, Soziale Arbeit usw. – sind heute Anregungen aus der Musik- und Bewegungserziehung zu finden. Sie bereichern die Palette der Unterrichtsinhalte und bieten Möglichkeiten, die Vermittlungsprozesse zu personalisieren, erlebnishaft zu intensivieren und effektiver zu machen.

Das Aufgreifen konkreter Modelle und Impulse des Orff-Schulwerks

Carl Orff hat die sachgegenständliche Ebene des Orff-Schulwerks so beschrieben:

> *Elementare Musik ist nie Musik allein, sie ist mit Bewegung, Tanz und Sprache verbunden, sie ist eine Musik, die man selbst tun muss, in die man nicht als Hörer, sondern als Mitspieler einbezogen ist. Sie ist vorgeistig, kennt keine große Form, keine Architektonik, sie bringt kleine Reihenformen, Ostinati, kleine Rondoformen. Elementare Musik ist erdnah, naturhaft, körperlich, für jeden erlern- und erlebbar, dem Kinde gemäß.*[17]

Musik für Kinder – Orff-Schulwerk enthält eine Fülle konkreter Inhalte und Ziele: Es führt zum Umgang mit musikalisch gestalteter Sprache und zum Singen und Musizieren mit sorgsam ausgewählten Instrumenten[18]. Auf der Basis von Rhythmus und Tonalität werden improvisatorische und reproduktive Fähigkeiten entwickelt.

Dem interessierten Blick in das originale Werk folgt heute oft auch Distanz: Viele Lieder und Texte, *das alte Kinderliedgut*, wollen heute nicht mehr als *gültiger Ausgangspunkt für die Arbeit*[19] erscheinen. In jedem Fall muss man auswählen! Besonders viel Behaltenswertes findet man in den Kapiteln der *Rhythmisch-melodischen Übung*[20]. Sie zeigen eine musikalische Werkstatt auf, die ihresgleichen bis heute sucht, mit Sprechübungen, Rhythmen zum Vor- und Nachklatschen, Melodienbauen und Textieren, mit ostinaten Begleitrhythmen und Rhythmen über ostinater Begleitung, mit Rhythmen und Melodien zum Weiterführen und Ergänzen, rhythmischen Rondospielen, Liedern mit rhythmischer Begleitung, rhythmischen und melodischen Kanons, Übungen zum Patschen, Melodien zum Weiterführen und Ergänzen, Ostinatoübungen für Stabspiele, mit Rondospielen usw. Jedes Kind, jeder Lernende soll – kann – darf in all dem kompetent werden und sich spielend – hörend – singend mit diesen beziehungsreichen Tätigkeiten aktiven Musizierens vertraut machen. Ein bleibendes Angebot!

17 vgl. Orff 1964, S. 16

18 Auch die Blockflöte als Melodieinstrument sowie Laute, Gitarre oder tiefe Streichinstrumente, die vor allem als »Bass« mitspielen, gehören dazu!

19 Orff, Carl: Vorwort zu *Orff-Schulwerk – Musik für Kinder*, Bd. I

20 vgl. *Orff-Schulwerk – Musik für Kinder*, Bd. I, S. 67ff.

instruments, some for speaking – and many individual songs that one would also want to teach today because of the message of their lyrics or their music[21].

Assimilation of Crucial Content

Even if Orff-Schulwerk is rarely used directly as a compact teaching basis, the typical structures in its music and the distinctive characteristics of its content have become widespread. Although it would be presumptuous to claim that all the features that also play a role in Orff-Schulwerk were introduced into the broader field of music education through Orff-Schulwerk, the influence of Orff-Schulwerk on this field cannot be denied:

- Singing, for example, which has for centuries been the main source for melodic experience, is an area where Orff-Schulwerk has shown how easily it can be combined with the playing of an instrument and with movement – a concept that has become valid in practice (almost) everywhere.
- The fact that children, with their existing language skills, can begin to find basic time-related rhythmic experiences via word rhythms, has become an integral part of music educational methods worldwide. Adolescents also find that playing with speech rhythms harmonises with their experience of life, especially in recent years with the development of rap music.
- Using the body for percussive sounds, which was explored in ground-breaking ways in Orff-Schulwerk, has similarly become widespread. Clapping, stamping and knee-slapping lead to an experience of metre, time structures and form, and strengthen musical expression on all levels of musical experience. The »body« as an instrument can also be an autonomous means of expression in music making (Body Percussion). Generally, the »embodiment of music« has long since become an important means of gathering experiences with music[22].
- Almost everywhere, music-making begins today with the elemental instruments which have become known through Orff-Schulwerk. They do not create an obstacle to accessing music and quickly produce results which lead to further motivation. The spirit and possibilities of this music making are transferred to other instruments, e. g. self-made, Latin percussion instruments and other instruments used with elemental techniques.

21 cf. Nykrin, Rudolf: *Verwenden Sie Stücke des Orff-Schulwerks in ihrer Arbeit?* In: *Orff-Schulwerk Informationen,* Nr. 41, Salzburg 1988; Regner, Hermann: *Orff »zum Vorspielen«. Praktische Hinweise zur Programmgestaltung anlässlich des Carl-Orff-Jahres 1995 für Kindergarten, Schule, Musikschule, Laienmusik,* (Ed.) Verband Bayerischer Sing- und Musikschulen, Weilheim (no publishing date)

22 Richter, Christoph: *Verkörperung von Musik. Eine Weise, Erfahrungen mit Musik zu machen,* in: *Musik und Bildung,* 1995/2

Es wird ergänzt durch manche »Perlen«, die man in den fünf Grundbänden des Orff-Schulwerks finden kann: zauberhafte Spielmusik, rhythmisch packende Spiel- und Sprechstücke – und auch viele einzelne Lieder, die man wegen ihrer textlichen und musikalischen Aussage auch heute unterrichten will[21].

Die Assimilation zentraler Inhalte

Wenngleich das Orff-Schulwerk als eine kompakte Lehrgrundlage kaum mehr direkt verwendet wird, haben sich doch typische Strukturen seiner Musik und kennzeichnende inhaltliche Merkmale weit verbreitet. Zwar wäre es vermessen zu behaupten, dass alle Phänomene, die auch im Orff-Schulwerk eine Rolle spielen, durch das Orff-Schulwerk in das weitere musikpädagogische Feld eingebracht worden wären – der Einfluss des Orff-Schulwerks darauf ist dennoch unverkennbar:

- Für das Singen, seit Jahrhunderten die Hauptquelle melodischer Eigenerfahrung, hat das Orff-Schulwerk gezeigt, wie leicht es sich mit dem Instrumentalspiel und der Bewegung verbinden lässt – eine in der Praxis heute (fast) überall gültige Vorstellung.
- Dass Kinder von ihrem Sprachbestand aus über Wortrhythmen zu taktgebundenen rhythmischen Grunderfahrungen finden, ist Bestandteil musikpädagogischer Methoden in aller Welt geworden. Aber auch Jugendliche erleben, angetrieben in neuerer Zeit besonders auch durch den Rap, das Spiel mit Sprachrhythmen im Einklang mit ihrem Lebensgefühl.
- Eine ähnliche Verbreitung hat das Körperschlagwerk gefunden, das im Orff-Schulwerk wegweisend erschlossen wurde. Klatschen, Stampfen und Patschen führen zum Erlebnis von Metrum, Takt und Form und verstärken den musikalischen Ausdruck auf allen Stufen der musikalischen Erfahrung. Das Instrument »Körper« kann aber auch autonomer Ausdruckträger musikalischer Gestaltung sein (Body Percussion). Allgemein gilt die »Verkörperung von Musik« längst als eine wichtige Möglichkeit, um Erfahrungen mit Musik machen[22].
- Fast überall beginnt das Musizieren heute mit den durch das Orff-Schulwerk bekannt gewordenen elementaren Instrumenten. Sie bilden keine Hürde vor der Musik und führen rasch zu Ergebnissen, die weitere Motivation mit sich bringen. Sinn und Möglichkeiten dieses Musizierens wurden auch auf andere Instrumente übertragen, z. B. Selbstbauinstrumente, Instrumente der Latin Percussion und weitere mit elementaren Techniken eingesetzte Instrumente.

21 vgl. Nykrin, Rudolf: *Verwenden Sie Stücke des Orff-Schulwerks in ihrer Arbeit?* In: *Orff-Schulwerk Informationen*, Nr. 41, Salzburg 1988; Regner, Hermann: *Orff »zum Vorspielen«. Praktische Hinweise zur Programmgestaltung anlässlich des Carl-Orff-Jahres 1995 für Kindergarten, Schule, Musikschule, Laienmusik*, (Hrsg.) Verband Bayerischer Sing- und Musikschulen, Weilheim o. J.

22 Richter, Christoph: *Verkörperung von Musik. Eine Weise, Erfahrungen mit Musik zu machen*, in: *Musik und Bildung*, 1995/2

Expansion of Crucial Content

Initially, well-known exponents of Orff-Schulwerk added dimensions to the work which in the course of time proved to be indispensable in terms of educational and artistic content:

- In her book *Dance Education*[23] Barbara Haselbach gave prominence to movement, which had certainly been included in Orff-Schulwerk but barely elaborated. This opened up paths that soon led to the defining of a Music and Dance Education. In some work contexts music and dance have since come to be seen as equals, even if in most schools the traditional structures of music teaching have still given it preference. Haselbach's contribution to art and museum education, which focuses on the interrelation and integration of the arts from the point of view of a Music and Dance Education, is also relevant here[24].
- Wilhelm Keller revealed new worlds of sound with creative speech and sound games[25] and placed them into an artistic and didactic context. In doing so he found a connection to the sound and notation of new music and literature and at the same time was in the forefront in expanding music educational methods. He also had a profound effect on social and remedial education. He showed how people with even very limited abilities can experience and enjoy music and movement – a specific, social application of extraordinary importance (⇨ Wickel, p. 146).
- Hermann Regner gave an important role to the development of aural training that was in keeping with the times, and showed how the Orff-Schulwerk way of teaching could enlarge the educational possibilities for instrumental teaching[26]. In many of his own compositions he proved that art can make its mark not only in big forms, but also in small ones.
- The publication of *Musik und Tanz für Kinder* (Music and Dance for Children) was the start of documenting and making the pedagogical work that had been developed at the Orff Institute available. The first part – »Musikalische Früherziehung« (Early Music Education) – was soon followed by »Musikalische Grundausbildung« (Basic Music Education)[27]. Teaching materials for different instruments were also developed

[23] Haselbach, Barbara, 1978: *Dance Education. Basic principles and models for Nursery and Primary School*, London; Haselbach, Barbara, 1994⁴: *Improvisation, Dance, Movement*, St. Louis/London

[24] Haselbach, Barbara, 1991: *Tanz und Bildende Kunst*, Stuttgart

[25] Keller, Wilhelm, 1972: *Schallspiele*, Series *Ludi musici*, Vol. II, Boppard/Rhein; 1973, *Sprachspiele*, Series *Ludi musici*, Vol. III, Boppard/Rhein

[26] cf. Hermann Regner's contributions to the series of books on Orff-Schulwerk, including newer articles (Bläser-Übung I and II and adaptations of pieces from Orff-Schulwerk)

[27] Haselbach, Barbara/Nykrin, Rudolf/Regner, Hermann (Ed.) 1985, 1990: *Musik und Tanz für Kinder* (for Early Music Education and Basic Music Education), Mainz – new edition 2007/2008: Grüner, Micaela/Nykrin, Rudolf/Widmer, Manuela (Ed.): *Musik und Tanz für Kinder – Früherziehung*, Mainz

Die Erweiterung zentraler Inhalte

In der Auseinandersetzung mit dem Orff-Schulwerk ergänzten zunächst prominente Vertreter des Orff-Schulwerks die Arbeit um Dimensionen, die sich im Laufe der Zeit als didaktisch und künstlerisch unverzichtbar herausgestellt hatten:

- Barbara Haselbach stellte u. a. mit ihrem Werk *Tanzerziehung*[23] die im Orff-Schulwerk wohl mitgedachte, aber nur wenig ausgearbeitete Bewegung heraus und öffnete Wege, die bald zur Formulierung einer Musik- und Tanzpädagogik führten. In manchen Arbeitszusammenhängen werden Musik und Tanz inzwischen als gleichrangig angesehen, wenngleich z. B. in den meisten Schulen die geschichtlich gewachsenen Strukturen von Musikerziehung den Akzent (noch) einseitig setzen. – Auch die poly- und synästhetisch orientierten Arbeiten Haselbachs zur Kunst- und Museumspädagogik aus den Blickwinkeln der Musik- und Bewegungserziehung sind hier relevant[24].
- Wilhelm Keller schloss u. a. mit kreativen Sprach- und Schallspielen[25] neue Klangwelten auf und vermaß sie künstlerisch und didaktisch. Er fand damit Anschluss an die Klang- und Notationswelt Neuer Musik und Literatur und erweitete zugleich an vorderster Front musikpädagogische Arbeitsmöglichkeiten. – Eine intensive Wirkung entfaltete Keller auch in der Sozial- und Heilpädagogik. Er zeigte auf, wie auch Menschen mit sehr einschränkenden Voraussetzungen Musik und Bewegung erleben und genießen können – eine spezifische, gesellschaftlich außerordentlich bedeutsame Anwendung (⇨ Wickel, S. 147).
- Hermann Regner gab u. a. dem Hören von Musik eine zeitgemäße Stellung und führte pädagogische Möglichkeiten für den Instrumentalunterricht weiter, die an die Arbeit des Orff-Schulwerks anschlossen[26]. In vielen eigenen Kompositionen bewies er, dass Kunst sich nicht nur in großen, sondern auch in kleinen Formen ausprägen kann.
- Mit dem Werk *Musik und Tanz für Kinder* wurde begonnen, die pädagogische Arbeit, die in der Praxis des Orff-Instituts entwickelt worden war, zusammenzufassen und allgemein zugänglich zu machen. Wurde zunächst die Musikalische Früherziehung dokumentiert, folgte bald darauf die Musikalische Grundausbildung[27]. Aber auch für den Unterricht auf verschiedenen Instrumenten wurden Arbeitsmaterialien angeboten, die Zielsetzungen der Musik- und Bewegungserziehung mit originären Zielen des Instrumentalunterrichts verbinden[28].

23 Haselbach, Barbara, 1984[4]: *Tanzerziehung. Grundlagen und Modelle für Kindergarten, Vor- und Grundschule*, Stuttgart; sowie 1987[4]: *Improvisation, Tanz, Bewegung*, Stuttgart

24 Haselbach, Barbara, 1991: *Tanz und Bildende Kunst*, Stuttgart

25 Keller, Wilhelm, 1972: *Schallspiele*, Reihe *Ludi musici*, Bd. II, Boppard/Rhein; sowie 1973: *Sprachspiele*, Reihe *Ludi musici*, Bd. III, Boppard/Rhein

26 vgl. Hermann Regners Beiträge in der Reihe Orff-Schulwerk, darunter auch neue Beiträge (Bläser-Übung I und II sowie Adaptionen von Stücken des Orff-Schulwerks)

27 Haselbach, Barbara/Nykrin, Rudolf/Regner, Hermann (Hrsg.) 1985, 1990: *Musik und Tanz für Kinder* (für Früherziehung bzw. Grundausbildung), Mainz – Neuausgabe 2007/2008: Grüner, Micaela/Nykrin, Rudolf/Widmer, Manuela (Hrsg.): *Musik und Tanz für Kinder – Früherziehung*, Mainz

28 Hartmann, Wolfgang/Nykrin, Rudolf/Regner, Hermann (Hrsg.) 1999ff.: *Musik und Tanz für Kinder – Wir lernen ein Instrument* (für Querflöte, Klavier, Geige, Schlagzeug, Blockflöte), Mainz

that combined the aims of music and movement education with the original intentions of instrumental teaching[28].

They and many others who cannot be mentioned here (also all the colleagues who are working here and now) contribute to the dissemination of Music and Dance Education as a modern and current field of work. Music and Dance Education is applicable from early years to work with the elderly.

Return to the Crucial Principles and Content

Everywhere in education basic schemes that are easy to understand and durable are becoming more and more scarce. In education in the arts it is the children's rapidly changing styles and every-day experiences that seem to demand a constant re-orientation. Music and Dance Education is not exempted from this trend. As already described, Music and Dance Education approached the required changes on its own terms for good reasons.

In an environment of frequent change principles, concepts and goals have to be reviewed. Here a flexible extension of definitions is called for to include the ever increasing practical possibilities in a conceptual context. More recent definitions from Music and Dance Education, therefore, also show a greater openness than the definitions of previous times. Wilhelm Keller made the following generalisation in 1980:

We therefore want to call elemental music the realisation of an original, essential potentiality that is inherent in every human being[29].

According to this definition it is solely the human being's dormant capacity for expression which would be the focus of educational endeavours, rather than the subjects of music and dance. Hermann Regner wrote in the same year:

In our opinion it is not the material but the fundamental educational ideas which create the effect of »Music for Children« up to the present day:

- *the possibility of learning with each other and from each other in a group of people who are very often differently motivated and prepared,*
- *tasks that address and call upon all dimensions of the personality so that the harmonising therapeutic effect of music and dance benefit the individual and the entire group,*
- *the emphasis on productive independence at all levels of ability, not only towards the achievement of technical skills, but already as a motivation to do it on your own initiative,*
- *that while improvising and composing in connection with the elaboration of the models, aural training and learning about music should still be involved,*

28 Hartmann, Wolfgang/Nykrin, Rudolf/Regner, Hermann (Ed.) 1999ff: *Musik und Tanz für Kinder – Wir lernen ein Instrument* (for flute, piano, violin, percussion, recorder), Mainz

29 Keller, Wilhelm: [Opening speech], in: Orff Institute (Ed.): *Dokumentation Symposion 1980: Orff-Schulwerk*, p. 18

Sie und viele andere, die hier nicht genannt werden können (auch alle Kollegen, die »an Ort und Stelle« arbeiten), trugen dazu bei, die Musik- und Tanzpädagogik als ein modernes und aktuelles Arbeitsfeld bekannt zu machen. Von der Früherziehung bis zur Seniorenarbeit ist heute Musik- und Tanzpädagogik möglich.

Die Rückbesinnung auf zentrale Prinzipien und Inhalte

Überall in der Pädagogik kommen überschaubare und dauerhafte Grundpläne mehr und mehr abhanden. Im kunstpädagogischen Bereich sind es schnell wechselnde Stile und Alltagserfahrungen von Kindern, die eine permanente Neuorientierung zu verlangen scheinen. Auch die Musik- und Tanzpädagogik ist von diesen Trends nicht ausgenommen. Sie ist, wie skizziert, gebotenen Veränderungen aus guten Gründen selbst entgegengegangen.

In einer Situation vielfachen Wandels müssen Prinzipien, Begriffe und Ziele neu geprüft werden. Dabei liegt eine flexible Ausweitung von Definitionen nahe, um die immer breiter werdenden praktischen Möglichkeiten begrifflich zu umfassen. Jüngere Definitionen aus der Musik- und Tanzpädagogik zeigen denn auch eine weit größere Offenheit als die Definitionen aus früherer Zeit. So verallgemeinerte Wilhelm Keller 1980:

> *Elementare Musik wollen wir daher die Verwirklichung einer ursprünglichen, zentralen musikalischen Potenz, die in jedem Menschen angelegt ist, nennen*[29].

Nicht mehr die Gegenstände von Musik und Tanz, sondern allein die im Menschen schlummernde Ausdrucksfähigkeit würde nach dieser Definition im Zentrum pädagogischer Bemühungen stehen. Hermann Regner schrieb im gleichen Jahr:

> *Nach unserer Meinung ist es aber nicht das Material, sondern es sind die pädagogischen Grundideen, die die Wirkung der »Musik für Kinder« bis heute ausmachen:*
> - *die Möglichkeit des Miteinander- und Voneinanderlernens in einer Gruppe häufig ungleich motivierter und vorbereiteter Teilnehmer,*
> - *an Aufgaben, die alle Dimensionen der Persönlichkeit ansprechen und fordern, damit auch die harmonisierende, therapeutische Wirkung der Medien Musik und Tanz dem einzelnen und der Gruppe zugute kommt,*
> - *die Betonung der produktiven Selbsttätigkeit auf allen Stufen des Könnens, nicht erst nach Bewältigung der technischen Voraussetzungen, sondern bereits als Motivation, diese aus eigenem Antrieb zu schaffen,*
> - *wobei Improvisieren und Komponieren mit dem Erarbeiten von Modellen, mit dem Musikhören, dem sich über Musik informieren verbunden bleibt,*
> - *damit die Medien Elementarer Musik- und Tanzerziehung sich so oft als möglich aus ihrer »didaktischen Reduktion« befreien und eine Begegnung der darauf vorbereiteten Persönlichkeit mit Kunst zündet*[30].

[29] Keller, Wilhelm: Einführungsvortrag [ohne Titel], in: Orff-Institut (Hrsg.): *Dokumentation Symposion 1980 Orff-Schulwerk*, S. 18

[30] Regner, Hermann: *Ein offenes Konzept braucht kein Rezept. Das Orff-Schulwerk – Versuch einer Standortbestimmung und Ausblick*, in: *Neue Musikzeitung*, 8/9 1980, S. 16f.

- *that the media of Elemental Music and Dance Education liberate themselves as often as possible from their »didactic constraints« and kindle enthusiasm in the person thus prepared for an encounter with art.*[30]

Here again the reference to concrete content recedes into the background in favour of multi-dimensional processes.

Are there actually any factual co-ordinates for modern Music and Dance Education at all? What role does the »material« really play? Are the traditional pillars of Orff-Schulwerk, which, primarily concerned with music, were mainly based on a specific collection of texts and songs and on their diverse vocal and instrumental handling, no longer strong enough? Does one not need them now more strongly than ever before? On what else could Elemental Music and Dance Education reliably base itself and how else prove its distinctiveness?

The search for »the elemental« in the human being is the subject of many reflections, as something deeply rooted in him and that forms the foundation for his handling of music: a *[...] categorical human aspect that can be interpreted in its anthropological dimension*[31].

But the human being is a very complex being with a multitude of aptitudes and aspirations that determine his behaviour as well as his musicality. The roots of his being are manifold and it would be valid to support and train all of them equally: discriminating perception and memory, awareness of physicality and motor functions, the ability to experience emotion, spontaneity, playfulness, imagination and a desire to create as well as an interest in optimising behaviour, his urge for understanding, order, abstraction and the use of language and symbols. It would be equally important to take into account that a human being wishes to be a social creature and needs a cultural reference, and that in the aesthetic field he not only yearns for sensitisation, improvisation and composition, but also urgently for the acquisition of clear knowledge, techniques and skills. He wants to practice to become capable as soon as possible.

Exploring the basic characteristics of human nature has always been the pivotal point for the theory and practice of Elemental Music and Dance Education. Carl Orff explained educational ideas on this level already at a very early stage:

> *What is important is that the child should be allowed to play, undisturbed, expressing the internal externally. Word and sound must arise simultaneously from improvisatory, rhythmic play.*[32]

Play and improvisation keep occurring as crucial concepts in his work while at the same time a developmental direction is defined: *The urge to play develops into a patient activity leading to practice and from there to achievement*[33].

If one relates these early Orff statements to *Music for Children – Orff-Schulwerk,* one must see in them not only a field for playing, but also one for learning and practis-

30 Regner, Hermann: *An open concept needs no recipe. Das Orff-Schulwerk – Versuch einer Standortbestimmung und Ausblick*, in: *Neue Musikzeitung*, 8/9 1980, p. 16f.

31 Jungmair 2003², p. 135

32 Orff, Carl: *Gedanken über Musik mit Kindern und Laien,* in: *Die Musik,* Berlin 1932, p. 669

33 Orff 1932, p. 671

Auch hier tritt der Bezug auf konkrete Inhalte zugunsten von vieldimensionalen Prozessen in den Hintergrund.

Gibt es für die moderne Musik- und Tanzerziehung überhaupt noch sachlich gegründete Koordinaten? Welche Rolle spielt das »Material« tatsächlich? Sind die tradierten Pfeiler des Orff-Schulwerks, die vornehmlich in der Sache Musik, in einem spezifisch sich anbietenden Text- und Liedgut und im vielseitigen vokalen und instrumentalen Umgang damit gründeten, noch in Zukunft tragfähig? Braucht man sie nicht nötiger denn je? Worauf sonst denn könnte die Elementare Musik- und Tanzpädagogik sich verbindlich gründen und ihre Besonderheit ausweisen?

In vielen Reflexionen wird »das Elementare« im Menschen gesucht, als etwas, das tief in ihm wurzelt und die Grundlage für seinen Umgang mit Musik bildet: ein *[...] kategorial Menschliches, (das) in seiner anthropologischen Dimension interpretiert werden kann*[31].

Aber der Mensch ist ein sehr komplexes Wesen, mit einer Fülle von Anlagen und Strebungen, die sein allgemeines Verhalten ebenso wie seine Musikalität prägen. Die Wurzeln seines Wesens sind vielfältig, und in der Berufung darauf gälte es dann wohl alles gleichermaßen zu fördern und zu schulen: unterscheidende Wahrnehmung und Gedächtnis, Körpersinn und Motorik, die Fähigkeit des Menschen zu Emotion, Spontaneität, Spielfreude, Fantasie und Gestaltungslust, aber auch sein Interesse an Verhaltensoptimierung, seinen Drang zu Erkenntnis, Ordnung, Abstraktion und zur Verwendung von Sprache und Zeichen. Ebenso gälte es zu berücksichtigen, dass der Mensch ein soziales Wesen sein will und den Kulturbezug braucht. Und dass er im ästhetischen Bereich nicht nur auf Sensibilisierung, Improvisation und Gestaltung drängt, sondern alsbald zum Erwerb klarer Kenntnisse, Techniken und Fähigkeiten strebt. Er will auch üben, um bald etwas zu können.

Die Auseinandersetzung mit Grundzügen menschlichen Wesens war seit jeher ein Dreh- und Angelpunkt für die Theorie und Praxis Elementarer Musik- und Tanzpädagogik. Auch Carl Orff hatte schon früh pädagogische Vorstellungen auf dieser Ebene erklärt:

> *Das Wichtige ist, das Kind aus sich selbst heraus spielen zu lassen und alles Störende fern zu halten; Wort und Ton müssen zugleich aus dem rhythmischen Spiel improvisatorisch entstehen*[32].

Spiel und Improvisation klingen als zentrale Begriffe bei ihm immer wieder an, wobei zugleich eine Entwicklungsrichtung vorgegeben wird: *Aus dem Spieltrieb erwächst die geduldige Tätigkeit, damit die Übung und aus dieser die Leistung*[33].

Bezieht man diese frühen Aussagen Orffs auch auf *Musik für Kinder – Orff-Schulwerk*, so muss man darin nicht nur ein Spiel-, sondern auch ein Lern- und Übefeld für einen eigenen Ausdruck sehen, der sich an differenziert ausgeführten ästhetischen Strukturen schulen kann. Solche Strukturen didaktisch zu begründen, künstlerisch-pädagogisch zu konkretisieren und zu lehren – darum kommt eine Elementare Musik- und Tanzpädagogik, die über allgemeine Zielrichtungen hinaus auch praktische Wege weisen will, heute wie früher nicht herum.

[31] Jungmair 2003², S. 135

[32] Orff, Carl: *Gedanken über Musik mit Kindern und Laien*, in: *Die Musik*, Berlin 1932, S. 669

[33] Orff 1932, S. 671

ing one's own expression which can develop with the help of different aesthetic frameworks. Today, as in the past, Elemental Music and Dance Education, which aims at providing practical possibilities that go beyond general aims, cannot escape the didactic justification of such frameworks, stating them in concrete artistic educational terms and teaching them.

Carl Orff himself urged (further) development of the »Schulwerk« while giving a restrictive warning:

> *Every phase of Schulwerk will always provide stimulation for new independent growth: therefore it is never conclusive and settled, but always developing, always growing, always flowing. Herein of course lies a great danger, that of development in the wrong direction. Further independent growth presupposes basic specialist training and absolute familiarity with the style, the possibilities and the aims of Schulwerk.*[34]

We should and must follow his instructions and see the essential nature of the concrete (material) world of music and dance and find good forms for it that are in keeping with the times.

This takes us back to the beginning of our reflections: many participants of the Symposium *Orff-Schulwerk in Dialogue* have not only been inspired by the words spoken during the Symposium. They have also enthusiastically experienced the artistic and the artistic-educational performances in which music, dance and language conveyed their own message, and have recognized in the commitment of the performers as well as the consistent, high artistic quality of the results that hard work is worth-while. For this aesthetic world proved, more than words ever could, that all human beings can above all find joy and meaning in the joint creation of music and dance. And this (at least in the opinion of the author) is where the most important s p e c i f i c contribution that Music and Dance Education can make to our well-being lies.

Epilogue

The author of this piece, as a participant of the Symposium, experienced the stimulating and exciting dialogues, which once again came to life during the writing of these thoughts. Orff-Schulwerk, respectively Music and Dance Education, has numerous connections to the themes of the Symposium and it was possible to touch upon only a few. Some themes are mentioned in brief final comments below:

- Tenable statements on the extent to which music and dance have a positive influence on general human skills are important (⇨ Altenmüller, p. 172ff.; März, p. 80ff.). Even when these are, at times, not very specific, they prove that the interaction with music and dance is in its own way indispensable for many people in their daily life – a stimulating, vitalising source of pleasant and valuable individual and joint experience.
- Making what appears to be known questionable again, and taking sufficient time and openness for debate must be the goal for any Aesthetic Education (⇨ Rumpf, p. 44ff.).

34 Orff, Carl: *Orff-Schulwerk: Past and Future*, in: *Music in Education*, Sep/Oct 1964 (transl. Margaret Murray)

Carl Orff selbst hat zur (Weiter-)Entwicklung des »Schulwerks« aufgerufen, doch auch warnend eingegrenzt:

> *Immer will das Schulwerk in jeder seiner Phasen Anregungen zum selbständigen Weitergestalten geben; so ist es niemals endgültig und abgeschlossen, sondern immer in der Entwicklung, im Werden, im Fluss. Hierin liegt natürlich auch eine große Gefahr, die Gefahr der Entwicklung in eine falsche Richtung. Selbständiges Weiterführen hat zur Voraussetzung gründliche fachliche Schulung und unbedingtes Vertrautsein mit dem Stil, den Möglichkeiten und Zielen des Schulwerks.*[34]

Wir sollen und müssen ihm also darin folgen, die konkrete (materiale) Welt von Musik und Tanz als wesentlich anzusehen und gute zeitgemäße Formen dafür zu finden.

Dies führt zurück zum Anfang unserer Überlegungen: Viele Teilnehmer des Symposions *Orff-Schulwerk im Dialog* haben sich nicht nur von den darin gesprochenen Worten anregen lassen. Begeistert erlebten sie auch die künstlerischen und künstlerisch-pädagogischen Gestaltungen, in denen Musik, Tanz und Sprache ihre eigenständige Botschaft vermittelten und erkannten am Engagement der Ausführenden und der durchweg hohen künstlerischen Qualität der Ergebnisse, wofür es sich zu arbeiten lohnt. Denn diese Welt des Ästhetischen kündete, wie es Worte kaum können, vor allem von der Gewissheit, dass alle Menschen im gemeinsamen Gestalten von Musik und Tanz Freude und Sinn finden können. Und hier liegt (zumindest nach Meinung des Verfassers) denn auch der wichtigste s p e z i f i s c h e Beitrag, den die Musik- und Tanzerziehung zu unserem Wohlergehen zu leisten vermag.

Epilog

Auch der Verfasser dieses Beitrags erlebte sich als Teilnehmer des Symposions in an- und aufregende Dialoge verwickelt, die jetzt beim Schreiben noch einmal aufflammten. Das Orff-Schulwerk bzw. die Musik- und Tanzpädagogik steht in vielfachen Beziehungen zu den Themen des Symposions, und nur wenige konnten exemplarisch berührt werden. Einiges sei aber in kurzen Nachsätzen noch angedeutet:

- Haltbare Aussagen darüber, wieweit Musik und Tanz einen positiven Einfluss auf allgemeine menschliche Fähigkeiten haben, sind wichtig (⇨ Altenmüller, S. 173ff.; März, S. 81ff.). Auch wo diese nicht sehr spezifisch ausfallen sollten, beweist sich doch der Umgang mit Musik und Tanz für viele Menschen tagtäglich als in seiner Art unersetzbar – als eine anregende, vitalisierende Quelle für angenehme und wertvolle individuelle und gemeinsame Erfahrungen.
- Selbst scheinbar Bekanntes wieder fragwürdig zu machen und sich genügend Zeit und Offenheit für die Auseinandersetzung zu nehmen, muss Anliegen jeder Ästhetischen Erziehung sein (⇨ Rumpf, S. 45ff.). Aber das Wahrnehmen – und das Gestalten! – bedarf aber auch hilfreicher Strukturen. Auch die Ausbildung musikalischer und tänze-

[34] Orff 1964, S. 13

But perception – and creation! – also requires helpful structures. The cultivation of a musical and dance »language« also requires space and time, instruction and practice, as *Orff-Schulwerk – Music for Children,* in particular, clearly illustrates.

- »Multi-sensory« and »multi-tasking« work and the absolutely necessary encouragement of individual creativity continue to be a challenge for many educational areas, also still for schools providing general education. This kind of work conforms with many findings on the theory of learning (⇨ Bÿlen, Özevín, Uçal Canakay, p. 102). They were initiated by Orff-Schulwerk and continued in Music and Dance Education and can provide the essential validation for a lasting commitment to Orff-Schulwerk.
- Here one must mention the opinion that music (and dance) have to be learned *like a language* (⇨ Gordon, p. 222). This is just what Orff-Schulwerk does, familiarising the students with different scales (also church modes), rhythm patterns and forms. What distinguishes Orff-Schulwerk especially, however, is that making music and having artistic experiences are also made possible from the very beginning.
- Music and Dance Education must also keep following the path leading to the art that awaits us outside the classroom. It ultimately has the key to unlock this art (⇨ Markovic, p. 320; Maldoom, p. 306) and at best the ability to produce accomplished creations that correspond to the children's receptive capacity (⇨ Palacios, p. 264).

rischer »Sprachfähigkeit« braucht, wie es gerade das *Orff-Schulwerk – Musik für Kinder* klar verdeutlicht – Raum und Zeit, Anleitung und Übung.

- »Vielsinnliche« und »vieltätige« Arbeitsformen und die unbedingte Ermunterung zu einem ebensolchen individuellen Gestalten sind bis heute eine Herausforderung für viele Erziehungsfelder, immer auch noch für allgemeinbildende Schulen. Sie stehen im Einklang mit vielen lerntheoretischen Erkenntnissen (⇨ Bÿlen, Özevín, Uçal Canakay, S. 103), wurden vom Orff-Schulwerk initiiert und von der Musik- und Tanzpädagogik weitergeführt und können deren bleibende Aufgabe ganz wesentlich legitimieren.
- In diesem Zusammenhang ist auch die Auffassung zu nennen, dass Musik (und Tanz) *wie eine Sprache* gelernt werden müssen (⇨ Gordon, S. 223). Gerade das Orff-Schulwerk will solches einlösen und die Lernenden mit kleinen und großen Tonräumen (auch Kirchentonarten), Rhythmen und Formen vertraut machen. Dass hier von Beginn an aber auch musiziert und künstlerisches Erleben möglich gemacht wird, zeichnet die Wege des Orff-Schulwerks besonders aus.
- Musik- und Tanzpädagogik muss den Weg auch zur Kunst, die außerhalb der Unterrichtsräume auf uns wartet, immer wieder gehen. Sie hat grundsätzlich die Mittel, diese Kunst aufzuschließen (⇨ Markovic, S. 321; Maldoom, S. 307) und im besten Fall die Fähigkeit, meisterhafte Gestaltungen, die der Rezeptionsfähigkeit von Kindern entsprechen, selbst zu schaffen (⇨ Palacios, S. 265).

I
Contributions from Different Scientific Disciplines

I
Beiträge aus unterschiedlichen wissenschaftlichen Disziplinen

Horst Rumpf

The other Kind of Attention – on Aesthetic Education in a Time of World Management

Twenty five years ago at a conference of the German Society for the Science of Education in Göttingen the first speaker, Ivan Illich, was unwilling to consider education in the conventional sense. He provoked his educationally attuned audience by saying:

> *I want to speak about the difference between education and mis-education, that process in which education supports the technology that deprives the environment of its sense of mystery. Where ungoverned sensory abundance still smoulders, in the industrial system as well, I want to fan it into a flicker. Still more energy – no thank you, still more education – no thank you.*[1]

A powerful assertion: education and technology are pulling together – both are concerned with bringing something to extinction – depriving the environment of its sense of mystery – and in fact through measures that are structurally related. What have they in common? A first interpretation: both are lined up to subjugate the unambiguous rules of the unruly, ambiguously surging world of sensory experience. They make things that happen foreseeable, able to be planned, controllable – always with the help of carefully rationalized devices and organizations. Illich had had enough of that.

It is worth looking at this provocation for a moment. What does it have in view? We might examine the everyday language that assails us throughout the length and breadth of the land, right across areas of educational subject matter and through schools and colleges which describe processes that should be boosted by means of instructions and exercises. The objective of c o n t r o l is omnipresent here. Ultimately it is demanded from children and students alike. Finally it is examined and marked. Stammering, hesitating, being silent, approaching helplessly, makes a significant negative difference of course. The so-called »learner« should finally »master« the material he has been learning, practising and studying, or have it »under control«. And the content becomes »subject matter« to be »analysed« and »mastered«.

The activist tone over the subjugated material is unmistakeable; similarly the expression that one should put certain areas of knowledge »behind one« (not »in front of one« for instance!). When one can do something, it was described for a certain period as »settled« or »ticked off«. And of course this kind of built-up ability to master subject matter has to be verifiable, ascertained wherever possible in numerals which will reveal in a strategic survey who has achieved certain prescribed standards and in which grade.

1 *17th Beiheft der Zeitschrift für Pädagogik*, 1981, p. 41

Horst Rumpf

Die andere Aufmerksamkeit – über Ästhetische Erziehung im Zeitalter der Weltbewältigung

Bei einem Kongress der deutschen Gesellschaft für Erziehungswissenschaft vor 25 Jahren in Göttingen weigerte sich der erste Hauptredner – es war Ivan Illich – über Erziehung im herkömmlichen Sinn nachzudenken. Er provozierte die pädagogisch eingestimmten Zuhörer:

> *Ich will vom Gegenteil von Erziehung und Verziehung sprechen, nämlich jenem Vorgang, in dem die Erziehung die Technik darin unterstützt, der Umwelt ihre rätselhafte Sinnlichkeit zu entziehen. Wo unverwaltete Sinnfülle auch im Industriesystem noch glimmt, will ich sie zum Flackern bringen. Noch mehr Energie – nein danke, noch mehr Erziehung, danke nein.*[1]

Eine starke These: Erziehung und Technik ziehen demnach am gleichen Strang – beide sind damit befasst, etwas zum Verschwinden zu bringen: der Umwelt ihre rätselhafte Sinnlichkeit zu entziehen – und zwar durch struktur-verwandte Maßnahmen. Was haben sie gemeinsam? Eine erste Deutung: Beide sind angetreten, die ungebärdige und vieldeutig anbrandende sinnliche Erfahrungswelt eindeutigen Regeln zu unterwerfen. Sie machen Widerfahrnisse vorhersehbar, planbar, steuerbar – mit Hilfe immer sorgfältiger durchrationalisierter Instrumente und Organisationen. Davon hatte Illich genug.

Es lohnt, sich einen Augenblick auf diese Provokation einzulassen. Was hat sie im Visier? Man mag die Alltagssprache mustern, mit der wir landauf landab quer durch Inhaltsbereiche und durch Schulen und Hochschulen die Vorgänge bezeichnen, die durch Belehrungen und Übungen angekurbelt werden sollen. Da ist einmal allgegenwärtig das Ziel der B e h e r r s c h u n g. Das wird von Kindern wie von Studierenden am Ende verlangt. Es wird schließlich geprüft und benotet. Stammeln, Zögern, Schweigen, ratloses sich Annähern – solches schlägt natürlich negativ zu Buche. Die so genannten »learner« sollen die Materie ihres Lernens, Übens und Studierens am Ende »beherrschen« oder »im Griff haben«. Und die Inhalte werden dabei zu »Stoffen«, die »durchzunehmen« und zu »bewältigen« sind.

Der aktivistische Ton gegenüber einer zu unterwerfenden Materie ist unverkennbar. Dazu passt die Rede, man müsse bestimmte Wissensgebiete »hinter sich bringen« (nicht etwa »vor sich«). Wenn man etwas kann, so hieß es einige Zeit, ist es »abgehakt«. Und selbstverständlich entspricht es diesen solcherart aufgebauten Beherrschungskompetenzen, dass sie kontrollierbar sein müssen, festzustellen, womöglich in Zahlen, die den

[1] 17. Beiheft der Zeitschrift für Pädagogik, 1981, S. 41

The close connection with technology expresses itself in the tendency to quantify the products, the products of learning, and to systemize or to search for teaching processes that will produce measurable, logical results. The late historian Reinhard Koselleck, in analyzing the processes of modern life, has shown to what extent the vocabulary of the modern era is stamped with particular features: knowledge, organized through language, is intensely stamped with the political intention of shaping it and taking it over. This permeates intellectual as much as practical behaviour[2].

These considerations and Ivan Illich's protest bring us to the centre of the problem: aesthetic experience and Aesthetic Education, in a situation where both civilization and schools are so impressed with technology. How does Aesthetic Education maintain itself so that it can win security and effectiveness in a civilizing process, directed through many channels, that seeks to suppress the resistance of the mysteries of the sensory environment.

Aesthesis, the root of the word aesthetics and generally known to mean perception, focuses on the abilities and powers with which we as sensitive beings communicate with the world, interchange with it. Let's start with a description of ordinary situations.

In a waking state we cannot simply turn off our senses like an electric stove. How do our senses constantly ensure our contact with the immediate world? Erving Goffman cited one aspect when he wrote that we constantly scan our surroundings for safety signals. Our eyes are in no way the only means by which we test our environment to judge if everything is normal and running on expected lines. We become immediately aware when something is not right: in the tone of voice of a trusted friend, in the sound texture of everyday life, in the disconcerting rush of people moving on the street, in a pain without recognizable reason – such things attract attention, disturb perception. These feelings can arouse anxiety, concern or also curiosity. A crack has appeared in our familiar world and meanwhile in our civilization we have a huge arsenal of appliances and ways of thinking to tackle such disturbances, to deaden their impact. They support our senses as normality watchmen and security officials. Such harmless habits as the often irrepressible impulse to photograph something surprising are certainly connected with the wish to possess the unusual – be it in the photo album. The all-too-fleeting has been captured. That's reassuring.

The brain research scientist Gerhard Roth has demonstrated a related, somewhat less dramatic variety of sensory activity. He reminds us that we bring two very different kinds of attention to the doctor's waiting room for example: when we step into such a room for the first time, it strikes us differently compared with the tenth time[3]. In the first case there is an eager anticipation: we scan this piece of unknown environment in terms of its dimensions – also its uncomfortable or unfavourable features. On the second time a quick examination of the known space is enough: we find our way around immediately. In the first case the perceptual senses are active as explorers of the unknown, in the second case they mainly act as helpers, confirming previous knowledge. Roth dares

2 cf. Raulff 2006

3 Roth 1995, pp. 246–247

strategischen Überblick darüber freigeben, wer in welchem Grad bestimmte zuvor festgelegte Leistungsstandards erfüllt. Die Nähe zur Technik drückt sich auch in der Tendenz aus, die Produkte – also die Lernprodukte – zu quantifizieren, die Lehrprozesse auf messbare Wenn-dann Zusammenhänge hin zu stilisieren oder tunlich zu erforschen. Der verstorbene Historiker Reinhard Koselleck hat in Analysen moderner Lebensprozesse bewusst gemacht, in welchem Maß das Vokabular der Moderne von bestimmten Zügen geprägt ist: Das sprachlich organisierte Wissen ist nachhaltig geprägt vom politischen Formungs- und Bemächtigungswillen, der sowohl das intellektuelle wie das praktische Weltverhalten durchdringt[2].

Durch diese Überlegungen und den Einspruch von Ivan Illich sind wir mitten im Problem: Ästhetische Erfahrung und ästhetische Erziehung, in einer von Technik geprägten Zivilisation und Schule. Wie hält sie sich in einem zivilisatorischen Prozess, der über viele Kanäle darauf abzielt, die Widerständigkeit der rätselhaften sinnlichen Umwelt niederzuwerfen, um ihr Sicherheiten und Nutzbarkeiten abzugewinnen.

Aisthesis, das Wurzelwort der Ästhetik bedeutet bekanntlich soviel wie Wahrnehmung, peilt also den Inbegriff der Fähigkeiten an, kraft derer wir als sinnliche Wesen mit der Welt kommunizieren, uns mit ihr austauschen. Fangen wir mit der Beschreibung unscheinbarer Selbstverständlichkeiten an.

Wir können unsere Sinne im Wachzustand nicht einfach abstellen wie einen Elektroherd. Was tun sie unentwegt, die Sinne, die den Kontakt zur uns umgebenden Welt gewährleisten? Einen Aspekt nannte Erving Goffman, als er schrieb, wir tasteten unsere Umwelt unentwegt auf Sicherheitssignale ab. Keineswegs nur mit den Augen sind wir dabei, unsere Umgebung daraufhin zu prüfen, ob alles normal ist und in erwartbaren Bahnen verläuft. Wir gewahren unverzüglich, wenn etwas n i c h t s t i m m t: im Klang der Stimme eines vertrauten Menschen, im Geräuschgemisch des Alltags, in der befremdlichen Bewegungshast einer Menschengruppe auf der Straße, in einem Schmerz ohne erkennbare Ursache; solches fällt auf, solches stört die Wahrnehmung auf. Es mag Angst, Sorge oder auch Neugier wecken. Die Vertrautheitswelt hat einen Riss bekommen. Und wir haben in unserer Zivilisation inzwischen ein riesiges Arsenal von Denkmitteln und Apparaten, um solchen Aufstörungen zuleibe zu rücken, ihren Aufprall zu dämpfen. Sie unterstützen unsere Sinne als Normalitätswächter und Sicherheitsbeamte. So harmlose Gewohnheiten wie der oft unhintertreibliche Drang, etwas Überraschendes zu fotografieren, hängen ja wohl mit dem Wunsch zusammen, das Ungewöhnliche einzugemeinden – und sei es ins Foto-Album. Das gar zu Flüchtige ist festgehalten. Das beruhigt.

Der Hirnforscher Gerhard Roth hat auf eine verwandte, etwas weniger dramatische Spielart der Sinnen-Regsamkeit hingewiesen. Er erinnert daran, dass es zwei sehr unterschiedliche Aufmerksamkeiten gibt, die man beispielsweise dem Inneren eines Arztwartezimmers entgegenbringt: Wenn jemand einen solchen Raum zum ersten Mal betritt, kommt er einem anders entgegen als etwa beim zehnten Mal[3]. Im ersten Fall herrscht neugierige Gespanntheit: man tastet dieses Stück unbekannte Umwelt auf in ihr vorgezeichnete Bewegungsanweisungen ab – auch auf unbequeme oder widrige Züge. Im zwei-

2 vgl. Raulff 2006

3 Roth 1995, S. 246–247

to say: *Memory is our most important sense*[4]. Accordingly foreknowledge has a relieving function. We are spared the conscious work of sensory perception and time-wasting searching around. We »know all about it«. *The more familiar a situation or an object is, the fewer k e y f i g u r e s my perceptive senses need to produce a completely felt and perceived picture that relates to these key figures*[5]. The more solid and comprehensive my foreknowledge of a situation, the less there is for the exploratory and contact activities of the senses to do. The foreknowledge that is stored in the memory removes the necessity for the renewed effort to approach the environment. It would appear that *sensory-conscious* (Rudolf zur Lippe) interaction with the world has the tendency to become superfluous. For this kind of stimulus protection the expression *Verblüffungsfestigkeit*[6] has been found.

At the beginning of the 20th Century and coming from completely different interests the Russian Arts Philosopher Victor Sklovskij interpreted the fate of sensory consciousness in our civilisation in a quite similar way. He considers the wasting away of conscious contact with the world through automated habits:

> *If we want to be clear about the general rules of perception, then we see that actions, when one has become used to them, become automatic. So all our habits come into the sphere of unconscious-automatic; when someone remembers the feelings he had on first holding a feather, or the first time he spoke in a foreign language and if he compares this feeling with that of the ten thousandth time of doing so, he will agree*[7].

In the same essay he is on the same track as Roth, who gave memory the power to relieve the capacity to be affected through the senses or to make this capacity redundant: Things that you often perceive, you begin to perceive through recognition; you find the object before you, you know about it but you do not see it[8]. S e e i n g acquires a meaning opposite to r e c o g n i z i n g – a fertile antithesis. Foreknowledge can debilitate seeing – an analogue that is valid for other channels of perception. The audible, long-known and familiar, quickly becomes too well-known. Who still actually hears Freude schöne Götterfunken[9]? The all-too familiar has been made inaudible, if h e a r i n g means that you open yourself to perceivable forms of sound in which something unfamiliar is lurking.

Sklovskij writes sentences that really deserve to be called the fundamental rules of aesthetic experience and education.

> *We don't experience and see the usual, rather we recognize it again. We no longer see the walls of our room [...] every day things are also lifeless, we have lost our feeling for the world; we are like a violinist who no longer feels his bow or the strings of his violin [...]*[10].

4 Roth 1995, p. 240

5 ibid. Roth 1995, p. 247

6 »bafflement-resistance« (Ed.)

7 Sklovskij in: Striedter (Publ.) 1972, p. 15

8 Sklovskij 1971, p. 15

9 Schiller's *Ode to Joy* set by Beethoven in his *Ninth Symphony* (Ed.)

10 Sklovskij in: Stempel (Publ.) 1973, pp. 3, 5

ten Fall genügt ein rasches Mustern der bekannten Räumlichkeit: man findet sich ohne Verzug zurecht. Im einen Fall sind die wahrnehmenden Sinne als Erkunder von Unbekanntem aktiv, im zweiten Fall sind sie vorwiegend nur noch Bestätigungsgehilfen des Vorwissens. Roth wagt die Formulierung: *Gedächtnis ist unser wichtigstes Sinnesorgan*[4]. Das Vorwissen hat demnach eine entlastende Funktion. Man spart an der bewussten sinnlichen Wahrnehmungsarbeit und man spart zeitaufwändiges Herumsuchen. Man »weiß Bescheid«. *Je vertrauter mir eine Situation oder Gestalt ist, desto weniger Eckdaten benötigt mein Wahrnehmungssystem, um ein als vollständig empfundenes Wahrnehmungsbild zu erzeugen, das zu diesen Eckdaten passt*[5]. Je solider und umfassender mein Vorwissen von einer Gegebenheit ist, um so weniger bleibt für die Erkundungs- und Berührungstätigkeit der Sinne zu tun. Das Vorwissen, das im Gedächtnis gespeichert ist, spart die erneut ansetzende Annäherungsbemühung. Es hat den Anschein, dass *sinnenbewusste* (Rudolf zur Lippe) Auseinandersetzungen mit der Welt der Tendenz nach überflüssig werden. Für diese Art von Reizschutz hat man den Ausdruck »Verblüffungsfestigkeit« erfunden.

Von ganz anderen Interessen herkommend hat der russische Kunstphilosoph Viktor Sklovskij zu Beginn des 20. Jahrhunderts das Schicksal des Sinnenbewusstseins in unserer Zivilisation ganz ähnlich gedeutet. Es geht um die Auszehrung sinnlich bewusster Weltberührungen durch automatisierte Gewohnheiten:

> *Wenn wir uns über die allgemeinen Gesetze der Wahrnehmung klar werden, dann sehen wir, dass Handlungen, wenn man sich an sie gewöhnt hat, automatisch werden. So geraten z. B. alle unsere Angewohnheiten in den Bereich des Unbewusst-Automatischen; wenn jemand sich an die Empfindung erinnert, die er hatte, als er zum ersten Mal eine Feder in der Hand hielt oder zum ersten Mal in einer fremden Sprache redete, und wenn er diese Empfindung mit der vergleicht, die er beim zehntausendsten Mal hat, dann wird er uns zustimmen*[6].

Im gleichen Aufsatz ist er auf derselben Spur wie Roth, der dem Gedächtnis die Kraft zusprach, die sinnliche Betreffbarkeit zu entlasten oder überflüssig zu machen: *Dinge, die man mehrere Male wahrnimmt, beginnt man durch Wiedererkennen wahrzunehmen; der Gegenstand befindet sich vor uns, wir wissen davon, aber wir sehen ihn nicht*[7]. Sehen wird zum Gegenbegriff von Wiedererkennen. Eine fruchtbare Antithese. Das Vorwissen kann das Sehen entkräften. Analoges gilt für andere Wahrnehmungsmedien: Das hörbar Altbekannte und Gewohnte wird allzu schnell bekannt, es kann nicht mehr gehört werden. Wer hört noch *Freude schöner Götterfunken*? Das allzu Bekannte ist unhörbar gemacht worden, wenn denn Hören heißt, sich treffen lassen von sinnlichen Klangegestalten, die von Unbekanntem umwittert sind. Bei Sklovskij stehen Sätze, die wohl verdienen, Fundamentalsätze ästhetischer Erfahrung und Erziehung zu heißen:

> *Wir erleben und sehen das Gewohnte nicht, sondern erkennen es wieder. Wir sehen die Wände unserer Zimmer nicht [...] tot sind auch die Dinge, wir haben das Gefühl für*

4 Roth 1995, S. 240

5 ebda, S. 247

6 Sklovskij in: Striedter (Hrsg.) 1972, S. 15

7 Sklovskij 1971, S. 15

The capacity to be affected through the senses fades with the proliferation of a language becoming ever emptier: it has shrunk to abstract symbols; its power of pictorial imagery is gone. Sklovskij, who wants to create a theory of poetic language, sees only loss in the loss of immediacy and he gives art the potential to reawaken lively perception to oppose numbness in habitual practice – to make a stone stony, as he writes. In poetry then, words are not handled as used coinage, but transported far from customary meaning, also through sound and rhythm and other means of alienation.

To pause for a moment: In this first instance it is a question of different kinds of attention. And here two examples come to mind.

- The one form of attention – to make it simple I call this »Attention 1« – protects itself from the confusing abundance of experiences through foreknowledge, through automation, through techniques of classification and recognition. It would surely be critically one-sided to view, with Sklovskij, this way of coming to terms with life only with criticism. It involves being considerably cultivated and mature, to create order and aloofness, not to allow oneself to be overwhelmed or confused by diversity. It is the attention of recognition, classification and disassociation.
- The other, »Attention 2« is coloured with emotion. The aestheticist Imdahl has called receptivity in the optical field of perception »seeing seeing«[11]. This corresponds to a »listening hearing« where what is heard makes an impact at this moment, an impact which is not lessened through the need for intellectual classification. This »listening hearing« corresponds exactly to *the right and true way to hear music* as described by the musician Hans Zender[12]. This Attention 2 is not a primitive and raw sensory state. It is an attention of high culture; precisely a culture that renounces the urge for control, management and quick explanations. And its fertility is certainly not restricted to the field of aesthetics. One might consider the statement of a scientist and philosopher from the golden age of enlightenment: *Erudition can also be excessive. One finds such very shallow minds who know an astonishing amount* (Georg Christoph Lichtenberg). Everyone knows what is meant by this: there are people who know everything conceivable – let's say about Mozart or about their special subject – but who give the sure impression that they have never been made helpless, bewildered or happy by it, something they cannot grasp with their conceptually acquired knowledge of their subject. Shallow minds who know well with their brains – and who, to make matters worse, not infrequently have to be told, as Doctor Faust had to learn, what they do not know by heart.

Nikolaus Harnoncourt has written in his fine birthday speech about the all too well-known birthday child of the year 2006[13]: *You think you know everything about him – Mozart's life has been superbly documented – but when you try to say something about*

[11] quote in Zaugg 1988, p. 42

[12] Zender 1991, p. 45

[13] Wolfgang Amadeus Mozart, 250th birthday (Ed.)

die Welt verloren; wir gleichen einem Geiger, der die Bogen und die Saiten nicht mehr fühlt [...][8].

Die Betreffbarkeit durch die Sinnenerfahrung schwindet mit dem Wuchern einer immer leerer werdenden Sprache: die ist zum abstrahierenden Zeichen geschrumpft, ihre vergegenwärtigende Bildkraft ist dahin. Sklovskij, der auf eine Theorie der dichterischen Sprache aus ist, sieht im Verlust der Unmittelbarkeit nur Verluste. Und spricht der Kunst das Potenzial zu, in Menschen die lebendige Wahrnehmung gegen Erstarrung in Gewohnheit wiederzuerwecken, *den Stein steinern zu machen*, wie er schreibt. In der Poesie werden Worte dann nicht wie abgebrauchte Münzen verwendet, sondern der Gewohnheitsbedeutung ein Stück weit entrückt, auch durch klanglich-rhythmische Mittel und andere Verfremdungen.

Um innezuhalten: Es geht in diesem ersten Anfang um Spielarten der Aufmerksamkeit. Und da drängen sich zwei Muster auf:

- Die eine Aufmerksamkeit - ich nenne diese Aufmerksamkeit einmal der Einfachheit halber »Aufmerksamkeit 1« – schützt sich vor der verwirrenden Fülle der Widerfahrnisse durch Vorwissen, durch Automatisierung, durch Techniken der Einordnung und des Wiedererkennens. Und es wäre doch wohl eine kulturkritische Einseitigkeit, wollte man dieser Art, mit dem Leben zurecht zu kommen, mit Sklovskij nur kritisch begegnen. Es liegt ein großes Stück Kultur und Erwachsenheit darin, Ordnung und Distanz zu schaffen, sich nicht vom Vielerlei überwältigen und verwirren zu lassen. Es ist die Aufmerksamkeit des Wiedererkennens, des Einordnens, des Distanzierens.
- Die andere, die »Aufmerksamkeit 2«, ist pathisch getönt. »Sehendes Sehen« hat der Kunstwissenschaftler Imdahl die Empfänglichkeit im optischen Wahrnehmungsfeld genannt, um die es hier geht[9], dem entspräche ein »hörendes Hören«, das sich vom Hier und Jetzt des Gehörten treffen ließe und es nicht durch intellektuelle Einordnungsbedürfnisse entkräftete. Dieses »hörende Hören« entspricht genau dem, was der Musiker Hans Zender als *das richtige und eigentliche Musikhören* umschrieben hat[10]. Es handelt sich bei dieser Aufmerksamkeit 2 nicht um eine primitive und rohe Sinnlichkeit. Es handelt sich um eine Aufmerksamkeit hoher Kultur; nur eben einer Kultur, die dem Drang nach Bewältigung und Beherrschung und schneller Erklärung entsagt. Und ihre Fruchtbarkeit ist gewiss nicht auf das Feld des Ästhetischen beschränkt. Man mag an den Ausspruch eines Naturwissenschaftlers und Philosophen aus der Hochzeit der Aufklärung denken: *Die Gelehrsamkeit kann auch ins Laub treiben. Man findet so sehr seichte Köpfe, die zum Erstaunen viel wissen* (Georg Christoph Lichtenberg). Jeder kennt das damit Gemeinte: Es gibt Leute, die, sagen wir über Mozart oder über ihr Fachgebiet alles Erdenkliche wissen, von denen man aber den sicheren Eindruck hat, sie seien nie ratlos, verwirrt oder auch beglückt darüber gewesen, was sie mit ihrem begrifflich gefassten Wissen an dem Gegenstand nicht zu fassen bekommen.

8 Slovskij in: Stempel (Hrsg.) 1973, S. 3 und 5

9 zit. bei Zaugg 1988, S. 42

10 Zender 1991, S. 45

him, you realize that you don't really know him at all.[14] He doesn't know him, not although, but because for many hours of his life he did nothing except be absorbed in Mozart's life's work. You find such paradoxes if you reflect about the mysteries which our various kinds of attention evade and disclose.

Harnoncourt's Mozart – he could stand as an example for how the witnesses of the past should be handled, without deteriorating into the compulsion to buy. Teachers and transmitters of culture are on the wrong tack when they think they must make the distance and remoteness of the great and dead unnoticeable. He who deadens their strangeness, even pedagogically confiscates them, is no longer dealing with them, but rather with their own phantom pictures of them. Mozart is no cultural possession to be administered, that someone or other can sell for general use. He who oversimplifies the past, serves it up, ready for consumption – destroys it.

General requirements are not very helpful; one should do something, especially in education and also towards the cultivation of Attention 2, particularly since all of us, whether we like it or not, are under the influence of a secret maxim of the epoch, as Günther Anders has called it: *Whatever requires time consumption lasts too long. The fact that activities take time counts today as wasteful. However short the time taken, it is not short enough. Time = Slowness*[15]. Let us consider these situations, where Attention 2 comes to the fore to some extent – against the excess pressures that demand control, completion, accumulation of facts. I try to dig up various instances in which the capacity to be affected by sensory perception of the world's mysteries is considered. It concerns the very roots of aesthetic experience.

This covers a much wider field than just experience in the arts in the narrow sense of the word. A brilliant perception researcher and artist, Hugo Kükelhaus, has brought to attention two different ways of seeing and walking. He describes the optical perception of a large white sphere, glaringly illuminated from all sides, in a room with black walls: one sees only a flat, bright disc. Although everything imaginable was done to illuminate the sphere, it withholds its characteristics when illuminated in this way. *How completely different, when the same sphere appears out of the darkness illuminated by a weak light from the side!*[16] The total illumination makes the quality of the sphere unrecognizable – an astonishing fact. The second example: When we have to get from A to B we usually want to make the journey as quick and trouble-free as possible, to save time and energy. Kükelhaus suggests a thought experiment. The journey that concentrates exclusively on speed and trouble-free walking takes place on an absolutely straight, even, brightly-lit and unhindered concrete road. The other proceeds through a wood whose floor reveals unevennesses, branches, stones – facts that call for the spontaneous, time-consuming and delaying reactions in body movement: *There are slippery places. The light is dim. One has continually to balance. Eyes, lungs and nose are totally involved: various scents are*

14 *Neue Zürcher Zeitung* 28/29 January 2006, p. 29

15 Anders 1980, p. 338

16 Kükelhaus, in: Kükelhaus/zur Lippe 1982, p. 43

Seichte Köpfe, die gut Bescheid wissen – und die zu allem Unglück nicht ganz selten auch noch wie der Doktor Faust das lehren müssen, was sie nicht *par cœur* kennen.

Nikolaus Harnoncourt hat in seiner schönen Geburtstagsrede über das allzu bekannte Geburtstagskind des Jahres 2006[11] geschrieben: *Man meint alles über ihn zu wissen – sein Leben ist ja bestens dokumentiert – aber wenn man etwas über ihn sagen will, bemerkt man, dass man ihn überhaupt nicht kennt.*[12] Er kennt ihn nicht, nicht obwohl, sondern weil er gewiss viele Stunden seines Lebens nichts getan hat als sich in dieses Lebenswerk zu vertiefen. In solche Paradoxien kommt man hinein, wenn man über die Rätselhaftigkeiten dessen nachdenkt, was sich unseren verschiedenen Aufmerksamkeiten entzieht und erschließt.

Harnoncourts Mozart – das mag exemplarisch dafür stehen, wie heute mit Zeugnissen der Vergangenheit umzugehen wäre, ohne Konsumzwängen zu verfallen. Pädagogen und Kulturvermittler sind auf dem Holzweg, wenn sie glauben, sie müssten den Abstand und die Ferne der großen Toten unspürbar machen. Wer ihre Fremdheit abtötet, sie gar pädagogisch vereinnahmt, hat es nicht mehr mit ihnen zu tun, sondern mit seinen eigenen Phantombildern. Mozart ist kein zu verwaltendes Kulturgut, das irgendjemand zur Nutzung freigeben könnte. Wer die Vergangenheit verbiedert, sie mundfertig zubereitet – der schafft sie ab.

Allgemeine Forderungen, man müsse gerade in der Erziehung auch etwas zur Kultivierung von Aufmerksamkeit 2 tun, sind nicht sehr hilfreich, zumal wir alle, ob uns das gefällt oder nicht, unter einer Geheimmaxime der Epoche stehen, wie es Günther Anders genannt hat: *Was immer Dauer erfordert, dauert zu lange. Das Faktum, dass Handlungen Zeit kosten, gilt heute als Vergeudung. Gleich wie kurz sie währen – niemals sind sie kurz genug. Zeit = Langsamkeit*[13]. Wie sehen sie aus, Situationen, in denen sich die Aufmerksamkeit 2 gewissermaßen vortraut – gegen den Überdruck der Faktoren, die auf Beherrschung, Erledigung, Häufung drängen. Ich suche aus verschiedenen Bereichen Szenen auszugraben, in denen sich die Betreffbarkeit der sinnlichen Wahrnehmung von der Rätselhaftigkeit der Welt zu melden scheint. Es geht um den Wurzelbereich ästhetischer Erfahrung.

Dieser ist sehr viel weiter dimensioniert als nur in Kunsterfahrung im engeren Sinn. Der genialische Wahrnehmungsforscher und Künstler Hugo Kükelhaus hat zwei unterschiedliche Arten des Sehens und des Gehens bewusst gemacht. Er beschreibt die optische Wahrnehmung einer allseits grell ausgeleuchteten großen weißen Kugel in einer Kammer mit schwarzen Wänden: Man sieht nichts als eine flache helle Scheibe. Obwohl alles Erdenkliche zur Erhellung der Kugel getan wurde, entzieht sie sich in ihrer Eigenart dem von Licht unterstützten Blick. *Wie anders aber, wenn die gleiche Kugel durch ein schwaches seitlich einfallendes Licht aus dem Dunkel auftaucht!*[14] Die totale Durchhellung macht die Qualität der Kugel unkenntlich. Ein erstaunlicher Tatbestand. Das zweite Beispiel: Wir sind

11 Wolfgang Amadeus Mozart, 250. Geburtstag (Hrsg.)
12 *Neue Zürcher Zeitung* 28./29. Januar 2006, S. 29
13 Anders 1980, S. 338
14 Kükelhaus, in: Kükelhaus/zur Lippe 1982, S. 43

there, particularly from the ground [...][17] Kükelhaus' hardly questionable resumé: After walking along the concrete road you are exhausted, after the way through the woods refreshed, *you feel as if born again*. On the one hand very plausible, on the other hand astonishing: movement that concentrates on efficiency, time-saving, freedom from trouble and a saving of energy leads to exhaustion, the many varied demands made on the powers of perception and calculated movement on rough ground is refreshing, allows one to revive. Human beings are therefore not technical apparatuses whose functioning is efficient, trouble-free, energy-saving and direct. In order to enliven itself the human system of perception – and not only it – is dependent on challenges that are varied, unforeseeable and surprising:

> *Challenges consisting of many kinds of obstacles involving uncertainty and risk. This is also valid for the sphere that becomes invisible: The challenging uncertainty of the path in the woods is equivalent to the partial and weak illumination of the sphere and the resultant shadow in the non-illuminated area and the uncertainty of the contours.*[18]

Made totally available through technology or total illumination our world has become imperceptible. What remains perceptible is a distortion – which also under-challenges human perception and is therefore exhausting.

In order to penetrate further into the characteristics of the learning processes that lead to the aesthetically attuned Attention 2, I add further explanatory texts:

The dancer and choreographer Merce Cunningham reports from his work experience that certainly includes a large measure of the practice of technical movement routines and bodily mastery. In this respect, dance is a focus in the confrontation of both forms of attention:

> *As dancer, as interpreter, you must always try to make yourself as heavy as possible. I mean not only in respect to technique. It has something to do with a certain awkwardness. Perhaps that's not the right expression for it [...] nevertheless it's the one I always use. You must make the movement laborious for yourself, as if you didn't know how to set about it, so that when you've finally achieved it, it will be filled with new life.*[19]

The difficulties caused by always approaching something in a new way and avoiding a time-saving routine give the elixir of life to the living gesture of dance. With almost exactly the same words the poet Ezra Pound outlines the achievement of the ideal teacher of literature, who tries with his class to bring out the character of a master work: *he must approach it almost as if he had never seen it before*[20].

In a time of technological ideas for learning one can hardly understand this, except as a demand that the so-called motivation phase should not be inappropriately shortened. Because what finally matters is that we master the subject and thoroughly get control of it, for instance as an appropriate interpretation and classification. Clearly both Pound and Cunningham have concluded that one should hold the resultant state of suspension

17 Kükelhaus, in: Kükelhaus/zur Lippe 1982, pp. 42–43

18 ibid. pp. 43–44

19 Cunningham 1986, p. 151

20 Pound 1962, p. 110

normalerweise darauf aus, wenn wir von A nach B wollen, diese Strecke möglichst rasch und reibungslos zurückzulegen – auch um Zeit und Kraft zu sparen. Kükelhaus schlägt ein Gedankenexperiment vor. Das ausschließlich auf Schleunigkeit und Reibungslosigkeit abzielende Gehen spiele sich ab auf einer schnurgeraden, ebenen, hell erleuchteten völlig hindernisfreien Betonbahn, das andere verlaufe durch einen Wald, dessen Boden Unebenheiten, Äste, Steine aufweist – Gegebenheiten also die allesamt spontane, zeitaufwändige und verlangsamte Reaktionen in den Bewegungspotenzialen des Körpers hervorrufen: *Da sind schlüpfrige Stellen. Das Licht ist dämmrig. Man muss dauernd balancieren. Ist ganz Auge, ganz Lunge, ganz Nase: vielerlei Düfte sind da, besonders vom Boden her*[15]. Kükelhaus' kaum bezweifelbares Resümee: Nach dem Zurücklegen des Betonweges ist man erschöpft, nach dem Waldweg erfrischt, *fühlt sich wie neu geboren*. Einerseits sehr einleuchtend, anderseits hocherstaunlich: Die auf Effizienz, Zeitersparnis, Reibungslosigkeit und also Kraftersparnis hin kalkulierte Bewegung führt zu Erschöpfung, das vielartige Wahrnehmungskräfte und Reaktionen fordernde Gehen auf schütterem Grund erfrischt, lässt einen aufleben. Menschen sind keine technischen Apparate, die effizient, reibungslos, Kraft sparend, geradlinig funktionieren. Das menschliche Wahrnehmungssystem – und nicht nur es – ist auf vielartige und unvorhersehbare, überraschende Herausforderungen angewiesen, um sich zu beleben.

> *Herausforderungen von Seiten vielerlei mit Unsicherheiten und Wagnissen verbundener Hindernisse. Das gilt auch für die unsichtbar gewordene Kugel: Was dort die herausfordernden Unsicherheiten des Waldweges waren, ist hier die nur teilweise und schwache Beleuchtung der Kugel und die damit verbundene Verschattung auf der dem Licht abgewandten Zone und die Unsicherheit der Konturen.*[16]

Die durch Technik oder Totalerhellung vollkommen verfügbar gemachte Welt ist unspürbar geworden; wahrnehmbar bleibt eine Verstümmelung, die dazu noch die Eigenschaft hat, Menschenwahrnehmung zu unterfordern und dadurch zu erschöpfen. Um die Eigenart der Lernprozesse, die zu der ästhetisch gestimmten Aufmerksamkeit 2 führen, noch etwas weiter zu durchdringen, füge ich noch einige beispielhafte Texte an:

Der Tänzer und Choreograph Merce Cunningham berichtet aus seiner Tätigkeit, die ja gewiss auch einen hohen Anteil der Einübung in technische Bewegungsroutinen und Körperbeherrschung enthält. Insofern ist der Tanz ein Brennpunkt in der Auseinandersetzung beider Aufmerksamkeiten:

> *Als Tänzer, als Interpret muss man ständig versuchen, es sich selbst schwer zu machen. Ich meine nicht nur in technischer Hinsicht. Es hat etwas mit einer gewissen Unbeholfenheit zu tun. [...] Vielleicht ist das nicht der richtige Ausdruck dafür, ich verwende ihn aber trotzdem immer. Man muss die Bewegung für sich selber beschwerlich machen, so als wüsste man nicht, wie man darangehen soll, so dass sie mit neuem Leben erfüllt wird, wenn man sie endlich hat.*[17]

Die Schwierigkeiten, die es bereitet, sich immer neu der Sache anzunähern und auf die zeitsparende Routine zu verzichten – die sind das Lebenselixier der lebendigen Tanz-

15 Kükelhaus, in Kükelhaus/zur Lippe 1982, S. 42–43

16 ebda. S. 43–44

17 Cunningham 1986, S. 151

and follow through, so that the sensory mystery and ambiguity of this movement, this poetic text are allowed to explode to some extent.

This deals with a basic theme of Aesthetic Education in the modern age in an exemplary statement. One should consider the following sentence that has the discussion about the definability and the non-pinning-down of sensory experiences as a central theme:

> *For the speed, with which certain characters proceed from feelings to thoughts and to resolutions, makes the aesthetic contribution, which is needed in this case, hardly or not at all perceptible. Dispositions of this kind cannot long bear the condition of being without a destination and press impatiently for a result, which they do not find in the condition of aesthetic boundlessness.*[21]

Certain characters cannot hold the state of suspension and exploit the aesthetic mood on their way to manageable results. Two hundred years after Schiller a contemporary philosopher meditated over the same phenomenon while reflecting on »the aesthetics of appearance« that in the quotes from Cunningham and Pound is confusing and disconcerting to every technological idea for learning. Martin Seel writes:

> *The aesthetically approved presence of a sense object is not an essence that should be registered, but a happening, that we can perceive when we avoid investigative or administrative treatment, when we free ourselves from being obsessed with the fixation on the object, when we do not hold on to established fact.*[22]

To summarise I ask: how can this be made concrete through examples – ways of learning in which the »mysterious sensory nature of our environment« is made not unrecognizable, but recognizable and capable of being experienced – and actually at the roots of aesthetic behaviour.

The teacher Eva-Maria Kohl of Halle University reports how elementary school children can be made aware of language, in a way other than that prescribed. Children come to telling stories because they consciously perceive the expressive nature of words and take them seriously. Eva-Maria Kohl suggests to the children that they should first sort words into word boxes. So there is a lively general search for »morning« words or »night« words. There's a bright green box with »spring« words, one with »bath« words, boxes for »anger« and for »birthdays« and there is a box for antiquated words. One can size up words: are they dark, velvety black, cellar-deep words or rather spring-like, growing, leaf-rustling words? These evaluated words then become word building bricks to be used for made-up stories. It can happen something like this: We're going to tell a story made up of four white words from the white box (dove, polar bear, goat, snow) and one dark-black word (coal truck). With these Jennifer made the following short story:

Six doves,
four polar bears and
ten white goats

[21] Schiller: *Letters about the Aesthetic Education of mankind*, note to letter 21, cf. also Rittelmeyer, 2005, Weinheim/München, p. 85ff.

[22] Seel 2000, p. 91

gebärde. Fast mit den gleichen Worten umschreibt der Dichter Ezra Pound die Leistung des – wie er schreibt – idealen Literaturlehrers, der mit seiner Klasse sucht, ein Meisterwerk zu Gesicht zu bekommen: er müsste es *beinahe angehen, als ob er es noch nie gesehen hätte*[18].

Im Zeitalter technischer Lernvorstellungen kann man das kaum anders verstehen als eine Aufforderung, die so genannte Motivationsphase nicht ungebührlich zu verkürzen. Weil es doch schließlich darauf ankomme, die Sache zu beherrschen und definitiv in den Griff zu bekommen, etwa als angemessene Interpretation und Einordnung. Ersichtlich kommt es Pound wie Cunningham aber gerade darauf an, den Schwebezustand dessen auszuhalten und durchzustehen, der die sinnliche Rätselhaftigkeit und Vieldeutigkeit dieser Bewegung, dieses poetischen Textstücks gewissermaßen explodieren lässt.

Es handelt sich da um ein Grundthema in einer exemplarischen Schrift zur Ästhetischen Erziehung in der Moderne. Man vergegenwärtige sich den folgenden Satz, der die Auseinandersetzung mit der Bestimmbarkeit, der Nichtfestgelegtheit sinnlicher Widerfahrnisse thematisiert:

> *Zwar lässt die Schnelligkeit, mit welcher gewisse Charaktere von Empfindungen zu Gedanken und zu Entschließungen übergehen, die ästhetische Stimmung, welche sie in dieser Zeit notwendig durchlaufen müssen, kaum oder gar nicht bemerkbar werden. Solche Gemüter können den Zustand der Bestimmungslosigkeit nicht lang ertragen und dringen ungeduldig auf ein Resultat, welches sie in dem Zustand ästhetischer Unbegrenztheit nicht finden.*[19]

Gewisse Charaktere halten die Schwebe nicht aus und instrumentalisieren die ästhetische Gestimmtheit auf dem Weg zu handhabbaren Resultaten. Zweihundert Jahre nach Schiller hat ein zeitgenössischer Philosoph beim Nachdenken über »die Ästhetik des Erscheinens« dasselbe Phänomen meditiert, das in den Zitaten von Cunningham und Pound jedes technische Lern-Denken irritiert und befremdet. Martin Seel:

> *Die ästhetisch zugelassene Gegenwart eines Sinnenobjekts ist kein Sosein, das registriert werden soll, sondern ein Geschehen, das immer dann zur Anschauung kommt, wenn wir eine rein erkennungsdienstliche oder verfügungsmächtige Behandlung bleiben lassen, wenn wir uns von der Fixierung auf eine Fixierung des Objekts befreien, wenn wir nicht am Festhalten festhalten.*[20]

Als Zusammenfassung stelle ich mich der Frage, wie das beispielsweise konkret aussehen kann, Arten des Lernens, in denen die »rätselhafte Sinnlichkeit unserer Umwelt« nicht unkenntlich, sondern kenntlich und erfahrbar gemacht wird, und zwar im Wurzelbereich ästhetischen Weltumgangs.

Die Pädagogin Eva-Maria Kohl von der Universität Halle berichtet, wie Grundschulkinder auf Sprache aufmerksam werden können, in einem anderen als dem korrekten Gebrauch. Kinder kommen ins Erzählen, nachdem sie die expressive Ausstrahlung von

18 Pound 1962, S. 110

19 Schiller: *Briefe über die ästhetische Erziehung des Menschen*, Anmerkung zum 21. Brief, vgl. dazu auch Rittelmeyer, 2005, Weinheim/München, S. 85ff.

20 Seel 2000, S. 91

sat in the snow.
A truck full of coal
came by and sounded its horn:
Away with you.[23]

In the medium of our daily communication characteristics that release a perception different from the one that is both trouble-free and efficient in use become highly infectious. These ideas can be transferred to other symbolic media such as sounds, gestures, colours, rhythms.

A final example: it is salutary to learn from writers. Perhaps there is more to be learnt from them about buried forms of perception than from psychologists and educational professors. The wonderful novel *Letters to the Chinese Past* by Herbert Rosendorfer[24] is an example of this. A Chinese man from the tenth century is transplanted by time machine into the Munich of today and reports about his impressions back into the past. The text runs thus:

> *It is clear to me that they*[25] *still believe in demons – in different ones that have withdrawn themselves. Even Mr. Shi-shmi believes in them. He continually brings small burnt offerings. The burnt offerings consist of small white cylinders that he sticks in his mouth and (don't be frightened) sets fire to them [...] like a fire-eater. But the cylinder doesn't burn it only glows, giving off rather a lot of smoke and a smell. In spite of close observation I could find no sense in this glowing cylinder. They are called Tschai gaga Lai – perhaps also the name of the corresponding demon. It must be a ritual procedure. Mr. Shi-shmi shows a dangerous, almost ascetic skill in operating this burnt offering. Until the glowing end of the cylinder comes near enough to his mouth he keeps it there – he only stops when it is as long as one of the bones in my little finger. Then it seems that the magic (conjuring a spell), in which he believes fairly seriously, seems to have evaporated, for he throws the rest of it carelessly away. Mr. Shi-shmi lights his burnt offering – about every half hour – as I've noticed. He never forgets. He always has a pack of these little cylinders with him and keeps a large stock of these packs at home. I asked him why he lit these kinds of burnt offerings. He was visibly embarrassed. He was obviously ashamed of his superstition. He actually laughed, but the question was still rather embarrassing. »I don't know«, he said, »unfortunately I cannot give it up«.*[26]

The Chinese man remarks with astonishment, that people also bring these burnt offerings while standing on a central flight of stairs and while walking down the street, and at the sides of the streets he sees huge heads pictured on the walls that are holding such a burnt offering in their hand or in their mouth – he thinks they must be shrines for these demons.

23 cf. Kohl in: *Grundschulunterricht* 7/8 2001, pp. 3–8
24 ibid. Munich 1986
25 European people of the 20th century
26 Rosendorfer 1986, p. 40f.

Wörtern bewusst wahr- und ernst genommen haben. Eva-Maria Kohl regt die Kinder an, Wörter zunächst in Wortkisten einzusortieren. So gibt es die heitere gemeinsame Suche nach Morgenwörtern oder nach Nachtwörtern. Es gibt eine hellgrüne Kiste mit Frühlingswörtern und eine mit Badewannenwörtern, es gibt Wutwörterkisten und Geburtstagswörterkisten und eine Kiste mit altertümlichen Wörtern. Man kann Wörter abtasten: sind es dunkle, samtschwarze, kellertiefe Wörter oder eher grüne, frühlingshafte, wachsende, blätterrauschende Wörter? Die so gewürdigten Wörter werden dann zu Wortbausteinen für zu erfindende Geschichten. Das kann so aussehen: Wir erzählen uns eine Geschichte zusammengesetzt aus vier weißen Wörtern aus der weißen Wörterkiste (Taube, Eisbär, Ziege, Schnee) und einem einzigen tiefschwarzen Wort (Kohlenauto). Daraus machte Jennifer (9 Jahre) folgende kleine Erzählung:

Sechs Tauben
Vier Eisbären und
Zehn weiße Ziegen
Saßen im Schnee.
Da kam ein Auto
Voller Kohlen und hupte:
Weg mit euch.[21]

Im Medium unseres täglichen Weltaustauschs werden Züge virulent, die eine andere Aufmerksamkeit freisetzen als es die ist, die auf reibungslos-effiziente Nutzung aus ist. Übertragungen auf andere symbolische Medien wie Klänge, Gesten, Farben, Rhythmen liegen nahe.

Ein letztes Beispiel: es ist heilsam, bei Schriftstellern in die Schule zu gehen. Vielleicht ist bei ihnen mehr über verschüttete Aufmerksamkeiten zu lernen als bei Psychologen und didaktischen Profis. Ein Beispiel dafür ist der wunderbare Roman *Briefe in die chinesische Vergangenheit* von Herbert Rosendorfer[22]. Ein Chinese aus dem 10. Jahrhundert wird per Zeitmaschine in das München von heute versetzt und berichtet über seine Eindrücke zurück in die Vergangenheit. Das liest sich beispielsweise so:

> *Dass sie*[23] *dennoch noch immer an Dämonen glauben – sozusagen an andere, tief hinter den Dingen zurückgezogene Dämonen – ist mir auch klar. Selbst Herr Shi-shmi glaubt an sie. Er bringt ständig kleine Brandopfer dar. Die Brandopfer bestehen aus kleinen weißen Röllchen, die er in den Mund steckt und – erschrick nicht – anzündet [...] wie ein Feuerschlucker. Aber die Röllchen brennen nicht, sie glimmen nur, rauchen und stinken ziemlich. Trotz scharfer Beobachtung konnte ich keinen Sinn in diesen verglimmenden Röllchen erkennen. Tschai gaga Lai heißen die Röllchen – vielleicht auch der entsprechende Dämon. Es muss also eine kultische Handlung sein. Herr Shi-shmi beweist übrigens eine halsbrecherische und schon geradezu asketische Fertigkeit im Darbringen dieser Brandopfer. Bis das Röllchen nahe genug an seinen Mund gekommen ist, behält*

21 vgl. Kohl in: *Grundschulunterricht* 7/8 2001, S. 3–8

22 ebda. München 1986

23 die europäischen Menschen des 20. Jahrhunderts

Through a trick the familiar skin of every-day happenings has been cast off – and suddenly the all-familiar is full of strangeness and mystery – an impressive nursery school for aesthetics.

This attractive Chinese story is not as harmless as it seems. It reminds us of what happened recently in Berlin and New York. The keyword is C h r i s t o . The draped Reichstag[27] in Berlin, an old, previously well-known object, turned into something opposite, radiating strangeness and mystery. With Martin Buber's formulation: An i t becomes a y o u . And Central Park, that appeared to sink in a sea of orange flags, won through this a new, radiant epiphany. Over days, nights, weeks, after many reports, both transformations put people into an exceptional situation – cheerful sociability; they unexpectedly found themselves i n d i a l o g u e with themselves and the world. The cramp of self-assertion and isolation had been released.

Finally, I propose to name two consequences for educational practice and policy that are said to give status to the aesthetic experience:

1. The most widely spread justification for the encouragement of Aesthetic Education and experience in public educational institutions emphasizes the compensatory effects: something has to be done about the one-sidedness of rational scientific demands. Art, aesthetic practice is considered as a compensation, a counter-balance – if not even as a relaxation and a playing about for fun. Is this not cited up and down the land as the justification for aesthetic learning – do not those who complain about reduction of study time in this area refer to such arguments?

   In the serious subject areas the most serious aspect of life is something frivolous, something cheerful, thought of as a counter-balance to be pushed to one side. Behind this, of course, is the picture of the strictly isolated nature of the associated practical activity. Art or music or even dance – they take place in isolated spaces and times. What in the end has an opera house to do with a factory, with a rail station or a central administration? The considerations sketched here were intended to show that these ideas of compensation and sharply delineated isolation are entirely inappropriate. He who penetrates the qualities of aesthetic experience and practice – whether with Schiller, Sklovskij, Seel or not – for them it will be clear that they are concerned with all areas of learning in the undercurrents of universal relationships: Aesthetic experience is not to be thought of as a superstructure or a luxurious way of relaxing, but as humus. He who allows this form of experience to dry up will bring about the total extinction of the experience of reality. It is not a question of some sort of pedagogic or aesthetic delicatessen. An emaciated sense of perception allows the spirit to become stultified, provided that humans are totally sensitive beings and not artificial limbs for cognitive operations or merely brain appendages. Harnoncourt has risked the question: What would Einstein have thought, what would he have discovered had he not played the violin? Are these not the bold, imaginative hypotheses to which

[27] Parliament (Ed.)

er es im Mund – erst wenn es so klein ist wie mein kleinstes Fingerglied, hört er damit auf. Dann scheint auch der Zauber (eine Bann-Beschwörung), an die er ziemlich fest glaubt, verflogen zu sein, denn den Rest des Röllchens wirft er achtlos weg. Etwa alle halbe Stunden – habe ich beobachtet – bringt Herr Shishmi so ein Rauchopfer dar. Nie vergisst er es. Er führt stets ein Päckchen mit solchen Röllchen mit sich und in der Wohnung bewahrt er einen großen Vorrat solcher Päckchen auf. Ich fragte ihn, warum er solche Brandopfer darbringt. Er wurde sichtlich verlegen. Offenbar schämt er sich seines Aberglaubens. Er lachte zwar, aber die Frage war ihm doch ziemlich peinlich. »Ich weiß es selbst nicht«, sagte er, »ich kann es mir leider nicht abgewöhnen«.[24]

Der Chinese bemerkt erstaunt, dass auch Leute auf einer Zentraltreppe, auf der Straße im Gehen solche Brandopfer darbringen und an den Straßenrändern sieht er riesige Köpfe auf Wänden abgebildet, die so ein Brandröllchen in der Hand oder im Mund halten, wohl Andachtsstätten für diese Dämonen, wie er meint.

Durch einen Kunstgriff wird die Haut der Vertrautheit von alltäglichen Geschehnissen abgestreift – und unvermittelt trieft das allzu Bekannte von Unbekanntheit und Rätselhaftigkeit. Eine eindrucksvolle Vorschule der Ästhetik.

Diese hübsche Chinesen-Geschichte ist nicht so harmlos, wie sie scheint. Sie erinnert daran, was jüngst in Berlin und in New York passiert ist, Stichwort: C h r i s t o. Der verhüllte Reichstag in Berlin wurde aus einem altbekannten Objekt zu einem Fremdheit und Geheimnis ausstrahlenden Gegenüber. Mit Martin Bubers Formulierung: Aus einem Es wurde ein Du. Und der Central Park, der in einem Meer von orangen Tüchern zu versinken schien, gewann eben dadurch eine neue, strahlende Epiphanie. Beide Verwandlungen versetzten Menschen über Tage, Nächte, Wochen nach vielen Berichten in einen Ausnahmezustand – heiterer Geselligkeit; sie fanden sich unversehens mit sich und der Welt i m D i a l o g. Der Krampf der Selbstbehauptung und Isolierung hatte sich gelöst.

Zum Schluss will ich sehr thesenhaft zwei Konsequenzen aus dem Gesagten für den bildungspraktischen wie bildungspolitischen Stellenwert der ästhetischen Erfahrung nennen:

1. Die am meisten verbreitet Rechtfertigung für die Förderung Ästhetischer Erziehung und Erfahrung in öffentlichen Bildungseinrichtungen hebt ab auf kompensatorische Wirkungen: Es muss etwas getan werden gegen die Einseitigkeit rational-wissenschaftlicher Beanspruchung. Kunst, ästhetische Praxis als Ausgleich, als Gegengewicht – wenn nicht gar als Entspannung und lustbetonte Spielerei – lautet nicht so landauf, landab die Begründung für ästhetisches Lernen – beruft sich nicht auf solche Argumente der Protest gegen Stundenkürzungen in diesem Bereich?

   Dem Ernst des Lebens in den ernst zu nehmenden Lernbereichen ist etwas Unernstes, etwas Heiteres als Gegengewicht an die Seite zu rücken. Dahinter steckt natürlich auch die Vorstellung von der strikten inhaltlichen Isolierbarkeit der Leistungen. Kunst oder Musik oder gar Tanz spielen in isolierten Räumen und Zeiten. Was hat schließlich ein Opernhaus mit einer Fabrik, einem Bahnhof oder einer Zentralverwaltung zu tun? Es war ein Sinn der hier skizzierten Überlegungen zu zeigen, dass diese

[24] Rosendorfer 1986, S. 40f.

only the imaginative spirit finds its way and that can then be proved through logical thinking?[28]

2. A second statement about the aims of educational policy: To become slow, to allow oneself to be affected by experiences containing a surplus of expression, to see things anew through looking at them in a different way, to allow oneself to get involved and spend time in the encounter with unfathomable surprises, seeing instead of recognizing, practising »seeing seeing« and »listening hearing« – all this is the absolute opposite from that which is demanded of guinea pigs through selective test tasks, strung together without connection. They must react quickly, their answers must be capable of unambiguous ordering, and tabularly calculated. They are suitable for narrowly-conducted assessment competitions. You suspect correctly. It is about the assessments, whose test measurements in these breadths have caused an unparalleled educational policy earthquake. It is about the design of the PISA assessments.

As the result of a PISA imperialistic educational reform that sets up controlled competition in testable assessments all learning in the field of aesthetics goes to the dogs. In the mean time this news is circulating amongst renowned artists, who are in the process of sounding the alarm about this insidious loss of culture. I finish with words spoken by Nikolaus Harnoncourt in his lecture for the 250th birthday of Wolfgang Amadeus Mozart[29]:

> *Today most of the children here cannot even sing, because they have never been led to do so; they do not know how to form sounds and they know no songs. [...] This year we are reminded in all urgency that our children have a right to a full cultural education and not just a training. It is symptomatic for our educational aims that within the checking methods – such as the PISA studies – music has practically no part to play at all.*[30]

In a late fragment of Hölderlin's it says:

> *We are lacking*
> *in song.*
> *It releases the spirit.*[31]

I summarise in two sentences:
When under the throng of realities, the routines of control, the discharging of obligations, consumption, all these disintegrate, then the spirit and the senses awaken, then they come into communication with the world. A different, a dialogic attention stirs; does it still have a chance?

28 Harnoncourt 1982, p. 11

29 on 27th January 2006 at the ceremony of the Mozarteum International Foundation

30 Harnoncourt 2006

31 Hölderlin 1951, p. 217

Vorstellungen von Kompensation und von grenzscharfer Isolierung denkbar untriftig sind. Wer etwas in die Qualitäten ästhetischer Erfahrung und Praxis eindringt – ob mit Schiller, Sklovskij, Seel oder nicht – für den wird deutlich, dass es sich hier um alle Lernbereiche unterströmende Weltbeziehungen handelt: Nicht von Überbau oder entspannendem Luxus, sondern vom Humus ist die Rede. Wer diese Erfahrungsformen austrocknet, bringt die Erfahrung von Wirklichkeit überhaupt zum Verschwinden. Es geht nicht um irgendwelche pädagogische oder ästhetische Delikatessen. Die ausgezehrte Wahrnehmung lässt den Geist veröden, solange Menschen sinnliche Wesen mit Haut und Haaren sind – und nicht Prothesen für kognitive Operationen oder bloße Gehirnanhängsel. Harnoncourt hat die Frage riskiert: Was hätte Einstein gedacht, was hätte er gefunden, hätte er nicht Geige gespielt? Sind es nicht die kühnen, phantasievollen Hypothesen, zu denen nur der phantastische Geist findet und die dann vom logischen Denken bewiesen werden können?[25]

2. Ein bildungspolitisch gezieltes Schluss-Statement: Langsam werden, sich treffen lassen vom Überschuss des Ausdrucks in Widerfahrnissen, die Dinge mit fremdem Blick neu sehen, sich einlassen und Zeit-Verlieren-Können in der Begegnung mit abgründig Unverhofftem, Sehen statt Wiedererkennen, sehendes Sehen, hörendes Hören üben, alles das ist das schiere Gegenteil von dem, was punktuelle Testaufgaben, zusammenhanglos aneinandergereiht, von Testprobanden fordern. Die müssen schnell reagieren, ihre Antworten müssen eindeutig einzuordnen und tabellarisch zu verrechnen sein. Sie eignen sich für eng geführte Leistungskonkurrenzen. Sie vermuten richtig. Die Rede ist von den Leistungen, deren Test-Messung in diesen Breiten ein bildungspolitisches Erdbeben ohnegleichen verursacht haben. Die Rede ist von PISA-förmigen Leistungen.

Als Folge einer PISA-imperialistischen Bildungsreform, die auf kontrollierte Konkurrenz in testbaren Leistungen setzt, kommen Lernprozesse im ästhetischen Bereich vollends unter die Räder. Und das spricht sich inzwischen auch bei den renommierten Künstlern herum, die dabei sind, Alarm zu schlagen über diesen schleichenden Kulturverlust. Ich schließe mit Sätzen von Nikolaus Harnoncourt aus seinem Vortrag zum 250. Geburtstag von Wolfgang Amadeus Mozart[26]:

> *Heute können hier die meisten Kinder nicht einmal mehr singen, weil sie nie dazu angeleitet wurden; sie wissen nicht, wie man die Töne formt, und sie kennen keine Lieder. [...] Dieses Jahr jetzt mahnt uns in aller Eindringlichkeit, dass unsere Kinder ein Recht auf eine volle Bildung und nicht nur auf Ausbildung haben. Es ist symptomatisch für unsere Bildungsziele, dass bei den Kontrollmethoden – etwa der PISA-Studie – die Musik praktisch keine Rolle spielt.*[27]

25 Harnoncourt 1982, S. 11

26 am 27. Januar 2006 beim Festakt der Internationalen Stiftung Mozarteum

27 Harnoncourt 2006

Bibliography / Bibliographie

Anders, Günther, 1980: *Die Antiquiertheit des Menschen*, Bd. II, Beck'sche Reihe, München

Cunningham, Merce, 1986: *Der Tänzer und sein Tanz*, Frankfurt/Main

Duployé, Pie, 1957: *Rhetorik und Gotteswort*, Düsseldorf

Harnoncourt, Nikolaus, 2006: *»Man müsste ganz still und aufmerksam zuhören.« W. A. Mozart, seine Musik und unsere Zeit*, in: *Neue Zürcher Zeitung*, Nr. 23/2006 (28./29.1.2006), S. 29,

Harnoncourt, Nikolaus, 1982: *Musik als Klangrede*, Kassel

Hölderlin, Friedrich, 1951: *Sämtliche Werke*, Bd. II, in: Beissner, Friedrich (Hrsg.), Stuttgart

Kohl, Eva-Maria, 2001: Antrittsvorlesung an der Universität Halle, in: *Grundschulzeitschrift* Heft 7/8 2001, S. 3–8

Kükelhaus, Hugo/zur Lippe, Rudolf, 1982: *Entfaltung der Sinne*, Fischer, Frankfurt/Main, TB 4065

PISA 2000, (Hrsg.) Deutsches Pisa Consortium, Opladen 2001

Pound, Ezra, 1962: *Abc des Lesens*, Frankfurt/Main

Raulff, Ulrich, 2006: *Aufklärer im allegorischen Trümmerfeld*, in: *Süddeutsche Zeitung*, 6.2.2006, S. 11

Rittelmeyer, Christian, 2005: *Schillers Briefe über die ästhetische Erziehung des Menschen*, Weinheim/München

Rosendorfer, Herbert, 1986: *Briefe in die chinesische Vergangenheit*, dtv, München

Roth, Gerhard, 1995[3]: *Das Gehirn und seine Wirklichkeit*, Stuttgart

Seel, Martin, 2000: *Die Ästhetik des Erscheinens*, Suhrkamp, München

Sklovskij, Viktor, 1971: *Die Kunst als Verfahren*, in: Striedter, Jurij (Hrsg.): *Russischer Formalismus*, München, S. 3–35

Sklovskij, Viktor, 1973: *Die Auferweckung des Wortes*, in: Stempel, Wolf-Dieter (Hrsg.): *Texte der russischen Formalisten*, Bd. II, München, S. 3–17

Waldenfels, Bernhard, 2002: *Bruchlinien der Erfahrung*, Suhrkamp, Frankfurt/Main

Zaugg, Rémy, 1988: *Für ein Bild*, Basel

In einem späten Fragment Hölderlins steht:

Denn es fehlet
An Gesang.
Der löset den Geist.[28]

Ich fasse in zwei Sätzen zusammen:
Wenn unter dem Andrang von Wirklichkeiten die Routinen der Beherrschung, der Erledigung, des Nahebringens, des Konsums zerfallen, dann wachen Geist und Sinne auf, dann kommen sie mit der Welt ins Gespräch. Eine andere, eine dialogische Aufmerksamkeit regt sich. Hat sie noch eine Chance?

[28] Hölderlin 1951, S. 217

In Dialogue – Manuela Widmer with Horst Rumpf

Manuela Widmer: You, Mr. Rumpf, are – if I may say so – a very colourful and exotic member of the guild of educational scientists. But in the guild of music and dance teachers from the international world of Orff-Schulwerk it is n o r m a l to be d i f f e r e n t!

Just as you in all your books, articles and lectures do not speak for t h e educational scientists but represent your own – well-founded – opinion so do music and dance teachers feel, act and think independently. There is no m a i n s t r e a m, the o n e recognised theory for our field of action, the one most popular textbook; instead there is a multitude of material, methods, ideas and in midst of which we look for the affinity, the similarity, the familiar, that which attracts me, confirms me in my own actions and thoughts, but also that which is unknown, remote, irritating, that which confuses me and puts my professional self-image into question, and even annoys me.

At the end of your lecture you quoted Harnoncourt, who regrets that music plays practically no role in the world of education and, in particular, does not have a control function within the scope of the PISA studies in which knowledge that can be tested unilaterally is placed in the foreground. For decades we have been pursuing the aim of having music, dance, language and play assume a practical role in nursery schools and schools, in family leisure time, in institutions for the elderly, the handicapped and adolescents and also – insofar as it exists – in the integrative field.

What are the tasks and goals that Music and Dance Education has set itself from the early 1960s with the founding of the Orff Institute up to the present day? The much quoted challenge that elemental music by definition forms a unity with movement, dance and language, is music that one must make oneself and in which one takes part not as a listener but as a participant stems from Carl Orff (1964)[1]. Wilhelm Keller emphasized (1980) that every person is invested with an original, central musical power that needs to be awakened, enabled and cultivated. Lastly Werner Thomas writes:

> *Orff-Schulwerk is not limited to reproducing or imitating. Its goal is improvisation [...] through it creative work with the* p o e t i c *phantasy can be reviewed and measured.*[2]

Which of the mentioned tasks and objectives do you consider to still being relevant today?

Horst Rumpf: We are in a strange phase of transition as far as the educational environment is concerned. Our learning culture is overshadowed by a concept of learning that

1 Orff, Carl: *Orff-Schulwerk: Past and Future*, in: *Music in Education*, London, Sep/Oct 1964

2 Thomas, Werner, 1997: *Musica Poetica – Gestalt und Funktion des Orff-Schulwerks*, p. 51f.

Im Dialog – Manuela Widmer mit Horst Rumpf

Manuela Widmer: Herr Rumpf, Sie sind – mit Verlaub – ein vielfarbig schillernder Exot der Zunft der Erziehungswissenschaftler. Aber auch in der Zunft der Musik- und Tanzpädagogen aus der internationalen Welt des Orff-Schulwerks ist es normal, verschieden zu sein!

So wie Sie in allen Ihren Büchern, Artikeln und Vorträgen nicht für die Erziehungswissenschaftler sprechen, sondern Ihre eigene – wohlbegründete – Meinung vertreten, so empfinden, handeln und denken Musik- und Tanzpädagogen eigenständig. Einen mainstream, die eine anerkannte Theorie zu unserem Handeln, das am meisten verbreitete Lehrwerk gibt es nicht. Es gibt stattdessen eine große Fülle von Material, Methoden, Ideen. Darin finden wir, suchen wir die Verwandtschaft, die Ähnlichkeit, das Vertraute, das uns anzieht, unterstützt und bestätigt in unserem eigenen Tun und Denken; aber auch das Fremde, Ferne oder Irritierende, das uns verwirrt und unser fachliches Selbstverständnis in Frage stellt, uns an-, ja sogar aufzuregen vermag.

Sie haben am Ende Ihres Vortrags Nikolaus Harnoncourt zitiert, der beklagt, dass die Musik im Bildungsgeschehen praktisch keine Rolle mehr spielt, insbesondere nicht als Kontrollfunktion im Rahmen der PISA-Studien, in denen völlig einseitig abfragbares Wissen im Vordergrund steht. Wir verfolgen seit Jahrzehnten das Ziel, Musik, Tanz, Sprache, Spiel praktisch eine Rolle spielen zu lassen: in Kindergärten und Schulen, bei Familienfreizeiten, in Einrichtungen für alte Menschen, bei behinderten Menschen, bei Jugendlichen und – soweit vorhanden – im integrativen Bereich.

Was für Aufgaben und Ziele hat sich eigentlich die Musik- und Tanzpädagogik von ihren Anfängen in den frühen 60er-Jahren mit der Gründung des Orff-Instituts bis heute gestellt? Von Carl Orff stammt die viel zitierte Aufforderung (1964), dass die Elementare Musik, die per Definition ja immer mit Bewegung, Tanz und Sprache in enger Verbindung steht, eine Musik ist, die man selber tun muss, in die man als Mitspieler, nicht nur als Hörer einbezogen ist[1]. Wilhelm Keller betont 1980, dass in jedem Menschen eine ursprüngliche, zentrale musikalische Potenz angelegt ist, die es zu wecken, zu ermöglichen, zu pflegen gilt. Und schließlich schreibt Werner Thomas:

> *Das Orff-Schulwerk erschöpft sich weder in Reproduktion noch in Imitation. Sein Ziel ist die Improvisation. [...] An ihm kann gestaltendes Tun der poetischen Phantasie geprüft und gemessen werden.*[2]

[1] Orff, Carl: *Das Schulwerk – Rückblick und Ausblick*, in: Thomas, Werner/Grötz, Willibald (Hrsg.): *Orff-Institut, Jahrbuch 1963*, Mainz 1964

[2] Thomas, Werner, 1997: *Musica Poetica – Gestalt und Funktion des Orff-Schulwerks*, S. 51f.

is justified by the purpose, controllable, comparable, product-oriented – output-oriented is what it is called nowadays – all the learning that is still in anyway significant seems to have to be squeezed through this filter – and here some of my colleagues from this peculiar field of educational science are the protagonists – with an understanding of learning that has become ubiquitous and is pervading educational politics and educational financing. And I would say that everything you have mentioned and what I know of your work is a healthy antidote and I would focus on the term improvisation. If you take a closer look at the term improvisation or find out what kind of an inner activity is actually implied in the term then you will find that improvisation contains the Latin word in providere, the unforeseeable. When I hear the discussions that are presently being held in the Federal Republic of Germany, and also in Austria, about the education standards, then the point that is being made is that teaching and the learning processes are actually foreseeable, have to be made foreseeable to be comparable. And then you have this peculiar fear of international competition that keeps cropping up, the concern that we can't keep up in the battle for economic power. So: improvisation is a healthy antidote, the unforeseeable, the open space in which aesthetic learning takes place.

The second element contained in the term improvisation is the imperfect – a farewell to the focus on outstanding performances, top performances where any approach that welcomes the committing of errors – the German term »Fehlerfreundlichkeit« – a wonderful word used by Ernst Ulrich von Weizäcker – has been banned. A person improvising does not strive for absolute perfection but tolerates mistakes, detours, wrong turnings and, seen in this light, I believe improvisation contains something new, unknown, a future.

And finally, the third element contained in improvisation is that which does not isolate itself a priori, i. e. the highly specialized. This is already contained in the wonderful term elemental. The elemental is the humus, the foundation, that which is not specialised. These three characteristics of improvisation make a great deal of sense to me and are the exact opposite to the concept of learning that has become amazingly powerful in cultural politics. I would really like to know how many Ministers for Cultural Affairs actually ever think about how restrictive it is when learning is reduced to educational standards and the fast assimilation of some learning products. So: I would like to encourage you to improvise. Continue to improvise!

Widmer: Mr. Rumpf, in a statement on educational politics you gave us some thoughts which we can understand very well within the context of our profession, for example slowing down, allowing oneself to be moved by the excess of expression, seeing things anew from a view that is not our own, allowing oneself to become involved and above all being able to waste time.

And if you look at our schools that is exactly the dilemma we are confronted with on a day-to-day basis. Can we seriously demand that Aesthetic Education be introduced into the schools or would that actually be preventing it from the very beginning?

Rumpf: It would be taken over – the danger of it being taken over and absorbed certainly does exist. School, this mighty apparatus, has already managed to break down a

Welche der angesprochenen Ziele und Aufgaben finden Sie für die heutige Zeit noch beachtenswert?

Horst Rumpf: Wir sind ja was unser Bildungsklima angeht in einem merkwürdigen Umbruch. Unsere Lernkultur wird überschattet von einer Vorstellung von Lernen, die zweckrational, kontrollierbar, vergleichbar, produktorientiert – outputorientiert heißt das neuerdings – zu sein hat, alles Lernen scheint durch diesen Filter gequetscht werden zu müssen. Dabei sind einige meiner Kollegen dieser merkwürdigen Branche Erziehungswissenschaft Hauptbeteiligte mit einer Vorstellung des Lernens, die allgegenwärtig die Bildungspolitik und die Bildungsfinanzierung durchdringt. Ich denke, dass all dieses, was Sie erzählen und was ich von Ihrer Arbeit kenne, ein heilsames Gegengift ist. Ich würde mich festmachen an dem Begriff I m p r o v i s a t i o n. Wenn Sie ihn abtasten auf das, was damit eigentlich gemeint ist an innerer Bewegung, dann steckt in dem Begriff Improvisation das lateinische i n p r o v i d e r e, das nicht Vorhersehbare. Wenn ich in der Bundesrepublik Deutschland die aktuellen Diskussionen über die Bildungsstandards sehe, die ja auch in Österreich geführt wird, dann ist die Pointe gerade die: Lehr- und Lernprozesse sind vorhersehbar, müssen vorhersehbar gemacht werden, um vergleichbar zu werden. Dann kommen immer diese merkwürdigen internationalen Konkurrenzängste, wir kämen im Wirtschaftskampf nicht mit. Also: Improvisation als das heilsame Gegengift, das nicht Vorhersehbare, das Offene, als ein Geschehen, in dem ästhetisches Lernen passiert.

Das Zweite, was in dem Begriff Improvisation steckt, ist das nicht Perfekte: der Abschied von den Orientierungen an den Spitzenleistungen, wo jede Fehlerfreundlichkeit – ein schönes Wort von Ernst Ulrich von Weizäcker – verbannt ist. Der Improvisierende ist nicht auf absolute Perfektion aus, sondern toleriert Fehler, Umwege, Irrwege. In diesem Sinne beinhaltet Improvisation für mich Neues, Unbekanntes, Zukunft.

Das Dritte schließlich, was in Improvisation steckt, ist das nicht von vorn herein sich Abschottende, das Hochspezialisierte und das steckt schon in dem schönen Begriff elementar. Das E l e m e n t a r e ist ja der Humus, der Grund, das nicht Spezialisierte.

Diese drei Züge von Improvisation, die mir ungeheuer einleuchten, sind das genaue Gegenbild der heutigen Vorstellung von Lernen, die kulturpolitisch eine ganz erstaunliche Macht übernommen hat. Ich möchte wissen, wie viele Kultusminister überhaupt darüber nachdenken, welche Einschränkung es für das Lernen bedeutet, wenn man es auf Bildungsstandards und schleunigste Erreichung von irgendwelchen Lernprodukten reduziert und alles andere als freundliche Ergänzung versteht, die notfalls auch gestrichen werden kann. Also will ich Ihnen Mut machen: Improvisieren Sie weiter!

Widmer: Herr Rumpf, Sie haben uns in Ihrem bildungspolitischen Statement Gedanken vermittelt, die wir für unser Metier sehr gut nachvollziehen können, wie z. B. das Langsam-Werden, das Sich-treffen-Lassen vom Überschuss des Ausdrucks und das neue Sehen der Dinge mit fremdem Blick, das Sich-Einlassen und vor allem das Zeit-verlieren-Können.

Wenn man jetzt unsere Schulen anschaut, ist doch genau dies das Dilemma, vor dem wir tagtäglich stehen. Dürfen wir denn allen Ernstes die Ästhetische Erziehung in die Schulen hinein fordern, oder verhindern wir sie dann erst recht?

lot of contents that are then ground into teaching material to make it testable and rid it of any specific weight. One could say that Aesthetic Education is far too precious to be given to schools because they would pervert it. You can't deny the danger of that happening.

Last week I attended a conference of teachers who teach protestant religious studies. A colleague spoke about his desperate battle for a room of silence. He fought for it because something can grow there, something can continue to develop. So for me the worst impression one gets when walking into a school is the feeling that everyone rushing to get things done. Everybody is running around, on the go, it is awful. So, of course, one gets the feeling that if an hour of Mozart were squeezed in, it too would be taken apart. I have opponents who say:

> *Rumpf, you're mad! You want to introduce things to school that have no business being there. These things belong to afternoon activities, leisure time work, Social Work but they do not belong in school. In school you have subjects, marks, gradual learning and there is no room for stuff like that.*

Of course, that is a position that can be taken. But on the other hand I would say: if our educational system really eliminates counter-experiences then things will only get done and involvement will drop to zero. Invaluable counter-forces and the counter-experiences that develop from the aesthetic, that create awareness as to what rationality actually is, that is a valuable educational experience. If this experience completely disappeared from our educational system the consequence would be a monotony that would have devastating and also political effects. After all, how could you have a democratic dispute if you have not gathered a wide range of different experiences – and these must, of course, primarily include aesthetic experiences?

So in answer to your question: yes, it is perhaps out of touch with reality, unrealistic, but our world needs this encounter with strangeness.

There are other types of experiences. For example if I read about or go to a good exhibition to which a huge number of people flock, it is absolutely incredible to see the yearning for other types of encounters, experiences which cannot be categorised as easily – what a need that reflects. And this hunger, this need has to be cultivated somewhere, has to grow somewhere, and has to be established. And this is where Aesthetic Education has an indispensable function which cannot in any way be reduced to merely being compensatory.

Widmer: I think that it would then have to be our most important task to reinforce our teachers by providing training and further training so that they are not taken over, do not become instrumentalised, but establish something in schools that is an antidote, where ultimately Aesthetic Education shakes up the entire school system and creates a movement – and that is a grand vision. A movement where more focus is given to integrative learning and working, thinking about the possibility of every child having the space to develop its own individuality; that is something that Aesthetic Education demands as a prerequisite but that is basically not tolerated and hardly facilitated or admitted in the normal school system. This is where educators have to be supported.

Rumpf: Man wird sie vereinnahmen; diese Gefahr ist zweifellos gegeben. Die Schule als mächtige Apparatur hat schon sehr Vieles an Inhalten klein gekriegt, die dann zu überprüfbarem Lehrstoff zermahlen werden und ihr Eigengewicht verlieren. Man könnte sagen, die Ästhetische Erziehung ist viel zu schade, um sie in die Schulen zu geben, weil sie dort pervertiert wird. Wer will bestreiten, dass dies eine reale Gefahr ist?

Ich war letzte Woche bei einer Tagung von evangelischen Religionslehrern. Ein Kollege erzählte dort von seinem verzweifelten Kampf um einen Raum der Stille. Weil in einem solchen Raum etwas wachsen kann, sich etwas weiter entwickeln kann. So ist für mich auch der fürchterlichste Eindruck, wenn man in eine moderne Schule herein kommt, die Atmosphäre der Erledigungshast. Alle rennen sie, alle im Trab, das ist fürchterlich. Man hat das Gefühl, wenn hier noch eine Stunde Mozart dazu käme, dass der dort auch verhackstückt würde.

Ich habe Gegner, die sagen:

> *Rumpf, du spinnst! Du willst Sachen in die Schule rein bringen, die dort keinen Ort haben. Das gehört in den Nachmittag, in die Freizeitarbeit, in die Sozialarbeit, aber nicht in die Schule. Denn da gibt es Fächer, da gibt es Noten, da gibt es stufenweise überprüfbares Lernen: Da ist kein Platz für so was.*

Das ist natürlich eine Position, die vertretbar ist. Aber auf der anderen Seite muss ich sagen: Wenn unser Bildungswesen wirklich auf diese Gegenerfahrungen verzichtet, dann wird nur noch erledigt und die Beteiligung geht nach Null. Unschätzbare Gegenkräfte und Gegenerfahrungen, die aus dem Ästhetischen erwachsen, die auch den Unterschied bewusst machen, was überhaupt die Rationalität ist, das ist eine kostbare Bildungserfahrung. Wenn sie aus unserem Bildungsgeschehen zur Gänze verschwände, wäre eine Monotonie die Folge mit verheerenden, auch politischen Auswirkungen. Denn wie sollte noch demokratisch gestritten werden, wenn man nicht vielfältige Erfahrungen – und eben auch ästhetische – erlebt hat?

Als Antwort auf Ihre Frage: ja, es ist vielleicht weltfremd, aber die Welt hat diese Fremdheit nötig.

Es gibt noch andere Arten von Erfahrungen. Wenn ich z. B. lese oder in eine qualifizierte Kunstausstellung gehe, in der sich ungeheure Zahlen von Menschen drängen. Es ist einfach umwerfend, was für ein Hunger nach anderen Begegnungen, nach anderen Widerfahrnissen, die sich nicht so leicht einpassen lassen, was für ein Bedürfnis daraus spricht. Und dieser Hunger, dieses Bedürfnis muss ja irgendwo kultiviert werden, irgendwo wachsen und angelegt werden. Und da hat die Ästhetische Erziehung eine ganz unverzichtbare Aufgabe, die überhaupt nicht auf Kompensation zu reduzieren ist.

Widmer: Ich denke, dass es dann unsere wichtigste Aufgabe sein müsste, Lehrende über Aus- und Weiterbildung darin zu stärken, sich eben nicht vereinnahmen, nicht instrumentalisieren zu lassen, sondern in den Schulen als Gegengift etwas anzulegen, was im Endeffekt – und das ist eine große Vision – von Seiten der Ästhetischen Erziehung her das Schulsystem erschüttert und in Bewegung bringt. Eine Bewegung bei der mehr an integratives Lernen und Arbeiten gedacht wird, an die Möglichkeit, dass jedes einzelne Kind in seiner Individualität einen Raum hat, etwas, was die Ästhetische Erziehung ja unbedingt

Rumpf: One has to support them in getting away from this terrible rush. The multitude, the speed, the »I have to get through the material« is a mental illness! It is much more important to experience less more intensely. I had a natural sciences and mathematics teacher, the teacher Martin Wagenschein, who gave many examples in physics and mathematics which illustrate what it means to go in for less, for phenomena, to feel the spaces in between and so, in this respect, Aesthetic Education of course also has an impact on the so-called other subjects. Martin Wagenschein, whom I just mentioned, once wrote an essay in the sixties with the wonderful title *The Tragedy of Maths Lessons* which contains the sentence: *How was it ever possible that a magic garden was turned into a dusty parade ground?* Wagenschein has a profound understanding of aesthetic experiences and used this as the foundation to do mathematics, also to teach physics and he always emphasized that what is important is to do little thoroughly, to work through small quantities of material and not to get stuff done, syllabi, material, systematic procedures – as soon as you do that you are in trouble.

Our school, our education system cannot get out of this fixation with speed. There again I would say that what you offer as elemental music and dance teachers, the corporeal sensitivity, sensitivity to movement and inward listening truly constitutes a wealth of counter-experiences illustrating that the human body is not just an envelope for the spirit, a prosthesis for the head. As the physicist Edison once said in the 19th century: *I only need my body to carry my head*. That is a great saying. When I see how neglected corporeality has become in our educational system, how it has become an instrument of technology and functionalised I get the feeling that the body really has been reduced to being a head support. But in the long term this greatly damages the head.

Widmer: Mr. Rumpf, in your lecture you urged us to learn from writers and poets. I found a text by Saint-Exupéry which I would like to mention. In his book called *Giving Life a Meaning* (1957) he talks about an experience he had in a train in which Polish soldiers returning from the First World War were in a 3rd class compartment on their way to the USSR. He sees the sleeping child of a couple which, based on its clothes and hands, belonged to the class of physically hard working people. He saw a Mozart in this child who *will be marked by the chasing hammer*. And he writes at the end of his observation:

> *What torments me cannot be redressed by the soup kitchens. I am not tormented by these dents and bumps, the unsightliness. I am tormented by the fact that in each of these human beings there is something of a Mozart that has been murdered.*

After reading this text I had a few thoughts which may sound a bit presumptuous when you think of the existential suffering in those days but I will nevertheless venture to make a comparison: aren't our schools today comparable to the soup kitchens of the time insofar as – figuratively speaking – they secure our mental survival but at the same time do very little to displace this »imperviousness to amazement« that you mentioned, this »being stuck in habits«, this »10 out of 10 for attention, the falling into line and remoteness«?

Rumpf: Schools are in a very difficult position. Of course, you cannot dispute that school is an institution that has to assert a standard of discipline and control emotions.

verlangt, aber was das normale Schulsystem im Grunde genommen nicht duldet, kaum ermöglicht und zulässt. Hier muss man die Pädagoginnen und Pädagogen stärken.

Rumpf: Man muss sie stärken, von dieser schrecklichen Hetze weg zu kommen. Das Viele, das Schnelle, »ich muss vorankommen im Stoff«, das ist ja eine Geisteskrankheit! Es kommt vielmehr darauf an, Weniges intensiv zu erfahren. Ich bin Schüler des Naturwissenschafts- und Mathematikdidaktikers, des Pädagogen Martin Wagenschein, der in vielen Beispielen zur Physik und Mathematik gezeigt hat, was es heißt, sich einzulassen, auf Weniges, auf Phänomene und die Zwischenräume zu spüren. Insofern hat die Ästhetische Erziehung natürlich auch eine Ausstrahlung auf die so genannten anderen Fächer. Der von mir zitierte Martin Wagenschein hat in den 60er-Jahren einen Aufsatz geschrieben mit dem schönen Thema *Die Tragik des Mathematikunterrichts* und darin steht der Satz: *Wie konnte es nur dazu kommen, dass aus einem Zaubergarten ein staubiger Exerzierplatz wurde!* Wagenschein hat ja ein tiefes Verständnis für ästhetische Erfahrung, aus diesem Untergrund heraus hat er auch Mathematik gemacht, auch Physik unterrichtet und immer betont es ginge darum, Weniges gründlich durchzuarbeiten und nicht zu erledigen, Pensen, Stoff, Systematik etc. – in dem Moment ist man schon in des Teufels Küche.

Unsere Schule, unser Bildungswesen kommt aus dieser Tempofixierung nicht heraus. Auch da würde ich wiederum sagen, was Sie als Elementare Musik- und Tanzpädagogen zu bieten haben, mit Ihrer Leibsensibilität, mit Ihrer Bewegungssensibilität, mit Ihrem Nach-innen-Hören, da haben Sie ja nun wirklich einen Schatz von Gegenerfahrungen, die zeigen, dass der menschliche Körper nicht nur ein Futteral für den Geist, eine Prothese für den Kopf ist. Der Physiker Edison hat im 19. Jahrhundert mal gesagt: *ich brauche meinen Leib nur, um meinen Kopf herum zu tragen* – das ist eine tolle Formulierung. Wenn ich sehe, wie die Leiblichkeit in unserem Bildungswesen verwahrlost, technisiert und funktional gesehen wird, dann habe ich auch das Gefühl, dort wird der Leib nur noch als Kopfträger benutzt. Aber das schadet auf die Dauer dem Kopf gewaltig.

Widmer: Herr Rumpf, Sie haben uns in Ihrem Vortrag dringend geraten, dass wir von den Schriftstellern, den Poeten lernen sollen. Ich habe bei Saint-Exupéry einen Text gefunden, den ich noch gerne ins Spiel bringen möchte. In seinem Buch mit dem Titel *Dem Leben einen Sinn geben* (1957) berichtet er von einem Erlebnis in einem Zug, in dem polnische Heimkehrer nach dem Ersten Weltkrieg in einem Abteil dritter Klasse auf der Fahrt in die UdSSR waren. Er sieht das schlafende Kind eines Paares, das seiner Kleidung und seinen Händen nach zur Schicht körperlich schwer arbeitender Menschen gehört. Er sah in diesem Kind einen Mozart, der *durch den Treibhammer gezeichnet* sein wird. Und er schreibt am Schluss seiner Betrachtung:

> *Was mich quält, können die Volksküchen nicht beheben. Mich quälen nicht diese Dellen, diese Höcker, diese Hässlichkeit. Mich quält, dass in jedem dieser Menschen etwas von einem ermordeten Mozart steckt.*

Mir sind im Anschluss an diesen Text Gedanken gekommen, die vielleicht etwas vermessen klingen mögen in der Erinnerung an dieses tatsächlich existentielle Leid in der damaligen Zeit, aber ich wage dennoch einen Vergleich: Sind unsere Schulen heute nicht vergleichbar mit den damaligen Volksküchen, die – im übertragenen Sinn – unser geistiges

We all have to function and for that we need techniques that have been practised, skills that have to be practised and sometimes that is difficult and teachers certainly also have to be disciplinarians. Children have to survive in this world which is totally mechanised, totally rationalised and marked by competition and speed. So some things unfortunately have to be strangled in a certain way. That is bitter but we would be turning a blind eye to the world if we didn't accept that children have to learn a certain amount of time-keeping. This discipline in time-keeping that often strangles the inner images. One would be totally out of touch with the world if one disputed that many of the liberties in our civilisation that nobody wants to miss are connected to the fact that this apparatus works and that to some extent we are part of this machinery. We can't just demonise it but at the same time you have to be overcome by grief for the Mozart that was murdered in the children who do not receive all the opportunities for development they need.

However much one may accept that school is a kind of learning factory I still think it would be a complete disaster if this was not put into some perspective by reflection and a counter-movement. If this machinery asserts itself blindly and if there no longer is any room for spontaneity and for playfulness, if these spaces that are already endangered by the changes in our environment disappeared. And in a grotesque way, this is where school now has a responsibility that it didn't have before the task of teaching the children something, preparing experiences. These are contents that originally did not belong into school. School was founded in the 19th century as a disciplining and civilisation apparatus, as a learning barracks, an instruction machine. Just look at the buildings, the syllabi, the time schedules. And now we are realising that that isn't enough and other forms of experiencing are falling by the wayside because the world is being built up with concrete.

This dichotomy that school, on the one hand, has to fulfil the task of providing civilisation and, on the other hand, the fact that the aesthetic counter-experiences have to be composed in a finely tuned field of tension to provide a counterbalance, that truly is like trying to square a circle! Our educational policy does not take the necessity to provide this polarisation seriously enough.

Audience: What I notice again and again is that different teachers confront each other and say: *I don't like you, keep out of my way with your aesthetics, that just disrupts my whole set-up* and others who say *you and your focus on reason, we have to become more emotional.* It would be necessary for both of them to sit down together and explain to each other what is important for them. There is not enough constructive exchange that is not just aiming at justifying itself.

Rumpf: Where do you find inspired teachers or directors who encourage that sort of thing, who break up this isolation? However, the issue of personal attraction still remains because an aesthete just does smell differently. [...] And then you also have the aversion of the approved artists towards the teachers who also smell differently. The artists fear that the teachers are too narrow-minded. But there are people like Harnoncourt or Michael Giehlen who have a sense of that aspect of music that is not just musical, but

Überleben zwar sichern, aber kaum etwas dazu beitragen, der von Ihnen angesprochenen »Verblüffungsfestigkeit«, der »Erstarrung in Gewohnheiten«, der »Aufmerksamkeit 1, des Einordnens und Distanzierens« ein Gegengewicht an die Seite zu stellen?

Rumpf: Die Schulen sind in einer verdammt heiklen Lage. Denn einerseits ist es ja überhaupt nicht zu bestreiten, dass die Schule auch eine Einrichtung ist, die die Disziplin, die Affektkontrolle durchsetzen muss.

Wir müssen alle funktionieren, dafür braucht es eingeübte Techniken, einzuübende Kenntnisse. Das ist manchmal hart und die Lehrenden müssen zweifellos auch Disziplinagenten sein. Die Kinder müssen Disziplin lernen, um in dieser sehr durchtechnisierten, durchrationalisierten, von Konkurrenz und Tempo gezeichneten Welt zu überleben. Manches muss leider in bestimmter Weise sogar stranguliert werden. Das ist bitter, aber wir würden die Augen vor der Welt verschließen, wenn wir nicht auch akzeptieren würden, dass Kinder eine gewisse Zeitdisziplin lernen müssen. Eine Zeitdisziplin, die oftmals die inneren Bilder abschnürt. Es wäre völlig weltfremd, zu bestreiten, dass viele Freizügigkeiten unserer Zivilisation, auf die niemand verzichten will, damit zusammen hängen, dass dieser Apparat funktioniert und dass wir in gewisser Weise Maschinenteile sind. Wir können das nicht nur verteufeln, aber die Trauer um den ermordeten Mozart muss einen dennoch befallen, wenn man sieht, wie Kinder nicht alle Entwicklungschancen erhalten.

Bei aller Akzeptanz der Schule als eine Art Lernfabrik halte ich dies dennoch für eine reine Katastrophe, wenn das nicht durch Reflexion und durch Gegenbewegung relativiert wird. Wenn das blind durchschlägt und wenn alle freien Spielräume der Spontaneität, des Spielerischen, die ja auch durch die Umweltveränderungen gefährdet sind, verschwinden. In diesem Zusammenhang erwächst nun der Schule groteskerweise eine Aufgabe, die sie früher überhaupt nicht hatte: den Kindern etwas beizubringen, Erfahrungen anzubahnen, Inhalte, die ursprünglich gar nicht in die Schule herein passten. Die Schule ist im 19. Jahrhundert als eine Disziplinierungs- und Zivilisationsapparatur, als Lernkaserne, als Belehrungsmaschine begründet worden. Schauen Sie sich die Gebäude an, die Lehrpläne, die Zeitordnungen. Jetzt beginnen wir zu begreifen, dass das nicht ausreicht, dass andere Erfahrungsformen weg brechen, weil die Welt zubetoniert ist.

Dieses Widerspiel, dass die Schule einerseits die Zivilisationsaufgabe erfüllen muss, aber andererseits auch ästhetische Gegenerfahrungen in einem spannungsreichen Verhältnis dagegen komponiert werden müssen, das ist weiß Gott eine Quadratur des Kreises! Unsere Bildungspolitik nimmt diese Polarisierungsnotwendigkeiten viel zu wenig ernst.

Publikum: Ich stelle immer wieder fest, dass verschiedene Lehrer sich gegenüberstehen und sagen: *Ich mag dich nicht, bleib mir weg, mit Deiner ganzen Ästhetik, das stört mir meinen ganzen Ablauf* und die anderen sagen: *Du mit Deiner Ratio, wir müssen emotionaler werden*. Es wäre notwendig, dass sich die beiden an einen Tisch setzen und sich einander erklären, was ihnen wichtig ist. Es findet zuwenig fruchtbarer Austausch statt, der nicht nur der Rechtfertigung dient.

Rumpf: Wo gibt es inspirierte Pädagogen oder Direktoren, die so was anregen, die diese Isolierungen aufbrechen? Es bleibt aber auch die Frage der persönlichen Anziehung, denn

resonates with the senses. These people have to be empowered; they have to be brought into the discussion.

Audience: In the past years I have observed that many parents are very grateful for what is offered at the music schools and conservatories because here they can find something for their children to balance the strain of school. More and more children are being brought to music and dance courses and I very much welcome that.

Rumpf: A very encouraging sign!

Audience: I would like to say something about the quotation of Saint-Exupéry regarding the sleeping child and the Mozart residing in it. Especially today, where there is so much talk about highly gifted children and more children than in the past are being categorised as being highly gifted I am not quite sure whether Mozart had a happy life. Nowadays children are often misused to satisfy their parents' ambitions. There is no doubt that Mozart gave us a great deal and had very favourable conditions to grow up in and expand and develop his creativity. But this sleeping child, perhaps it has a whole lot of other possibilities to develop its creativity in its environment?

Widmer: I would assume that that was or is exactly the essence of this extract from Saint-Exupéry, that he meant that the murdered Mozart inside this child represents the murdered possibilities of personal expression and personal artistic development.

Rumpf: I think your comment is very important. High-performance artists are indeed problematic. If children are observed with a view to possibly becoming »high-performance athletes« in the field of art, that is, of course, very much a double-edged sword. Here again my appeal for improvisation. The word improvisation has such an appealing connotation – only one Einstein and only one Mozart ever existed – what I am saying is that our performance-oriented society is at risk if it transfers that performance orientation to art and if that then leads to aesthetic world championships; that would be totally counterproductive and difficult to balance. Parents who today more than ever before feel that their child has to excel in society often suppress the ability to slow down, stop, go roundabout ways, not always be first. This competitive rivalry that prevails in schools and is often initiated by the parents really will lead to the murder of the inherent Mozarts if it spreads to the field of aesthetics.

Audience: Efforts and ways to connect are being tested to link art and education. That, of course, takes time, also to work with the teachers. Over the years we have noticed that it works and wonderful things happen between the children and the parents, the teachers, the people in charge of the after-school care centres and the art teachers. The Clara Schumann Primary School in Leipzig is a positive example.

Audience: The problem is that in music schools where instruments are being taught the question of what the children are actually able to do when they finish early musical edu-

so ein Ästhet, der riecht halt anders. [...] Und es gibt ja auch die Abneigung der approbierten Künstler gegen die Pädagogen, die riechen auch anders. Die Künstler haben dann wieder Angst, die Pädagogen backen so kleine Brötchen. Aber es gibt Leute wie Harnoncourt oder Michael Giehlen, die einen Sinn haben für das, was an der Musik nicht nur musikalisch ist, für diese sinnliche Schwingungsbreite. Diese Leute muss man stark machen, die muss man ins Gespräch bringen.

Publikum: In den vergangenen Jahren beobachtete ich, dass viele Eltern sehr dankbar über die Angebote der Musikschulen und Konservatorien sind, um für ihre Kinder einen Ausgleich zu finden für die Überlastung durch die Schule. Die Kinder werden vermehrt in die Musik- und Tanzkurse gebracht und das begrüße ich sehr.

Rumpf: Ein ermutigendes Zeichen!

Publikum: Ich möchte gerne Stellung nehmen zu dem Zitat von Saint-Exupéry bezüglich des schlafenden Kindes und dem Mozart in ihm. Gerade heute, wo Hochbegabung sehr im Gespräch ist und mehr Kinder als früher als hochbegabt bezeichnet werden, bin ich mir nicht ganz sicher, ob Mozart ein glückliches Leben hatte. Heute werden jedoch Kinder oft missbraucht, um den Ehrgeiz der Eltern zu erfüllen. Zweifelsohne hat uns Mozart viel gegeben und sehr günstige Bedingungen gehabt, aufzuwachsen, und seine Kreativität auszubreiten und zu entwickeln. Aber dieses schlafende Kind, vielleicht hat es ganz andere Möglichkeiten, seine Kreativität in seinem Umfeld zu entwickeln?

Widmer: Ich vermute mal, dass genau das die Quintessenz dieser Textstelle von Saint-Exupéry war, bzw. ist, indem er meint, dass der ermordete Mozart in diesem Kind die ermordete Möglichkeit des persönlichen Ausdrucks und der persönlichen, künstlerischen Entwicklung ist.

Rumpf: Ich finde Ihre Bemerkung sehr wichtig. Hochleistungskünstler sind eine problematische Sache. Wenn Kinder daraufhin betrachtet werden, ob sie möglicherweise »Hochleistungssportler« auf dem Gebiet der Kunst werden könnten, dann ist das natürlich eine höchst zweischneidige Sache. Insofern auch wieder das Plädoyer für Improvisation. Das Wort Improvisation hat so eine sympathische Konnotation – einen Einstein, einen Mozart gab es nur einmal. Ich meine, unsere leistungsorientierte Gesellschaft ist in Gefahr, wenn sie das auf die Kunst überträgt und es dann zu ästhetischen Weltmeisterschaften führt, was ganz kontraproduktiv wäre und schwer auszubalancieren. Eltern, die heute mehr denn je meinen, ihr Kind müsse in der Gesellschaft eine glanzvolle Rolle spielen, unterdrücken oftmals die Fähigkeiten, langsam zu werden, inne zu halten, Umwege zu machen, mal nicht bei den Ersten zu sein. Wenn dieser Konkurrenz k a m p f, der in Schulen herrscht und oft auch von Eltern unterstützt wird, sich auch auf den ästhetischen Bereich ausweitet, dann werden die Mozarte wirklich gemordet.

Publikum: Es gibt Bemühungen und Wege Verbindungen zu erproben, Kunst und Pädagogik miteinander zu verknüpfen. Das braucht natürlich Zeit, auch Zeit, um mit den Lehrern

cation keeps arising. *Do you learn to read music with them?* I am often asked, *Something that I can continue to use in my piano lessons?* Then I, of course, ask myself, if I improvise with the children, what do they actually learn? And do they learn something that they can use later? I try to resist these ideas but notice that I am pretty much out on a limb. And when I speak to the director he often doesn't understand what I do because a piano lesson is easier to explain than what I do in my music and dance lessons in early musical education. I think we need to do a lot of PR!

Rumpf: You give a very graphic and clear description of the maelstrom we are all under. A product – what is the result – what can be verified. If I think back to my lectures – my God. I often had the feeling that if I managed to evoke pensiveness, if it actually happened that people were still discussing the topic when they were leaving and if I had the feeling that once in a while I had created a little turbulence, a maelstrom where people thought *what's happening there, what does that mean?* Then I had been more successful in my vision than if somebody had asked *what has came out of the lecture*? ... The way is the goal. We are court jesters and very few people still understand what that means because everything has to be verifiable. Jürgen Oelkers, one of the best-known German speaking teachers says: *What can't be checked won't be learnt.* The dogma is everything that is learnt ultimately has to be verifiable in a test and that just isn't true! Many of the important things that I learnt in my life could never have been verified in a test, never!

Widmer: The statements from the audience again showed that teachers in different fields do not know enough about each other. Without an exchange, we need encounter. We should know what one does and what the other thinks. We need dialogue if we are going to defend and realise what is important to us successfully.

zu arbeiten. Über die Jahre ist aber festzustellen, dass es funktioniert und Wunderbares passiert zwischen Kindern und Eltern, Pädagogen, Horterziehern und Kunstpädagogen. Die Clara-Schumann-Grundschule in Leipzig ist dafür ein positives Beispiel.

Publikum: Ein Problem ist, dass in der Musikschule, wo Instrumente unterrichtet werden, doch immer wieder die Frage auftaucht, was können die Kinder dann, wenn sie aus der Musikalischen Früherziehung kommen. *Machst du Noten mit ihnen?* werde ich dann gefragt, *etwas, was ich in meinem Klavierunterricht weiter verwenden kann?* Ich frage mich dann natürlich, wenn ich mit den Kindern improvisiere, ja was lernen sie denn wirklich dabei? Und lernen sie etwas, was sie dann brauchen können? Ich versuche mich solchen Gedanken zu widersetzen, merke aber, ich bin ziemlich alleine auf weiter Flur. Wenn ich dann mit dem Direktor ein Gespräch habe, versteht er auch oft nicht, was ich mache, denn ein Klavierunterricht ist leichter zu erklären, als das, was ich im Musik- und Tanzunterricht der Musikalischen Früherziehung mache. Ich glaube, es besteht hier ein großer Werbebedarf!

Rumpf: Sie erklären sehr plastisch und anschaulich den Sog, unter dem wir alle stehen. Produkt – was kommt raus – was ist überprüfbar. Wenn ich an meine Lehrveranstaltungen denke – mein Gott. Ich hatte oft das Gefühl, wenn es gelungen ist, Nachdenklichkeit zu erzeugen, und dass die Leute, wenn sie raus gegangen sind, noch über die Sache gesprochen haben und wenn ich das Gefühl hatte, es ist dann und wann ein Wirbel entstanden, ein Sog wo die Leute gedacht haben, *was ist da los, was soll das heißen?*, dann war das für meine Vision ein Erfolg. Aber, wenn jemand gefragt hat, *was ist denn in deiner Veranstaltung heraus gekommen?* ... Der Weg ist das Ziel. Wir sind Hofnarren und das wird kaum noch verstanden, da es überprüfbar sein muss! Jürgen Oelkers, einer der bekanntesten deutschsprachigen Pädagogen, sagt dazu: *Was nicht kontrolliert wird, wird nicht gelernt*. Es besteht das Dogma, dass alles, was gelernt wird, am Ende durch einen Test überprüfbar sein muss und das stimmt einfach nicht! Sehr vieles Wichtige, was ich in meinem Leben gelernt habe, war nie in einem Test überprüfbar, nie!

Widmer: Die Statements aus dem Publikum haben wieder einmal deutlich gemacht, dass die Pädagoginnen und Pädagogen der verschiedenen Arbeitsfelder zu wenig voneinander wissen. Wir brauchen den Austausch, wir brauchen die Begegnung, wir sollten wissen, was der eine tut, was der andere denkt. Wir brauchen den Dialog, wenn wir das, was uns am Herzen liegt, erfolgreich verteidigen und verwirklichen wollen.

Martina März

Diagnosis of Special Needs and Elemental Music and Movement Education – Friendship or Contradiction?

1. Diagnostics of Special Needs in Cases of Severe Learning Difficulties

The diagnostics of special needs constitute a major part of the work in Special Education. It comprises two elements: the ascertainment and description of the need for Special Education measures (diagnosis) and the special support measures adapted to the diagnosis. To begin with, the child's level of skills is determined. The next development steps are then defined on the basis of developmental psychological structure models and/or subject-specific structural graduations in terms of laying down *the next development zone*[1]. Both parts are closely connected and equally significant in practice, even if the initial diagnosis of the special needs is first in terms of chronological order. During the Special Education support work the endeavours merge into a circular process where diagnostic methods are used to evaluate and adapt the special measures on a regular basis.

Since the decrees passed by the German Conference of Ministers of Cultural Affairs (KMK) in 1994 and 1999 diagnostics of special needs have been committed to an eco-systemic approach. This means that the methods have changed and that the causes are not assumed to lie only in the child. Apart from purely quantitative procedures (standardised tests) qualitative methods are now being recognised such as observation, error analysis, diagnostic inventories or screenings which can indicate that special needs have to be addressed. The diagnosis no longer has to be performed exclusively in secluded test situations but is integrated in the different areas of the child's life. Diagnosis and meeting the special needs of a child happen in an environment that is close to the child's every-day life.

Pupils with severe learning difficulties[2] are children who have wide-ranging serious and long-term learning impairments. They have difficulties mastering the tasks set in school, i. e. they are unable on their own to bridge the critical gap that exists between the skills they have and the skills that have to be acquired resulting in a downward spiral of non-performance and failure. A problem that is initially contained cumulates to an extensive problematic condition. The symptoms of pupils with severe

1 Wygotski, Lew Semjonowitsch, 1988: *Denken und* Sprechen, Frankfurt/Main

2 Synonym: learning impairment, special educational needs with focus on special learning needs

MARTINA MÄRZ

Förderdiagnostik und Elementare Musik- und Bewegungserziehung – Freundschaft oder Widerspruch?

1. Förderdiagnostik bei gravierenden Lernschwierigkeiten

Bei der Förderdiagnostik handelt es sich um einen Hauptbestandteil der sonderpädagogischen Arbeit. Sie umfasst zwei Teile: Die Feststellung und das Umschreiben des sonderpädagogischen Förderbedarfs (Diagnose) und die darauf ausgerichtete Förderung. Zu Beginn wird das Kompetenzniveau eines Kindes ermittelt. Daran anschließend werden auf der Basis von entwicklungspsychologischen Strukturmodellen und/oder fachstrukturellen Stufungen im Sinne der *Zone der nächsten Entwicklung*[1] die weiterführenden Entwicklungsschritte bestimmt. Beide Teile sind in der Praxis eng verbunden und gleichwertig, wenn auch die erste Diagnose der Förderung zeitlich vorangestellt ist. Im Verlauf der sonderpädagogischen Förderarbeit münden die Bemühungen in einen zirkulären Prozess, bei dem die Förderung immer wieder durch diagnostische Methoden evaluiert und angepasst wird.

Seit den Erlassen der deutschen Kultusministerkonferenz (KMK) von 1994 bzw. 1999 ist die Förderdiagnostik einem ökosystemischen Ansatz verschrieben. Das bedeutet zum einen, dass sich ihre Methoden verändert haben, und zum anderen, dass Verursachungsmomente nicht mehr nur allein im Kind gesucht werden. Neben rein quantitativen Verfahren (standardisierte Tests) haben jetzt auch qualitative Verfahren wie die Beobachtung, Fehleranalyse, diagnostische Inventare oder Screenings, die Hinweise auf die Förderung liefern können, ihre Berechtigung. Die Diagnostik muss nicht mehr ausschließlich in abgeschlossenen Testsituationen stattfinden, sondern öffnet sich verschiedenen Lebensbereichen des Kindes. Diagnostik und Förderung sollen in alltagsnahen Situationen des Kindes vollzogen werden.

Schüler mit gravierenden Lernschwierigkeiten[2] (LS) sind Kinder, die umfänglich, schwerwiegend und lang andauernd in ihrem Lernen beeinträchtigt sind. Sie haben Schwierigkeiten, die an sie gestellten schulischen Anforderungen zu bewältigen, d. h. sie können die kritische Anforderungsschwelle, die zwischen den vorhandenen Fähigkeiten und den noch zu erwerbenden Fähigkeiten besteht, nicht selbstständig überbrücken. Dadurch geraten sie in einen Strudel aus Misserfolg und Versagen. Ein anfänglich begrenztes Problem kumuliert zu einer umfassenden Problematik. Das Erscheinungsbild

[1] Wygotski, Lew Semjonowitsch, 1988: *Denken und Sprechen*, Frankfurt/Main

[2] Synonym: Lernbeeinträchtigung, sonderpädagogischer Förderbedarf im Förderschwerpunkt Lernen

learning difficulties are very varied. Impairments of the motor functions and the sensory, cognitive, linguistic, social and emotional skills can be found in these children[3]. In addition one will also find that learning prerequisites in specific areas are inadequate (general knowledge, culture-specific skills).

Since the individual constellations of the problems are very varied (combination, severity) the diagnostic methods also need to be diverse. Numerous test methods exist for the different areas (perception, motor functions, school results, cognition etc.). These are used to determine the existing learning faculties on the basis of which the child is to be enabled to learn independently again. For the work in the field of Special Education this means that apart from the integration and rehabilitation of children with severe learning difficulties prevention also has to have a high priority. More and more focus has, therefore, been placed in recent years on the pre-school phase.

2. The Time before School

All educators agree that school learning does not begin with entry into school. Children acquire many of the skills required to meet the demands in school at a very early age. These precursor skills, however, have very different weightings. Whereas some pedagogues aim at a very general bundle of skills others specify the basic skills very precisely. Krenz offers some orientation in an overview of the basic skills a child should have when entering school:

Basic Skills	
Emotional Readiness for School • Ability to cope with pressure • Ability to cope with disappointments • Experiencing new unknown situations without fear • Having confidence	Social Readiness for School • Ability to listen • Feeling very comfortable in a group • Ability to understand and adhere to rules • Constructive behaviour in solving conflicts
School Readiness with Regard to Motor Functions • Having Visuo-motor coordination, finger and hand agility • Showing own initiative • Recognising and actively changing strain • Having a sense of balance, tactile and kinaesthetic perception	Cognitive Readiness for School • Concentration, endurance and attention skills • Well-developed auditory short-term memory, auditory recollection and visual memory • Showing curiosity and an interest in learning • Ability to think logically, recognising relations and patterns

Fig. Krenz 2003, p. 85

A slightly different picture presents itself if you do some research in the literature on the psychology of learning, development and cognition. Psychologists of learning point to

3 cf. Recommendations of the German Conference of Ministers of Cultural Affairs 1999

von Schülern mit gravierenden LS ist sehr vielfältig. Es sind bei diesen Kindern Beeinträchtigungen der motorischen, sensorischen, kognitiven, sprachlichen, sozialen und emotionalen Fähigkeiten festzustellen[3]. Dazu finden sich unzulängliche bereichsspezifische Lernvoraussetzungen (allgemeines Weltwissen, kulturspezifische Fertigkeiten).

Entsprechend der Vielgestaltigkeit (Kombination, Ausprägungsgrad) der individuellen Problemkonstellationen sind die diagnostischen Methoden vielfältig. Es liegen zahlreiche Testverfahren für die einzelnen Bereiche (Wahrnehmung, Motorik, Schulleistung, Kognition, usw.) vor. Mit deren Hilfe sollen die Lernvoraussetzungen ermittelt werden, von denen aus es dem Kind ermöglicht wird, Lernen wieder selbstständig zu vollziehen. Für die sonderpädagogische Arbeit bedeutet das, dass neben der Integration und Rehabilitation von Kindern mit gravierenden LS die Prävention einen wesentlichen Stellenwert einnehmen muss. Folglich wurde in den letzten Jahren die Zeit vor dem Schuleintritt immer mehr fokussiert.

2. Die Zeit vor der Schule

Dass schulisches Lernen nicht mit dem Eintritt in die Schule beginnt, darüber sind sich alle Pädagogen einig. Viele Kompetenzen, die für die Bewältigung schulischer Anforderungen benötigt werden, erwerben Kinder schon sehr früh. Diese Vorläuferfertigkeiten werden aber sehr unterschiedlich gewichtet. Während manche Pädagogen ein sehr allgemeines Bündel an Kompetenzen vor Augen haben, spezifizieren andere die Basisleistungen sehr genau. Krenz bietet zur Orientierung eine Übersicht, über welche Basiskompetenzen ein Kind bei Schuleintritt verfügen sollte:

Basiskompetenzen	
Emotionale Schulfähigkeit • Belastbarkeit besitzen • Enttäuschungen ertragen können • Neue, unbekannte Situationen angstfrei wahrnehmen • Zuversicht besitzen	Soziale Schulfähigkeit • Zuhören können • Sich in einer Gruppe angesprochen fühlen • Regelbedeutungen erfassen und Regeln einhalten können • Konstruktive Konfliktlöseverhaltensweisen haben
Motorische Schulfähigkeit • Viso-motorische Koordination, Finger- und Handgeschicklichkeit besitzen • Eigeninitiatives Verhalten zeigen • Belastungen erkennen und aktiv verändern können • Gleichgewichts-, taktile und kinästhetische Wahrnehmung haben	Kognitive Schulfähigkeit • Konzentrationsfertigkeit, Ausdauer und Aufmerksamkeit besitzen • Ausgeprägtes auditives Kurzzeitgedächtnis, auditive Merkfähigkeit und ein visuelles Gedächtnis haben • Neugierdeverhalten und Lerninteresse zeigen • Folgerichtiges Denken besitzen, Beziehungen und Gesetzmäßigkeiten erkennen

Abb. Krenz 2003, S. 85

[3] vgl. Empfehlungen der KMK 1999

the importance of subject-specific preliminary knowledge. For mathematics pre-numeric components, initial abstraction exercises (classification, formation of groups, sorting etc.) and first insights into the structure of numbers have been defined as precursor skills. The research into dyslexia has intensively pursued the question of which characteristics and skills have to exist to successfully acquire written language skills[4]. Currently, phonological awareness is primarily considered to be an important predictor[5]. Here, however, one has to differentiate clearly between skills that children acquire already at a pre-school age (phonological awareness in the broader sense of the term) and skills that children only develop in the course of learning written-language-skills, in their confrontation with language (phonological awareness in the more restricted sense of the term). As studies have shown, phonological awareness comprises two characteristics that are necessary for predicting the successful acquisition of written-language-skills. Firstly, phonological awareness is very close to the acquisition of written-language-skills in terms of chronological sequence and secondly, it is very close to written language in terms of contents. According to Marx, however, there are also skills that are more removed from each other in terms of chronological development but have much in common with the acquisition of written-language-skills in terms of contents. Analytical and synthetic skills are required for the overall acquisition of written-language-skills. Children acquire a number of these skills in the visual, auditive and linguistic field already in kindergarten. They are the prerequisites for written language performance[6].

In terms of developmental psychology one has to assume a succession of different competence levels which every child goes through. For the acquisition of written-language-skills the succession of competence levels is as follows:

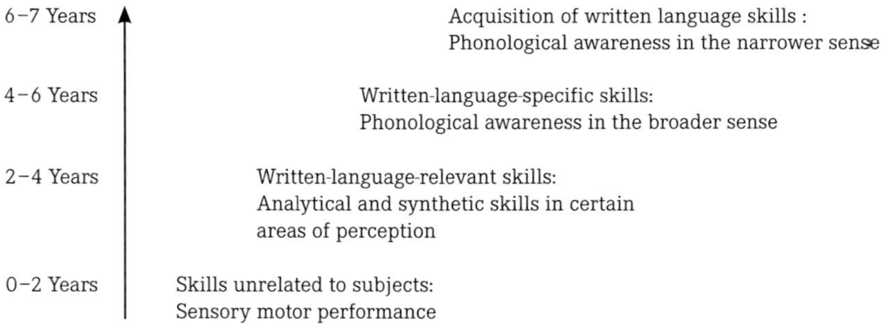

Competence levels for the acquisition of written-language-skills

This categorisation can also be transferred to arithmetic. The skills not related to subjects are the foundation for the skills that are relevant for specific subjects, such as pre-numeric preliminary knowledge (more-less, small-big, up-down, before-after et al.). The next subject-specific skills are first insights into mathematical operations such as

4 cf. Marx 1997, p. 101

5 ibid.

6 ibid.

Ein etwas anderes Bild ergibt sich, wenn man in der lern-, entwicklungs- und kognitionspsychologischen Literatur nachforscht. Lernpsychologen weisen auf die Bedeutung des fachspezifischen Vorwissens hin. Für die Mathematik werden u.a. pränumerische Komponenten, erste Abstraktionsleistungen (Klassifizieren, Gruppen bilden, Sortieren usw.) und erste Einsichten in die Struktur der Zahlbegriffe als Vorläuferfertigkeiten bestimmt. In der Legasthenieforschung wurde intensiv der Frage nachgegangen, welche Merkmale und Fertigkeiten vorhanden sein müssen, damit der Erwerb der Schriftsprache gelingen kann[4]. Aktuell wird vor allem die phonologische Bewusstheit als bedeutsamer Prädiktor angesehen[5] Hier ist jedoch deutlich zu unterscheiden zwischen Fertigkeiten, die Kinder bereits im Vorschulalter erwerben (phonologische Bewusstheit im weiteren Sinn) und solchen, die Kinder erst im Verlauf des Schriftspracherwerbs, in der Auseinandersetzung mit der Sprache, ausbilden (phonologische Bewusstheit im engeren Sinn). Die phonologische Bewusstheit beinhaltet, wie aus Studien hervorgegangen ist, zwei Merkmale, die für die Vorhersage eines gelingenden Schriftspracherwerbs notwendig sind. Zum einen liegt sie zeitlich sehr nahe am Schriftspracherwerb und zum anderen beweist sie eine große inhaltliche Nähe zur Schriftsprache. Nach Marx gibt es aber auch Fertigkeiten, die zwar zeitlich entfernter liegen, aber inhaltlich doch Gemeinsamkeiten mit dem Schriftspracherwerb aufweisen. Es sind für den gesamten Schriftspracherwerb analytische und synthetische Fertigkeiten notwendig sind. Kinder erwerben bereits im Kindergarten eine Reihe solcher Fertigkeiten im visuellen, auditiven und sprachlichen Bereich. Sie bilden die Voraussetzung für schriftsprach-spezifische Leistungen[6].

Aus entwicklungspsychologischer Sicht muss eine Abfolge verschiedener Kompetenzstufen angenommen werden, die jedes Kind durchläuft. Daraus ergibt sich für den Schriftspracherwerb eine Abfolge von Kompetenzstufen:

Alter	Kompetenzstufe
6–7 Jahre	Schriftspracherwerb: Phonologische Bewusstheit im engeren Sinn
4–6 Jahre	Schriftsprach-spezifische Kompetenzen: Phonologische Bewusstheit im weiteren Sinn
2–4 Jahre	Schriftsprach-relevante Kompetenzen: Analytische und synthetische Fertigkeiten in einzelnen Wahrnehmungsbereichen
0–2 Jahre	Fach-unabhängige Kompetenzen: Sensomotorische Leistungen

Kompetenzstufen für den Schriftspracherwerb

Diese Einteilung lässt sich auch auf das Rechnen übertragen. Auf die fach-unabhängigen Kompetenzen bauen fachrelevante Kompetenzen, wie pränumerisches Vorwissen (mehr-weniger, klein-groß, oben-unten, vor-nach u. Ä.) auf. Es folgen – als fachspezifische Kom-

4 vgl. Marx 1997, S. 101

5 ebda.

6 ebda.

comparing, exchanging, counting etc. In the first arithmetic lessons children then learn arithmetic signs and concrete operations.

Children who develop learning difficulties when they start school already show »precursor symptoms«[7] in kindergarten. In terms of Special Education support this means that these children have to be given another opportunity to gather experiences that are relevant to school learning on a lower level and over a longer period of time.

3. An In-depth Look at Methods for the Diagnosis of Special Needs

3.1 Music Education Elements in Tests for the Diagnosis of Special Needs

Different methods are available depending on which level the special school teacher wishes to perform a test. On looking through the subtests and the resultant support proposals derived from certain methods it is noticeable that many items and exercises remind one of elemental Music and Movement Education. Above all the methods relating to motor functions and perception but also the testing of linguistic perception skills or written-language-specific precursor skills appear to use music-didactical approaches.

One example would be the Diagnostic Inventory of Auditory Daily Actions (DIAS) by Eggert. This method is used for testing and support. The children are confronted with acoustic stimuli of varying degrees of complexity ranging from individual sounds to complex sequences of events within the context of their daily (playing) environment. These have to be differentiated, sorted in space and time (location) and/or put into a context (structuring). Eggert uses musical instruments but also recorded music for this purpose. Games such as the freeze dance where the children have to freeze when the music is switched off, or the sound garden where the children are blindfolded and have to find pairs of instruments that belong together and many others could easily be integrated into any Elemental Music or Movement lesson.

Similar connections exist, for example, in the Diagnostic Inventory of Tactile Kinaesthetic Daily Actions (DITKA) by Eggert and Wegner-Blesin[8], in the differentiation test according to Breuer/Weuffen[9] (intonation, rhythm) or in the Bielefelder Screening for the early detection of reading and writing deficits by Jansen/Mannhaupt/Marx/Skowronek[10] (segmentation of syllables, making rhymes etc.).

7 Barth 2003

8 Eggert, Dietrich/Wegner-Blesin, Nicola, 2000: *Diagnostisches Inventar taktil-kinästhetischer Alltagshandlungen im Vorschul- und Grundschulalter*, Dortmund

9 Breuer, Helmut/Weuffen, Maria, 2004[5]: *Lernschwierigkeiten am Schulanfang. Schuleingangsdiagnostik zur Früherkennung und Frühförderung*, Weinheim/Basel

10 Jansen, Heiner/Mannhaupt, Gerd/Marx, Harald/Skowronek, Helmut, 2002: *Bielefelder Screening zur Früherfassung von Lese-Rechtschreibschwierigkeiten*, Göttingen

petenzen – erste Einsichten in mathematische Operationen wie Vergleichen, Tauschen, Zählen etc. Im Erst-Rechnen gewinnen die Kinder dann Einsichten in Rechenzeichen und konkrete Operationen.

Kinder, die bei Schulbeginn Lernschwierigkeiten ausbilden, zeigen im Kindergarten bereits »Vorläufersymptome«[7]. Für eine sonderpädagogische Förderung heißt das, dass diesen Kindern noch einmal die Gelegenheit gegeben werden muss, auf einer niedrigeren Stufe und über längere Zeit (schul-)lernrelevante Erfahrungen zu sammeln.

3. Förderdiagnostische Verfahren unter der Lupe

3.1 Musikpädagogische Anteile in förderdiagnostischen Tests

Je nachdem auf welcher Stufe der Sonderpädagoge eine Überprüfung ansetzen möchte, stehen ihm verschiedene Verfahren zur Verfügung. Bei der Sichtung der Subtests und den darauf abgestimmten Fördervorschlägen einzelner Verfahren fällt auf, dass viele Items und Übungen an die Elementare Musik- und Bewegungserziehung erinnern. Vor allem bei Verfahren in den Bereichen Motorik, Wahrnehmung, aber auch in der Schuleingangsdiagnostik bei der Überprüfung von Sprachwahrnehmungsleistungen oder schriftsprachspezifischen Vorläuferfertigkeiten, begegnet man musikdidaktischen Gestaltungsmomenten.

Ein Beispiel dafür ist das Diagnostische Inventar Auditiver Alltagshandlungen (DIAS) von Eggert u. a. Dieses Verfahren dient der Überprüfung und der Förderung. In alltäglichen (Spiel-)Situationen werden Kindern in unterschiedlichen Komplexitätsgraden von Einzelgeräuschen bis hin zu komplexen Handlungsabläufen akustische Reize geboten. Diese müssen differenziert, in Raum und Zeit geordnet (Lokation) und/oder in einen Zusammenhang gestellt werden (Strukturierung). Dazu verwendet Eggert u. a. Musikinstrumente oder auch Musik von Tonträgern. Spiele, wie der Gefriertanz, bei dem Kinder ihre Bewegungen beim Ausschalten der Musik einfrieren sollen oder der Geräuschegarten, bei dem blind zusammengehörende Instrumentenpaare gefunden werden sollen, u. a. m. ließen sich harmonisch in jeden Unterricht einer Elementaren Musik- und Bewegungserziehung einfügen.

Ähnliche Zusammenhänge bestehen z. B. beim Diagnostischen Inventar taktil-kinästhetischer Alltagshandlungen (DITKA) von Eggert und Wegner-Blesin[8], bei der Differenzierungsprobe nach Breuer/Weuffen[9] (Intonation, Rhythmus) oder beim Bielefelder Screening zu Früherfassung von Lese-Rechtschreibschwäche von Jansen/Mannhaupt/Marx/Skowronek[10] (Segmentieren von Silben, Bilden von Reimen usw.).

7 Barth 2003

8 Eggert, Dietrich/Wegner-Blesin, Nicola, 2000: *Diagnostisches Inventar taktil-kinästhetischer Alltagshandlungen im Vorschul- und Grundschulalter*, Dortmund

9 Breuer, Helmut/Weuffen, Maria, 2004⁵: *Lernschwierigkeiten am Schulanfang. Schuleingangsdiagnostik zur Früherkennung und Frühförderung*, Weinheim/Basel

10 Jansen, Heiner/Mannhaupt, Gerd/Marx, Harald/Skowronek, Helmut, 2002: *Bielefelder Screening zur Früherfassung von Lese-Rechtschreibschwierigkeiten*, Göttingen

Interesting here is the question whether the musical support[11] of children actually has an influence on the specific special needs areas. For if there is a connection between the test items and Elemental Music and Movement Education, it must be possible to use the latter to provide support for the special needs in the tested skills.

3.2 The Proof of a Connection between Musical Stimulation and the Development of Basic Skills Relevant for School

Two studies have already been run at the Ludwig Maximilians University in Munich regarding this issue. The first study, which was carried out within the scope of an unpublished MA thesis at the Chair for Pedagogics for Children Suffering from Speech Defects, examined the influence of a specific musical support measure on the development of phonological awareness. A second study, which will be explained in detail below, was run within the scope of my dissertation research at the Chair for Pedagogics for Children Suffering from Learning Disabilities and traced the effect of musical support measures on the development of school-relevant basic skills.

Focus of the study:
The study is determined by the desire in Special Education to find preventive measures for learning difficulties. This requires initially determining the current level of skills of pre-schoolers. Children who have a heightened risk status are categorised as »risk children«. They have not yet sufficiently developed the school-relevant precursor skills so that learning difficulties are to be expected upon entry into school. The goal of this study is to improve the existing level of skills of the risk children by giving musical support.

Method:
This study is a pilot study which was performed as a quasi-experimental single case study, something that is often the case in the field of Special Education research also because of the frequently small number of sample cases. An A-B-A design was chosen for this study which took a total of 14 months and was carried out in two Munich child day care centres. In one of the day care centres the trial group was established that would receive musical support and in the other day care centre a control group – without intervention – was selected. The results were compared amongst the pairs of children and also within the group. The first study unit was used to determine the risk children and their risk status. This provided the basis for parallelising two pairs of children on the basis of different factors (intelligence quotient, age, gender and risk status) and the music group consisting of two risk children and eight other pre-schoolers with very different competence profiles. Contents and methods of the musical support given were thus adapted to the needs of the risk children.

11 Musical support is understood as early music education based on the needs of the children. The foundation is provided by the curriculum *Musikalische Früherziehung* (Early Music Education) from the Verband deutscher Musikschulen (VdM; Association of German music schools).

Interessant ist hier die Frage, ob eine musikalische Förderung[11] von Kindern tatsächlich Einfluss auf die anvisierten Förderbereiche hat. Denn, wenn eine Verbindung zwischen den Testitems und Elementarer Musik- und Bewegungserziehung besteht, müssten durch sie die überprüften Kompetenzen auch gefördert werden können.

3.2 Der Nachweis des Zusammenhangs von musikalischer Förderung und der Entwicklung schulrelevanter Basiskompetenzen

Zu dieser Problematik wurden an der Ludwig Maximilians Universität in München bereits zwei Untersuchungen durchgeführt. In einer ersten Studie wurde im Rahmen einer unveröffentlichten Magisterarbeit am Lehrstuhl für Sprachbehindertenpädagogik der Einfluss einer gezielten musikalischen Förderung auf die Ausbildung der phonologische Bewusstheit untersucht. In einer zweiten Studie, die im weiteren Verlauf näher erläutert werden soll, wurde im Rahmen meiner Dissertationsforschung am Lehrstuhl für Lernbehindertenpädagogik die Wirkung einer musikalischen Förderung auf die Entwicklung schulrelevanter Basiskompetenzen verfolgt.

Anliegen der Untersuchung:
Die Untersuchung wird von dem sonderpädagogischen Anliegen getragen, Lernschwierigkeiten präventiv zu begegnen. Dazu muss zunächst das aktuelle Kompetenzniveau der Vorschulkinder ermittelt werden. Kinder, die einen erhöhten Risikostatus aufweisen, werden als »Risikokinder« eingestuft. Bei ihnen sind die schulrelevanten Vorläuferfertigkeiten noch nicht in genügendem Maße entwickelt, sodass mit Lernschwierigkeiten bei Schulbeginn gerechnet werden muss. Ziel der Untersuchung ist es, das vorhandene Kompetenzniveau der Risikokinder durch eine musikalische Förderung zu steigern.

Vorgehensweise:
Bei der Untersuchung handelte es sich um eine Pilotstudie, die als quasi-experimentelle Einzelfallstudie durchgeführt wurde, was im sonderpädagogischen Forschungsfeld nicht zuletzt auch aufgrund der geringen Stichprobenzahl häufig der Fall ist. Als Untersuchungsanlage wurde ein A-B-A Design gewählt. Die gesamte Dauer betrug 14 Monate. Stattgefunden hat die Untersuchung in zwei Münchner Kindertageseinrichtungen. In einer Einrichtung wurde eine Versuchsgruppe, die eine musikalische Förderung erhielt, in der anderen eine Kontrollgruppe – ohne Intervention –, eingerichtet. Die Ergebnisse wurden sowohl innerhalb der Kinderpaare als auch innerhalb der Gruppe verglichen. Die erste Untersuchungseinheit diente dazu, Risikokinder und ihren Risikostatus zu ermitteln. Auf dieser Basis konnten dann zwei Kinderpaare nach verschiedenen Faktoren (Intelligenzquotient, Alter, Geschlecht und Risikostatus) parallelisiert und die Musikgruppe, bestehend aus zwei Risikokindern und acht weiteren Vorschulkindern mit sehr unterschiedlichem Kom-

[11] Unter musikalischer Förderung wird eine auf die Bedürfnisse der Kinder abgestimmte Musikalische Früherziehung verstanden. Die Grundlage bildet der Lehrplan *Musikalische Früherziehung* des Verbandes deutscher Musikschulen (VdM).

Study results:

- The risk children of the trial group were able to increase their level of skills noticeably. The improvement here compared to the risk children in the control group, if any improvement did indeed take place, was more consistent, quicker and more pronounced.
- The rise in the level of skills remained stable even after 6 months without intervention.
- The comparison between the whole trial and control groups shows the same trend as the comparison of the pairs of children.

The conclusion one can draw is that all the children who participated in the musical support measures benefited. One can, furthermore, deduce the justified hypothesis that the change was due to the intervention. Accordingly, there must be a causal connection between musical support and the development of school-relevant basic skills. On the whole, the greatest improvement was noticed in children with a low level of skills. One must, therefore, note that weak children benefit more than strong children from musical support.

It is, however, not possible to generalise the results on the basis of this pilot study, these results have to be confirmed in a more wide-ranging study.

4. Early Musical Training as Part of Special Educational Support

In view of the results it seems to be appropriate to analyse the intervention in greater detail. Superficially, »early musical training« took place. All areas of the syllabus for first musical training were covered. The selection of the contents was to some extent based on seasonal aspects which were prepared according to musical didactic criteria. This applies to eight children in the music group and does not apply to the same extent to the two risk children. Although the topics were chosen as described above the didactic preparation of the material was very closely linked to the existing competence profile of the risk children. Much thought was put into every unit to decide which games and exercises within this group of topics would be suitable in terms of musical didactics and the special needs diagnosis. The better these two aspects were matched the greater the effect of the support measure would be.

To summarise one can say: Music lessons in Special Education just as general music lessons aim at conveying music education learning content. The difference, however, lies in the didactic musical preparation of the content. Based on the assumption that a successful special needs diagnosis was made the special school teacher then has to find out exactly what level of skills the pupil has. If no possibilities of a permanent assessment other than observation during class are available, as will probably be the case during music lessons, the content for the pupils concerned must, nevertheless or for that very reason, be adapted in such a way that they meet their developmental psychological

petenzprofil, zusammengesetzt werden. Inhalte und Methoden der musikalischen Förderung konnten so auf die Bedürfnisse der Risikokinder abgestimmt werden.

Untersuchungsergebnisse:
- Die Risikokinder der Versuchsgruppe konnten ihr Kompetenzniveau deutlich steigern. Die Steigerung war im Vergleich zu den Risikokindern der Kontrollgruppe, so dort überhaupt eine Steigerung stattgefunden hat, stetiger, rascher und höher.
- Die Erhöhung des Kompetenzniveaus blieb auch nach einem halben Jahr ohne Intervention stabil.
- Der Vergleich zwischen der gesamten Versuchs- und Kontrollgruppen zeigt den gleichen Trend wie der Vergleich der Kinderpaare.

Daraus lässt sich schließen, dass alle Kinder, die an der musikalischen Förderung teilgenommen hatten, profitiert haben. Weiter lässt sich die begründete Hypothese ableiten, dass die Veränderung auf die Intervention zurückzuführen ist. Demnach muss ein Kausalzusammenhang zwischen der musikalischen Förderung und der Entwicklung schulrelevanter Basiskompetenzen bestehen. Insgesamt war die größte Steigerung bei Kindern mit geringem Kompetenzniveau zu verbuchen. Es ist deshalb festzustellen, dass schwache Kinder mehr als starke Kinder von der musikalischen Förderung profitieren.

Eine Generalisierbarkeit der Ergebnisse kann allerdings nach dieser Pilotstudie nicht erfolgen, sondern muss durch eine größer angelegte Studie abgesichert werden.

4. Musikalische Früherziehung im Rahmen sonderpädagogischer Förderung

In der Folge der Ergebnisse erscheint es angebracht, die Intervention genauer zu analysieren. Oberflächlich betrachtet hat eine »Musikalische Früherziehung« stattgefunden. Alle Bereiche des Lehrplans für Musikalische Früherziehung wurden abgedeckt. Die Auswahl der Lerninhalte geschah zum Teil nach jahreszeitlichen, ihre Aufbereitung nach musikdidaktischen Aspekten. Für acht Kinder der Musikgruppe trifft dies so zu. Für die beiden Risikokinder gilt dies nicht in gleichem Maße. Zwar wurden die Themen wie oben beschrieben ausgewählt, die didaktische Aufbereitung aber war sehr eng an das vorhandene Kompetenzprofil der Risikokinder geknüpft. Für jede Einheit wurde überlegt, welche Spiele und Übungen innerhalb des Themenkreises sowohl musikdidaktisch als auch förderdiagnostisch stimmig waren. Je besser diese Passung gelingt, desto größer ist der Fördereffekt.

Zusammenfassend lässt sich festhalten, dass Musikunterricht in der Sonderpädagogik ebenso wie ein allgemeiner Musikunterricht den Anspruch hat, musikpädagogische Lerninhalte zu vermitteln. Der Unterschied besteht jedoch in der didaktisch-methodischen Aufbereitung der Inhalte. Legt man das Prinzip einer erfolgreichen Förderdiagnostik zu Grunde, muss der Sonderpädagoge herausfinden, wo genau das Kompetenzniveau des Schülers liegt. Stehen außer einer unterrichtsbegleitenden Beobachtung keine Möglichkeiten der ständigen Überprüfung zur Verfügung, wie im Musikunterricht anzunehmen ist,

needs as closely as possible. This means that one purposely has to create a link between developmental psychological structure models and musical didactic content without making music purely a medium for supporting the children, but rather by integrating the special needs measures harmoniously into the music lessons.

In terms of practical implementation this means that the special needs school teacher must be familiar with the developmental psychological structure models to detect the hidden special educational potential in the music syllabi and must apply these in a dedicated way. If the teacher is aware of the developmental psychological connections he can devise different games for certain tasks and incorporate them in his lessons. Of course, the opposite is also possible and sometimes even meaningful. The planning of the lessons should always be re-assessed in terms of its special educational potential. Observing the pupils with this in mind can reveal which level of skills the children have and how to proceed in the teaching sequence. A further example will illustrate this more closely.

The following overview according to Frostig und Maslow (1978) illustrates such a developmental psychological structure model where a system of concepts is used for auditory perception that is similar to and commonly used for visual perception.

	Visual-perceptive skills		**Auditory-perceptive skills**
1.	Recognising stimuli	1.	Recognising stimuli
2.	Alertness for stimuli	2.	Alertness for stimuli
3.	Visuo-motor coordination	3.	Auditory-motor coordination
4.	Visual basic figure perception	4.	Auditory basic figure perception
5.	Visual perception consistency	5.	Auditory differentiation
6.	Perception of three-dimensional location	6.	Perception of the three-dimensional location of the sound source
7.	Perception of three-dimensional relation	7.	Recognition and differentiation of auditive sequences
8.	Analysis of complex patterns	8.	Auditory analysis of words
9.	Synthesis of patterns	9.	Merging of sounds to a synthesis of words
10.	Visual decoding (reception)	10.	Auditory decoding (reception)
11.	Visual integration	11.	Auditory integration
12.	No skills for drawing grammatical conclusions	12.	Grammatical conclusions
13.	Visual memory for sequences	13.	Auditory memory

Fig.: Similarities between visual and auditory perceptive skills (Eggert 1992, p. 28 according to Frostig/Maslow)

Both risk children in the study needed support in the areas:

- Intramodality: auditory differentiation, auditory basic figure perception (1 child), auditory memory
- Intermodality: auditive-visual
- Seriality: auditive
- Intramodality: visual differentiation, visual memory
- Intermodality: visual-auditive
- Seriality: visual

muss trotzdem oder gerade deshalb das Angebot für die betroffenen Schüler so ausgerichtet sein, dass eine möglichst enge entwicklungspsychologische Stufung erfolgt. Das bedeutet, es muss bewusst ein Zusammenhang zwischen entwicklungspsychologischen Strukturmodellen und musikalischen Lerninhalten hergestellt werden, aber nicht in der Weise, dass die Musik zum bloßen Medium der Förderung von Kindern wird, sondern dass Förderanliegen harmonisch in den Musikunterricht integriert werden.

Für die praktische Umsetzung bedeutet dies, dass der Sonderpädagoge entwicklungspsychologische Strukturmodelle kennen muss, um das in musikalischen Lerninhalten verborgene sonderpädagogische Potenzial ausfindig zu machen und gezielt einsetzen zu können. Sind ihm diese entwicklungspsychologischen Zusammenhänge präsent, kann er sich verschiedene Spiele für einzelne Teilleistungen überlegen und sie in seine Unterrichtseinheit einbauen. Es ist aber natürlich auch der umgekehrte Weg möglich, an mancher Stelle sogar sinnvoll. Die eigene Unterrichtsplanung sollte immer wieder auf sonderpädagogisches Potenzial hin untersucht werden. So kann ihm eine gezielte Schülerbeobachtung zeigen, auf welchem Kompetenzniveau die Kinder stehen und wie er in seiner Sequenz weiterzuarbeiten hat. Dies soll weiter unten an einem Beispiel näher dargestellt werden.

Die folgende Übersicht nach Frostig und Maslow (1978) zeigt ein solches entwicklungspsychologisches Strukturmodell. Dabei wird ein ähnliches Begriffssystem, wie es für die visuelle Wahrnehmung üblich ist, auf die auditive Wahrnehmung übertragen.

Visuell-perzeptive Fähigkeiten	Auditiv-perzeptive Fähigkeiten
1. Erkennen von Reizen	1. Erkennen von Reizen
2. Aufmerksamkeit für Reize	2. Aufmerksamkeit für Reize
3. Viso-motorische Koordination	3. Auditive-motorische Koordination
4. Visuelle Figur-Grundwahrnehmung	4. Auditive Figur-Grundwahrnehmung
5. Visuelle Wahrnehmungskonstanz	5. Auditive Unterscheidung
6. Wahrnehmung der Lage im Raum	6. Wahrnehmung der Lage der Geräuschquelle
7. Wahrnehmung der räumlichen Beziehung	7. Wiedererkennen und Unterscheiden von auditiven Sequenzen
8. Analyse komplexer Muster	8. Auditive Analyse von Wörtern
9. Synthese von Mustern	9. Lautverschmelzung zur Wortsynthese
10. Visuelles Dekodieren (Rezeption)	10. Auditives Dekodieren (Rezeption)
11. Visuelle Integration	11. Auditive Integration
12. Keine entsprechende Fähigkeit zu grammatikalischer Schlussfolgerung	12. Grammatikalische Schlussfolgerung
13. Visuelles Gedächtnis für Sequenzen	13. Auditives Gedächtnis

Abb.: Ähnlichkeiten zwischen visueller und auditiver Wahrnehmungsfähigkeiten (Eggert 1992, S. 28 in Anlehnung an Frostig/Maslow)

Beide Risikokinder der Studie hatten einen Förderbedarf in den Bereichen:

- Intramodalität: auditive Differenzierung, auditive Figur-Grund-Wahrnehmung (1 Kind), auditives Gedächtnis
- Intermodalität: auditiv-visuell
- Serialität: auditiv
- Intramodalität: visuelle Differenzierung, visuelles Gedächtnis

- Three-dimensional perception: three-dimensional location, three-dimensional relations

Consequences for Support Measures:
- Intensive observation of the risk children and very targeted structural support
- Focus on methodical preparation based on the individual need for support
- Differentiation in the didactic measures in the classroom
- Increasing the difficulty level from intramodal to serial work
- Wide differentiation and variation of play situations
- Frequent repetitions and short sequences

Example:
The following sequence on the topic »Music in Space« is suitable for supporting children with insecure three-dimensional vision for which they require calculated opportunities to gather experiences in real space so as to be able to develop cognitive conception. One therefore has to begin with three-dimensionality. In this phase, the aim is to obtain improved translation into language to secure the formation of concepts (high-low, up-down, above-below). In the following exercises in two-dimensional space the children should be given an additional optical structuring aid. The space of sound is developed in analogous exercises. Only once the children have acquired assured three-dimensional vision can the idea of the space of sound be developed. Intermodality is enhanced and both levels of perception are secured by creating a connection between optical impulses and auditory equivalents and vice-versa. The understanding of complex structures is developed by expanding visual images (circle, line, rectangle). A visual differentiation is followed by a differentiation in auditory perception.

1st Unit

Music education topic: Making and getting to know a Kazoo
- Getting to know a Kazoo
- Exploring
- Making the instrument
- Singing a song with the Kazoo: *Im Rohre sitzt ein kleiner Mann ...*[12]

2nd Unit

Music education topic: Musical parameter high-low
Potential for special needs diagnosis: Three-dimensional perception and auditory distinction, Intermodality

[12] from: Haselbach, B./Nykrin, R./Regner, H., 1985. The Kazoo is an instrument that functions according to the Mirliton Principle. As in playing the comb the voice makes the membrane of the instrument oscillate (Ed.).

- Intermodalität: visuell-auditiv
- Serialität: visuell
- Raumwahrnehmung: Raum-Lage, räumliche Beziehungen

Konsequenzen für die Förderung:
- Intensive Beobachtung der Risikokinder und sehr gezielte strukturelle Hilfen
- Schwerpunktsetzung bei der methodischen Aufbereitung aufgrund des individuellen Förderbedarfs
- Differenzierende Maßnahmen im Unterricht
- Steigerung des Schwierigkeitsgrades von intramodalen zu serialen Leistungen
- Sehr differenzierte und vielfältige Spielsituationen
- Häufige Wiederholungen und kurze Sequenzen

Beispiel:
Beim nachfolgenden Beispiel Sequenz zum Thema »Musik im Raum« bietet es sich an, Kinder mit einer ungesicherten Raumvorstellung zu fördern. Dazu benötigen sie kalkulierte Erfahrungsmöglichkeiten im realen Raum, um kognitive Vorstellungen aufbauen zu können. Folglich muss von der Dreidimensionalität ausgegangen werden. In dieser Phase sollte ein erhöhter Sprachumsatz stattfinden, um die Begriffsbildung abzusichern (hoch-tief, oben-unten, über-unter). Bei den darauffolgenden Übungen im zweidimensionalen Raum sollte den Kindern noch eine optische Strukturierungshilfe angeboten werden. Analog dazu wird der Klangraum erarbeitet. Erst wenn eine gesicherte Raumvorstellung bei den Kindern aufgebaut ist, kann eine Vorstellung des Klangraums entwickelt werden. In der Verbindung von optischen Impulsen und auditiven Entsprechungen und umgekehrt werden die Intermodalität gefördert und beide Wahrnehmungsebenen gesichert. Durch die Erweiterung der bildlichen Darstellungen (Kreis, Schnur, Rechteck) wird das Erfassen komplexer Strukturen gefördert. Einer visuellen Differenzierung folgt eine differenzierte auditive Vorstellung.

1. Einheit

Musikpädagogisches Thema: Basteln und Kennen lernen eines Kazoos

- Kazoo kennen lernen
- Handhabung erkunden
- Instrument basteln
- Lied mit Kazoo singen: *Im Rohre sitzt ein kleiner Mann ...*[12]

2. Einheit

Musikpädagogisches Thema: Musikalische Parameter hoch-tief
Förderdiagnostisches Potenzial: Raumwahrnehmung, visuelle und auditive Differenzierung, Intermodalität

[12] aus: Haselbach, B./Nykrin, R./Regner, H., 1985. Das Kazoo ist ein Stimm-Instrument, das nach dem Mirlition-Prinzip funktioniert. Wie beim Kammblasen bringt die Stimme die Membran des Instruments zum Schwingen (Hrsg.).

A i d s f o r s p e c i a l n e e d s d i a g n o s i s:

Starting point	Three-dimensionality
Optical structuring	Tying a piece of string between two objects
Connection to the imaging of animals (bird, dog ...)	high tones – low tones, above the string – below the string
Move to two-dimensionality	
Optical structuring:	The piece of string lies on the floor Coloured cloths or paper mark the different heights in space

- Producing high and low tones with the Kazoo
- Allocating the tones: high – low, above the string as with the birds ...
- Creating a coloured circle for one's own tone
- Playing the tones (intermodality; visual-auditive)
- At the end the teacher plays the tones on the flute, the children make circles on the respective spots (intermodality: auditory-visual), ⇨ p. 98, photo 1

3rd Unit

Music education topic:	Musical parameter: short-long (high-low)
Potential for special needs diagnosis:	Three-dimensional perception, visual and auditory differentiation, intermodality

A i d s f o r s p e c i a l n e e d s d i a g n o s i s:

Optical structuring	The piece of string lies on the floor Coloured cloths or paper mark the different heights in space

- Every child makes a circle
- Tones are played
- A piece of string is added to the circles (visual and auditory differentiation), ⇨ p. 98, photo 2
- Exploring the different qualities of the sounds (short, long, indicating direction)
- Children choose three objects (string, string, circle/circle, circle string etc.) and lay their picture
- Pictures are played
- Transfer to work papers: optical structuring is maintained
- The teacher plays the tones on the recorder, the children lay the circles or the string on the respective spot (intermodality: auditory-visual), ⇨ p. 99, photo 3
- At the end the children get to know the song *Lied vom Schmetterling*[13] *(Song of the Butterfly),* at home the butterfly is coloured and cut out

13 from: Foltz-Zaun 2000

Förderpädagogische Hilfen:

Ausgangspunkt	Dreidimensionalität
Optische Strukturierung	Spannen einer Schnur
Anknüpfen an die Vorstellung von Tieren (Vogel, Hund ...)	hohe Töne – tiefe Töne, über der Schnur – unter der Schnur
Wechsel zur Zweidimensionalität	
Optische Strukturierung	Die Schnur liegt am Boden Farbige Tücher oder Papier markieren die unterschiedlichen Raumhöhen

- Produzieren von hohen und tiefen Tönen mit dem Kazoo
- Einordnen der Töne: hoch – tief, über der Schnur bei den Vögeln ...
- Legen eines farbigen Kreises für den eigenen Ton
- Abspielen der Töne (Intermodalität; visuell-auditiv)
- Zum Schluss spielt der Lehrer auf der Flöte Töne, die Kinder legen die Kreise an die entsprechende Stelle (Intermodalität: auditiv-visuell), ⇨ S. 98, Photo 1

3. Einheit

Musikpädagogisches Thema:	Musikalische Parameter: kurz-lang (hoch-tief)
Förderdiagnostisches Potenzial:	Raumwahrnehmung, visuelle und auditive Differenzierung, Intermodalität

Förderpädagogische Hilfen:

Optische Strukturierung	Die Schnur liegt am Boden Farbige Tücher oder Papier markieren die unterschiedlichen Raumhöhen

- Jedes Kind legt einen Kreis
- Abspielen der Töne
- Zu den Kreisen wird eine kurze Schnur gelegt (visuelle und auditive Differenzierung), ⇨ S. 98, Photo 2
- Erarbeiten der unterschiedlichen Klangqualitäten (kurz, lang, Richtung angeben)
- Kinder wählen drei Gegenstände (Schnur, Schnur, Kreis/Kreis, Kreis Schnur usw.) aus und legen ihr Bild
- Abspielen der Bilder
- Übertrag auf Arbeitsblätter: optische Strukturierung bleibt erhalten
- Der Lehrer spielt auf der Flöte Töne, die Kinder legen die Kreis oder Schnur an die entsprechende Stelle (Intermodalität: auditiv- visuell), ⇨ S. 99, Photo 3
- Zum Schluss lernen die Kinder das *Lied vom Schmetterling*[13] kennen; zu Hause wird der Schmetterling angemalt und ausgeschnitten

13 aus: Foltz-Zaun 2000

4th Unit

Music education topic:	Various parameters: height and duration of tones
Potential for special needs diagnosis:	Three-dimensional perception and visual and auditory differentiation, intermodality

Aids for special needs diagnosis:

Optical structuring	The string lies on the floor Coloured cloths or paper mark the different heights in space

- Rectangular sheets of paper are added to the circle and the string
- Auditory equivalents to the optical parameters, ⇨ p. 99, photo 4
- The butterfly is moved to the Butterfly Song
- Some children move around the room, the teacher accompanies the ›flight‹ on the recorder (movement accompaniment)

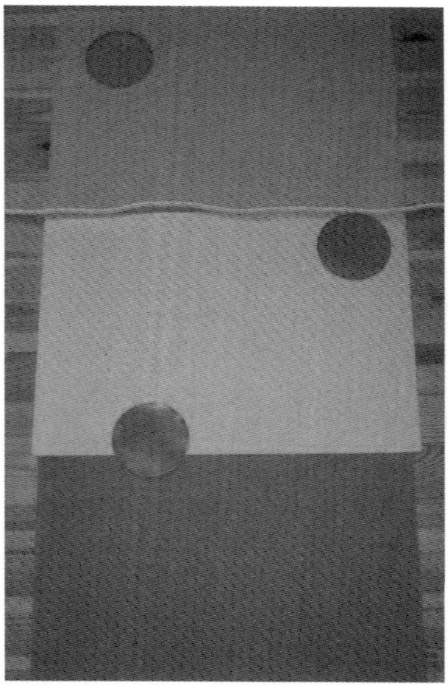

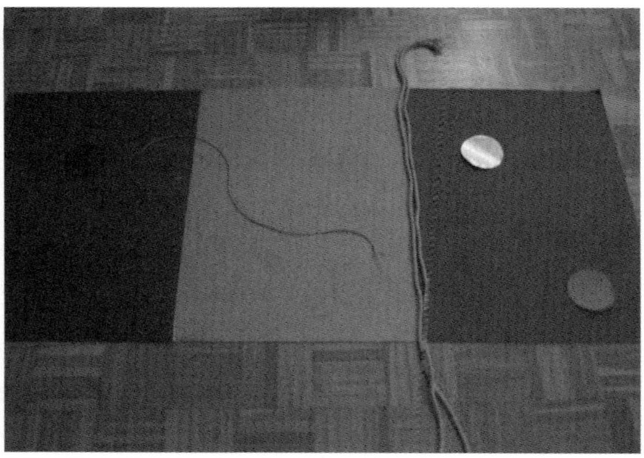

5. Summary

The music group contains children with delayed development and/or partial performance problems. If one wants to meet the needs of these children one has to adapt the material to their needs. If one assumes from a constructivistic point of view that children can only choose what is right for them at any time from what is actually offered, the

4. Einheit

Musikpädagogisches Thema:	verschiedene Parameter: Höhe und Dauer von Tönen
Förderdiagnostisches Potenzial:	Raumwahrnehmung, visuelle und auditive Differenzierung, Intermodalität

Förderpädagogische Hilfen:

Optische Strukturierung	Die Schnur liegt am Boden
(Eventuell ausblenden)	Farbige Tücher oder Papier markieren die unterschiedlichen Raumhöhen

- Zu Kreis und Schnur kommen noch kleine rechteckige Blätter
- Finden von auditiven Entsprechungen zu den optischen Vorgaben, ⇨ S. 99, Photo 4
- Zum Schmetterlingslied wird der Schmetterling bewegt
- Einzelne Kinder bewegen sich im Raum, der Lehrer begleitet den »Flug« auf der Flöte (Bewegungsbegleitung)

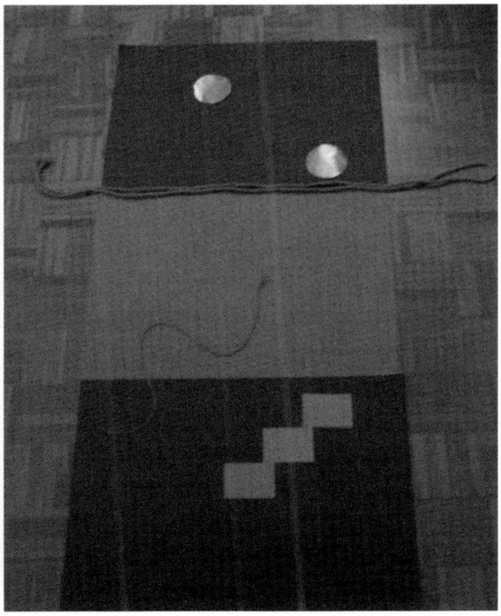

5. Zusammenfassung

In jeder Musikgruppe gibt es Kinder mit Entwicklungsverzögerungen und/oder Teilleistungsproblemen. Will man diesen Kindern gerecht werden, muss das Angebot auf ihre Bedürfnisse ausgerichtet sein. Geht man in konstruktivistischem Sinne davon aus, dass Kinder sich aus dem Angebot n u r das für sie im Moment Passende auswählen können,

teacher must provide choices that are as varied as possible. For children with delayed development it is, therefore, necessary to provide a detailed breakdown so that the child can find the right thing for its needs.

The results of the study showed that all children (with or without a risk status) were able to increase their individual level of school-relevant basic skills with musical support. If one wants to reach children with a risk status in every music group the lessons have to take a few basic rules into account.

Children with special educational needs in learning (as well as children at risk of becoming disabled) always require »more« in comparison to children without disabilities: more structuring, more boundaries, more differentiation, more action … In concrete terms this means:

- The pedagogic measures must intentionally be based on developmental psychological structure models
- The teacher must observe the pupils' interest closely to recognise on which level he has to spend more time, whether he has to go back to a lower level or if the standard must be lifted to best match the needs. A differentiation of the measures within the group must be provided at regular intervals.
- More structuring alternatives as an aid for achieving critical standards during the learning process must be included. According to Ulrich Heimlich, these relate to perception, emotions (prevention of fear and learning blocks), cognition (abstraction skills), language and social behaviour.

Music and movement lessons for special educational needs, must, therefore, always comprise two perspectives:

1. Communication of music education contents
2. Recognition and utilisation of the special educational support potential contained in the methods and didactics

ist der Pädagoge verpflichtet, ein möglichst vielfältiges Angebot zu schaffen. Für Kinder mit Entwicklungsverzögerungen ist es daher notwendig, eine detaillierte Aufschlüsselung vorzunehmen, damit das Kind das für sich Passende finden kann.

Die Ergebnisse der Studie haben gezeigt, dass alle Kinder (mit und ohne Risikostatus) ihr individuelles Niveau der schulrelevanten Basiskompetenzen durch die musikalische Förderung steigern konnten. Will man nun in jeder Musikgruppe Kinder mit einem vorhandenen Risikostatus erreichen, muss der Unterricht einige Grundsätze berücksichtigen.

Kinder mit sonderpädagogischem Förderbedarf im Förderschwerpunkt Lernen (sowie von Behinderung bedrohte Kinder) bedürfen im Gegensatz zu Kindern ohne Behinderungen immer ein »mehr«: mehr an Strukturierung, mehr an Grenzen, mehr an Differenzierung, mehr an Handlung ... Konkret bedeutet dies:

- Dem pädagogischen Handeln müssen b e w u s s t entwicklungspsychologische Strukturmodelle zu Grunde liegen.
- Der Pädagoge muss das Interesse der Schüler gut beobachten, um zu erkennen, auf welcher Stufe er längere Zeit verweilen muss, ob er auf ein niedrigeres Niveau zurückzugehen hat bzw. wann eine Steigerung der Anforderungen unbedingt erforderlich ist, um eine optimale Passung zu erreichen. Innerhalb der Gruppe bedarf es immer wieder differenzierender Maßnahmen.
- Es muss ein erhöhtes Angebot an Strukturierung als Hilfe bei der Bewältigung der kritischen Anforderungsschwelle während des Lernvollzugs eingeplant werden. Nach Ulrich Heimlich beziehen sich diese auf die Wahrnehmung, die Emotionen (Verhindern von Angst und Lernblockaden), die Kognition (Abstraktionsleistungen), die Sprache und das Sozialverhalten.

Förderpädagogisch gestalteter Musik- und Bewegungsunterricht umfasst somit immer zwei Perspektiven:

1. Vermittlung musikpädagogischer Inhalte
2. Erkennen und Nutzen sonderpädagogischen Förderpotenzials innerhalb der methodisch-didaktischen Möglichkeiten

Bibliography / Bibliographie

Barth, Karlheinz, 2003: *Lernschwächen früh erkennen im Vorschul- und Grundschulalter*, Reinhardt, München

Breuer, Helmut/Weuffen, Maria, 2004[5]: *Lernschwierigkeiten am Schulanfang. Schuleingangsdiagnostik zur Früherkennung und Frühförderung*, Beltz, Weinheim und Basel

Foltz-Zaun, Angelika, 2000: *Spitz die Ohren! Musikalische Früherziehung*, Leopold, Aachen

Haselbach, Barbara/Nykrin, Rudolf/Regner, Hermann, 1985: *Musik und Tanz für Kinder. Unterrichtswerk zur Früherziehung*, Schott, Mainz u. a.

Krenz, Armin, 2003: *Ist mein Kind schulfähig?* Kösel, München

Marx, Harald 1997: *Erwerb des Lesens und Rechtschreibens*, in: Weinert, Franz-Emanuel/Helmke, Andreas: *Entwicklung im Grundschulalter*, Beltz, Weinheim, S. 83–138

Sermin Bÿlen, Banu Özevín[1],
Esin Uçal Canakay

The Effects of Orff-Schulwerk on Music Education and Motivational Processes in Primary Education Music Lessons

Music education is defined as

> *the process of activating the individual with the purpose of learning or teaching, allowing the individual to acquire definite musical behaviour with determination through his or her own experience, to purposefully change, transform, develop and mature the musical behaviour of the individual through his or her own experience*[2].

Modern music education aims to allow the utmost development of individuals encompassing their motor, emotional and cognitive behaviour as a whole.
The acquisition of new musical behaviour or the correction of previously acquired (undesirable) behaviour depends on the following:

- the time dedicated to music education within the education system,
- the quality of the music education programs which will turn this period of time into a positive learning or teaching process,
- the quality of the music teachers who will lead the learning or teaching process,
- the organization of the classroom.

Music Education in Turkish Primary Schools

Looking into the Turkish educational system, it is seen that music education is limited to a period of one or two 40 minute classes per week. The content is very dense and loaded especially with information, presenting a contradiction which, in turn, creates doubt as to the applicability of the programs.

It doesn't seem likely that these curricula, which aim to develop singing, listening and instrument playing skills along with musical taste and creativity, can help the children to develop communicational and creative skills especially in the present settings where the students are seated in rows all facing front. The teacher is overwhelmed with the

1 The lecture at the Orff-Schulwerk Symposium was held by Banu Özevín (Ed.).
2 Uçan 2003, p. 10

Sermin Bÿlen, Banu Özevín[1],
Esin Uçal Canakay

Die Auswirkungen des Orff-Schulwerks auf die Musikerziehung und auf die motivationalen Prozesse im Musikunterricht der Grundschule

Musikunterricht ist definiert als

> *ein das Individuum aktivierender Prozess nach dem Prinzip des Lernens/Lehrens. Dieser Prozess ermöglicht es dem Individuum ein bestimmtes und selbst bestimmtes musikalisches Verhalten zu erwerben, und zielt darauf ab, sein musikalisches Verhalten durch eigene Erfahrungen zu ändern, zu transformieren, entwickeln und reifen zu lassen*[2].

Moderne Musikerziehung strebt die bestmögliche Förderung des Individuums hinsichtlich seines motorischen, emotionalen und kognitiven Verhaltens an und hat ein ganzheitliches Verständnis des Individuums.

Das Erlernen neuen musikalischen Verhaltens, respektive die Korrektur früher erworbener (unerwünschter) Verhaltensweisen hängt ab von:

- der Zeit, die der Musikerziehung innerhalb des Erziehungssystems gewidmet ist,
- der Qualität der Unterrichtspläne der Musikerziehung, welche die Unterrichtszeit in einen positiven Lern- und Lehrprozess umwandelt,
- der Qualität der Musiklehrer, die den Lern- und Lehrprozess durchführen,
- der Organisation und Einrichtung des Unterrichtsraumes.

Musikunterricht an türkischen Grundschulen

Wenn man das türkische Unterrichtssystem betrachtet, zeigt es sich, dass der Musikunterricht auf ein bis zwei Unterrichtsstunden von je 40 Minuten pro Woche beschränkt ist. Dabei ist der Inhalt sehr kompakt und überladen mit Informationen, einem Widerspruch, der wiederum Zweifel an der Umsetzbarkeit des Unterrichtsprogramms erweckt.

Es scheint sehr unwahrscheinlich, dass diese Unterrichtspläne, welche die Entwicklung des Singens, Musikhörens, Instrumentalspiels und die Bildung musikalischen Stils- oder Geschmackempfindens, sowie die Kreativitätsförderung zum Ziel haben, den Kindern hel-

[1] Der Vortrag beim Orff-Schulwerk-Symposion wurde von Banu Özevin gehalten (Hrsg.).

[2] Uçan 2003, S. 10

worry of completing the dense music curriculum within limited class hours and classroom settings which do not present effective communication facilities. The following table briefly describes the situation.

Teacher	**Student**
doesn't allow the children to move about	sits at a desk without the freedom of moving about in the classroom
teaches a song	repeats the song
teaches the theoretical information that is contained in the curriculum and writes it on the blackboard	listens to the teacher and copies the information written on the blackboard into his or her notebook
carries out the evaluation through written or oral tests and sometimes through looking at the notebooks	commits the notes of the songs taught to memory, plays at reading solfeggio without thinking of the pitch of the voices, transfers the information he or she committed to memory to the examination paper, keeps a tidy notebook and presents it to the teacher

It is clear that expecting music education to make any contribution to the personal development of the individual, including the development of creativity and sense of aesthetics under the conditions presented in the table above, cannot go further than wishful thinking. It is surely true that there are teachers who overcome the difficulties of this pessimistic outlook. Yet unfortunately the pessimistic outlook is a reality. The problem is how to get away from it. Increasing the number of classes per week, changing the classroom settings to allow the students to interact better with each other and the teacher, the development of more effective and more practicable curricula and training qualified music teachers are all measures that would prove difficult to achieve in the short run.

Should we undertake to realise these long-term measures and in the meanwhile allow a whole generation to slip from our hands while waiting for results? Would it be possible to realise a better quality of education under the present conditions? The answer to these questions lies within active learning models.

Elemental Music and Dance Education Orff-Schulwerk – an Alternative

The concept of Orff-Schulwerk has an important place among active learning models and presents activities better suited to the nature of the child when compared to traditional teaching where children are considered to be passive receivers.

Such alternative activities are needed more in the schools attended by children from low socio-economic levels than in schools attended by children from higher socio-economic levels where the parents are generally well cultured and well educated. These children are consciously oriented towards artistic surroundings by their families even if such surroundings are not offered in their schools, whereas children from lower socio-economic environments do not have access to anything further than that offered by

fen, kommunikative und schöpferische Kräfte zu entwickeln, besonders nicht im immer noch üblichen Frontalunterricht. Der Lehrer ist überfordert, das kompakte Unterrichtsmaterial innerhalb einer begrenzten Stundenzahl und unter den gegebenen Raumbedingungen, die nahezu keine Kommunikation zu lassen, durchzuziehen. Die folgende Tabelle skizziert die Situation.

Lehrer	**Schüler**
erlaubt den Kindern keine freien Bewegungen im Raum	sitzt am Pult ohne sich im Raum bewegen zu dürfen
unterrichtet ein Lied	wiederholt das Lied
unterrichtet die theoretischen Information des Lehrplans und schreibt sie an die Tafel	hört dem Lehrer zu und schreibt die Information von der Tafel ab ins Heft
testet die Leistungen durch schriftliche und mündliche Prüfungen und gelegentlich durch Kontrolle der Hefte	befasst sich mit den Tönen der Lieder, die er/sie in Erinnerung hat, vollzieht Solfège-Leseübungen, ohne sich um Tonhöhenvorstellungen zu kümmern, schreibt auf das Prüfungsblatt nieder, was im Gedächtnis geblieben ist, führt ein sauberes Heft und überreicht es dem Lehrer

Zu erwarten, dass Musikerziehung unter den oben genannten Bedingungen einen Beitrag zur persönlichen Entwicklung des Individuums – einschließlich der Entwicklung von Kreativität und ästhetischem Verständnis – leisten kann, muss ein Wunschdenken bleiben. Sicherlich gibt es Lehrer, die diese Schwierigkeiten überwinden. Dennoch ist die pessimistische Einstellung eine Realität. Maßnahmen, diese zu überwinden, wären: die Zahl der wöchentlichen Unterrichtsstunden zu erhöhen, den Klassenraum anders einzurichten (sodass die Schüler besser miteinander und mit dem Lehrer interagieren können), neue und effektivere Lehrpläne zu entwickeln, qualifizierte Musiklehrer auszubilden – all das ist in kurzer Zeit schwer realisierbar.

Sollen wir uns also auf langfristige Maßnahmen einlassen und in der Zwischenzeit eine ganze Schülergeneration durch unsere Hände gleiten lassen während wir auf ein positives Ergebnis warten? Wäre es möglich, unter den derzeitigen Bedingungen ein höheres Unterrichtsniveau zu erreichen? Die Antwort zu diesen Fragen liegt in den Modellen Aktiven Lernens.

Elementare Musik- und Tanzpädagogik Orff-Schulwerk – eine Alternative

Das Konzept des Orff-Schulwerks, welches einen wichtigen Platz innerhalb der Modelle Aktiven Lernens einnimmt, bietet Vorgehensweisen an, die der Natur des Kindes eher entgegen kommen als vergleichsweise der traditionelle Unterricht, bei dem die Kinder nur als passive Empfänger gesehen werden.

Solche alternativen Aktivitäten sind notwendiger in Schulen mit Kindern aus sozial und wirtschaftlich schlechter gestellten Schichten als in Schulen mit Kindern, die aus sozial

the school. It is possible to provide these children with a better quality of education within the actual system. It is the duty of every teacher to endeavour to create alternatives within this deficit and to shape the learning or teaching process to favour the child, which is only possible by knowing the developmental traits of the child.

The views of the cognitive development theorists Piaget, Bruner and Vygotsky about how children perceive the world match the fundamental philosophy and principles of an Elemental Music and Dance Education in terms of Orff-Schulwerk and the strategies it uses in order to guide the learning or teaching process. According to Piaget, children do not passively receive information, but rather discover it through activities and start forming a structure of thoughts through their relation with the psychological and physical environment. These structures will help the child to organise his or her experiences and his or her future relationships[3].

Orff-Schulwerk, which emphasises activities allowing the child to feel the fundamental musical concepts and the differences of duration, pitch and tempo of sounds instead of the teacher explaining them, parallels Piaget's theory closely.

While Piaget's theory of development focuses on the physical world of objects, Vygotsky focuses on the social world of man. According to Vygotsky, the human mind is a product of cultural history and learns through interaction with other minds. Orff-Schulwerk activities using music, dance and speech match Vygotsky's theory in that they present the children with an environment where they can interact with their fellow students and the teacher who is more a member of the learning group than a spectator. Music and dance embrace the human being kinetically, emotionally, mentally and socially, with all the anthropologic dimensions. The child, instead of being a mere listener, takes part in the making of the music and experiences it, learning without noticing through games which appeal to his or her own developmental traits.

Besides music, games and dances that are aesthetic riches, improvisation is effective in developing the child's ability to be expressive. Rhythmic, melodic and dance improvisations, along with musical dramatisations also help the child to discover and develop his or her abilities and sense of creativity. The discovery-improvisation-creation chain is an indication of what is contemporary. Easy-to-play instruments rich in tones facilitate rhythmic and melodic improvisations and also give the child a taste of success. In schools with limited or no instruments, any material which can create a sound (sea shells, stones, pieces of wood or metal, tin cans, plastic bottles etc.) can be used in the development of the sense of rhythm, together with the child's own voice and body which constitute his or her most natural perception. This will allow the child to take part in the music directly and to internalise it even under the most limited of conditions.

According to Amrhein[4], music can only be internalised and comprehended to the extent that the individual plays and comprehends it himself with an instrument. However, for

[3] cf. Meyers/Jones 1993, p. 20; Meyers 1986

[4] Amrhein 2002, p. 7

und wirtschaftlich besser situierten Familien kommen, in denen generell mehr Wert auf Kultur und Bildung gelegt wird. Diese Kinder werden von ihren Eltern bewusst in künstlerische Bereiche eingeführt, selbst wenn diese Bereiche in den Schulen nicht vertreten sind. Anders ist es für die Kinder aus dem unteren sozio-ökonomischen Umfeld; sie haben nichts außer dem, was in der Schule angeboten wird.

Es ist jedoch möglich, auch diesen Kindern eine bessere Bildung innerhalb des derzeitigen Systems zu bieten. Es ist die Pflicht eines jeden Lehrers, sich um Alternativen innerhalb der mangelhaften Situation zu bemühen und den Lern-Lehrprozess zum Vorteil des Kindes zu gestalten. Das ist jedoch nur möglich, wenn er die Charakterzüge des Kindes kennt.

Darüber, wie Kinder die Welt erfahren, stimmen die Theoretiker der kognitiven Entwicklung wie Piaget, Bruner und Vygotsky mit der Philosophie und den Prinzipien einer Elementaren Musik- und Tanzerziehung im Sinne des Orff-Schulwerks überein, ebenso in Bezug auf die Strategien, die es benützt, um den Prozess des Lernens oder Lehrens danach auszurichten. Nach Piaget nehmen Kinder Informationen nicht passiv, sondern viel mehr durch aktives Entdecken auf und beginnen somit, ihre eigenen Gedankenstrukturen durch ihre Beziehung zur psychischen und physischen Umwelt zu bilden. Diese Strukturen werden dem Kind helfen, die eigenen Erfahrungen und späteren Beziehungen zu organisieren[3].

Das Orff-Schulwerk legt Wert darauf, Aktivitäten anzubieten, die dem Kind erlauben, ein musikalisches Gefühl für grundlegende musikalische Parameter wie Unterschiede in Länge, Tonhöhe und Tempo der Klänge zu entwickeln, anstatt theoretische Erklärungen durch den Lehrer zu bekommen und deckt sich in vielen Punkten mit Piagets Theorie.

Während sich Piagets Theorie auf die konkrete Erscheinungswelt der Objekte konzentriert, fokussiert Vygotsky die soziale Komponente. Nach Vygotsky ist der menschliche Geist/Verstand ein Produkt der kulturellen Geschichte und lernt durch Interaktion mit anderen. Orff-Schulwerk-Aktivitäten, in der Verbindung von Musik, Tanz und Sprache entsprechen Vygotskys Theorie dadurch, dass sie den Kindern ein Umfeld schaffen, indem sie sowohl untereinander als auch mit der Lehrerperson, die eher Gruppenmitglied als Zuschauer ist, interagieren können. Musik und Tanz sprechen den Menschen auf der kinetischen, emotionalen, mentalen und sozialen Ebene, in all ihren anthropologischen Dimensionen an. Das Kind nimmt, anstatt nur Zuhörer zu sein, aktiv teil am Musikgeschehen und lernt – ohne dass es dies bemerkt – durch ihm entsprechende Spiele.

In der Beschäftigung mit Musik, Spiel und Tanz als ästhetische Bereicherungen spielt die Improvisation eine wichtige Rolle, um die kindliche Ausdrucksfähigkeit zu entwickeln. Rhythmische, melodische und tänzerische Improvisationen, sowie musik-szenisches Gestalten (»Dramatisieren«) befähigen das Kind, einen Sinn für seine Kreativität zu entdecken und zu entwickeln. Die Abfolge Entdeckung-Improvisation-Kreation ist ein Indiz der Moderne. Leicht zu spielende Instrumente, gleichwohl reich an Tönen, fördern rhythmische und melodische Improvisationen und geben dem Kind ein Erfolgerlebnis. In Schulen mit wenig oder kleinen Instrumenten können beliebige Materialien, mit denen

3 vgl. Meyers/Jones 1993, S. 20; Meyers 1986

many people, the only instrument they can use is their own body not having the opportunity to gain experience with any other instrument. The most convincing social aspect of Music and Dance Education is that it takes seriously an instrument that can be used not by a few but by all. The body as an instrument where the rhythm factor is emphasised joins together the elements of music, movement and speech, thus activating many senses at once.

Psycho-social development theorist Erikson draws attention to the importance and necessity of the following:

- Encouraging exploratory and enterprising behaviour in children and offering them a learning/teaching environment comprising the settings which will orient them towards exploration and creativity.
- Giving the children the opportunity to work and create a product individually or as part of a group.
- Allowing the child to enjoy feelings of achievement and success which will result in his or her developing a positive attitude towards him or herself and his or her own abilities[5].

Bruner, yet another cognitive development theorist, emphasises

- the development of interest, curiosity and fondness towards the studied subject,
- the structuring of information and skills to be taught in a way which the child can comprehend,
- the constitution of a learning environment where the children can discover determined information, results and facts.

Orff-Schulwerk and the adherent concept of an Elemental Music and Dance Education which almost totally matches well-known theories, is an interdisciplinary approach. Uluç expresses her views on this subject as follows:

> *The importance of Orff-Schulwerk stems from its interdisciplinary approach. It brings together musical elements with facts pertaining to man with mastery. Its point of departure is man himself. It uses musical elements and the forms of music as tools. The individual who plays and expresses the cognitive, bodily, social and emotional accumulation he possesses through musical instruments (his own voice, body, percussion, tuned instruments and anything that can make a sound), movement or dance, will recreate his own self through the interaction and communication he achieves with his environment at that moment as well as through feedback. To recreate oneself is to learn*[6].

To summarise the subjects treated, it can be said that Orff-Schulwerk

- always maintains a contemporary outlook via the chain of discovery-improvisation-creation activities,

5 Senemoğlu 2003, p. 88

6 Uluç 2003, p. 76

man Geräusche erzeugen kann (Muscheln, Steine, Holz oder Metallstücke, Blechdosen, Plastikflaschen etc.), für die rhythmische Erfahrung benutzt werden. Die eigene Stimme und den Körper einzusetzen, bildet und verfeinert das Wahrnehmungsvermögen auf die natürlichste Weise. Das Kind nimmt direkt an der Musik teil und verinnerlicht sie, selbst unter den schlechtesten Bedingungen.

Laut Amrhein[4] kann Musik nur in dem Maße internalisiert und erfasst werden, wie das Individuum sie selbst an einem Instrument erleben und be-greifen kann. Jedoch haben viele Menschen nichts als ihren eigenen Körper und keine Gelegenheit, Erfahrungen an einem anderen Instrument zu machen. Der überzeugendste soziale Aspekt der Musik- und Tanzerziehung liegt darin, dass sie ein Instrument ernst nimmt, welches nicht nur von einigen, sondern von allen Menschen benutzt werden kann. Der Körper als Instrument verbindet die Elemente Musik, Bewegung und Sprache – wobei der Schwerpunkt auf Rhythmus liegt – und aktiviert auf diese Weise viele Sinne gleichzeitig.

Der Theoretiker für psycho-soziale Entwicklung Erikson weist auf die Notwendigkeit folgender Aspekte hin:

- Ermutigen von Entdecker- und Abenteuerlust bei Kindern, sowie das Angebot eines Lern- und Lehrfeldes, welches sie zum Ausprobieren und zu kreativem Tun anregt,
- Kindern Gelegenheit zu eigenem Gestalten, allein oder als Teil einer Gruppe, anbieten,
- Kinder darin unterstützen, Ziele zu erreichen, und ihnen Freude am Erfolg zuzusprechen, die zu einer positiven Einstellung sich selbst und ihren eigenen Fähigkeiten gegenüber führen wird[5].

Bruner, eine weiterer Theoretiker der kognitiven Entwicklung, legt Wert auf

- die Entwicklung von Interesse, Neugier und Involviertheit in Bezug auf das Lernobjekt,
- die Strukturierung der Information und der zu erreichenden Lernziele in einer Weise, die das Kind verstehen kann,
- die Errichtung eines Lernfeldes, in dem die Kinder bestimmte Informationen, Ergebnisse und Fakten entdecken und erkennen können.

Das Orff-Schulwerk und das damit verbundene Konzept einer Elementaren Musik- und Tanzerziehung ist nahezu identisch mit den anerkannten Theorien und zeichnet sich durch seine interdisziplinäre Vorgangsweise aus. Uluç drückt ihre Sicht diesbezüglich wie folgt aus:

> *Die Bedeutung des Orff-Schulwerks erwächst aus seinem interdisziplinären Ansatz. Es verbindet musikalische Elemente mit Aspekten, die zum Menschen mit einer Meisterschaft gehören. Der Ausgangspunkt ist der Mensch selbst. Es setzt musikalische Elemente und Musikformen als Werkzeug ein. Das Individuum, das durch musikalische Instrumente (durch Stimme, Körper, Schlaginstrumente, Instrumente mit bestimmter Tonhöhe und andere Klangerzeuger), durch Bewegung und Tanz die gedanklichen, kör-*

4 Amrhein 2002, S. 7

5 Senemoğlu 2003, S. 88

- activates more than one sense with the mutual interaction of music, movement, language and dance,
- develops the abilities and creative feeling of the individual and provides aesthetic riches,
- develops the individual with his kinetic, emotional, mental and social traits,
- allows the interaction of the individual with others,
- allows the utilisation of all kinds of materials which can make a sound as well as the human body as a musical instrument,
- matches the scientific theory on all of these items.

Scientific Research

Another one of the treated subjects is the contradiction arising from the limited class hours dedicated to music education in the Turkish education system and the dense content of the music curriculum. It has been stated that this contradiction causes:

- the interaction of the children with each other and the teacher to be hindered,
- the fundamental musical information to be learnt by heart,
- the development of creativity and sense of aesthetics to be hampered.

The discussion of these subjects brings forth the question whether Orff-Schulwerk can be used in order to create a more effective learning environment within the present education system despite a lack of infrastructure. Starting from this question, the aim of this study is to reveal the effects of using Orff-Schulwerk in primary school music lessons on music education and motivational processes. To achieve this, the following questions were studied:

1. Does it create meaningful differences to use Orff-Schulwerk rather than traditional teaching methods, on the children's musical hearing ability, singing skills, self-confidence about their own musical ability and attitude towards music lessons?
2. How do the children in groups where Orff-Schulwerk is applied compare to children in groups where traditional teaching methods are applied from the point of view of their interest towards and contribution to the lesson, their tendency to keep up the activities, their interaction with each other and the teacher?

The study is expected to be of value to music educators, to those who work in the development of music curricula and to institutions which train music teachers. It is further expected to contribute to forging a better society by raising creative and self-confident individuals with a refined sense of aesthetics.

perlichen, emotionalen und sozialen Spannungen, die es aufweist, spielerisch ausdrücken kann, wird sich selbst sowohl durch die Interaktion und Kommunikation mit seiner Umgebung als auch durch Feedback entspannen und erholen. Sich selbst zu erholen, sollte man lernen.[6]

In der Zusammenfassung der behandelten Punkte kann man sagen, dass das Orff-Schulwerk

- durch die Aufeinanderfolge von Entdeckung-Improvisation-Gestaltung stets zeitgemäß bleibt,
- durch die Korrelation von Musik, Bewegung, Sprache und Tanz mehr als ein Sinnesorgan aktiviert,
- sowohl Fertigkeiten als auch Kreativität entwickelt und ästhetische Bildung schafft,
- das Individuum in seinen kinetischen, emotionalen, mentalen und sozialen Anlagen entwickelt,
- die Interaktion des einzelnen mit anderen erlaubt,
- den Gebrauch aller möglichen Gegenstände für eine Klangerzeugung unterstützt und auch den Körper als Musikinstrument versteht,
- mit den wissenschaftlichen Theorien in allen Punkten übereinstimmt.

Wissenschaftliche Studie

Das türkische Erziehungssystem steht dem anzustrebenden Entwicklungsergebnis in allen behandelten Punkten entgegen, ausgehend von der minimalen Anzahl der Musikstunden und dem dichten vorgegebenen Unterrichtsstoff. Es ist somit festzustellen, dass es folgende kontraproduktive Ergebnisse bewirkt:

- die Interaktion untereinander und mit der Lehrperson wird behindert,
- die grundlegenden Musikinformationen werden auswendig gelernt,
- die Entwicklung der Kreativität und des ästhetischen Sinnes wird gehemmt.

Die Frage ist, ob das Orff-Schulwerk im jetzigen Erziehungssystem trotz der fehlenden Infrastruktur eine Rettung darstellen kann, um ein effektiveres Lernfeld zu schaffen. Von dieser Frage ausgehend ist das Ziel dieser Studie, die Wirkung der Anwendung des Orff-Schulwerks im Musikunterricht der Grundschule auf die Musikerziehung selbst sowie auf die motivationalen Prozesse im Allgemeinen deutlich zu machen.

1. Macht es einen wesentlichen Unterschied – in Bezug auf musikalisches Gehör, Geschicklichkeit im Singen, Vertrauen in die eigenen musikalischen Fähigkeiten und die Einstellung zum Musikunterricht allgemein – wenn Orff-Schulwerk an Stelle des traditionellen Musikunterrichts verwendet wird?
2. Wie lassen sich Kinder vergleichen, die im Sinne des Orff-Schulwerk unterrichtet werden, mit Kindern, die traditionellen Musikunterricht erhalten haben, in Bezug auf ihr

[6] Uluç 2003, S. 76

Research Methods

In this study aimed at revealing the effects of using Orff-Schulwerk in primary school music lessons on music education and motivational processes, a pre-test/post-test experiment model with control group was utilised.

The study was run in Özmir Konak Vasuf Çinar Primary School, which belongs to the category of low socio-economic class schools, being located in a shantytown. The classrooms, small and furnished with rows of desks, are unsuitable for free learning. The school neither has a music room nor musical instruments.

The subjects of the study consist of two classes of 14 pupils each, attending the 2nd form during the academic year 2004/05. The study was continued with the same subjects as they moved to the 3rd form during the academic year 2005/06. The test and control groups were determined randomly.

Prior to the experiment, both groups were subjected to the Musical Hearing Test, the Scale of Self Confidence Concerning Musical Ability, and the Singing Skills Observation Form for data collection. The experimental group was taught music using Orff-Schulwerk, whereas the control group was taught music using traditional methods during the years 2004 through 2006. Both the programs were prepared by three researchers. One of the two researchers who are equal with respect to education gender and professional experience taught both the experiment and the control groups during the first year, while the second one taught both groups the second year.

Following the experimental procedure, the Musical Hearing Test; the Scale of Self Confidence Concerning Musical Ability and Singing Skills Observation Form were applied once more to the pupils in both groups, as well as the Scale of Attitude Towards Music lessons[7]. During the experiment, unstructured observations concerning the interaction between the pupils and the teacher, the interest in the lesson, the tendency to keep up the activities during and after class, and the motivation towards the lesson, were recorded at the end of each lesson[8].

Results, Discussion and Suggestions

The results of the study are briefly stated below:

1. The musical hearing skills of the experiment group taught with Orff-Schulwerk were significantly better developed compared to the control group ($p = .02$, $p < .05$). This

7 As it was determined that the groups had never been taught music in school, and therefore were not likely to have any attitude towards music lesson, it was deemed appropriate not to apply the Attitude Scale at the beginning of the experiment.

8 The Cronbach Alpha reliability coefficient of the Scale of »Self-confidence Concerning Musical Ability« developed by Özmenteş is $a = .87$. The correlation coefficient of the »Singing Skills« Observation Form developed by Bÿlen is $r = .977$ and the Cronbach Alpha reliability coefficient of the Scale of »Attitude towards Music lesson« again developed by Bÿlen is $a = .769$. The data collected were analysed with the use of SPSS 11.0.

Interesse und ihre Beteiligung am Unterricht, ihre Tendenz aktiv zu bleiben, und ihre Interaktionen untereinander sowie mit der Lehrperson?

Die Studie ist als Hilfe gedacht für Musikpädagogen, für Personen, die an der Entwicklung von Curricula im Fache Musik arbeiten wie auch für Institutionen, die Musikpädagogen ausbilden. Die Studie will aber auch einen Beitrag bieten um eine Gesellschaft entwickeln zu helfen, in der kreative und selbstbewusste Individuen mit einem differenzierten Sinn für Ästhetik herangebildet werden.

Methode der Studie

In dieser Studie, die die Effekte der Anwendung des Orff-Schulwerks im Musikunterricht der Grundschule auf die Musikerziehung selbst sowie auf die motivationalen Prozesse aufzeigt, wurde ein Vortest/Nachtest Modell inklusive Kontrollgruppe angewendet.

Die Studie wurde in der Özmir Konak Vasuf Çinar Grundschule durchgeführt, die zur Kategorie der Schulen sozio-ökonomisch niedriger Schichten gehört, die sich in Slums befinden. Die Klassenräume, mit Tischreihen ausgestattet, sind ungeeignet für ein freies Lernen. Die Schule besitzt weder einen Musikraum noch Instrumente.

Die Testpersonen für diese Studie waren zwei Klassen von je 14 Schülern aus dem zweiten Jahrgang des Schuljahres 2004/05. Die Studie wurde mit denselben Personen, die sich im Schuljahr 2005/06 im dritten Jahrgang befanden, fortgesetzt. Sowohl Test- wie Kontrollgruppen wurden zufällig zusammengestellt.

Zur Datensammlung wurden beide Gruppen vor dem Experiment einem Test zum Musikhören, der Einstufung des Selbstvertrauens im Bezug auf musikalische Fähigkeiten und der Überprüfung der gesanglichen Fähigkeiten unterzogen. Während der Schuljahre 2004-2006 wurde die Testgruppe im Sinne des Orff-Schulwerks unterrichtet; die Kontrollgruppe hingegen erhielt den Unterricht entsprechend der traditionellen Methode. Beide Unterrichtsprogramme wurden wissenschaftlich von drei Fachpersonen vorbereitet. Zwei dieser Personen übernahmen den Unterricht, wobei sie in Bezug auf Ausbildungsniveau, Geschlecht und Berufserfahrung gleichgestellt waren. Eine von ihnen unterrichtete beide Gruppen während des ersten Jahres, die andere unterrichtete beide Gruppen während des zweiten Jahres.

Im Anschluss an die gesamte Testzeit wurden der Hörtest, der Einstufungstest in Bezug auf das Selbstvertrauen in musikalisches Verhalten und die Einstufung gesanglicher Fertigkeiten sowie die Einstufung im Verhalten gegenüber dem Musikunterricht generell wiederholt durchgeführt[7]. Während des Experiments wurden unmittelbare Beobachtungen über die Interaktion zwischen Schüler und Lehrer, das Interesse des Schülers am Unterricht, seine Impulse, aktiv beteiligt zu bleiben – sowohl während des Unterrichts als

[7] Da es sicher war, dass keine der Gruppen je zuvor Musikunterricht in der Schule erhalten hatte und dadurch keinerlei Verhalten dazu hätte entwickeln können, wurde es nicht als angemessen erachtet, die Verhalteneinstufung zu Beginn der Studie vorzunehmen.

result is thought to be due to the approach of Orff-Schulwerk allowing the children to feel musically the fundamental ideas of music (the differences in pitch, duration, tempo etc.) instead of teaching them under the form of processed information.

2. Although the average results of the development in singing skills were in favour of Orff-Schulwerk, the difference between the two groups was not found to be statistically significant (Orff-Schulwerk x = 14,61, traditional teaching x = 14,39). It is thought to be the natural outcome of the fact that the traditional method of teaching which emphasises singing without any discovery-improvisation-creation activities is bound anyway to develop the children's singing skills to some extent.
3. The children in both groups were found to be self-confident concerning their musical ability, which may be a result of the researchers focusing on the success of the children rather than their failure in both groups.
4. In the experimental group where Orff-Schulwerk was applied, the attitude of the children towards music lesson showed a meaningful difference over the attitude of the children in the control group where traditional teaching methods were applied ($p = .007$, $p < .05$). It is thought that Orff-Schulwerk breeds a positive attitude towards music lessons due to the fact that it includes discovery, improvisation and creative activities which appeal to the child's nature, that it gives the child freedom of movement, that it allows the child to see the teacher as part of the group, and that it offers the child the opportunity to express him or herself with rhythmic, melodic and dance improvisations. This result is in line with the theories of Piaget, Bruner, Vygotsky and Erikson. The results of many other studies also support this finding.
5. According to the results of unstructured observation records, it was seen that in the research group where Orff-Schulwerk was applied, the children
   - took a keen interest in the class activities and took part in these activities willingly,
   - often expressed that they wished the class lasted longer,
   - did not want to leave the classroom even during breaks,
   - tended to keep up the activities also outside of classes,
   - considered the teacher a member of their group, almost a playmate,
   - shared an effective interaction environment with their teacher and classmates.

   In the control group where traditional teaching methods were applied, the children:
   - focused on the teacher rather than the lesson content,
   - considered the teacher an authority figure,
   - tended to leave the classroom as soon as the break bell rang,
   - showed more interest in other lessons than to music outside of class hours,
   - did not have a strong interaction with each other.

This clearly shows that Orff-Schulwerk matches the views of the well-known cognitive development theorists emphasising the establishment of a learning-teaching process suited to the developmental traits of the child to raise self-confident, creative individuals with well-developed free thinking skills. Although the differences between the average results of the experiment and the control groups concerning singing skills, self-confidence concerning musical ability and attitude towards music lessons which were in

auch danach – und ebenso über die Einstellung dem Unterricht gegenüber gemacht. Die Beobachtungen wurden am Ende jeder Stunde notiert[8].

Resultate, Diskussionen und Vorschläge

Die Ergebnisse der Studie werden hier kurz skizziert:

1. Die musikalischen Hörfähigkeiten der Testgruppe, die im Sinne des Orff-Schulwerks unterrichtet wurde, waren erheblich besser entwickelt als die der Kontrollgruppe ($p = .02$, $p < .05$). Man geht davon aus, dass dieses Ergebnis auf die Art der Hinführung und den Umgang mit Musik zurückzuführen ist, welche die Kinder lernen lässt, selbstständig Parameter der Musik wahrzunehmen (Tonhöhenunterschiede, Dauer und Tempo von Klangereignissen etc.), anstatt ihnen diese Begriffe formal beizubringen.
2. Obwohl die durchschnittlichen Resultate der Stimm- und Singentwicklung für den musikpädagogischen Ansatz des Orff-Schulwerks sprachen, war kein wesentlicher Unterschied zwischen den beiden Gruppen zu verzeichnen (Orff-Schulwerk $x = 14{,}61$, trad. Unterricht $x = 14{,}39$). Es ist als natürliches Ergebnis anzunehmen, dass die traditionelle Unterrichtsmethode, mit dem Schwerpunkt Singen – wenn auch ohne Aktivitäten des Entdeckens, Improvisierens und Gestaltens – dennoch unweigerlich zu einem gewissen Grad der Entwicklung der Singstimme führt.
3. Die Kinder beider Gruppen wurden als selbstbewusst im Bezug auf ihre musikalischen Fähigkeiten befunden. Diese Tatsache mag darauf beruhen, dass die Forscher/Tester in beiden Gruppen eher die Erfolge der Kinder als deren Misslingen im Fokus hatten.
4. Die Kinder der Orff-Schulwerk-Testgruppe zeigten ein entscheidend anderes Verhalten gegenüber dem Verhalten der Kinder in der Kontrollgruppe mit dem traditionellen Unterricht ($p = .007$, $p < .05$). Man kann sagen, dass das Orff-Schulwerk ein positives Verhalten gegenüber Musikunterricht entwickelt, weil es das aktive Entdecken, Improvisieren und Gestalten ermöglicht, welches der Natur des Kindes entspricht. Auch erlebt das Kind den Lehrer als Teil der Gruppe, und es bekommt die Möglichkeit, sich durch rhythmische, melodische und tänzerische Improvisationen auszudrücken. Dieses Ergebnis liegt auf derselben Linie wie die Theorien von Piaget, Bruner, Vygotsky und Erikson. Die Ergebnisse vieler anderer Teststudien kommen zu demselben Schluss.
5. Laut der Ergebnisse zusätzlicher Beobachtungen ist aufgefallen, dass die Kinder der Orff-Schulwerk-Testgruppe
   - offenes Interesse an den Aktivitäten hatten und aus eigener Entscheidung teilnahmen,
   - oft zum Ausdruck brachten, dass die Stunde doch länger dauern möge,
   - den Klassenraum nicht verlassen wollten, nicht einmal zur Pause,

8 Der Cronbach Alpha Verlässlichkeitskoeffizient der von Özmenteş entwickelten Skala des »Selbstvertrauens in Bezug auf Musikaliät« ist $a = .87$. Der Korrelationskoeffizient des von Bÿlen entwickelten Beobachtungsbogens für »Vokale Fähigkeiten« ist $r = .977$. Der Cronbach Alpha Verlässlichkeitskoeffizient der ebenfalls von Bÿlen entwickelten Skala »Einstellung zum Musikunterricht« ist $a = .769$. Die gesammelten Daten wurden mit Hilfe des SPSS 11.0 analysiert.

favour of Orff-Schulwerk were not found statistically meaningful, the results of the field observation records reveal that Orff-Schulwerk has a more positive effect on the personality development of the children.

When the results of the research as a whole and the classroom settings in the school are considered, it can easily be concluded that Orff-Schulwerk is an effective approach to music education even in the most adverse of conditions. This study shows that it is possible to create a more effective learning environment with minor modifications using Orff-Schulwerk processes, despite limited class hours and instruments and poor classroom settings where the children are in a fixed frontal seating position and the lesson content is dense.

Therefore the results of this study offer important clues to teachers who are unhappy about the classroom settings, the programs, the class hours and the bad behaviour of the children, and believe that a good learning environment can only be instituted after the rectification of these conditions. In fact, the activities that they might undertake in class with the encouragement they get from this study will not only improve the learning opportunities of the children but will also cause their own professional lives to be happier and more satisfying.

We wish particularly that this will give positive expectations to teachers who may be pessimistic.

Bibliography / Bibliographie

Amrhein, Franz, 2002: *Soziale Aspekte von Musik- und Tanzerziehung*, in: *Orff-Schulwerk Informationen*, Nr. 65, Salzburg 2001, S. 9–13

Bÿlen, Sermin, 1995: *İşbirlikli Öğrenmenin Müzik Öğretimi ve Güdüsel Süreçler Üzerindeki Etkileri*, unpublished dissertation, Dokuz Eylül Universität, Institut für Sozialwissenschaften, Izmir

Meyers, Chet/Jones, Thomas B., 1993: *Promoting Active Learning, Strategies for the College Classroom*, Jossey-Bass Publishers, San Francisco

Özmenteş, G., 2005: *Dalcroze Eurhythmics Öğrenmenin Müziksel Beceriler, Müzik Dersine İlişkin Tutumlar ve Müzik Yeteneğine İlişkin Özgüven Üzerindeki Etkileri*, non-published dissertation, Dokuz Eylül Universität, Institut für Erziehungswissenschaften, Izmir

Senemoğlu, Nuray, 2003: *Gelişim, Öğrenme ve Öğretim*, Gazi Kitabevi, Ankara

Uçan, A., 2002: *Türkiye'de Müzik Eğitiminin Gelişimi, Orff Okul Öğretisinin Tanİmİ-Uygulanİmİ-UyarlanİmI ve Orff AnlaylŞlyla Temel Müzik Eğitiminin Genel Durumu,* Internationales Symposion Orff-Schulwerk, Musik- und Tanzpädagogik (16.–18. Januar 2003), Istanbul

Uluç, R. S., 2002: *Orff Öğretisi Temelinde Müzik ve Hareket Eğitiminin Psikolojik BoyutlarI*, Internationales Symposion Orff-Schulwerk, Musik- und Tanzpädagogik (16.–18. Januar 2003), Istanbul

- außerhalb der Klasse zum Fortsetzen der Spiele neigten,
- den Lehrer als Teil der Gruppe betrachteten, fast als Spielkameraden,
- einen regen Austausch untereinander und mit dem Lehrer hatten,

während die Kinder der Kontrollgruppe mit dem traditionellen Unterricht

- sich mehr auf den Lehrer konzentrierten als auf den Inhalt der Stunde,
- den Lehrer als Autoritätsperson betrachteten,
- möglichst rasch den Raum verließen, sobald das Pausenklingeln ertönte,
- außerhalb der Klasse mehr Interesse für andere Fächer zeigten als für Musik,
- keine sonderliche Interaktion untereinander hatten.

Dies zeigt deutlich, dass das Orff-Schulwerk den Ansichten der bekannten Theoretiker der kognitiven Erziehung entspricht, bei denen der Schwerpunkt auf einen Lern- und Lehrprozess gelegt wird, der den jeweiligen Entwicklungsstufen der Kinder entspricht, so dass sich selbstbewusste, kreative Individuen mit gut entwickelten Fähigkeiten zu freiem Denken entwickeln können. Obwohl die Unterschiede der Durchschnittergebnisse von Test- und Kontrollgruppe – und zwar in Bezug auf Singen, Selbstvertrauen in musikalisches Können und Verhalten gegenüber Musikunterricht – als nicht wesentlich zu betrachten waren, so bezeugen die Ergebnisse der Feldstudie, dass die Elementare Musik- und Tanzerziehung im Sinne des Orff-Schulwerks eine positivere Wirkung auf die Persönlichkeitsentwicklung der Kinder hat.

Was die Resultate der Untersuchung als Ganzes und die Situation in der Schule betrifft, so kann leicht der Schluss gezogen werden, dass das Orff-Schulwerk ein effektiver Ansatz in der Musikerziehung ist, sogar unter den ungünstigsten Voraussetzungen. Die Studie zeigt, dass es möglich ist, durch die Verwendung des Orff-Schulwerks mit nur kleinen Veränderungen trotz der geringen Stundenzahl, trotz des Mangels an Instrumenten, trotz kümmerlicher Klassenräume, trotz Frontalunterricht und trotz des komprimierten obligaten Unterrichtsstoffes ein effektiveres Lernfeld zu schaffen.

Die Ergebnisse der Forschungsstudie gaben den Lehrern die über die oben beschriebenen Bedingungen und auch über das schlechte Betragen der Schüler klagen, wichtige Hilfestellungen. Wichtig vor allem für jene Lehrer, die glauben, dass gute Lernvoraussetzungen nur dann gegeben sind, wenn alle ungünstigen Faktoren beseitigt und durch optimale ersetzt worden sind. In der Tat werden die Aktivitäten, die sie mit der Ermutigung durch diese Studie in ihren Klassen anbieten werden, nicht nur das Lernen der Kinder verbessern, sondern auch die Lehrer selbst werden in ihrer professionellen Existenz glücklicher und zufriedener sein.

Wir wünschen inständig, dass dieser Beitrag den pessimistischen Lehrern Hoffnung gibt.

Georg Feuser

From Segregation via Integration to Inclusion – Theory and Practice

A person needs a y o u to become an I. (Martin Buber)[1]
The person develops the I according to the y o u that we offer him/her. (Georg Feuser)

1. Integration Starts in our Heads!

To report on *From Segregation via Integration to Inclusion – Theory and Practice* means drawing attention to a particularly dynamic process, that is in its fourth decade of development in German-speaking countries.

The old saying *Paths develop in that we go down them* is particularly relevant for the subject that I am speaking about here. It outlines the intention to start from a pedagogy, that from its beginning was scientific, based on the division of labour and intention but that at no time in its history could really be called u n i v e r s a l, but rather was according to various criteria highly selective and segregative. The intention is to progress to »universal public education« where all children and adolescents with their differing levels of development, differing learning experiences and possibilities – even if we call them disabled – and including children with other languages, nationalities and religions are allowed to learn together. This is a step towards an educational system that no longer selects or segregates and can be called i n c l u s i v e. This again, we hope, would have an innovative influence on developing a society that is carried by the sense of community and orientated on common welfare, which is blatantly missing today. This can be clearly seen in the OECD research, particularly in the IGLU and PISA survey in the fact that access to higher education is not primarily a question of cognitive abilities and school performance, e. g. in reading or mathematics, but is dependent on the social status of the family, its social class and migration background. Children from higher social classes are recommended for grammar school 4.18 more times than children from lower social classes. Children whose parents were both born in Germany have a 4.69 better chance of being recommended than children where both parents were born outside of Germany[2].

1 Buber, Martin, 1965: *Ich und Du*, in: Buber, M.: *Das dialogische Prinzip*, Heidelberg, p 32
2 cf. Bos 2004, p. 28

Georg Feuser

Von der Segregation über die Integration zur Inklusion – in Theoriebildung und Praxis

Der Mensch wird am Du zum Ich. (Martin Buber)[1]
Er wird zu dem Ich, dessen Du wir ihm sind. (Georg Feuser)

1. Integration fängt in den Köpfen an!

Von der Segregation über die Integration zur Inklusion – in Theoriebildung und Praxis zu berichten, bedeutet, auf einen Prozess von besonderer Dynamik aufmerksam zu machen, auf einen Weg, der im deutschsprachigen Raum nun im vierten Jahrzehnt beschritten und dadurch auch herausgebildet wird.

Der alte Spruch *Wege entstehen, in dem man sie geht*, hat für den Gegenstand, über den ich hier zu sprechen habe, eine besondere Relevanz. Er skizziert das Vorhaben, von einer seit der Entstehung einer wissenschaftlichen und arbeitsteilig praktizierten intentionalen Pädagogik, die zu keinem Zeitpunkt ihrer Geschichte je eine wirklich allgemeine, sondern eine hochgradig nach unterschiedlichsten Kriterien selektierende und ausgrenzende war, zu einer Allgemeinen Pädagogik derart zu gelangen, dass Kinder und Jugendliche unterschiedlichster Entwicklungsniveaus, Lernerfahrungen und -möglichkeiten – auch wenn man sie als behindert etikettiert – eingebunden auch Kinder anderer Sprache, Nationalität und Religion, gemeinsam miteinander lernen dürfen. Dies als Schritt hin zu einem nicht mehr selektierenden und segregierenden Erziehungs-, Bildungs- und Unterrichtssystem, das man dann als ein inklusives bezeichnen könnte. Dieses wiederum sollte, so wäre zu wünschen, einen innovativen Einfluss auf die Entwicklung einer von Gemeinsinn getragenen und auf das Gemeinwohl hin orientierten Gesellschaft haben, deren wir heute in besonders krasser Weise entbehren. Dies verdeutlicht sich u. a. auch in den OECD-Studien, vor allem in der IGLU- und PISA-Studie in der Tatsache, dass der Zugang zu höherer Bildung nicht primär eine Frage der kognitiven Grundfähigkeiten und der schulischen Leistungen z. B. in Lese- und Mathematikkompetenz, sondern des sozialen Status der Herkunftsfamilien der Kinder und deren Schichtzugehörigkeit ist bzw. von deren Migrationshintergrund abhängt. Kinder aus oberen Schichten haben eine bis zu 4,18fach höhere Chance für ein Gymnasium empfohlen zu werden als Kinder aus unteren Schichten. Kinder, deren beide Eltern in Deutschland geboren sind, haben

[1] Buber, Martin, 1965: *Ich und Du*, in: Buber, M.: *Das dialogische Prinzip*, Heidelberg, S. 32

Good things come to those who wait does not apply to our society's educational reality and in the same way neither to the history of pedagogy nor to the development of integration. The latter, with only four decades, has not had enough time. Without doubt it needs a few more generations and changes of attitude in order to combat an ideology of education that has existed for many centuries with its privileges and authority. Whether integration has enough chances of survival and whether the intended potential for change will be effective, depends last but not least on the quality of the integration and how it is implemented and practised. Integration starts in our heads – namely in ours! Our own ability to change our attitudes is the central resource of integration and this is confirmed more than ever today.

After having briefly described the state and the present position of integration and expounded its problems, I would like to make further basic statements and proposals on the central theme of this Symposium *In Dialogue* and illuminate these.

The aforementioned research studies demonstrate the necessity for and the quality of integration for the learning of all children and pupils. But the politicians responsible use the educational dilemma that has been revealed by this research to legitimise an even stricter selection and segregation that starts even younger. A level of thinking that reaches out beyond the thesis – it's best to use Beelzebub to get rid of the devil – doesn't seem to have yet established itself to any extent in educational policy. In fact the opposite is true: they are trying to improve the results of the segregation and outward differentiation in the educational system by using those means that caused the deplorable calamity. At the moment one only needs to look back historically in order to anticipate the further development of integration and the efforts at persuasion that are still necessary.

In education today it should be pedagogically self-evident that integration is a fundamental concern in progressive education and not a modernistic fitting-in with an extended understanding of pluralism in the realm of culture. This understanding only partially allows integrative teaching in kindergartens and schools according to the motto »divide and conquer« in order to pacify the desires of parents and specialists who don't really understand the way of the world. Looking back to the Age of Enlightenment and to the consequences of the French revolution relevant to culture and politics, the concerns of progressive education are already qualified in two clear aspects to be found in the works of Jean-Jacques Rousseau (1712–1778). In his educational novel *Emile* he writes: *Men – be humane, that is your first duty. Be humane toward every condition, every age, toward all that is not foreign to humanity. What wisdom is there for you outside of humanity?*[3] and thereby characterises the imperative of humanity. In *Contrat Social* he writes: *Seek a form of association that with its total combined strength defends and protects the person and property of each individual member and through which each person, in that he is united with all, listens only to himself and remains as free as heretofore.*[4] Hereby he characterises the imperative of democracy, a second unalienable standard in progressive education and integration.

[3] Rousseau 1979, p. 27

[4] Rousseau 1977, p. 17

wiederum eine 4,69-mal größere Chance auf eine Gymnasialempfehlung als Kinder, deren beide Eltern im Ausland geboren wurden[2].

Dass, was lange währt, endlich gut werde, keine die Bildungswirklichkeit in unseren Gesellschaften zutreffend beschreibende Aussage ist, kann hier in gleicher Weise für die Geschichte der Pädagogik wie für die der Entwicklung der Integration in Anspruch genommen werden, wobei letztere mit ihren vier Jahrzehnten noch nicht lange genug gewährt hat und sicher noch einiger Generationen an Gesinnungswechsel bedarf, um es mit einer über viele Jahrhunderte der Privilegien und Herrschaft zugleich sichernden Bildungs-Ideologie aufzunehmen zu können. Ob die Integration aber hinreichend Überlebenschancen und damit die erwünschten Veränderungspotentiale zur Wirkung bringen kann, hängt nicht zuletzt von ihrer Qualität ab und von der, mit der sie umgesetzt und betrieben wird. Integration fängt in den Köpfen an – und zwar in unseren! Und, das bestätigt sich heute mehr denn je, die zentrale Ressource der Integration ist unsere eigene Veränderung.

Auf einige Grundlagen dazu möchte ich mit meinen weiteren Aussagen, nachdem ich den Stand und die gegenwärtige Lage der Integration noch etwas skizziert und problematisiert habe, in besonderer Weise eingehen und einige Anregungen dazu geben, wie damit auch das zentrale Thema diesem Symposion *Im Dialog* in spezifischer Weise beleuchten.

Die erwähnten internationalen Studien beweisen das Erfordernis und die Qualitäten von Integration für das Lernen der Kinder und Schüler, aber die verantwortlichen Politiker benutzen das mit den Studien in aller Deutlichkeit offen gelegte Bildungsdilemma, um eine noch weit schärfere und in ein noch früheres Lebensalter vorverlegte Selektion und Segregierung zu legitimieren. Ein Denkniveau, das über die These hinausreicht, dass man den Teufel am besten mit dem Belzebub austreibe, scheint in der Bildungspolitik noch nicht umfänglich Platz gegriffen zu haben. Im Gegenteil: Man versucht die Folgen eines auf Ausgrenzung und äußere Differenzierung setzenden Erziehungs- und Bildungssystem mit den Mitteln zu sanieren, die die beklagenswerte Misere verursacht haben. Derweil braucht man historisch nur zurück zu blicken, um für die weitere Entwicklung der Integration und die Überzeugungsarbeit, die diesbezüglich noch zu leisten ist, vorausschauen zu können.

Es sollte heute in der Pädagogik ein erziehungswissenschaftliches Selbstverständnis sein, dass Integration ein grundsätzlich reformpädagogisches Anliegen und keine modernistische Passung an ein erweitertes Pluralismusverständnis im Sektor Bildung ist, das integrative Kindergarten- und Unterrichtsarbeit getreu dem Motto »teile und herrsche« zur Befriedung des Begehrens einiger den Gang der Welt ohnehin nicht richtig kapierender Eltern und Fachleute partiell zulässt. Im Rückgriff auf die Epoche der Aufklärung und der kulturpolitisch relevanten Folgewirkungen der französischen Revolution qualifiziert sich das reformpädagogische Anliegen aus zwei schon im Werk von Jean-Jacques Rousseau (1712–1778) deutlich werdenden Aspekten. Er schreibt in seinem Erziehungsroman *Emile*:

Menschen seid menschlich, das ist eure erste Pflicht! Seid es gegen alle Stände, gegen jedes Alter, gegen alles, was dem Menschen nicht fremd ist. Was für Weisheit gibt es für Euch außer der Menschlichkeit?[3] *– und charakterisiert damit das H u m a n i t ä t s -*

[2] vgl. Bos 2004, S. 28

[3] Rousseau 1979, S. 27

We can clearly see that integration is a progressive educational[5] process that is qualified by the principles of humanisation and democratisation within the educational systems. Integration therefore necessarily demands an inner school reform requiring rejection of a hierarchical school system by practising »universal public education« that enables inner differentiation by means of »developmentally logical didactics« (Feuser). This enables all children in a very heterogeneous group to co-operate without exception in their learning though using a common theme. An educationally relevant definition is: integration requires a »universal public education and developmentally logical didactics« through which all children and pupils play, learn and work together on a shared theme in co-operation with one another, at their respective developmental levels (taking into consideration their present levels of competence in perception, cognition and behaviour) and orientated on the »next zone of development«.

We can find the central substance of this transformed into the educational task of integration in a book by Edouard Séguin (1812–1880) – in a certain sense the intellectual father of Maria Montessori (1870–1952) – in his book *Idiocy and its treatment by the physiological method* (1866). In it he demands that the central concerns are the *unity of a person within humanity* and *means and tools of education, which have become disconnected*. If the educational demands of integration are taken on to the level of didactics, so proceeding from the general to concrete demands, then we can go back 400 years to Wolfgang Ratke (1571–1635) and Johann Amos Comenius (1592–1670). Comenius (1985 German/1967 English) defines didactics as *the whole art of teaching all things to all men*[6] because we *certainly all have the same nature*[7]. This has its basis in a view of the world and of man that *there is nothing in the visible universe which cannot be seen, heard, smelt, tasted, or touched, and the kind and quality of which cannot in this way be discerned, it follows that there is nothing in the universe which cannot be compassed by a man endowed with sense and reason*[8]. He can already state *nor can any man be found whose intellect is so weak that it cannot be improved by cultivation*[9].

Besides the brief description of the situation in society and in educational policy and their economical and class orientated background this refers us to two further facts that are fundamental for integration: firstly to be able to realise their being anchored in our view of the world and view of mankind and in the awareness of the fundamental human abilities to discover the world through dialogues (particular to the species) that are always relational and co-operative. As an example one only needs to think of a mother who is looking after and breast-feeding her newly-born child. The basis lies in the person-to-person and person-object-person relationship that the child gradually acquires and that we later find represented in joint play with objects or in learning together with regard to educational subject matter.

5 German: *Reformpädagogik* (Ed.)

6 Comenius 1967, p. 5

7 ibid., p. 67

8 ibid., p. 43

9 ibid., p. 56 / p. 67

gebot. *Im Contrat Social schreibt er: Finde eine Form des Zusammenschlusses, die mit ihrer ganzen gemeinsamen Kraft die Person und das Vermögen jedes einzelnen Mitglieds verteidigt und schützt und durch die doch jeder, in dem er sich mit allen vereinigt, nur sich selbst gehorcht und genau so frei bleibt wie zuvor.*[4]

Damit charakterisiert er das Demokratiegebot; ein zweiter unveräußerlicher Qualitätsstandard einer Reformpädagogik – und der Integration.

Integration, so kann nun verdeutlicht werden, ist ein reformpädagogischer Prozess, der sich durch die Momente der Humanisierung und Demokratisierung des Erziehungs-, Bildungs- und Unterrichtswesen qualifiziert. Entsprechend verlangt sie eine innere Schulreform im Sinne der Ablösung des hierarchisch gegliederten Schulsystems durch die – Praxis einer Allgemeinen Pädagogik, die mittels einer »entwicklungslogischen Didaktik« (Feuser) eine innere Differenzierung ermöglicht, die es einer ohne Ausgrenzung zwangsläufig sehr heterogenen Kindergruppe und Schülerschaft ermöglicht, an einer gemeinsamen Sache kooperierend zu lernen. Transformiert in eine erziehungswissenschaftlich relevante Definition können wir festhalten: Integration verlangt eine »Allgemeine Pädagogik und entwicklungslogische Didaktik«, durch die alle Kinder und Schüler in Kooperation miteinander auf ihrem jeweiligen Entwicklungsniveau – nach Maßgabe ihrer momentanen Wahrnehmungs-, Denk- und Handlungskompetenz – in Orientierung auf die »nächste Zone ihrer Entwicklung« an und mit einem gemeinsamen Gegenstand spielen, lernen und arbeiten.

Dieses wiederum transformiert in einen pädagogischen Auftrag für Integration, finden wir dessen zentrale Substanz schon bei Edouard Séguin (1812–1880) – in gewisser Weise geistiger Vater von Maria Montessori (1870–1952) – in seinem Werk von 1866 zur *Idiotenerziehung nach der physiologischen Methode* gedacht, wenn er dort fordert, dass es um die Wiederherstellung *der Einheit des Menschen in der Menschheit* und um die *der zusammenhanglos gewordenen Mittel und Werkzeuge der Erziehung* geht. Wollen wir nun, was Integration pädagogisch erfordert, noch auf die Ebene der Didaktik transformieren und so vom Allgemeinen zum Konkreten aufsteigen, können wir um 400 Jahre zu Wolfgang Ratke (1571–1635) und Johann Amos Comenius (1592–1670) zurückgehen. Comenius definiert Didaktik *als vollständige Kunst, allen Menschen alles zu lehren*[5], denn *alle haben doch die gleiche Natur*[6]. Dies fußend in einem Welt- und Menschenbild, das begründet davon ausgeht, *dass es nichts in der Welt gibt, das der Mensch, der mit Sinnen und Vernunft begabt ist, nicht zu erfassen vermöchte*[7]. Schon ihm ist die Feststellung möglich, *dass man keine so unglückliche Geistesanlage findet, dass sie durch Pflege* – heute würden wir sagen, durch Erziehung, Bildung und Unterricht – *nicht verbessert werden könnte*[8].

Das verweist uns neben der kurz skizzierten gesellschafts- und bildungspolitischen Situation und ihrer ökonomischen wie schichtorientierten Hintergründe auf zwei weitere für Integration fundamentale Sachverhalte: Zum einen auf deren Verankerung in unserem

4 Rousseau 1977, S. 17
5 Comenius 1985, S. 58
6 ebda., S. 73
7 ebda., S. 38
8 ebda., S. 56

Secondly we can see however that we must refer to pedagogy and teaching. Standard pedagogy still avoids any serious implementation of integration and is supported by every conceivable educational policy. Through the continuing practice of separation »normal« education violates human rights and the professional ethical responsibility that it has for children and pupils. Let me refer to statements that were also ratified by our countries, e. g. the UN-World Programme of Action Concerning Disabled Persons (1983) which states: *[...] The education of disabled persons should as far as possible take place in the general school system*[10], e. g. the UN Convention on the Rights of the Child (1989) in which the following demands are made: *the disabled child has effective access to and receives education, training, health care services, rehabilitation services, preparation for employment and recreation opportunities in a manner conducive to the child's achieving the fullest possible social integration and individual development*[11] e. g. the UNESCO Salamanca Statement of 1994 in which all governments are asked to *adopt the principle of inclusive education as a matter of law or policy*[12] or when emphasized that *regular schools with an inclusive ethos are the most effective way to combat discriminatory attitudes, create welcoming and inclusive communities and achieve education for all*[13] and *those with special educational needs must have access to regular schools*[14] as well as in the final report which states that the largest reason for learning difficulties lies in the school system itself.

Special Education still revels in letting the excluded disabled children and pupils get remedial help and tuition in segregated areas – according to the dogma of highest possible homogeny in groups and classes – while the professionals busy themselves in discussions concerning the secondary issues of how to define »integration« and »inclusion«. Because this powerfully determines the present debate I include the following small digression: in the 19th and 20th centuries, stemming from the Latin, that has established itself in our language, »integration« means – in terms of *integer* and *integrare* whole, uninjured, restored, complete; *integralis*: complete and *integratio*: renewing[15]. The sociological meaning is relevant and understands integration as the linking of diverse individuals or groups to form a social and cultural entity[16].

The concept of Inclusion stems in the same way from the Latin and from Middle Latin and means »include, inclusive, implied« – whereby »inclusive« is the opposite of »exclusive«. This concept describes a state of »wholeness« that, if we follow it logically, and as far as it didn't previously exist, can only be reached through the process of integration.

Areas and topics that could direct us into forming theories of integration, for justifying questions, for empirical research and for the realisation of the right to integration in education and society only find peripheral consideration – from my point of view this

10 Art. 120

11 Art. 23. 1/3

12 point 3

13 point 2

14 point 3

15 Duden, Bd. VII, 2001, p. 365

16 Duden, Bd. V, 1999, p. 1959

Welt- und Menschenbild und in der Erkenntnis der grundlegenden Fähigkeit des Menschen, Welt erkennen und dieses im gattungsspezifischen Dialog, der stets ein relationales und kooperatives Verhältnis ist, realisieren zu können. Sie brauchen zur Verbildlichung nur an eine Mutter zu denken, die ihr Neugeborenes versorgt und stillt. Stets liegt dem ein Person-Person- und Person-Objekt-Person-Verhältnis zu Grunde, das sich das Kind schrittweise aneignet und das wir später im gemeinsamen Spiel mit Gegenständen oder im gemeinsamen Lernen mit Bezug auf Bildungsinhalte repräsentiert finden.

Zum anderen sehen wir uns aber auf die Pädagogik und den Unterricht selbst verwiesen. Die Regelpädagogik verschließt sich noch immer einer ernsthaften Umsetzung der Integration und findet darin jeden nur denkbaren bildungspolitischen Rückhalt. Sie verletzt durch die fortgesetzte Ausgrenzungspraxis, die sie tätigt, Menschenrechte und ihre berufsethische Verantwortung den Kindern und Schülern gegenüber. Ich erinnere hier nur an die auch von unseren Ländern ratifizierten Erklärungen, wie z. B. an das UN-Weltaktionsprogramm für behinderte Menschen von 1983, wo gesagt wird, *[...] die Erziehung von behinderten Menschen sollte so weit wie möglich im Regelschulsystem stattfinden [...]*[9], an die UN-Konvention über die Rechte des Kindes von 1989 wo gefordert wird, dass *[...] das behinderte Kind wirklichen Zugang zu Erziehung, Ausbildung und Gesundheitsdiensten hat und diese nutzen kann, [...] so dass die möglichst vollständige soziale Integration des Kindes ermöglicht wird [...]*[10], an das UNESCO Salamanca-Statement von 1994, das alle Regierungen auffordert, *das Prinzip Erziehung ohne Ausgrenzung auf rechtlicher oder politischer Ebene anzuerkennen [...]*[11], wie betont wird, dass Regelschulen mit einer integrativen Orientierung das wirksamste Mittel sind, *eine Gesellschaft ohne Ausgrenzung aufzubauen und eine Erziehung für alle zu verwirklichen*[12] und *Kinder mit Sondererziehungsbedürfnissen Zugang zur Regelschule haben*[13] müssen, sowie an den Abschlussbericht, in dem es heißt: *Der tiefste Grund für Lernschwierigkeiten liegt im Schulsystem selber.*

Die Heil- und Sonderpädagogik ihrerseits sonnt sich weiterhin darin, den ausgegrenzten behinderten Kindern und Schülern in segregierten Feldern, getreu dem Dogma höchst möglicher Homogenität der Gruppen und Klassen, »Förderung« und Unterricht angedeihen zu lassen, während sie sich im Fach wissenschaftlich z. B. auf Nebenschauplätzen der Begriffsklauberei um »Integration« oder »Inklusion« tummelt. Da dies sehr stark die gegenwärtige Debatte bestimmt, vielleicht noch folgender kleiner Exkurs: Integration – im 19./20. Jh. als Ableitungen aus dem lateinischen in unserem Sprachgebrauch etabliert – bedeutet im Sinne von *integer* und *integrare* »heil, unversehrt machen, wiederherstellen, ergänzen«, *integralis* »ein Ganzes ausmachend« und *integratio* »Wiederherstellung eines Ganzen«[14]. Relevant ist die soziologische Bedeutung, die als »Verbindung einer Vielfalt von einzelnen Personen od. Gruppen zu einer gesellschaftlichen und kulturellen Einheit«[15]

9 Art. 120
10 Art 23. 1/3
11 Punkt 3
12 Punkt 2
13 Punkt 3
14 Duden, Bd. VII, 2001, S. 365
15 Duden, Bd. V, 1999, S. 1959

is the main reason, considering all the background mentioned here, for the unbalanced and endangered state of integration[17]. Integration describes a process of transforming a level of understanding in educational science that is orientated towards emancipated and equal participation for all in education for all into the educational (practice) of »universal public education«. This uses the »developmentally logical didactics« and the »inner differentiation« that these imply to negate processes of exclusion and reductionist education. In this way Integrative Education is repealed and can be referred to eventually as inclusive.

Nowadays the practice of exclusion and segregation still reigns. A paradigm shift has not taken place although it is scientifically founded. Special Education is not in a critical situation which, in fact, is its actual crisis[18], while integration finds itself in a fundamental crisis. Although the integration of disabled people has proved that it is even possible to receive a diploma in Special Education – as for example with Pablo Pineda at the University of Malaga – where for years people with Down's Syndrome were only judged as mentally disabled, the possibilities of integration for all and the behaviour of society towards disabled people diverge largely. 97 % of people with Down's Syndrome never see the light of day. In contrast Martin Buber states that *one can only call a society human to the extent that it confirms its members*[19].

2. A Person Needs a »You« to Become an »I«

Having roughly outlined the concerns of integration and set them in the context of educational developments, the second part of my lecture based on Martin Buber's (1878–1965) statement, will be orientated on the basic principles of integration. The statement *a person needs a »you« to become an »I«*[20] can be understood as a universal description of the psychosocial condition of human existence. Conversely a person will consequently become that »I«, to whom we are the »you«. This refers to a basic relationship in human development that can only be understood as co-ontogenesis of systems and as a superordinate philosophical understanding of evolution as co-evolution. While Special Education loses itself in tautological debates that select marginal areas and have a euphemistic nature, or necessary career evidence that is much more than serves or is warranted by the subject matter, there is a dearth of research work dealing with questions of personality theories implicit in integration[21] and with the requirements of an orientation on natural philosophical contexts. These are, for example, important for an understanding – in terms of the human sciences – of the importance and organization of intersubjectivity, a development of induced learning and for questions concerning the logic of human development itself. Accordingly areas that could be leading in forming theories of inte-

17 Feuser 2006
18 Feuser 2000
19 Buber 1975, p. 26 (transl. Shirley Salmon)
20 Buber 1965, p. 32
21 cf. Siebert 2005

verstanden wird. Der Begriff der Inklusion leitet sich in gleicher Weise aus dem lateinischen bzw. mlat. ab und bezeichnet »einschließen, einschließlich, inbegriffen« und steht als »inklusive« im Gegensatz zu »exklusive«. Dieser Begriff beschreibt also einen Zustand einer Ganzheit, der der Logik nach, so sie zuvor nicht bestand, erst durch einen Prozess der Integration erreicht werden kann.

Bereiche und Themen, die für die Theoriebildung der Integration, zur Begründung von Fragen, die für empirische Untersuchungen leitend sein können und für die Transformation des Rechts auf Integration in eine pädagogische und gesellschaftliche Praxis, finden nur peripher Beachtung – aus meiner Sicht ein zentraler Grund einer aus der Balance geratenen und mit Blick auf alle hier erwähnten Zusammenhänge, auch gefährdeten Integration[16]. Integration beschreibt einen Prozess der Transformation eines auf die gleichberechtigte und gleichwertige Teilhabe a l l e r an B i l d u n g f ü r a l l e orientierten erziehungswissenschaftlichen Erkenntnisstandes in die pädagogische Praxis einer Allgemeinen Pädagogik, die mittels einer »entwicklungslogischen Didaktik« und der ihr impliziten »inneren Differenzierung« Ausgrenzungsprozesse und eine reduktionistische Pädagogik zu negieren vermag, in der sich Integration schlussendlich aufhebt und die dann schließlich als inklusiv bezeichnet werden kann.

Heute herrschen unverändert Praxen der Ausgrenzung und Segregierung. Es hat kein Paradigmenwechsel stattgefunden, wenngleich er wissenschaftlich grundgelegt ist und die Heil- und Sonderpädagogik befindet sich in keiner Krise, was ihre eigentliche Krise ist[17], während sich die Integration sehr wohl in einer fundamentalen Krise befindet. Obwohl die Integration behinderter Menschen nachgewiesen hat, dass es sogar möglich sein kann, wie z. B. Pablo Pineda an der Universität Malaga, ein Diplom in Sonderpädagogik erlangen zu können, wo Menschen mit Down-Syndrom noch vor Jahren als ausschließlich geistig behindert eingeschätzt wurden, klaffen die Möglichkeiten der Integration für alle und die gesellschaftliche Praxis behinderten Menschen gegenüber noch weit auseinander. 97 % der Menschen mit Down-Syndrom erblicken heute nicht mehr das Licht der Welt. Dagegen steht die Rede von Martin Buber der sagt: *[...] und man darf eine Gesellschaft in dem Maße ein menschliche nennen, als ihre Mitglieder einander bestätigen*[18].

2. Der Mensch wird am Du zum Ich

Nachdem ich das Anliegen der Integration grob umrissen und es im Fluss pädagogischer Entwicklungen verankert habe, soll nun die den zweiten Teil meiner Ausführungen überschreibende Aussage von Martin Buber (1878–1965) auf Grundlagen der Integration orientieren. Die Aussage, *der Mensch wird am Du zum Ich*[19] kann als eine universale Beschreibung der psycho-sozialen Bedingtheit menschlicher Existenz begriffen werden. In ihrer Umkehrung und Fortschreibung, dass der Mensch folglich zu dem Ich wird, dessen Du wir

16 Feuser 2006

17 Feuser 2000

18 Buber 1975, S. 26

19 Buber 1965, S. 32

gration, for creating questions important for empirical research and for the realisation of the right to integration in education and society only attract peripheral interest. Once again I can only point to the interrelations without being able to justify and amplify them adequately. Nevertheless this can be shown in a few examples:

We can find access to an adequate understanding of human development and its trends up to so-called »pathological« phenomena not, astonishingly enough, in the humanities but there, where the natural sciences, in recognition of the complexity of living systems, observe, describe, explain and understand inherent altruistic regulation of behaviour that secures their existence. The foundations of such explanations can lie particularly in system-theoretical, self-organizing and critical-constructivist theories. I refer to them as »post-relativistic« in that they rest on Albert Einstein's (1879–1955) model of space and time in explaining the universe and in the realisation of Ludwig Boltzmann (1844–1906), who is now regarded as one of the greatest theoreticians, that processes of transformation result from the interaction of many atoms, that determine the nature of matter and are based on the quantum theory description of the microcosm as found by Werner Heisenberg (1901–1976) und Erwin Schrödinger (1887–1961). Heisenberg recognizes the basic limitation of accuracy of measurements (uncertainty principle), whereby a world view orientated on determinability and predictability collapses. One could say that Schrödinger (1986) makes the impreciseness calculable with his equations and he writes: *The reason that our feeling, perceiving and thinking »I« doesn't appear in our natural scientific view of the world can be easily expressed in words: it is this world view.*[22]

It is particularly difficult in a pedagogy of the social sciences to leave the fixed view that sees »handicap« as an individual category whose basis springs from the observation of corresponding characteristics or »symptoms«, and to postulate the fundamental explanation and comprehension of actions that are judged as »psycho-pathological« as stemming from the interaction between a person and his environment. The post-relativistic theories of cognition make clear that everything that exists is a result of interaction. This steers us to look at the area of »between« which in our topic is r e l a t i o n s h i p s b e t w e e n b e h a v i o u r s. Even if the actions are created by a self-organising system, they have not however resulted from it alone. A complex living system reconstructs the events that have been experienced through interchange with the world from the perspective of these events and from the methods by which they are implemented. Constructivism clarifies the way these processes do not run exclusively in a deterministic and linear way, but only approximately, with certain probabilities for particular evolutionary drifts. We can summarize these moments in a simple model which represents the interchange of the individual with his/her environment on the horizontal plane, which in education impresses us as »learning«, while the vertical plane can be interpreted as the process of self-organization and self-construction of reality which we understand as »development«.

22 On this subject see the works of e. g. Jantsch, Prigogine, Stengers and Nicolis. Dealing with these interrelations shows clearly how relative the separation of the natural and social sciences has become and that its overcoming should be strived for more than ever.

ihm sind, verweist sie auf ein Grundverhältnis der menschlichen Entwicklung, die nur als Koontogenese von Systemen verstanden werden kann und auf ein übergeordnetes naturphilosophisches Verständnis von Evolution als Koevolution. Während sich die Heil- und Sonderpädagogik in tautologischen Debatten verliert, die Randbereiche markieren und euphemistischen Charakter haben oder erforderlichen Karrierenachweisen weit mehr als dem Inhaltsanliegen geschuldet sind und dienen, besteht ein Mangel an Arbeiten, die sich mit den der Integration impliziten persönlichkeitstheoretischen Fragestellungen[20] und mit den Erfordernissen einer Orientierung in naturphilosophischen Zusammenhängen befassen, die z. B. für ein humanwissenschaftliches Verständnis der Bedeutung und Organisation von Intersubjektivität, eines Entwicklung induzierenden Lernens und für Fragen der menschlichen Entwicklungslogik selbst von Bedeutung sind. Entsprechend finden Bereiche, die für die Theoriebildung der Integration, zur Begründung von Fragen, die für empirische Untersuchungen leitend sein können und für die Transformation des Rechts auf Integration in eine pädagogische und gesellschaftliche Praxis nur peripher Beachtung. Auch hier kann ich auf diese Zusammenhänge nur orientieren, ohne sie hinreichend begründen und ausführen zu können. Dennoch soll dies an einigen Beispielen exemplarisch erfolgen:

Zugang zu einem adäquaten Verständnis menschlicher Entwicklung und ihren Trends hin zu sogenannten »pathologischen« Phänomenen finden wir heute, das mag erstaunen, nicht in geisteswissenschaftichen Zusammenhängen, sondern dort, wo die Naturwissenschaften in Erkenntnis der Komplexität lebender Systeme und der ihnen inhärenten, ihre Existenz sichernden altruistischen Verhaltensregulationen beobachtet, beschrieben, erklärt und verstanden werden. Basis solcher Erklärungen können vor allem systemtheoretische, selbstorganisatorische und kritisch-konstruktivistische Theorien sein. Ich bezeichne sie als »postrelativistisch« in so fern, als sie auf dem Raum-Zeit-Modell der Erklärung des Universums von Albert Einstein (1879–1955) beruhen und in der Erkenntnis von Ludwig Boltzmann (1844–1906), der heute als einer der größten Theoretiker gilt, dass Umwandlungsprozesse aus dem Zusammenwirken vieler Atome resultieren, die die Eigenschaft der Materie bestimmen und in der quantentheoretischen Beschreibung des Mikrokosmos gründen, wie sie Werner Heisenberg (1901–1976) und Erwin Schrödinger (1887–1961) grundgelegt haben. Heisenberg erkennt die grundlegende Begrenzung der Messgenauigkeit (Unschärferelation), wobei ein an Bestimmbarkeit und Vorhersagbarkeit orientiertes Weltbild zusammenbricht. Schrödinger (1986) macht, so könnte man sagen, die Ungenauigkeit mit seinen Gleichungen berechenbar und schreibt: *Der Grund dafür, das unser fühlendes, wahrnehmendes und denkendes Ich in unserem naturwissenschaftlichen Weltbild nicht auftritt, kann leicht in fünf Worten ausgedrückt werden: Es ist dieses Weltbild*[21].

Vor allem in der geisteswissenschaftlichen Pädagogik fällt es schwer, die eingefahrenen Denkpfade, »Behinderung« als individuelle Kategorie zu betrachten, die der Natur dessen entspringt, an dem die entsprechenden Merkmale bzw. »Symptome« beobachtet werden, zu verlassen und die prinzipielle Erklärbarkeit und Verstehbarkeit der

20 vgl. Siebert 2005

21 Zu diesem Themenkomplex siehe u. a. auch die Arbeiten von Jantsch, Prigogine, Stengers und Nicolis. Die Befassung mit diesen Zusammenhängen verdeutlich auch, wie relativ die Trennung von Natur- und Geisteswissenschaften geworden ist, deren Überwindung heute mehr denn ja anzustreben wäre.

I spoke of spatial-temporal processes. Time creates structures and organises the system that structures us, that regulates our internal functioning and, with reference to the spatial factor, how we relate to other entities. These are spatial and have large dynamics of movement that develop in time. In these spatial-temporal actions there also emerges that which we can refer to as »dialogue«. René Spitz (1887–1974) demonstrates such a dialogue in a short film[23] that shows how an eight-month old child reacts to a mask representing a human face: we see a lively child who smiles, demonstrates complex activation, turns towards the object very attentively, approaches it and seizes it, resumes eye-contact and investigates the eyes and forehead of the mask in a persistent and concentrated manner. An intense, reciprocal and co-operative dialogue with the moving mask that took place according to the child's intentions. Afterwards in the next film clip we can see a child in a similar situation who is double the age, but who is however severely hospitalized and deprived through the loss of his primary person of attachment and because of his placement in an institution. This child is organically as healthy as the first, establishes eye-contact but afterwards does not react adequately to the mask face. He doesn't move, doesn't smile and doesn't explore. No dialogue takes place – he is »derailed« as René Spitz (1976) puts it. This child is in a state of extreme isolation. Dialogue and co-operation have largely collapsed; the child is thrown back on itself. The observable level of development is clearly reduced. The normal zones of development that would be available are blocked and the *zone of actual development*[24] available to the child under these conditions is not even that of a new-born child. The extensive loss of reciprocal communication which recognises and satisfies the child's needs is responsible for a severe emotional impairment resulting from the lack of relationship and bond. This in turn reduces the cognitive possibilities. Resulting from the adaptation to the existing external conditions of social isolation the child drifts into a borderline situation of safeguarding his own existence to such an extent that he has to rely on auto-compensation. This can be seen later in the short film clip, where the child starts to cry as a known person approaches him and, when physical contact occurs, he starts to see-saw rhythmically with his legs. In order to overcome the stress that this situation has caused, the child must create time using his own movements which in turn provides structure and order – in order to save his system from breaking down and to safeguard his existence! How could this succeed better and generally than with rhythmical moments – through stereotyped movements?

Under the continuation of external isolating conditions and simultaneously conditions of internal isolation, as we can see in this film of a 27 year-old woman, who, from childhood, has had severe autism. The resulting self-inflicted injuries are an expression of already established depersonalisation and deconcentration of physical self-perception. This shows a need to use one's own body as an object to communicate with and in this way to survive the condition of extreme isolation when d i a l o g u e can no longer be

[23] Short video examples were shown during the lecture; cf. Mantell 1991 for the film clips stemming from René Spitz

[24] Vygotskij 1987

als »psychopathologisch« bewerteten Erscheinungen zu postulieren, wie diese aus den Wechselwirkungen eines Menschen mit seiner Umwelt heraus zu verstehen. Die postrelativistischen Erkenntnistheorien verdeutlichen, dass alles was ist, aus Wechselwirkungen resultiert. Das lenkt den Blick auf den Bereich des »Zwischen« – auf unseren Gegenstand bezogen auf die V e r h ä l t n i s s e z w i s c h e n d e n V e r h a l t e n s w e i s e n . Auch wenn die Erscheinungen selbstorganisatorisch vom System hervorgebracht werden, sind sie dennoch nicht ausschließlich aus ihm heraus entstanden. Ein komplexes lebendes System rekonstruiert die im Austausch mit der Welt erfahrenen Ereignisse unter dem Blickwinkel auf diese und aus den Methoden, die auf diese hin zur Anwendung kommen selbst, was der Konstruktivismus verdeutlicht, wie diese Prozesse nicht ausschließlich deterministisch und linear verlaufen, sondern nur näherungsweise mit gewissen Wahrscheinlichkeiten für bestimmte evolutionäre Driften. Wir können diese Momente in einem einfachen Modell zusammenfassen, das auf der horizontalen Ebene den Austausch eines Individuums mit seiner Umwelt repräsentiert, der uns in der Pädagogik als »Lernen« imponiert, wie in einer Vertikalen die internen Selbstorganisations- und Konstruktionsprozesse von Wirklichkeit, die als »Entwicklung« zu fassen wären.

Ich sprach von raum-zeitlichen Prozessen. Die Zeit schafft Strukturen und ordnet die Ordnung, die uns strukturiert und unsere internen Funktionen reguliert, wie uns – und das verweist auf das räumliche Moment – zu anderen Entitäten in Beziehung setzt. Dies geschieht in Prozessen von hoher Bewegungs-Dynamik im Raum, durch die Zeit entsteht. In diesen raum-zeitlichen Vorgängen entsteht auch, was wir als »Dialog« bezeichnen können. René Spitz (1887–1974) dokumentiert einen solchen in einem kurzen Film[22] der zeigt, wie sich ein acht Monate altes Kind zu einer Maske, die ein menschliches Gesicht repräsentiert, verhält: Ein vitales Kind, das lächelt, einen starken Belebungskomplex zeigt, sich hoch aufmerksam dem Objekt zuwendet, sich ihm annähert und es in seinen Besitz bringt, wieder Blickkontakt aufnimmt und die Augen-Stirn-Partie der Maske ausdauernd und sehr konzentriert exploriert, ist zu beobachten. Ein intensiver reziproker und kooperativer Dialog mit der sich entsprechend den Intentionen des Kindes bewegenden Maske hat stattgefunden. Danach beobachten wir in einem weiteren Filmdokument ein doppelt so altes, aber durch den Verlust seiner primären Bezugsperson und eine Heimunterbringung schwer hospitalisiertes und depriviertes Kind in der gleichen Situation. Dieses Kind, organisch so gesund wie das zuerst gesehene, nimmt zwar Blickkontakt auf, aber darüber hinaus erfolgt keine verhaltensmäßige Antwort auf das Gesicht der Maske. Es bleibt ohne Bewegung, lächelt nicht, exploriert nicht. Ein Dialog kommt nicht zustande – er ist »entgleist«, wie René Spitz (1976) es selbst benennt. Für dieses Kind herrscht ein Zustand hochgradiger Isolation. Dialog und Kooperation sind weitgehend zusammengebrochen; das Kind bleibt auf sich selbst zurückgeworfen. Das beobachtbare Entwicklungsniveau ist deutlich reduziert. Normalerweise verfügbare Zonen der Entwicklung sind blockiert und die *aktuelle Zone der Entwicklung*[23], die das Kind unter diesen Bedingungen realisieren kann, entspricht nicht einmal mehr einem Neugeborenen. Der weitgehende Ver-

[22] Im Vortrag wurden filmische Dokumentationen gezeigt; vgl. Mantell 1991 für die von René Spitz stammenden Clips

[23] Vygotskij 1987

established. I think it is obvious that a person develops him/herself according to the »you« that we offer – and the implications this has concerning the question of integration.

3. Integration Means Constructing the »Other«

In a conversation that took place between Jean-Paul Sartre (1905-1980) and Franco Basaglia (1924-1980) Basaglia stated: *It is important not only to think about the »Other« but to construct it*[25]. Here, the »other« refers to integration. Later Sartre continues: *The Other must develop from overcoming that which already exists [...] The pivotal point is practical experience. It is the exposed flank of ideology*[26].

With this I would like again to focus our attention on questions of integration. How could this take place more clearly on this occasion than to look again at previous thoughts and actions, remembering Mimi Scheiblauer (1891–1968) and her work. A short sequence from the film *Ursula oder das unwerte Leben*[27] that was made in her honour, presents us with »Anita« and shows clearly how external rhythmic structures synchronise with the inner personal rhythm, take her with them and in this way stabilise the perception, cognition and behaviour of a girl who is classified as mentally disabled[28].

If we understand each system as a network – and the sequence with Anita showed this wonderfully – then as soon as the conditions of all the network's participating components reach a mutually satisfactory state in a spontaneous overlapping collaboration – the system »emerges«. It arises through the coupling of the system's components, a synergy as Herman Haken (b. 1927) showed. Such structural formations can be ascribed to uniform principles. One can also describe integration in these terms. It clarifies these issues in the areas of rearing, education and teaching on an appropriate scientific and cultural level. This shows how highly complex systems such as the participating children, pupils, care-workers, teachers and therapists are involved in processes of joint learning; while satisfying the needs of the individuals, form a network in which the common emerging characteristics build an »attractant« which makes the combined learning of all, including the teachers, a process that induces and promotes development.

This can also be clearly seen in my concept of DCSCAT (Dialogue-Centred, Substitutive, Co-operate Action Therapy) – a basic therapeutic process used in working with an autistic woman who harmed herself[29], that is integrative in spite of taking place with an

[25] Basaglia-Ongaro/Basaglia 1980, p. 39 (transl. Shirley Salmon)

[26] ibid., p. 40 (transl. Shirley Salmon)

[27] *Ursula or worthless life* (Ed.)

[28] Anita, the girl who is classified as mentally handicapped, plays a rattle exactly in time with Mimi Scheiblauer. When the piano music stops, Anita puts the rattle down, brings her hand in front of her eyes and rocks in a fixed, stereotype manner. At the cessation of the external stimulus the synchronization of her own personal inner rhythm has to follow as self-compensation.

[29] Feuser 2001, 2002

lust einer reziproken Kommunikation, die das Kind in seinen Bedürfnissen erkennt und befriedigt und damit eine schwere emotionale Beeinträchtigung durch Beziehungs- und Bindungsverlust, reduziert auch die kognitiven Möglichkeiten. Infolge der Aneignung der bestehenden externen Bedingungen sozialer Isolation driftet das Kind in eine Grenzsituation der Sicherung seiner eigenen Existenz derart, dass es zur Autokompensation seiner Lage greifen muss. Dies kann in einem weiteren kleinen filmischen Dokument beobachtet werden, das bei Annäherung einer Bezugsperson zu weinen beginnt und bei Aufnahme von Körperkontakt rhythmisch mit den Beinen zu wippen beginnt. Um den für das Kind in seiner Situation entstehende Stress zu bewältigen muss es durch Bewegungen sich selbst die erforderliche, strukturierende und ordnende Zeit schaffen – um sein System vor dem Zusammenbruch zu bewahren und so seine Existenz zu sichern! Wie könnte das besser und generalisierbarer gelingen, als durch rhythmische Bewegungen – durch motorische Stereotypien?

Bei Fortdauer externer isolierender Bedingungen und gleichzeitig bestehenden Bedingungen interner Isolation, wie es in einem weiteren Filmdokument bei einer 27-jährigen Frau zu beobachten war, die von Kind an einen schweren Autismus zeigte, resultieren schließlich selbstverletzende Verhaltensweisen als Ausdruck einer bereits einsetzenden Depersonalisation und Entflechtung des Körperselbstbildes – ein Erfordernis, um seinen eigenen Körper zum Objekt des Austausches machen und so Zustände hochgradiger Isolation überleben zu können, wenn kein D i a l o g mehr zustande kommt. Ich denke, es wird sinnfällig, dass der Mensch zu dem Ich wird, dessen Du wir ihm sind – und welche bedeutenden Zusammenhänge zur Frage der Integration bestehen.

3. Das Andere machen ... heißt Integration

In einem Gespräch, das zwischen Jean-Paul Sartre (1905–1980) und Franco Basaglia (1924–1980) stattfand betont Basaglia: *Es kommt darauf an, das Andere nicht nur zu denken, sondern es zu machen*[24]. An späterer Stelle fährt Sartre fort: *Das Andere muss sich aus der Überwindung des Bestehenden ergeben [...] Der Angelpunkt ist die Praxis. Sie ist die offene Flanke der Ideologie*[25].

Damit möchte ich den Blick wieder auf Fragen der Integration fokussieren. Wie könnte das hier und zu diesem Anlass eindeutiger geschehen, als – noch einmal – im historischen Rückgriff auf das bereits Gedachte und Getätigte, an Mimi Scheiblauer (1891–1968) und ihr Wirken zu erinnern? Eine kleine Sequenz aus dem ihr zu Ehren gedrehten Film *Ursula oder das unwerte Leben*, die uns mit »Anita« konfrontiert, verdeutlicht, wie äußere rhythmische Strukturen die internen Zeitgeber synchronisieren, sie mitnehmen und auf diese

24 Basaglia-Ongaro/Basaglia 1980, S. 39

25 ebda., S. 40

in-patient. The film sequence[30] also shows the efficiency of integrative work when we think back to the previous scenes in which severe self-imposed injuries took place in spite of fixation. We can conclude that human beings deduce information about things through human beings and about human beings through things.

4. Integration is Co-operative Activity in the Group

I had the great possibility and, looking back, the chance to observe the learning and development of children from kindergarten age up to the end of secondary education in exclusively integrated contexts according to the concept developed by myself[31]. This was the best time of my professional life. The principles of regionalisation, decentralisation, of shared teaching and learning between all members of a multi-professional team of experts and of integrating therapeutic demands into educational processes were proved in kindergartens and schools. It can hardly be denied or overlooked that integration today has lost its balance politically and professionally. Everyone who is interested in implementing these ideas – in which the shown synergetic effects innovate development for all children through induced learning – should thus be moved to reflect on the core of this progressive educational process and not let arbitrary choice reign in the place of the cultivation of knowledge in the human sciences. The formula, that democracy demands pluralism, is rhetorical; it is mostly brought into the field against the stringent foundation and scientifically sound practice of integration. I cannot imagine a greater pluralism than is to be found in genuine integration that is encountered through the heterogeneity of the people involved. In my view integration has stagnated for the following reasons:

- The possibilities of dialectic thinking, understanding and explaining (of) the development of the human personality developed in materialistic Special Education[32] and in the categorical education theory and concept of general education[33] remain ignored.
- A corresponding didactical reception has not taken place.
- The integration movement is today more apolitical than it has ever been in the thirty years of its development in Germany and Austria.

Scheiblauer already demanded: *With regard to the visually impaired, hearing impaired and those with speech impairments – they should, wherever possible, be taken into a normal class. People with a physical disability should not be pitied or put to one side. Both lead to isolation*[34]. I would like to finish with a statement from Stephen Hawking (b. 1942) who, with his severe disability, is Lucasian Professor of Mathematics at Cambridge University and is working on a Theory of Everything. He says, according to his biographer:

30 On the 10th day of working together this woman prepares breakfast on a trolley in order to bring it to the table in another room.

31 Feuser 1987, 1989, 1995; Feuser/Meyer 1987

32 Jantzen 1987, 1990; Feuser 1995

33 Klafki 1996, 2002

34 Brunner-Danuser 1984, pp. 137–138 (transl. Shirley Salmon)

Weise Wahrnehmung, Denktätigkeit und das Handeln eines als geistig behindert geltenden Mädchens stabilisieren[26].

Verstehen wir jedes System als ein Netzwerk, ergibt sich – und das hat diese Sequenz mit Anita wunderbar gezeigt – spontan ein übergreifendes Zusammenwirken, sobald die Zustände aller am Netzwerk beteiligten Komponenten einen für alle befriedigenden Zustand erreichen – das System »emergiert«; es entsteht durch die Koppelung der Systemkomponenten, wie Herman Haken (* 1927) nachweist, eine »Synergetik«. Solche Strukturbildungen können auf einheitliche Prinzipien zurückgeführt werden. Auch Integration kann in diesen Begriffen beschrieben werden. Sie verdeutlicht diese Sachverhalte im Bereich von Erziehung, Bildung und Unterricht auf einem unserem Wissenschafts- und Kulturniveau angemessenen Niveau. Dies als Ausdruck dessen, wie hoch komplexe Systeme, eben die beteiligten Kinder, Schüler, Erzieher, Lehrer und Therapeuten, die in Prozessen gemeinsamen Lernens, das die Bedürfnisse und Motive des einzelnen Mitgliedes befriedigt, ein Netzwerk bilden, in dem die emergenten Eigenschaften, die all diesen unterschiedlichen Systemen gemeinsam sind, einen »Attraktor« bilden, der das gemeinsame Lernen aller zu einem Entwicklung induzierenden und Entwicklung vorantreibenden Prozess macht – die Lehrenden eingeschlossen, um das noch einmal zu betonen.

Dies verdeutlicht sich auch in einem basistherapeutischen Prozess in der Arbeit mit der schwer sich selbst verletzenden autistischen Frau im Konzept der Substituierend Dialogisch-Kooperativen Handlungs-Therapie[27] der trotz eines stationären Arbeitsfeldes durch die mitarbeitenden Studierenden ein integrativer ist. Die Filmsequenz[28] verdeutlich auch die Effizienz integrativer Arbeit, wenn die vorausgegangenen Szenen schwerster Selbstverletzungen trotz Fixierung wieder vor das Auge treten. Der Mensch, so können wir schlussfolgern, erschließt sich die Dinge durch den Menschen und sich den Menschen durch die Dinge.

4. Integration ist kooperative Tätigkeit im Kollektiv

Ich hatte die große Möglichkeit und, rückblickend gesehen, die Chance, Kinder von der Zeit des Kindergartenalters an bis in die Sekundarstufe II hinein hinsichtlich ihres Lernens und ihrer Entwicklung in ausschließlich integrativen Kontexten entsprechend der von mir entwickelten Konzeption[29] beobachten zu können. Diese Zeit charakterisiert die schönste meines Berufslebens. Die Prinzipien der Regionalisierung, Dezentralisierung, des Kompetenztransfers zwischen allen im multiprofessionellen Team tätigen Fachkräften und die

[26] Das als geistig behindert geltende Mädchen Anita begleitet ein Klavierspiel von Mimi Scheiblauer exakt mit Rasseldosen. Als das Klavierspiel endet, stellt Anita die Dosen ab, führt die Hand vor Augen und schaukelt, diese fixierend, stereotyp. Nach Wegfall der äußeren Mitnehmereffekte, muss die zeitliche Synchronisation des eigenen Systems autokompensatorisch erfolgen.

[27] Feuser 2001, 2002

[28] Diese Frau lädt am zehnten Tag gemeinsamer Arbeit das Frühstück auf einen Servierwagen, um es zum Frühstückstisch in einen anderen Raum zu bringen.

[29] Feuser 1987, 1989, 1995; Feuser/Meyer 1987

> *It is very important that disabled children should be helped to blend with others of the same age. It determines their self-image. How can one feel a member of the human race if one is set apart from an early age. It is a form of apartheid.*[35]

[35] Ferguson 1992, p. 156

Integration der therapeutischen Erfordernisse in den pädagogischen Prozess, haben sich in Kindergarten und Schule bewährt. Dass die Integration heute aus der Balance geraten ist, dürfte kaum zu bestreiten oder zu übersehen sein – weder politisch noch fachlich. Das sollte alle, die an ihrer Realisierung in einer Weise interessiert sind, dass die aufgezeigten synergetischen Effekte für alle Kinder und Schüler ein Entwicklung induzierendes Lernen innovieren, dazu bewegen, sich auf den Kern dieses reformpädagogischen Prozesses zu besinnen und nicht an Stelle humanwissenschaftlicher Erkenntnis- und Theoriebildung Beliebigkeit walten lassen. Die Formel, die meist gegen eine stringente Begründung und wissenschaftlich fundierte Praxis der Integration ins Feld geführt wird, dass Demokratie Pluralismus erfordere, ist rhetorisch. Ich kann mir keine größere Pluralität vorstellen, als die, die in einer echten Integration durch die Heterogenität der beteiligten Menschen anzutreffen ist. Ursachen für die Stagnation der Integration sehe ich u. a. in folgen Momenten:

- Die in der materialistischen Behindertenpädagogik[30], in der Kategorialen Bildungstheorie und Allgemeinbildungskonzeption[31] entwickelten Möglichkeiten dialektischen Denkens, Verstehens und Erklärens menschlicher Persönlichkeitsentwicklung blieben ignoriert.
- Eine entsprechende Didaktik-Rezeption hat nicht stattgefunden.
- Die Integrationsbewegung ist heute in einem Maße apolitisch, wie sie das zu keiner Zeit ihrer dreißigjährigen Entwicklungsgeschichte in Deutschland und Österreich je war.

Schon Mimi Scheiblauer fordert: *Was Seh-, Hör- und Sprachbehinderte betrifft, sollten sie, wo immer möglich, in eine Normalklasse hineingenommen werden. Menschen mit einem körperlichen Schaden sollte man weder bemitleiden, noch zur Seite stellen. Beides führt in die Isolation*[32]. Mit einer Aussage von Stephen Hawking (* 1942), der als schwerst beeinträchtigter Mensch den Lucasianischen Lehrstuhl inne hat und an der großen Vereinheitlichungstheorie arbeitet, möchte ich schließen. Er sagt, wie seine Biographin schreibt:

> *Es ist unglaublich wichtig, dass man behinderten Kindern ermöglicht, mit anderen, gleichaltrigen Kindern zusammen zu sein. Das ist entscheidend für ihr Selbstgefühl. Wie kann man sich als Mitglied der menschlichen Rasse fühlen, wenn man bereits im frühen Alter von ihr getrennt wird? Das ist eine Form der Apartheid.*[33]

30 Jantzen 1987, 1990; Feuser 1995

31 Klafki 1996, 2002

32 Brunner-Danuser 1984, S. 137–138

33 Ferguson 1992, S. 156

Bibliography / Bibliographie

Basaglia, Franco, 1978[2]: *Die Institutionen der Gewalt*, in: Basaglia, Franco (Hrsg.): *Die negierte Institution oder Die Gemeinschaft der Ausgeschlossenen*, Frankfurt/Main, S. 122–161

Basaglia-Ongaro, Franca/Basaglia, Franco, 1980: *Befriedungsverbrechen*, in: Basaglia, Franca/Basaglia, Franco (Hrsg.): *Befriedungsverbrechen. Über die Dienstbarkeit der Intellektuellen*, Frankfurt/Main, 1980, S. 11–61

Bos, Wilfried u. a., 2004: *IGLU. Einige Länder der Bundesrepublik Deutschland im nationalen und internationalen Vergleich. Zusammenfassung ausgewählter Ergebnisse*, Hamburg

Buber, Martin, 1962: *Reden über Erziehung*, Heidelberg

Buber, Martin, 1965: *Das Dialogische Prinzip*, Heidelberg

Buber, Martin, 1975: *Urdistanz und Beziehung*, Heidelberg

Buber, Martin, 1996: *I and Thou*, New York

Brunner-Danuser, Fida, 1984: *Mimi Scheiblauer – Musik und Bewegung*, Zürich

Comenius, Johann A., 1967: *The Great Didactic*, transl. into English by M. W. Keatinge, Russel & Russel, New York

Comenius, Johann A., 1985: *Große Didaktik (Didactica magna)*, Flitner, Andreas (Hrsg.), Stuttgart

Ferguson, Kitty, 1992: *Stephen Hawking. Quest for a theory of everything*, Bantam Books, London

Feuser, Georg, 1987[3]: *Gemeinsame Erziehung behinderter und nichtbehinderter Kinder im Kindertagesheim – Ein Zwischenbericht*, Selbstverlag Diak. Werk e.V., Bremen

Feuser, Georg, 1989: *Allgemeine integrative Pädagogik und entwicklungslogische Didaktik*, in: *Behindertenpädagogik* 28, 1989/1, S. 4–48

Feuser, Georg, 1995: *Behinderte Kinder und Jugendliche. Zwischen Integration und Aussonderung*, Wissenschaftliche Buchgesellschaft, Darmstadt

Feuser, Georg, 2000: *Grundlagen einer integrativen Lehrerbildung*, in: Feyerer, Ewald/Prammer, Wilfried (Hrsg.): *10 Jahre Integration in Oberösterreich. Ein Grund zum Feiern? Beiträge zum 5. Praktikerforum*, Linz 2000, S. 205–226

Feuser, Georg, 2000: *Zum Verhältnis von Sonder- und Integrationspädagogik – eine Paradigmendiskussion? Zur Inflation eines Begriffes, der bislang ein Wort geblieben ist*, in: Albrecht, Friedrich/Hinz, Andreas/Moser, Vera (Hrsg.): *Perspektiven der Sonderpädagogik. Disziplin und professionsbezogene Standortbestimmung*, Berlin, 2000/a, S. 20–44

Feuser, Georg, 2001: *Ich bin, also denke ich! Allgemeine und fallbezogene Hinweise zur Arbeit im Konzept der SDKHT*, in: *Behindertenpädagogik* 40, 2001/3, S. 268–350

Feuser, Georg, 2002: *Qualitätsmerkmale integrativen Unterrichts*, in: *Behinderte in Familie, Schule und Gesellschaft* 25, 2002/2/3, S. 67–84

Feuser, Georg, 2002: *Die »Substituierend Dialogisch-Kooperative Handlungs-Therapie (SDKHT)« – eine Basistherapie*, in: Feuser, Georg/Berger, Ernst (Hrsg.): *Erkennen und Handeln. Momente einer kulturhistorischen (Behinderten-) Pädagogik und Therapie*, Berlin, 2002/a, S. 349–378

Feuser, Georg, 2006: *Integration – aus der Balance geraten?* In: *Erziehung und Unterricht*, 156, 2006, 1–2, S. 38–48

Feuser, Georg/Meyer, Heike, 1987: *Integrativer Unterricht in der Grundschule – Ein Zwischenbericht*, Solms-Oberbiel

Haken, Hermann/Haken-Krell, Maria, 1992: *Erfolgsgeheimnisse der Wahrnehmung. Synergetik als Schlüssel zum Gehirn*, Stuttgart

Haken, Hermann/Wunderlin, Arne, 1991: *Selbststrukturierung der Materie. Synergetik in der unbelebten Welt*, Braunschweig

Hawking, Stephen W., 1988: *Eine kurze Geschichte der Zeit*, Reinbek bei Hamburg

Hawking, Stephen W., 1996: *A Brief History of Time*, Bantam Books

Jantsch, Erich, 1984[2]: *Die Selbstorganisation des Universums*, München

Jantsch, Erich, 1980: *Self Organizing Universe: Scientific and Human Implications (Systems Science and World Order Library. Innovations in Systems Science*, Califonia

Jantzen, Wolfgang, 1987/1990: *Allgemeine Behindertenpädagogik*, Bd. I u. II, Weinheim/Basel

Klafki, Wolfgang, 1996: *Neue Studien zur Bildungstheorie und Didaktik*, Weinheim/Basel

Klafki, Wolfgang, 1993: *Schultheorie, Schulforschung und Schulentwicklung*, Weinheim/Basel

Leontjew, Alexej N., 1973: *Probleme der Entwicklung des Psychischen*, Frankfurt/Main

Leontjew, Alexej N., 1982: *Tätigkeit, Bewusstsein, Persönlichkeit*, Pahl Rugenstein Verlag, Köln

Mantell, Peter, 1991: *René Spitz 1887–1974. Leben und Werk im Spiegel seiner Filme*, Köln

Maturana, Humberto R./Varela, Francisco J., 1990: *Der Baum der Erkenntnis*, München

Maturana, Humberto R./Varela, Francisco J., 1987–1998: *The Tree of Knowledge: The Biological Roots of Human Understanding*, Shambhala, Boston

Prigogine, Ilya, 1985: *Vom Sein zum Werden*, München

Prigogine, Ilya/Nicolis, Grégoire, 1987: *Die Erforschung des Komplexen*, München/Zürich

Prigogine, Ilya/Stengers, Isabelle, 1986: *Dialog mit der Natur*, München/Zürich

Prigogine, Ilya/Stengers, Isabelle, 1993: *Das Paradox der Zeit. Zeit, Chaos und Quanten*, München/Zürich

Rödler, Peter, 2000[2]: *Geistig behindert: Menschen, lebenslang auf Hilfe anderer angewiesen?* Neuwied/Kriftel/Berlin

Rousseau, Jean-Jacques, 1977: *Gesellschaftsvertrag*, Stuttgart

Rousseau, Jean-Jacques, 1979: *Emile oder Von der Erziehung – Emile und Sophie oder Die Einsamen*, Stuttgart

Rousseau, Jean-Jacques, 1997: *»The Social Contract« and Other Later Political Writings*, transl. Victor Gourevitch, Cambridge University Press, Cambridge

Salmon, Shirley, 2001: *Wege zum Dialog – Erfahrungen mit hörgeschädigten Kindern in integrativen Gruppen*, in: Salmon, Shirley/Schumacher, Karin (Hrsg.): *Symposion Musikalische Lebenshilfe. Die Bedeutung des Orff-Schulwerks für Musiktherapie, Sozial- und Integrationspädagogik*, Hamburg, 2001, S. 71–92

Schrödinger, Erwin, 1986: *Geist und Materie*, Wien

Séguin, Edward, 1912: *Die Idiotie und ihre Behandlung nach der physiologischen Methode*, Hrsg.: Krennenberger, S., Wien [siehe auch: Séguin, Edward, 1994: *Idiocy and its treatment by the physiological method*, New York]

Spitz, René A., 1976: *Vom Dialog,* Stuttgart

Varela, Francicso J., 1993[3]: *Kognitionswissenschaft – Kognitionstechnik*, Franfkurt/Main

Vygotskij, Lev S., 1974: *Denken und Sprechen*, Akademie Verlag, Berlin

Vygotskij, Lev S., 1985, 1987: *Ausgewählte Schriften*, Bd. I, 1985; Bd. II, 1987, Pahl Rugenstein Verlag, Köln

In Dialogue – Shirley Salmon with Georg Feuser

Shirley Salmon: There are »best practice« examples in Music and Dance Education for people with and without disabilities e. g. Wilhelm Keller, Klara Kokas, Wolfgang Stange, Alito Alessi, Robert Wagner, Katalin Zanin, to name just a few. Can such examples initiate changes in our thinking or changes within institutions?

Georg Feuser: If someone had told me 25 years ago that we would be talking about integration and putting it into practice, that we would be looking anew at important historical aspects and attempting to practice integration in today's society, that we had come as far as we have, then I would have said you must be mad, it's unthinkable. On the other hand, if we start with the potential, if we suddenly reinterpret the work of Mimi Scheiblauer, if we suddenly notice that Albert Einstein developed something – also with his violin – that was tremendously important for educational processes, then I see this as a giant leap in society. But we shouldn't combine this with the illusion that we have left the island mentality.

I believe that we (experts in Music and Dance Education or those attempting to explain educational phenomena scientifically) shouldn't be under the illusion that these points provide possibilities for changing society. In my opinion we have become too apolitical. Man is a political animal and we are concerned with political animals. Politics are not bad, they are necessary and we don't meddle enough. Perhaps we can't cope with it – I've learned to be exotic, a lone-wolf.

We don't have the power to manipulate political thoughts but when we swim against the current then we can create islands. Today I am quite certain that we will always be aware of integration but we need to concentrate on quality and not quantity. It is not important to say that 10,000 children are integrated if this is just a label. It is more important that 5 children who are integrated are really integrated. What happens when we remove the label »integration« and replace it with »inclusion«? People teach according to different curricula – they practice »Watchdog pedagogy« where the special school teacher makes sure that the children behave so that the regular teacher can continue teaching the way he/she always taught. That doesn't bring us any further and has no political value.

Salmon: And if just one music school says that they will allow all children to participate, that they are a music school for all and that everyone has the same right.

Feuser: During the war I learned to read Dostojweski. At the end of the novel *The Brothers Karamazov* one of the four brothers stands by the grave of a homeless person, a poor person who had stolen and was then destroyed. And he says: *if there is just one*

Im Dialog – Shirley Salmon mit Georg Feuser

Shirley Salmon: Es gibt bereits »best practice« Beispiele aus der Musik- und Tanzpädagogik für Menschen mit und ohne Behinderung, z. B. Wilhelm Keller, Klara Kokas, Wolfgang Stange, Alito Alessi, Robert Wagner, Katalin Zanin um nur einige zu nennen. Können »best practice« Beispiele Änderungen in den Köpfen bewirken oder in Institutionen überhaupt einen Einfluss haben?

Georg Feuser: Wenn jemand vor 25 Jahren gesagt hätte, dass wir überhaupt über Integration reden und praktizieren, diese bedeutende historische Komponente ganz neu erkennen und auf unsere heutigen gesellschaftlichen Niveaus versuchen zu praktizieren, ... dass wir heute so weit sind wie wir sind, hätte ich gesagt, du spinnst – einfach undenkbar. Umgekehrt, wenn wir von der Potentialität ausgehen, wenn wir plötzlich eine Mimi Scheiblauer neu interpretieren können, wenn wir plötzlich merken, dass ein Albert Einstein etwas entwickelt hat – auch mit seiner Geige, was ungeheuer bedeutend für einen pädagogischen Prozess ist, dann denke ich, dass es schon eine Art Quantensprung in der Gesellschaft ist. Aber wir dürfen es nicht mit der Illusion verknüpfen, dass wir erst einmal über Inseln hinauskommen.

Ich glaube, wir (die das Fachliche entwickeln – egal ob ich von Musik- und Tanzpädagogik oder von dem Versuch, pädagogische Phänomene naturwissenschaftlich zu begründen herkomme, oder wo her immer) dürfen es nicht mit der Illusion verbinden, dass das die Möglichkeit wäre, die Gesellschaft zu verändern. Und da meine ich, dass wir zu unpolitisch geworden sind. Wir haben es mit einem Zoon Politikon, mit einem politischen Menschen zu tun. Politik ist nicht schlecht, sondern Politik ist notwendig und wir mischen uns zu wenig ein. Vielleicht ertragen wir zu wenig. Ich habe es gelernt Exot, Einzelgänger zu sein.

Wir haben nicht die Macht, politisches Denken zu manipulieren. Aber indem wir praktizieren, auch gegen den Zeitstrom, schaffen wir Inseln. Ich bin mir heute sicher, dass Integration nicht mehr aus dem Bewusstsein verschwindet. Dabei ist es wichtig, Qualität und nicht Quantität zu schaffen. Hier kommt es nicht darauf an, dass 10.000 Kinder integriert sind, sondern wenn fünf Kinder integriert sind, dass sie wirklich integriert sind und nicht nur eine Etikette darauf geklebt wird. Nehmen wir die Integrationsetikette herunter, kleben dann eine Inklusionsetikette darauf – und was ist dann? Sie unterrichten nach unterschiedlichen Lehrplänen, sie machen eine »Schäferhund-Pädagogik«: der Sonderschullehrer passt auf, dass der Schüler keinen Unsinn macht, damit der Regelschullehrer weiter machen kann, wie er es immer gemacht hat. Das bringt nichts, das ist politisch nichts mehr wert.

Salmon: Und wenn es nur eine Musikschule ist die sagt, wir nehmen alle Kinder auf, wir sind eine Musikschule für alle, alle sind gleichberechtigt.

person who has to suffer like this, then the world is not allright. I would say the opposite: even if there is only one institute on earth that interprets in this way, then integration has a chance.

Audience: I am in agreement with 99% of your lecture but one thing puzzles me. It's the sentence: *One can try to regulate everything within the group.* Wilhelm Keller and Wolfgang Stange are teachers who have excluded from their groups people with severe emotional disorders, whose emotions and need for expression were too overwhelming. These are severely isolated, autistic people who don't speak, are aggressive and emotionally disturbed. Contact with them is only possible when one creates new conditions – a change which also involves time. Sessions should be limited in time – therapy should not be a life form. Therapy should be within a limited time-span in order to create conditions under which the symptoms can change. In my opinion there are absolute limits as to what is possible in a group setting. I have many examples that show how useful it is to remove the pressure of the group, of that particular community from someone.

Feuser: I don't think that we are completely at odds. It's a question of one's understanding. I'm referring to the potential. Martin Buber says that it is a question of what possibilities for development a person has and not his/her present state. The problems that you describe are often the result of unsuccessful dialogue even if the person is often among other people. Martin Buber also says that a real educator is not someone who works a lot with people, but a person who really has to cope with the people with whom he is working. During my 30 years of experience we have been intensely occupied with forming groups for people in extreme borderline areas and without control of their emotions. I have discovered that favourable possibilities exist for these people when the groups are specifically orientated and provide an adequate structure. The day is organized for the in-patients but it is not one-to-one or face-to-face. It is always a secure situation that must be so highly structured in order that the person can respond. This is not possible in every group. It can take a month or 6 months and perhaps only then is it possible for a gradual transfer into a general group.

Audience: We have completely different opinions about this. I believe that the chance for this type of person is total freedom within clear time-limits e. g. one hour. The person is of course accompanied by someone else. Total freedom would be counter-productive. The accompanying person shares the emotional state to some extent, not trying to regiment them straight away because this would be damaging. Music and Movement are excellent possibilities in the sharing of emotions. Controlling emotions occurs through sharing them. This not possible in a group because one would burden the others too much if one were only concerned with the emotions of one member. These are the most difficult problems in every school class.

Feuser: This is partly why they fail.

Audience: These are emotional problems that provoke didactical considerations.

Feuser: Während des Krieges habe ich Dostojewski lesen gelernt. Am Ende des großen Romans *Die Brüder Karamozov* steht einer der vier Brüder am Grab eines (wir würden heute sagen) Obdachlosen, eines ökonomisch armen Hundes, der gestohlen hat, und dann vernichtet wurde, und sagt: *Wenn es nur einen Menschen noch gibt, der das erleiden muss, ist die Welt nicht in Ordnung*. Ich würde umgekehrt sagen: Wenn es nur ein Institut auf dieser Erde gibt, das es so interpretiert, dann hat Integration eine Chance.

Publikum: Ich bin mit 99% Ihres Referates einverstanden, nur eines macht mir Kopfzerbrechen. Das ist der Satz: *Man kann alles in einer Gruppe versuchen zu regeln*. Wir haben gerade mit Wilhelm Keller und Wolfgang Stange Lehrer, die immer dort Menschen ausgeschlossen haben, wo es um schwere emotionale Störung ging, wo der Affekt zu massiv oder die Ausdrucksnot zu massiv war. Das sind schwer isolierte, autistische Menschen, nicht sprechende, aggressive, emotional gestörte Menschen. Eine Form der Begegnung mit solchen Menschen ist nur möglich, wenn man neue Verhältnisse schafft – also eine Änderung der Verhältnisse was auch mit Zeit zu tun hat. Dieses sollte zeitlich begrenzt sein: nicht Therapie als Lebensform, sondern Therapie, um in einem begrenzten Zeitraum Verhältnisse zu schaffen, in dem sich diese Symptomatik verändern kann. Und da sehe ich absolut die Grenzen in der Gruppe. Ich hätte viele Beispiele dazu, wie sinnvoll es ist, Menschen zu entlasten von der Gruppe, von dieser Gesellschaft.

Feuser: Ich glaube wir haben keinen großen Widerspruch, es ist eine Frage der Verständigung darüber. Meine Aussage ist die der Potentialität. Martin Buber sagt, es geht um das, was aus dem Menschen der Möglichkeit nach werden kann und nicht um das, was im Moment gerade ist. Die Probleme, die Sie geschildert haben, sind häufig auch eine Folge nicht mehr gelingenden Dialoges, auch wenn die Person viel unter Menschen ist. Martin Buber sagt auch, ein echter Erzieher ist nicht einer der viel mit Menschen zu tun hat, sondern der mit den Menschen, mit denen er zu tun hat, wirklich zu tun hat. Da kann der »Rückzug auf das wirkliche Tun« notwendig werden, was nicht in der großen Masse ist. Nur habe ich in den 30 Jahren, in denen wir uns intensiv damit beschäftigt haben, erfahren: trotzdem auch da mit Menschen (in diesen extremen Grenzbereichen ohne Affektkontrolle) eine Gruppe zu schaffen, die hochspezifisch orientiert ist und nach entsprechendem Reglement die Arbeit macht. Der Tag wird gestaltet, stationär 24 Stunden rund um die Uhr – aber es ist keine »one to one« oder »face to face«. Es ist immer eine abgesicherte Situation, die aber möglicherweise so hoch strukturiert sein muss, dass dieser Mensch sich drinnen fangen kann. Das kann ich nicht unbedingt in jeder Gruppen machen. Es kann einen Monat oder ein halbes Jahr dauern und vielleicht ist erst dann der schrittweise Übergang in übliche Gruppen möglich.

Publikum: Ich bin völlig anderer Meinung. Ich glaube, dass der totale Freiraum für so einen Menschen für einen ganz klar begrenzten Zeitraum – z. B. eine Stunde – eine Chance bedeutet. Diese ist natürlich durch einen Menschen begleitet. Der totale Freiraum wäre kontraproduktiv. Der begleitende Mensch ist im Stande diese Affektlage partiell zu teilen, sie nicht gleich zu reglementieren, ohne dass etwas dabei beschädigt wird. Musik und Bewegung sind hervorragende Möglichkeiten, um Affekte zu teilen. Die Affektregulation

Salmon: I am interested in the connection between the inner personal rhythms of people. If two people are playing in dialogue then each has his/her individual personal rhythm. But there is the »in-between«[1] that can be expressed in music and movement, where a joint, combined time is formed and experienced. The period in time is experienced jointly. One is removed from everyday concerns – and this is only possible between two people.

Feuser: Yes and no. I would not agree that it is only possible between two people, except when using language, but even then it does not mean that there are just two of us. In working with those completely abandoned by others, where many approaches have been tried, I have experienced spontaneously prepared moments, often of short duration, that had considerable impact. This is only possible with two, but to facilitate this I often need five people to provide the ambience within which the dialogue can happen. They provide not a disturbing, but a stabilising factor which is absent when working between four walls. I need people to do this.

Salmon: In the Orff Institute »elemental« is a central idea – perhaps it is an oasis of »best practice« but then we look towards the outer world. What can we learn from integration so that we don't make the same mistakes? Do we have to make these mistakes or can we avoid them?

Feuser: I don't think that we can avoid them completely but we can minimize them. We are not at the beginning. Thousands of pages have been written about the process of integration, about successful, unsuccessful and half-hearted integration. But we don't have the excuse that it is all new. I think that there is an often an absence of moral courage. Many people have a back but do they have a back-bone? It's often missing. I educate »consciously« when I teach adults as a professor – I let myself be educated by the students – I educate them to opposition, resistance and rebellion. We need courage to do this.

I think that the price we pay for the luxurious condition that our society has reached, is that we negate 95 % of the qualities that constitute what it is to be human. Here I completely agree with Horst Rumpf (see ⇨ p. 44). There are resources that we can't afford not to use.

[1] German: *Zwischen* (Ed.)

erfolgt durch die Affektteilung. Und das ist etwas was man in der Gruppe nicht schaffen kann, weil man damit die Anderen viel zu stark belasten würde, wenn man den hohen Affekt eines Einzelnen zum Thema macht. Das sind heute eigentlich die schwierigsten Probleme in jeder Gruppe an der Normal- bzw. Regelschule.

Feuser: Daran scheitert es zum Teil auch.

Publikum: Es sind die emotionalen Probleme, die didaktisch provozieren.

Salmon: Mich interessiert diese Verbindung zwischen den Eigenzeiten. Wenn ich mit jemanden in Dialog komme, ist jeder in seiner Zeit. Aber dann kommt das »Zwischen« der zwei Personen – z. B. mit Musik und Bewegung, wo eine gemeinsame Zeit gestaltet wird, erlebt wird (eventuell unterschiedlich). Es ist eine gemeinsam erlebte Zeit, in der man abgehoben vom Alltag ist – und das geht nur zu zweit.

Feuser: Jein. Dass es nur zu zweit geht, dem würde ich nicht zustimmen. Sprachlich würde ich sagen, es geht nur zwischen zweien. Aber das heißt nicht, dass wir zu zweit sind. Ich habe die Erfahrung gemacht – und wirklich aufgegebene Menschen gehabt, wo vieles versucht worden ist –, dass diese Momente nur ganz kurzfristig herzustellen sind. Es ist keine Sache von langer Dauer. Es ist oft ein ganz kleiner Moment, in dem es klappt mit ganz großen Folgewirkungen. Und das geht nur zwischen zweien. Aber um das »zwischen zweien« zu ermöglichen, brauche ich oft fünf Personen drum herum, die den Rahmen bilden, dass es zwischen den Zweien möglich wird. Die nicht als Störfaktor auftreten, sondern etwas absichern, was durch vier Wände nicht gemacht werden kann. Da brauche ich den Menschen.

Salmon: Im Orff-Institut ist das Elementare zentral – das Institut ist vielleicht auch eine Oase von »best practice« und dann schaut man nach außen. Was können wir für die Integration mitnehmen, wo wir vielleicht nicht die gleichen Fehler machen? Muss man diese Fehler machen oder können wir sie umgehen?

Feuser: Ich glaube nicht, dass wir sie umgehen können aber man sollte sie minimieren. Wir sind heute nicht mehr an der Stunde null. Es sind tausende von Seiten geschrieben über integrative Prozesse, über gelungene, misslungene, halbfertige Integration. Also gibt es nicht mehr die Entschuldigung, dass alles nur noch neu ist. Ich denke, es fehlt ein Stück weit an Zivilcourage. Es haben viele Leute einen Rücken, aber ob sie ein Rückgrat haben? Das ist oft zu vermissen. Ich erziehe »bewusst«, wenn ich erzieherisch als Hochschullehrer mit Erwachsenen tätig werde – ich lasse mich auch von Studenten erziehen –, ich erziehe sie zu Widerständigkeit, zu Widersätzlichkeit und zu Rebellion. Dazu müssen wir den Mut haben.

Denn ich denke – und dabei kann ich Horst Rumpf nur voll zustimmen (vgl. ⇨ S. 45) – um den Preis eines gewissen Luxus, den unsere Gesellschaft erreicht hat, negieren wir 95 % dessen, was die Qualität von Menschlichem ist. Dort liegen Ressourcen – diese nicht freizusetzen können wir uns gar nicht leisten.

HANS HERMANN WICKEL

Music in Social Work – as illustrated by Music Making with the Elderly (Music Geragogics)

My assignment for this Orff-Schulwerk Symposium is to offer a contribution from the perspective of Social Work. It shouldn't be difficult to enter into a dialogue and also reach a consensus with Aesthetic Education since it is easy to find goals, targets groups, methods and instruments that correspond. On closer analysis, however, one can discover aspects that differ: is this due to different content or only to a different understanding of certain concepts?

1. Some Comments on the Concepts Social Work, Music Therapy and Agogics

In my reflections I would like to take a clear socio-pedagogic position and will intentionally exclude Music Therapy even though it is recommended and used by many colleagues within the context of Social Work. Music Therapy attempts to use music as an aid in understanding the inner world of the human being and supporting the expression of this inner world[1]. In doing so it aims at initiating an interaction between the client and the therapist with the ultimate goal of inducing changes in the psycho-therapeutic process and resolving inner conflicts. However, studies in Social Work cannot prepare the student for the development of the appropriate settings conducive to the achievement of these goals. Although music in Social Work and Music Therapy overlap in many aspects, I reject the term Music Therapy within the context of Social Work, primarily also to prevent a (further) pathologising of the clients in Social Work. There may be valid objections that this interpretation of therapy is too restrictive but I am in favour of a distinction in the interest of clarity. Furthermore, Aesthetic Education and Social Work as disciplines in their own scientific right are not furthered if strict distinctions between concepts are not made and if these can be interchanged arbitrarily.

I would like to focus on music in Social Work and, therefore, also like to put the suffix agogics, in particular, Music Pedagogics up for discussion: Does the educational connotation implicit in this term (since agein literally means, to lead) appear to be too restrictive in relation to current Social Work, especially since the educator inevitably

1 cf. Tüpker/Wickel 2001

Hans Hermann Wickel

Musik in der Sozialen Arbeit – aufgezeigt am Musizieren mit alten Menschen (Musikgeragogik)

Mein Auftrag für dieses Orff-Schulwerk-Symposion lautet, einen Beitrag aus der Sicht der Sozialen Arbeit beizusteuern. Dabei dürfte es nicht schwer fallen, mit der Ästhetischen Erziehung in den Dialog und auch in Übereinstimmung zu kommen, lassen sich doch schnell konforme Ziele, Zielgruppen, Methoden und Instrumente entdecken. Bei der genaueren Analyse zeigen sich allerdings auch abweichende Aspekte: Liegt es an unterschiedlichen Inhalten oder nur an einem unterschiedlichen Verständnis von bestimmten Begriffen?

1. Zu den Begriffen Soziale Arbeit, Musiktherapie und Agogik

Ich möchte bei meinen Überlegungen eine klare sozialpädagogische Position beziehen und lasse die Musiktherapie ganz bewusst außen vor, auch wenn sie im Kontext Sozialer Arbeit von vielen Kollegen empfohlen und eingesetzt wird. Musiktherapie versucht mit Hilfe der Musik die innere Welt eines Menschen besser zu ergründen und dieser zum Ausdruck zu verhelfen[1]. Auf diese Weise will sie Interaktionen zwischen Klient und Therapeut initiieren, um letztlich in einem psychotherapeutischen Prozess Veränderungen herbeizuführen und innere Konflikte aufzuarbeiten. Auf geeignete Settings für das Erreichen dieser Ziele kann das Studium der Sozialen Arbeit jedoch nicht vorbereiten. Obwohl es zwischen Musik in der Sozialen Arbeit und Musiktherapie viele Überschneidungen gibt, lehne ich im Rahmen Sozialer Arbeit den Begriff Musiktherapie also ab, vor allem auch, um eine (weitere) Pathologisierung der Klienten Sozialer Arbeit zu verhindern. Es mag gute Einwände geben, dass dieses Verständnis von Therapie zu kurz greift, ich befürworte aber eine Trennung der Klarheit wegen. Zudem hilft es der Ästhetischen Erziehung und Sozialen Arbeit als Disziplinen mit durchaus wissenschaftlichem Anspruch nicht weiter, wenn Begriffe nicht trennscharf verwendet werden und beliebig austauschbar sind.

Ich möchte bevorzugt von Musik in der Sozialen Arbeit sprechen und daher auch den Terminus der Agogik, also speziell Musikpädagogik, zumindest zur Diskussion stellen: Erscheint seine erzieherische Implikation, wörtlich heißt a g e i n ja führen, im Hinblick auf eine aktuelle Soziale Arbeit möglicherweise zu eng geführt, vor allem weil der Erziehende zwangsläufig eine bestimmende Haltung gegenüber dem Klienten einnehmen

[1] vgl. Tüpker/Wickel 2001

has to assume a certain approach towards the client? Is education compatible with Social Work? Doesn't education rather imply that I know better and therefore I decide what is good for the client thus limiting the latter's participation und undermining his maturity? Or can this term remain reserved for work with children and be rejected for work with adults or, even more so, the elderly? This is something we could discuss.

1.1 Social Work

Social Work – this term contains the sub-disciplines Social Pedagogy and Social Work[2] – addresses the needs of an individual, a group or a community and offers support in managing current socially relevant problems. Modern Social Work is defined as an offer of support that is determined by the skills and strengths of the person requiring the support. It tries not to patronise its clients but to empower them using their own resources as far as possible. The primary means of communication is language.

However, the possibilities of language are often limited, be it either due to the fact that somebody does not want to speak, e. g. an adolescent in puberty, or cannot speak, e. g. a person with respective disabilities, or does not dare to speak. In such cases, a mediator or medium as a substitute for language may be required.

This is where music comes in: it is a welcome instrument in the canon of methods used in Social Work as a non-verbal medium of social communication because it facilitates the by-passing or temporary suspension of language[3]. Preparing contacts, entering into relationships, perceiving, expressing oneself and moving are fundamental levels of life, above all, of living with one another, and, therefore, also fundamental starting points in Social Work. Music supports Social Work generally – and in many settings also very specifically – in obtaining a better understanding of the human being, reaching a person more easily and assisting the latter more effectively in various areas. This approach can be applied in a large number of occupational areas and for a most varied range of target groups: e. g. people with disabilities, children with retarded perception, motility or development, delinquent adolescents, people afflicted by drug consumption, migrants or the elderly in the perhaps desolate situation of a nursing home, to name but a few of the target groups.

If we take a sideways look at Aesthetic Education at this point we will note that the above-mentioned target groups of Social Work are identical with those for which the students at the Orff Institute are prepared – as Barbara Haselbach[4] has described.

1.2 Agogics

Social Work does not stop at the point where deficits have to be worked through and balanced or preventive tasks have to be undertaken. It also sees itself as an authority that gives cultural pedagogic impulses. These certainly imply a claim to providing education

2 The German language has two similar terms which cannot be differentiated in the English language (Ed.).

3 cf. Wickel 1998; Hartogh/Wickel 2004

4 Haselbach 1984, p. 794

muss? Verträgt sich Erziehung mit Sozialer Arbeit? Impliziert Erziehung nicht viel mehr, dass ich besser weiß und entscheide, was für den Klienten gut ist, und damit seine Partizipation einschränke und seine Mündigkeit untergrabe? Oder kann dieser Begriff reserviert bleiben für die Arbeit mit Kindern während er in der Arbeit mit Erwachsenen oder gar mit alten Menschen abzulehnen ist? Darüber könnten wir ins Gespräch kommen.

1.1 Soziale Arbeit

Soziale Arbeit – die Teildisziplinen Sozialpädagogik und Sozialarbeit gehen in diesem Begriff auf – wendet sich bedarfsorientiert einem Individuum, einer Gruppe oder einem Gemeinwesen zu und bietet Unterstützung bei der Bewältigung anstehender sozial relevanter Probleme an. Moderne Soziale Arbeit versteht sich dabei als Hilfsangebot, das orientiert ist an den Kompetenzen und Stärken des Menschen, der Hilfe bedarf. Sie versucht ihre Klienten nicht zu bevormunden, sondern auf der Basis möglichst eigener Ressourcen zu stärken. Ihr vorrangigstes Kommunikationsmittel ist dabei die Sprache.

Die Möglichkeiten der Sprache sind aber oftmals begrenzt, sei es z. B., dass jemand nicht sprechen will, etwa ein pubertierender Jugendlicher, oder nicht sprechen kann, z. B. ein Mensch mit entsprechenden Behinderungen, oder sich nicht zu sprechen traut. In solchen Fällen bedarf es möglicherweise eines Für-Sprechers oder eines Mediums, das die Sprache substituiert.

Hier kommt die Musik ins Spiel: Als nonverbales Medium der sozialen Kommunikation findet sie unter Umgehung oder vorübergehendem Hintanstellen der Sprache eine willkommene Verwendung im Methodenkanon der Sozialen Arbeit[2]. Kontakt anbahnen, in Beziehung treten, wahrnehmen, sich ausdrücken und sich bewegen sind zentrale Ebenen des Lebens, vor allem des Lebens miteinander, und daher auch zentrale Ansatzpunkte in der Sozialen Arbeit. Musik unterstützt also die Soziale Arbeit ganz allgemein – und in vielen Settings auch ganz gezielt – dabei, den Menschen besser zu verstehen, leichter zu erreichen und effektiver in diversen Bereichen zu fördern. Dieses Vorgehen kann in sehr vielen Arbeitsfeldern und bei verschiedensten Zielgruppen Anwendung finden: Menschen mit Behinderungen, wahrnehmungs-, bewegungs- oder entwicklungsverzögerte Kinder, straffällig gewordene Jugendliche, Menschen mit Drogenkonsum, Migranten oder auch alte Menschen in der möglicherweise desolaten Situation eines Altenheims, um nur einige Adressaten zu nennen.

Wenn wir an dieser Stelle einen ersten Seitenblick auf die Ästhetische Erziehung werfen, stellen wir fest: Diese genannten Zielgruppen Sozialer Arbeit sind identisch mit denen, auf die sich die Studierenden des Orff-Instituts vorbereiten – so wie es z. B. Barbara Haselbach[3] beschrieben hat.

2 vgl. Wickel 1998; Hartogh/Wickel 2004

3 Haselbach 1984, S. 794

and can and should basically be available to everybody. This claim to providing education is contained in the suffix a g o g i c s which comprises all age groups and was briefly raised with some criticism above. Peda g o g i c s refers to the upbringing and education of children and adolescents; andra g o g i c s focuses on adult education and similarly gera g o g i c s relates to the education of the elderly – it must be noted here that when we speak of education for adults and the elderly we are not speaking of upbringing. Agogics as a sub-aspect of Social Work again plays a role when we are looking at improving the educational opportunities of specific target groups. When a person educates himself this is not something that is done to him – that would not be possible – but it is something that he himself initiates. He is the one who makes music or other educational contents meaningful for himself. Nobody can do that for him. That is why the fundamental task of any Social Work that is focussed on cultural education – just as Aesthetic Education – is to create the space for experiencing, space that activates and motivates, and to offer interesting contents which people can use to embark on their personal educational path, however rudimentary that may be in the case of work with the mentally disabled, for example. But to get back to music and the elderly as a target group: the creation of space for musical experiences can be seen as an essential function of music geragogics so that this discipline can appropriately be called »Music Geragogics«– contrary to Music Pedagogics in the more restricted sense of the word referring to the musical education of children and adolescents[5]. In school, even in music school, where much more focus is placed on the educational aspect, there are curricula and general guidelines which have to be implemented in the classroom; these requirements do not exist in education for adults and the elderly. Here more focus is placed on the individual with his/her history, current resources and musical (educational) needs.

1.3 Musical Understanding/Music and Musicality

How do we understand the terms music and musicality in this context? Most people would say of themselves that music plays a very important role in their lives. Music is a companion throughout everyday life and is functionalised in many ways, be it to manage a personal daily routine or to influence one's own mood, be it political or in the advertising industry, in films, restaurants or in the department store. Social Work functionalises music as well – and even does so with the superior mandate of supporting public welfare. This practice is only possible and meaningful and economically justifiable if one assumes that every human being is musical by virtue of the fact that ultimately everybody can be moved and influenced by music in one way or another. The emotional effect of music is undisputed as is its transfer effect on the social, motor and cognitive dimension of the human being. The whole concept of musicality within the context of Social Work is, therefore, not dependent on the specific abilities or skills of active music making such as beautiful singing or playing an instrument like a virtuoso or, indeed, the results of a musicality test. The quality of musicality is solely determined by what the individual experiences so that there is no outside definition of non-musicality and,

5 cf. Hartogh 2005

1.2 Agogik

Soziale Arbeit macht nicht dort Halt, wo es gilt, Defizite aufzuarbeiten und auszugleichen oder präventive Aufgaben zu übernehmen. Sie versteht sich auch als Instanz, die kulturpädagogische Impulse setzt. Diese implizieren durchaus einen Bildungsanspruch und können und sollen grundsätzlich allen Menschen zuteil werden. Einen solchen Bildungsaspekt umreißt der lebensalterübergreifende Begriff Agogik, den ich eben schon kurz kritisch angerissen habe. Die Pädagogik ist zuständig für die Erziehung und Bildung von Kindern und Jugendlichen; die Andragogik hat die Erwachsenenbildung und analog die Geragogik die Altenbildung als Aufgabenfeld – wohlgemerkt sprechen wir aber in der Erwachsenen- und Altenbildung nicht von Erziehung. Damit kommt auch die Agogik als Teilsaspekt Sozialer Arbeit wieder ins Spiel, wenn es darum geht, die Bildungschancen für bestimmte Adressaten gezielt zu erhöhen. Wenn sich ein Mensch bildet, dann wird er nicht gebildet – das ist gar nicht möglich –, sondern er macht sich selbst auf den Weg. Er macht Musik oder andere Bildungsinhalte für sich bedeutsam. Niemand kann ihm das abnehmen. Daher ist es die zentrale Aufgabe einer kulturpädagogisch orientierten Sozialen Arbeit – gleichermaßen wie der Ästhetischen Erziehung –, Erfahrungsräume zu inszenieren, die aktivieren und motivieren, und interessante Inhalte anzubieten, mit denen sich Menschen auf den individuellen Bildungsweg machen, und sei er auch noch so rudimentär, wenn wir z. B. an die Arbeit mit geistig behinderten Menschen denken. Um jedoch auf die Musik und die Zielgruppe der alten Menschen zurückzukommen: Diese Inszenierung musikalischer Erfahrungsräume kann man als zentrale Aufgabe musikalischer Altenbildung ansehen. So kann diese Disziplin treffend als »Musikgeragogik« bezeichnet werden – in Abgrenzung zur Musikpädagogik im engeren Sinne, die sich mit musikalischer Erziehung und Bildung von Kindern und Jugendlichen beschäftigt[4]. In der Schule, auch in einer Musikschule, in denen der Erziehungsaspekt noch viel stärker im Vordergrund steht, gibt es Lehrpläne und Rahmenrichtlinien, die in der Unterrichtspraxis umzusetzen sind; diese Vorgaben entfallen in der Erwachsenen- und Altenbildung. Hier tritt viel stärker das Individuum mit seiner Biografie, seinen aktuellen Ressourcen und seinen musikalischen (Bildungs-)Bedürfnissen in den Vordergrund.

1.3 Musikverständnis/Musik und Musikalität

Wie verstehen wir die Begriffe Musik und Musikalität in diesem Kontext? Die meisten Menschen werden von sich behaupten, dass Musik eine hohe Bedeutung für sie hat. Musik begleitet ihren Alltag und wird in vielfacher Weise funktionalisiert, ob für die Bewältigung des persönlichen Alltags oder die Beeinflussung der eigenen Stimmungslage, ob politisch, in der Werbebranche, im Film, Restaurant oder im Kaufhaus. Auch die Soziale Arbeit funktionalisiert die Musik – und das sogar im höheren, staatsfürsorglichen Auftrag. Möglich und sinnvoll sowie ökonomisch legitimierbar wird dieses Vorgehen erst durch die Grundannahme, dass jeder Mensch musikalisch ist, weil er sich letztlich immer in irgendeiner Form von Musik ergreifen und beeindrucken lässt. Die emotionale Wirkung von Musik ist

4 vgl. Hartogh 2005

above all, there are no standards for an adequate musical experience and music making. And in spite of all the functionalising, music, of course, remains a cultural asset which can never be fathomed in its entirety by way of an analysis. The experiencing of music will always remain an individual and autonomous process and its effect will ultimately always remain unforeseeable, im-pro-visus, as the word says.

In 1973 Wilhelm Keller already emphasised that music is an inner process that probably occurs differently within each individual[6]. He therefore demanded an anthropocentric educational goal instead of a normative one[7] and with this view of the world opened up unlimited access for the expressive possibilities inherent in every human being to music. Just to remind you: 1973 was the time when the universities in Germany with their Social Sciences faculties were just being founded and one began to think about what music could actually achieve in this field. I am sure that music in Social Work has since received many important impulses – as has Music Therapy, by the way – from the artistic and scientific work of the Institut für Musikalische Sozial- und Heilpädagogik[8] (affiliated to the Orff Institute).

The understanding of music described here is based on the elemental premise according to which every action experienced by an individual as being music turns into music for this individual and, therefore, also has to be accepted and respected as such within the context of Social Work: the striking of a resonating surface laboriously achieved by a severely handicapped child or the mumbled and stammered sounds uttered by an old and demented person accompanying a song can represent a deep musical experience which is only perceived as such by the person performing it and by virtue of that gains absolute validity. All of this is music, however rudimentary the musical action may be from the point of view of advanced civilisation[9]. From the point of view of the person concerned, however, it is anything but rudimentary, it may be the best possible result achieved with great effort and exertion giving rise to equally great musical satisfaction.

I would like to single out the elderly as a target group to illustrate current Social Work with music in more concrete terms.

2. Old Age and Music

2.1 Old Age as a Social Phenomenon that Varies from Person to Person

Why should age become the subject matter of Social Work at all, since aging in itself does not represent a social problem[10]? Especially since socio-pedagogic staff in in-patient geriatric care presently accounts for a marginal 1–2 % approx. of the total labour force. These

6 Keller 1996, p. 11

7 ibid., p. 12

8 Institute for Music in Social and Remedial Education (Ed.)

9 lat. *rudis* means raw, untreated, simple, clumsy

10 cf. Schmidt 1999

unbestritten, ebenso wie ihre Transferwirkung auf die soziale, motorische und kognitive Dimension des Menschen. Das Konstrukt Musikalität im Kontext Sozialer Arbeit wird also nicht festgemacht an besonderen Fähigkeiten und Fertigkeiten des aktiven Musizierens wie schön singen oder virtuos ein Instrument spielen können oder gar an den Aussagen von Musikalitätstests. Die Qualität von Musikalität wird einzig durch das Erleben des Individuums bestimmt, es gibt insofern keine fremdbestimmte Definition von Unmusikalität und es gelten vor allem keine Normen für adäquates musikalisches Erleben und Musizieren. Und neben aller Funktionalisierung ist Musik selbstverständlich ein kulturelles Gut, das sich analytisch nie in seiner Ganzheit erfassen lässt. Das Erleben von Musik bleibt stets ein individueller und autonomer Vorgang und in seiner Wirkung letztlich unvorhersehbar, eben im-pro-visus.

Schon 1973 betonte Wilhelm Keller, dass Musik ein innermenschlicher Prozess sei, der bei jedem Individuum anders verlaufen dürfte[5]. Er forderte daher ein anthropozentrisches Bildungsziel anstelle eines normativen[6] und eröffnete mit dieser Weitsicht einen grenzenlosen musikalischen Zugang zu den Ausdrucksmöglichkeiten eines jeden Menschen. Nur zur Erinnerung: 1973, das war die Zeit, in der die Fachhochschulen in Deutschland mit den Fachbereichen Sozialwesen gerade erst gegründet wurden und man zu überlegen begann, was die Musik in diesem Arbeitsfeld überhaupt ausrichten könnte. Ich bin mir sicher, dass seitdem die Musik in der Sozialen Arbeit – so wie im Übrigen auch die Musiktherapie – viele wichtige Impulse aus der künstlerischen und wissenschaftlichen Arbeit des (dem Salzburger Orff-Institut angegliederten) Instituts für Musikalische Sozial- und Heilpädagogik erhalten hat.

Dieses hier dargelegte Verständnis von Musik basiert auf einer elementaren Basis, die jede durch ein Individuum als Musik erlebte Aktion auch für das Individuum zur Musik macht und daher im Rahmen Sozialer Arbeit unbedingt auch als solches akzeptiert und respektiert werden muss: Ein einziger mühsam ausgeführter Schlag auf eine klingende Fläche durch ein schwer behindertes Kind oder gemurmelte und gestammelte Laute als Begleitung zu einem Lied durch einen alten dementen Menschen können ein tief greifendes musikalisches Erleben bedeuten, das als solches möglicherweise nur vom Ausführenden wahrgenommen wird, aber damit absolute Geltung erhält. Es handelt sich dabei immer um Musik, auch wenn das musikalische Handeln aus der Sicht der Hochkultur noch so rudimentär ist[7]. Aus der Sicht des Betroffenen erscheint es alles andere als rudimentär, sondern vielleicht als bestmögliches Ergebnis unter dem Aufwand einer großen Anstrengung, die eine ebenso große musikalische Befriedigung auslöst.

Ich möchte die Zielgruppe der alten Menschen hier exemplarisch herausgreifen, um aktuelle Soziale Arbeit mit Musik etwas konkreter darzustellen.

5 Keller 1996, S. 11

6 ebda., S. 12

7 lat. *rudis* bedeutet roh, unbearbeitet, kunstlos, ungeschickt

employees can rarely be found in group work as they are mainly employed as management staff in the social service of nursing homes[11].

We would all like to grow old – and remain healthy and in control of our own lives until the last day if possible. That, however, is not (yet) possible – in spite of the ever improving standard of living and medical progress. Which means age, especially old age, is a problem after all – in the future that will be even more noticeable, not only in our own cultural environment but world-wide. That is actually a wonderful development: people are getting older because of improved living conditions. However, this development throws something off balance if the younger generation isn't at the same time capable of stabilising this situation economically and the elderly are not able to fill their daily lives in a meaningful way. The currently forecast demographic changes in our society will have a huge impact on Social Work, the current focus on help for the young will shift to help for the elderly – and Aesthetic Education will also be affected by this development. Due to high life expectancy the phase of life after working life and family life will be longer; this will confront Social Work and, in particular, politics with enormous new challenges. Important cornerstones of this change are, above all, the rejuvenation of old age, denial of a work place, feminisation, singularisation, advanced old age, the pluralisation of life styles and situations in life as well as the inequalities that in some cases result from the above.

But that does not necessarily have to result in an outlook that is solely focussed on deficits since old age does not have to go hand-in-hand with a loss of quality on all levels or to quote Pablo Casals: *Old Age does not necessarily mean getting old*. The quality of personal experiences and expression can change on a musical level, for example, by becoming less like that of a virtuoso and more poignant and intense instead.

Last year, the 5th Report on the Elderly was published by the respective ministry in Germany and had the programmatic title *The Potential of Old Age for the Economy and Society*. This expresses the positive and optimistic view that the elderly are not just a burden and also recognises the potential for society in view of the expertise, commitment and cultural involvement the elderly can contribute. But even this 5th Report on the Elderly is too restrictive: when education for the elderly is at issue people always talk about further vocational qualification and life-long learning. However, gerontologists and experts have not yet become sufficiently aware of the fact that Aesthetic Education, in particular, for example, occupation with music and art, contains an enormous educational potential and – according to biographical studies – positively influences contentedness with life and well-being due to the fact that it provides so many possibilities for successfully coping with day-to-day routines. If this 5th Report on the Elderly mentions education and the necessity of promoting health during old age in one breath wouldn't it be logical to provide more and more wide-ranging support of Aesthetic Education? Unfortunately, in reality the care for the elderly, which measures, evaluates and charges the attention it gives in increments of minutes, seems to be moving in a totally different direction: The cynical threesome »warm, full and clean« may fulfil the bodily needs but what about the psyche? Even a room that has been heated to 24° remains cold

11 cf. Belardi/Fisch 1999; Schweppe 2002

2. Alter und Musik

2.1 Alter als individuelles und gesellschaftliches Phänomen

Warum soll das Alter überhaupt zum Gegenstand Sozialer Arbeit werden, wo doch das Altern an sich kein soziales Problem darstellt[8]? Zudem nimmt sozialpädagogisches Personal in der stationären Altenarbeit derzeit mit ca. 1–2 % der Gesamtbeschäftigten nur eine Randstellung ein. Diese Beschäftigten sind eher selten in der Gruppenarbeit zu finden, da sie vor allem als Leitungspersonal im Sozialen Dienst von Altenheimen eingestellt werden[9].

Jeder von uns möchte gerne alt werden – möglichst gesund und selbstbestimmt bis zum letzten Tag. Aber das funktioniert (noch) nicht – trotz des immer besser werdenden Lebensstandards und der medizinischen Fortschritte. Damit wird Alter, insbesondere das hoch betagte, dann doch zum Problem – und in naher Zukunft noch wesentlich spürbarer, und das nicht nur in unserem Kulturkreis, sondern weltweit. Eigentlich eine wunderbare Entwicklung: die Menschen werden älter aufgrund besserer Lebensbedingungen. Aber diese Entwicklung bringt etwas aus dem Gleichgewicht, wenn nicht gleichzeitig jüngere Generationen in der Lage sind, diesen Zustand ökonomisch zu stabilisieren und die Alten in der Lage sind, ihren Alltag sinnvoll auszufüllen. Die aktuell prognostizierten demographischen Veränderungen unserer Gesellschaft werden in hohem Maße die Soziale Arbeit betreffen, die gegenwärtige Fokussierung auf Jugendhilfe wird sich verschieben zugunsten der Altenhilfe – und von dieser Entwicklung wird auch die Ästhetische Erziehung betroffen sein. Dank einer höheren Lebenserwartung verlängert sich zudem die Lebensphase nach Beruf und Familie merklich. Das stellt die Soziale Arbeit, insbesondere aber auch die Politik, vor immense neue Aufgaben. Wichtige Eckpunkte dieses Wandels sind vor allem die Verjüngung des Alters, Entberuflichung, Feminisierung, Singularisierung, Hochaltrigkeit, Pluralisierung von Lebensstilen und Lebenslagen sowie die sich zum Teil daraus ergebenden wachsenden Ungleichheiten.

Das darf aber nicht zwangsläufig in eine ausschließlich defizitäre Sicht einmünden, denn Alter bedeutet nicht notwendigerweise Qualitätseinbußen auf allen Ebenen, oder mit den Worten Pablo Casals gesagt: *Alter bedeutet nicht notwendigerweise Altern*. Die Qualität individuellen Erlebens und Ausdrückens kann eine andere werden, auf musikalischer Ebene z. B. vielleicht weniger virtuos, dafür ausdrucksstärker, intensiver.

In Deutschland ist im letzten Jahr der 5. Altenbericht des zuständigen Ministeriums mit dem programmatischen Titel *Potenziale des Alters für Wirtschaft und Gesellschaft* erschienen. Hierin kommt eine positive und optimistische Sichtweise zur Geltung, die den alten Menschen eben nicht nur als Belastungsfaktor, sondern als Potential für die Gesellschaft aufgrund seines Expertenwissens, Engagements und seiner kulturellen Teilhabe ansieht. Aber auch in diesem 5. Altenbericht wird immer noch zu kurz gegriffen: Wenn es um Bildung im Alter geht, ist immer von beruflicher Weiterqualifizierung und lebenslangem Lernen die Rede. Gerontologen und Sachverständige haben aber noch nicht deutlich genug zur Kenntnis genommen, dass gerade Ästhetische Bildung, z. B. die Beschäftigung

8 vgl. Schmidt 1999

9 vgl. Belardi/Fisch 1999; Schweppe 2002

if loneliness, speechlessness and isolation reign and only the flight into memories of the past can give the solace of »fond recollections«.

The path to successful and fulfilled ageing doesn't only begin once one has reached old age. The best way to achieve this is to have a lifestyle that can, to a certain extent, be seen as preparation for old age. Gerontologists demand that this lifestyle be assumed during middle age at the latest. The crucial point is to get used to engaging in meaningful activities that can be pursued consistently into advanced old age. Music can play a considerable role here. Such activities could be joining a choir, starting to play an instrument again, even learning to play a new instrument. This, of course, also includes the receptive contact with music, going to concerts, collecting and listening to CDs and gaining more knowledge on the history of music. These initiatives naturally also apply to any occupation with other arts and media, e. g. painting, acting and, above all, movement and dance. This type of lifestyle, however, requires certain educational and financial resources. So, realistically, for many people it will only be feasible to a limited extent depending on their socio-economic situation. That, of course, does not mean that these people do not connect with music, cannot relate to music or don't have any musical needs. But their life circumstances are such that institutions have to exist to provide access for these people. And this where Social Work plays an essential role insofar as it has to look for possibilities and suitable methods and processes.

2.2 Playing and Listening to Music in Old Age

2.2.1 The Musical Life History

The crucial point, therefore, is that music can only develop its potential for the management of every-day life in old age if access to music was already established at a younger age. This does not necessarily have to be during childhood or adolescence, adults can still catch up at a later date. But some connection to the person's life history has to exist if this person is to be involved in music making or listening to music in old age – which certainly does not mean in general terms that the elderly cannot learn something new. What matters are the musical needs. Musical experiences in the current life of an elderly person have to be able to connect with earlier musical experiences which in turn bring back memories of situations and the people involved in these situations at the time. This can even happen in a conversation without any music ever being made or heard. Let me quote a short extract from an interview that a graduate in Münster, the capital of Westphalia, Germany recently held with an elderly lady:

Graduate: *Did you enjoy playing the piano?*

Lady: *I started to play the piano as soon as I was able to span the first octave.*

Graduate: *What kind of songs did you play?*

Lady: *My first song, I can remember it very well, was:* Sah' ein Knab ein Röslein steh'n, Röslein auf der Heid'n. *My father was a true Westphalian and when I was able to play this Westphalian song he started to cry.*

After the graduate thanked the lady for the conversation the old lady answered:

Music can help you forget the worries of everyday life; it feels really good to talk about it.

mit Musik und Kunst, ein enormes Bildungspotential besitzen und – so weisen es biografische Studien nach – einen positiven Einfluss auf Lebenszufriedenheit und Wohlbefinden haben, da sie viele Chancen für eine gelingende Alltagsbewältigung enthalten. Wenn in diesem 5. Altenbericht in einem Atemzug von Bildung und notwendiger Gesundheitsförderung im Alter die Rede ist, liegt es dann nicht nahe, ästhetische Angebote mehr und umfassender zu fördern als bisher? Leider weist die Realität in der Pflege, die ihre Zuwendung im Minutentakt misst, evaluiert und abrechnet, eine ganz andere Richtung auf: Mit der zynischen Trias »warm, satt und sauber« mag zwar den Bedürfnissen des Körpers Rechnung getragen werden, aber wo bleibt die Psyche? Es bleibt auch in einem auf 24 Grad geheizten Zimmer kalt, wenn Einsamkeit, Sprachlosigkeit, Abgeschlossenheit vorherrschen und nur noch die Flucht in die Erinnerung bleibt, um sich »warme Gedanken« machen zu können.

Der Weg zu einem erfolgreichen und erfüllten Altern beginnt nicht erst im Alter selbst. Der beste Weg ergibt sich aus einem Lebensstil, der in gewisser Weise schon als Vorbereitung auf den Lebensabend verstanden werden kann. Gerontologen fordern, dass er spätestens im mittleren Lebensabschnitt eingeschlagen wird. Entscheidend ist dabei das Einüben sinnerfüllter Tätigkeiten, die sich kontinuierlich bis ins hohe Alter fortsetzen lassen. Dazu kann in einem ganz erheblichen Maße die Musik gehören. Der Anschluss an einen Chor, das Wiederaufnehmen der Beschäftigung mit einem Instrument, auch das Erlernen eines neuen Instrumentes können z. B. solche Handlungen sein. Selbstverständlich auch der rezeptive Umgang mit Musik: Konzerte besuchen, CDs sammeln und hören, sich musikgeschichtlich weiterbilden. Und natürlich gelten diese Initiativen gleichermaßen für die Beschäftigung mit anderen Künsten und Medien, z. B. Malen, Theater spielen und vor allem für die Bewegung, für den Tanz. Eine solche Lebensweise benötigt allerdings wiederum gewisse Bildungs- und Finanzressourcen. Daher ist – realistisch betrachtet – ganz klar, dass sie für viele Menschen aufgrund ihrer sozialen Lage nur sehr bedingt in Frage kommt. Das heißt natürlich nicht, dass diese Menschen keine Berührung mit Musik, keinen Bezug zur Musik und keine musikalischen Bedürfnisse haben. Aber ihre Lebensumstände sind so, dass es Institutionen geben muss, die ihnen diese Zugänge eröffnen. An diesem Punkt setzt ganz wesentlich Soziale Arbeit an, die hier nach Möglichkeiten sowie geeigneten Methoden und Verfahren suchen muss.

2.2 Musizieren und Musikhören im Alter

2.2.1 Die musikalische Biografie

Entscheidend ist also, dass sich Musik als hohes Potential der Alltagsbewältigung im Alter nur dann erschließt, wenn der Zugang zu ihr in jüngeren Jahren gelegt worden ist. Das muss nicht unbedingt in der Kindheit und Jugend sein, sondern kann auch noch im Erwachsenenalter nachgeholt werden. Aber es muss ein Bezug zur Lebensgeschichte da sein, wenn mit alten Menschen musiziert oder Musik gehört wird – das soll aber keinesfalls generell heißen, dass alte Menschen nichts Neues mehr lernen können. Es geht um die musikalischen Bedürfnisse. Musikerlebnisse in der Gegenwart des alten Menschen müssen Verbindungen herstellen können zu früheren Musikerlebnissen, die dann auch Erin-

That truly is a key statement, said lightly, but wise and to the point. That is how memories of emotionally charged and, therefore, safe-guarded musical experiences can lead to stories being told or conversations being struck. The reason is that a musical experience is not disconnected from the overall current context of life. The same applies to non-musical experiences which happened at the periphery of the musical experience but are connected to it. During a singing afternoon in a nursing home another elderly lady began to remember musical experiences and told us the following:

> *In our village we often met on Saturday evenings to dance on the threshing floor. Almost every time my girlfriend was called away for a while because on her little farm the cows would only let her milk them.*

Irrespective of whether this actually happened, it has become reality in the memory of the lady, revived mentally, as it were; and this memory was brought back by the following chain of associations: the singing of songs – music in the past – dance evenings – girlfriend. Music builds *a bridge between the inner and the outer world*[12]. You can imagine how this little anecdote inspired those present to have fun together and tell other stories. By telling that story she completed a successful »music lesson« during which only very little music was actually made; this little report initiated many lively conversations and the objective of getting the elderly to engage in conversation with each other in an animated atmosphere – including all the positive side-effects this entails, such as improved bodily functions and emotional well-being etc. – had been achieved most successfully.

2.2.2 The Effect of Music

Let us now take a closer look at the use of music within the context of Social Work with the elderly: a simplistic approach is already thwarted by the very term age. Who is old, when are you old? The target group covers a wide range comprising active »young« pensioners who go hiking in the mountains, spend the winters in Mallorca and experience the beginning of old age as a new spring, as well as the lonely old widow who heaves the coals for her stove up to the sixth floor of an apartment building in Berlin or Vienna or the very aged multi-morbid demented person who is confined to his bed, needs care and lives in a nursing home. The different approaches to music have to be as varied as the multi-facetted manifestations of old age. It becomes obvious that here there is no room for standardisations. Although certain generations and cohorts will, without doubt, have common musical experiences, one group may, nevertheless, be more attracted to folk music whereas another may prefer pop songs or operettas and the next may want to listen to classical music and reject other genres. And while many elderly might still enjoy folk songs now that will be totally different in a few years time; besides, the elderly immigrant will know different folk songs than a native. This defines the criteria: music can become relevant for Social Work if the addressee can relate to it, has a positive emotional response, if music releases something in him and thus paves the way for change. Change in this context refers, for example, to changes in the communicative

12 Haselbach 1984, p. 796

nerungen an Situationen und damals beteiligte Personen wecken. Das kann schon im Gespräch geschehen, ohne dass überhaupt musiziert oder Musik gehört wird. Ich zitiere einen kurzen Ausschnitt aus einem Interview, das kürzlich eine Diplomandin in Münster, der Westfalenhauptstadt, mit einer alten Dame führte:

> Diplomandin: *Haben Sie gerne Klavier gespielt?*
> Dame: *In dem Moment, als ich die erste Oktave greifen konnte, habe ich angefangen, Klavier zu spielen.*
> Diplomandin: *Was für Lieder haben Sie gespielt?*
> Dame: *Mein erstes Lied, da kann ich mich noch genau dran erinnern:* Sah' ein Knab ein Röslein steh'n, Röslein auf der Heid'n. *Mein Vater war ein echter Westfale, und als ich das Westfalenlied spielen konnte, da hat er angefangen zu weinen.*

Nachdem sich die Diplomandin für das Gespräch bedankt hatte, erwiderte die alte Dame:

> *Mit Musik kann man die Alltagssorgen vergessen, darüber zu sprechen tut richtig gut.*

Das ist wahrhaftig eine zentrale Aussage, locker dahingesagt, aber klug und treffend. So können Erinnerungen an emotional aufgeladene und daher gut abgespeicherte Musikerlebnisse zum Auslöser für Erzählungen und Gespräche werden, weil ein Musikerlebnis nicht losgelöst ist vom gesamten aktuellen Lebenskontext. Es gehören folglich auch außermusikalische Erlebnisse dazu, die sich an der Peripherie von Musikerleben abgespielt haben, aber mit ihm eine Verbindung eingehen. Eine andere ältere Dame erzählte uns bei einem Singnachmittag im Altenheim beim Erinnern von Musikerlebnissen Folgendes:

> *Wir haben auf unserem Dorfe uns häufig samstagabends zum Tanzen auf der Tenne getroffen. Beinahe jedes Mal wurde meine Freundin dort für einige Zeit weggeholt, weil sie die Einzige auf ihrem kleinen Hof war, von der sich die Kühe melken ließen.*

Unabhängig davon, ob sich diese Begebenheit wirklich genau so zugetragen hat, sie ist in der Erinnerung zur Wirklichkeit geworden, mental sozusagen wiederauferstanden; und diese Erinnerung wurde ausgelöst über die Assoziationskette Liedersingen – Musik früher – Tanzabend – Freundin. Musik bildet die *Brücke zwischen Innenwelt und Außenwelt*[10]. Sie können sich vorstellen, wie diese kleine Anekdote zum Aufhänger für gemeinsamen Spaß und für weitere Erzählungen der Beteiligten wurde. Damit rundete sie eine erfolgreiche »Musikstunde« ab, in der nur noch wenig musiziert wurde, weil sich aufgrund dieses kleinen Berichtes eine hohe Gesprächsdynamik einstellte und das Ziel, die alten Menschen in angeregter Atmosphäre miteinander ins Gespräch zu bringen – mit allen positiven Nebeneffekten wie Verbesserung der Körperfunktionen, emotionales Wohlbefinden etc. – bestens erfüllt wurde.

2.2.2 Die Wirkung der Musik

Betrachten wir nun den Einsatz von Musik im Rahmen sozialer Altenarbeit noch etwas genauer: Eine einfache Annäherung scheitert bereits an dem Begriff des Alters. Wer ist alt, wann ist man alt? Die Zielgruppe umfasst die weite Spanne vom rüstigen »jungen« Rentner, der Bergwanderungen unternimmt, seinen Winter auf Mallorca verbringt und das begin-

10 Haselbach 1984, S. 796

behaviour or motor functions that visibly benefit the person, visibly here meaning recognisably and therefore also verifiably. The effect of music is also reflected in a recognisable change if, for example, the body functions change: if the colour of the face indicates that circulation has improved, an increased flow of speech proves that social well-being has increased, better motor functions are an expression of more intense mental and emotional experiences, tears show that the person has been moved and the telling of stories reveals a connection to the past. If one had a polygraph or if one were able to examine the blood in such situations one would obtain objective measurements confirming the processes that are taking place in the body, such results would, however, be quantitative rather than qualitative. The truly subjective sensation can not be revealed or traced by way of a hormone count or a CT scan. Fortunately, it remains locked in the experiential horizon of the individual and can, at best, be expressed and indirectly perceived from the outside by the verbal or non-verbal behaviour of that individual. What is important here for the elderly: the personae from the past and the present have found each other by way of this musical process, they form a unity (lat. *identitas*). The future, which is becoming shorter and shorter and, therefore, becomes frightening, (temporarily) recedes into the background and the present as a reality that has to be accepted and mastered comes into the foreground. So music contributes to maintaining an identity, in particular, after traumatic events that occurred during old age, and after crises such as illness, the loss of a loved one as well as a material loss such as a change in the place of residence and, above all, the feeling of no longer being needed, no longer being worth anything, no longer being able to perform.

Let us take a look at the effect of a concrete musical geragogic activity offered within the context of practical Social Work. A social worker who manages the Social Service in a home for the elderly is allowed to offer one singing lesson a week in the home during which she experienced the following:

> Individuals who appear to be tired and depressed come to the singing lesson in the nursing home, they need support with walking and sitting down, hardly speak, look down with their heads bent, appear to be fragile, listless, bored; the traces of everyday life in the home are clearly visible. Half an hour later, after a few pieces are played on the piano and especially after they start to sing a few songs together the picture changes completely and quite surprises some of the nursing staff: noticeably more vitality, upright posture, conversations, almost an urge to tell stories, laughter and fun. The second half hour passes without a single musical tone being played. The need to communicate has become prevalent, the anecdote mentioned above is told and everybody remembers a story which was experienced personally, one was somebody then and, therefore, is somebody now.
>
> When the participants leave the room, clearly improved body tension can be observed, people are talking to each other, they need less help walking and getting up, behave in a more self-confident and self-assured manner and one can generally notice a higher potential of vitality.

The effect of listening to music and active music making for the elderly cannot be described in a more authentic way.

nende Alter als neuen Frühling erlebt über die einsame alte Witwe, die die Kohlen für ihren Ofen in den sechsten Stock in einem Wohnblock in Berlin oder Wien schleppt bis zum hoch betagten multimorbiden dementen Menschen, bettlägerig, pflegebedürftig und im Heim untergebracht. So facettenreich wie die Erscheinungsformen des Alters sind, müssen auch die musikalischen Zugänge sein. Es wird klar, dass es hier keine Normierungen gibt. Es existieren zwar durchaus gemeinsame musikalische Erfahrungen bestimmter Generationen und Kohorten, dennoch fühlt sich der eine stärker zur Volksmusik hingezogen, während der andere den Schlager und die Operette liebt und ein anderer wiederum klassische Musik bevorzugt und die anderen Genres ablehnt. Und mögen derzeit noch viele alte Menschen Freude an Volksliedern empfinden, in einigen Jahren wird das anders sein; außerdem kennt die betagte Migrantin andere Volkslieder als die Einheimische. Damit werden die Kriterien deutlich: Musik kann dann für die soziale Arbeit relevant werden, wenn der Adressat zu ihr eine Beziehung hat, emotional positiv berührt wird, sie in ihm etwas auslöst und damit den Weg für Veränderungen frei macht. Veränderung heißt hier z. B. Veränderung des kommunikativen oder motorischen Verhaltens in einer Form, die dem Menschen sichtlich gut tut. Sichtlich, d. h. erkennbar und damit auch überprüfbar. Erkennbar wird eine solche Veränderung als Ausdruck musikalischer Wirkung z. B. an den Körperfunktionen: Die Gesichtsfarbe weist auf eine bessere Durchblutung hin, der zunehmende Redefluss belegt ein verbessertes soziales Wohlbefinden, die verstärkte Motorik bringt gesteigertes seelisches Erleben zum Ausdruck, Tränen zeigen Rührung und das Erzählen legt die Verknüpfung mit früher offen. Hätte man einen Polygraphen zur Verfügung oder könnte man in einer solchen Situation Blutuntersuchungen durchführen, gäbe es eine objektive Messbestätigung für die Vorgänge, die im Körper stattfinden, allerdings eher mit einer quantitativen als mit einer qualitativen Aussage. Das wirklich subjektive Erleben lässt sich weder durch den Hormonstatus noch durch eine Computertomographie aufdecken und nachvollziehen. Es bleibt, glücklicherweise, im Erfahrungshorizont des Individuums eingeschlossen und kann allenfalls Ausdruck finden und mittelbar von außen wahrgenommen werden durch sein verbales und nonverbales Verhalten. Was ist dabei wichtig für den alten Menschen: Sein Wesen aus der Vergangenheit und aus der Gegenwart haben durch einen solchen musikalischen Prozess zusammengefunden, gehen eine Einheit ein (lat. *identitas*). Die Zukunft, die immer knapper bemessen ist und daher Angst macht, tritt (vorübergehend) in den Hintergrund, die Gegenwart als zu akzeptierende und zu bewältigende Realität dafür in den Vordergrund. Musik leistet also einen Beitrag zur Aufrechterhaltung von Identität, insbesondere nach einschneidenden Ereignissen im Alter, vor allem nach Krisen: Krankheit, der Verlust geliebter Menschen, aber auch materieller Verlust sowie Wohnungswechsel und vor allem das Gefühl, zu nichts mehr nutze zu sein, nichts mehr wert zu sein, nichts mehr leisten zu können.

Schauen wir uns die Wirkung eines musikgeragogischen Angebots konkret an einem Beispiel in der sozialen Praxis an. Eine Sozialarbeiterin, die den Sozialen Dienst eines Altenheims leitet, kann in diesem beruflichen Rahmen wöchentlich eine Singstunde im Haus anbieten, in der sie Folgendes erlebt:

> Zu der Singstunde im Altenheim erscheinen müde und depressiv wirkende Personen, sie brauchen viel Unterstützung beim Gehen und Hinsetzen, reden kaum, schauen mit gesenktem Kopf zu Boden, wirken gebrechlich, lustlos, gelangweilt; die Spuren des

2.3 Objective of Music Geragogics

The central objective of music geragogic work was defined as the creation of space for musical experiences. A catalogue of interdependent objectives can be defined in concrete terms on the basis of what has already been said. What can be achieved is, for example

- Musical education
- Support of communication (exchange of opinions, experiences, thoughts, feelings, perceptions, moods; making contact)
- Creation of atmospheres
- Orientation for managing everyday life
- Recollection work
- Stimulating perception
- Emotional activation
- Communicating joy and fun
- Memory, concentration and coordination training
- Support with grieving, consolation, support in coping with personal and material loss
- Improving health (motor functions, voice, breathing, influencing the autonomic nervous system, managing mental and physical impairments)
- Improving expression and reactivation of the ability to express oneself
- Conveying a sense of achievement
- Increasing the feeling of self-worth

In his reports on social and remedial pedagogic experiments with Orff-Schulwerk Wilhelm Keller (1996) speaks of musical life aids and describes the process as achieving joy of life through music. He is particularly concerned with the musical education of those who are socially and physically underprivileged. This fully corresponds to the approach of present day Social Work using music as a medium. According to the modern definition of old age, which has dispensed with the focus on deficits, an old person should not, a priori, be seen as being disadvantaged. The elderly are perhaps disadvantaged and, therefore, to a certain extent disabled insofar as society in some cases still deprives them of the possibilities of expressing themselves musically and availing themselves of musical education and denies them the ability to do so. If, however, the claim to life-long musical education apparently cannot be established as an inherent part of human dignity in a society that is performance and primarily economically oriented then – for want of better ones – you still have some pragmatic aspects to legitimise these claims: in view of the effects described above music can be said to be highly preventive and can, therefore, also be said to be a cost reduction factor. Especially in the care of elderly suffering from dementia music has proven to be the most effective key to gain access to their world and also to their life history and often is the only possibility to reach the person in his/her world and to validate that person. This can also result in a noticeable improvement of the overall situation for the care-givers which in turn has a positive effect on the input required from the nursing staff or relatives. And it can also result in the concrete reduction of medication. The number of old people suffering from dementia in Germany is

Heimalltags sind deutlich an ihnen abzulesen. Eine halbe Stunde später, nach einigen Stückchen auf dem Klavier und vor allem nach einigen gemeinsam angesungenen Liedern ergibt sich ein völlig anderes Bild, das auch so manchen vom Pflegepersonal überrascht: deutlich mehr Vitalität, aufrechte Haltung, Gespräche, quasi Erzähldrang, Lachen, Spaß. Die zweite Halbzeit verläuft, ohne dass ein einziger Musikton erklingt. Das Mitteilungsbedürfnis hat sich in den Vordergrund geschoben, die oben schon beschriebene Anekdote wird erzählt und jeder weiß noch eine andere Geschichte. Man hat sie selbst erlebt, man war wer und ist daher wer.

Beim Herausgehen kann man eine deutlich verbesserte Körperspannung beobachten, es wird miteinander geredet, die Teilnehmer brauchen weniger Geh- und Aufstehhilfen, benehmen sich selbstsicherer und selbstbewusster, ganz allgemein ist ein hohes Potential von Lebendigkeit zu spüren.

Authentischer kann die Wirkung des Musikhörens und des aktiven Musizierens im Alter nicht beschrieben werden.

2.3 Musikgeragogische Zielsetzung

Die Inszenierung musikalischer Erfahrungsräume wurde als zentrale Aufgabe musikgeragogischer Arbeit formuliert. Aus den bisherigen Ausführungen kann ein Katalog von interdependenten Zielen konkretisiert werden. Erreicht werden können z. B.

- Musikalische Bildung
- Kommunikationsförderung (Austausch von Meinungen, Erfahrungen, Gedanken, Gefühlen, Befindlichkeiten, Stimmungen; Kontaktherstellung)
- Schaffen von Atmosphäre
- Alltagsorientierung
- Erinnerungsarbeit
- Wahrnehmungsförderung
- Emotionale Aktivierung
- Vermittlung von Freude und Spaß
- Gedächtnis-, Konzentrations- und Koordinationstraining
- Trauerbegleitung, Trostsuche, Hilfen zur Bewältigung von personellen und materiellen Verlusten
- Gesundheitsförderung (Motorik, Stimme, Atem, Einflussnahme auf das vegetative System, Bewältigung geistiger und körperlicher Beeinträchtigungen)
- Ausdrucksförderung und Reaktivierung von Ausdrucksfähigkeit
- Vermittlung von Erfolgserlebnissen
- Steigerung des Selbstwertgefühls

Wilhelm Keller (1996) spricht in seinen Berichten über sozial- und heilpädagogische Versuche mit dem Orff-Schulwerk von musikalischer Lebenshilfe und umreißt diesen Vorgang als Gewinn von Lebensfreude durch Musik. Ihm geht es besonders um die musikalische Bildung sozial und körperlich Benachteiligter. Das entspricht voll und ganz dem Ansatz aktueller Sozialer Arbeit mit dem Medium Musik. Der alte Mensch darf nach einem modernen Verständnis vom Alter, das die Defizitorientierung ad acta gelegt hat, natür-

presently estimated at approximately 1.2 million. An extrapolation of these figures indicates that an additional 200,000 people will be afflicted every year. It therefore becomes clear that managing old age dementia will be one of the biggest socio-political and social challenges of the future.

We have reacted to this development and established a further education module called *Music Geragogics* in which all facets of musical work with the elderly and for the elderly is addressed in theory and practice, of course, also attributing great importance to the aspect of movement. The positive response shows us that we are moving in the right direction. In view of the already described social development the need will not only be regional but world-wide. While preparing the way for target group oriented musical work with the elderly, Aesthetic Education and Music in Social Work could complement each other as both disciplines place the human being in the centre of their work and apply a broad definition of the term music. Thanks to the Orff Institute network, findings and experiences in Aesthetic Education in general and musical education for the elderly in particular can spread beyond the German speaking regions – in the hope of receiving interesting and stimulating feed-back from other countries and cultures.

Bibliography / Bibliographie

Belardi, Nando/Fisch, Marlies, 1999: *Altenhilfe. Eine Einführung für Studium und Praxis*, Beltz, Weinheim

Hartogh, Theo, 2005: *Musikgeragogik – ein bildungstheoretischer Entwurf. Musikalische Altenbildung im Schnittfeld von Musikpädagogik und Geragogik*, Wißner, Augsburg

Hartogh, Theo/Wickel Hans Hermann, 2004: *Handbuch Musik in der Sozialen Arbeit*, Juventa, Weinheim

Haselbach, Barbara, 1984: *Reflexionen über die tanzpädagogischen Aspekte des Orff-Schulwerks*, in: *Musik & Bildung* (16), S. 792–796

Keller, Wilhelm, 1996: *Musikalische Lebenshilfe. Ausgewählte Berichte über sozial- und heilpädagogische Versuche mit dem Orff-Schulwerk*, Schott, Mainz

Schmidt, Roland, 1999: *Soziale Altenarbeit und ambulante Versorgung Hilfe- und Pflegebedürftiger*, in: Karl A. Chassé/Hans-Jürgen von Wensierski (Hrsg.): *Praxisfelder der Sozialen Arbeit. Eine Einführung*, S. 209–221, Juventa, Weinheim

Schweppe, Cornelia, 2002: *Soziale Altenarbeit*, in: Werner Thole (Hrsg.): *Grundriss Soziale Arbeit. Ein einführendes Handbuch*, S. 331–348, Leske + Budrich, Opladen

Tüpker, Rosemarie/Wickel, Hans Hermann (Hrsg.), 2001: *Musik bis ins hohe Alter. Fortführung, Neubeginn, Therapie* (*Materialien zur Musiktherapie*, Bd. VIII), LIT, Münster

Wickel, Hans Hermann, 1998: *Musikpädagogik in der sozialen Arbeit. Eine Einführung* (*Musik als Medium*, Bd. II), Waxmann, Münster

lich nicht grundsätzlich als benachteiligt angesehen werden. Benachteiligt und dadurch in gewisser Weise auch behindert sind alte Menschen aber vielleicht in der Hinsicht, dass ihnen die Gesellschaft zum Teil immer noch die Möglichkeiten vorenthält und die Fähigkeiten abspricht, sich musikalisch auszudrücken und sich musikalisch zu bilden. Wenn jedoch ein Anspruch auf lebenslängliche musikalische Bildung als selbstverständlicher Faktor menschlicher Würde in einer leistungs- und vordergründig ökonomisch orientierten Gesellschaft scheinbar nicht gesichert werden kann, dann gibt es – wohlverstanden als Notlösung – aber immer noch pragmatische Gesichtspunkte, um diese Forderungen zu legitimieren: Musik kann durch die beschriebenen Wirkungsfaktoren ein hohes Maß an präventiver und damit auch Kosten senkender Bedeutung zugesprochen werden. Gerade im Umgang mit dementen alten Menschen erweist sie sich als der passendste Schlüssel zu deren Welt und auch zu deren Biografie und oftmals als einzige Möglichkeiten, den Betroffenen in seiner Welt zu erreichen und zu validieren. Darüber hinaus kann es zu einer deutlichen Verbesserung der gesamten Pflegesituation kommen, was auch positive Auswirkungen auf den Kräftehaushalt des Personals oder der Verwandten hat und auch konkret zur Reduktion von Medikamentengaben führen kann. Die Anzahl dementiell erkrankter alter Menschen in Deutschland wird derzeit auf ungefähr 1,2 Mio geschätzt. Es wird hochgerechnet, dass jährlich etwa 200.000 weitere Menschen erkranken. Somit ist ganz klar absehbar, dass die Bewältigung dementieller Erkrankungen im Alter zukünftig eine der größten sozialpolitischen und gesellschaftlichen Herausforderungen darstellt.

Wir haben auf diese Entwicklungen reagiert und in Münster eine Weiterbildung *Musikgeragogik* eingerichtet, in der alle Facetten musikalischer Arbeit mit alten und für alte Menschen in Theorie und Praxis thematisiert werden, dazu gehört natürlich auch in hohem Maße der Bewegungsaspekt. Der Zuspruch zeigt uns, dass wir auf dem richtigen Weg sind. Der Bedarf wird aufgrund der skizzierten gesellschaftlichen Entwicklung nicht nur regional, sondern weltweit gegeben sein. Auf dem Weg zu einer zielgruppenorientierten musikalischen Arbeit mit alten Menschen können sich Ästhetische Erziehung und Musik in der Sozialen Arbeit gegenseitig ergänzen, da sie beide den Menschen in den Mittelpunkt ihres Bemühens stellen und mit einem weiten Musikbegriff arbeiten. Und dank der internationalen Vernetzung des Orff-Instituts können Erkenntnisse und Erfahrungen ästhetischer Bildung im Allgemeinen und der musikalischen Altenbildung im Besonderen über den deutschsprachigen Raum hinaus bekannt gemacht werden – mit der Hoffnung auf interessante und befruchtende Rückmeldungen aus anderen Ländern und Kulturen.

In Dialogue – Michel Widmer with Hans Hermann Wickel

Michel Widmer: In your presentation you say that the term music education is too confined in the context of Social Work because the objective is specifically not to have a certain approach towards the people involved but to facilitate participation. You brought up the question whether the term music education shouldn't remain dedicated to work with children. Irrespective of the term and definition of music education and music in Social Work I would like to say that in our areas of work people of all ages should always be offered an involvement that is accompanied, facilitated and allows them to participate. So my question is: Can the terms music in Social Work and music education be accurately differentiated, can they still be used? Don't we have to find new terms?

Hans Hermann Wickel: I totally agree: the way I expressed myself was a little provocative in order to get the conversation going. In my publication of 1998 I still spoke of music education in Social Work, today I and others prefer to speak of music in Social Work. This music making in Social Work can have many functions. It is not primarily a matter of learning music; what is important are the socio-pedagogic objectives that we hope to achieve more easily, more quickly and more effectively by using music as a medium. As a rule, this is achieved by making music in groups or individually and is possible with people of all ages and in the most varied life situations. At present there are approx. 150 different work fields in Social Work and the use of music is not always helpful but it does provide very many possibilities and there are many target groups.

Widmer: The graduates of the Orff Institute work in both of the fields we mentioned at the beginning. They teach at music schools and go into state schools schools as guest teachers or project managers and also provide further training for teachers. But at the same time these graduates also go into the field of Social Work, remedial education and integrative work.

Wickel: This is the very special and uniquely wonderful situation at the Orff Institute. Other institutions such as music schools and music academies did not understand me because they had a narrower interpretation of the term music, they believe that music in Social Work isn't really music. Many could learn something from the perception of music on which Elemental Music and Dance Education is are based.

Widmer: The central person for this development at the Orff Institute was Wilhelm Keller. He founded the Institute for Music in Social and Remedial Education during the seventies and did a lot of the fundamental work that we are still benefiting from today. A few years ago we changed the name of this field and intentionally avoided the term Remedial

Im Dialog – Michel Widmer mit Hans Hermann Wickel

Michel Widmer: Der Terminus der Musikpädagogik wird in Ihrem Referat in Hinblick auf die Soziale Arbeit als zu begrenzt bezeichnet, denn es sollte eben keine bestimmende Haltung gegenüber den beteiligten Menschen geben, vielmehr Partizipation ermöglicht werden. Sie brachten die Frage auf, ob nicht die Bezeichnung Musikpädagogik für die Arbeit mit Kindern reserviert bleiben sollte. Ich möchte unabhängig von den Begrifflichkeiten Musikpädagogik und Musik in der Sozialen Arbeit sagen, dass in unseren Arbeitsfeldern den Menschen jeglicher Altersstufe immer ein begleitendes, ein ermöglichendes und ein beteiligendes Mitwirken angeboten werden sollte. Meine Frage lautet also: Sind diese Begriffe Musik in der Sozialen Arbeit und Musikpädagogik trennscharf, sind sie noch zu gebrauchen? Müssen wir nicht neue Bezeichnungen finden?

Hans Hermann Wickel: Sie rennen da bei mir offene Türen ein: Meine Formulierungen waren etwas provokant um ins Gespräch zu kommen. In meiner Veröffentlichung von 1998 sprach ich noch von Musikpädagogik in der Sozialen Arbeit, heute bevorzugen ich und auch andere den Terminus Musik in der Sozialen Arbeit. Dieses Musikmachen in der Sozialen Arbeit kann ganz viele Funktionen haben. Es geht nicht vorrangig um Musiklernen, sondern um sozialpädagogische Zielsetzungen, die wir mit Hilfe des Mediums Musik leichter, schneller und besser erreichen wollen. Das funktioniert in der Regel über das aktive Musizieren in Gruppen oder einzeln und ist mit Menschen in allen Lebensaltern und in unterschiedlichsten Lebenslagen möglich. Zurzeit gibt es ca. 150 verschiedene Arbeitsfelder in der Sozialen Arbeit und der Einsatz von Musik ist nicht überall sinnvoll, aber es gibt sehr viele Zugangsmöglichkeiten und Adressatengruppen.

Widmer: Die Absolventen des Orff-Instituts stehen in beiden Arbeitsfeldern, die wir am Anfang erwähnten. Sie unterrichten in Musikschulen, gehen als Gastlehrer oder Projektleiter in öffentliche Schulen und betreiben Fortbildungsarbeit für Lehrer. Genauso gehen diese Absolventen aber auch in das Feld der Sozialen Arbeit, der Heilpädagogik und der Integrativen Arbeit.

Wickel: Das ist eine ganz besondere einmalig tolle Situation am Orff-Institut. Ich bin von anderen Institutionen wie Musikschule und Musikhochschule nicht verstanden worden, da sie von einem engeren Musikbegriff ausgehen; sie sind der Meinung, Musik in der Sozialen Arbeit sei gar keine Musik. Von einem Musikverständnis, von dem die Elementare Musik- und Tanzpädagogik ausgeht, könnten viele andere etwas lernen.

Widmer: Die zentrale Person für diese Entwicklung am Orff-Institut ist Wilhelm Keller. Er hat in den siebziger Jahren das Institut für Musik in der Sozial- und Heilpädagogik gegrün-

Education in order to put the focus on the participatory, accompanying, developmental and facilitating characteristics. It is now entitled Music and Dance in Social Work and Integrative Education.

Audience: You make such a strict distinction between the aims of music education, those inherent in music, and the objectives of Social Work. My experiences with music and dance in work with the elderly have shown me that the objectives of these two areas merge, e. g. we learn new songs, we dance, we listen to music and that gives rise to a feeling of joy and a sense of community. In my view these aims are inseparable – I see a connection between the two.

Wickel: The problem does not lie in the methodology. What you described was a good cross-section of the methods that can be applied in this field of work. The difference lies in the objectives. In the field of Social Work the social educators are under pressure to justify, to give reasons as to why they work with music and explain the aims to the funding agencies. The explanation can, therefore, not be based on what is inherent in music. The work of a teacher using music and movement as a medium and a social educator using music in work with the elderly can be almost identical. However, the justification context is different. If I were a musician it would also be my ideal to substantiate the objectives of Social Work with music on the basis of what is inherent in music.

Audience: In your presentation on Music Geragogics music education was on the top of your list of the aims. However, in the presentation and also now you are placing more focus on the transfer effects of music. To what extent can the elderly be educated in music?

Wickel: To put it lightly: up to the last breath. Whenever music is used in work with the elderly and also in Social Work in general musical learning takes place. This cannot be excluded. The three areas Music Education, Music Therapy and Social Work intersect. For me as a musician the claim to musical education is top of the list.

Widmer: Music and Dance Education offer the various targets groups in Social Work opportunities of making music which are accessible, e.g. which do not require written music. In my view, these options are not simplifications. We educate primarily in the musical field of work. Nevertheless, music in Social Work is frequently accused of not taking the values of music seriously, of simplifying it and thus harming the art.

Wickel: The quality of Social Work with music lies precisely in the easy accessibility of the musical possibilities offered. The view in traditional music education, however, is exactly the opposite, being focused on complicated contents and lots of practising. We have to prove that only easily accessible solutions will enable us to reach our target groups and that these are very effective. Institutions offering musical education have to come together and overcome these boundaries which have already been overcome at the Orff Institute, due to a long process, the initiator of which probably was Wilhelm Kel-

det und viel Grundlagenarbeit geleistet, von der wir noch heute profitieren. Wir haben vor einigen Jahren diesen Namen geändert und ganz bewusst den Begriff Heilpädagogik vermieden, um das Partizipierende, das Begleitende, das Entwickelnde und Ermöglichende in den Vordergrund zu stellen: Musik und Tanz in Sozialer Arbeit und Integrativer Pädagogik.

Publikum: Von Ihnen werden die musikpädagogischen und musikimmanenten Ziele so stark von den Zielen der Sozialen Arbeit getrennt. Meine Erfahrungen mit Musik und Tanz in der Altenarbeit lassen mich feststellen, dass diese Ziele ineinander übergehen, z. B. erlernen wir neue Lieder, wir tanzen, wir hören Musik und es löst Freude und Gemeinschaftsgefühl aus. Für mich sind diese Ziele nicht trennbar – ich sehe da eine Verbindung.

Wickel: Das Problem liegt auch nicht auf der Ebene der Methodik. Was Sie beschreiben war ein schöner Querschnitt der Methoden, die man in diesem Arbeitsfeld umsetzen kann. Der Unterschied liegt in der Zielsetzung. In der Sozialen Arbeit stehen die Sozialpädagogen unter Legitimationsdruck und müssen ihre Arbeit mit Musik begründen und den Kostenträgern gegenüber die Ziele dieser Arbeit aufführen. Daher kann die Begründung nicht musikimmanent sein. Die Arbeit einer Musik- und Bewegungspädagogin und einer Sozialpädagogin mit Musik in der Altenarbeit kann nahezu identisch sein. Die Begründungszusammenhänge sind aber verschieden. Als Musiker wäre es auch mein Ideal, die Ziele der Sozialen Arbeit mit Musik aus der Musik heraus zu begründen.

Publikum: Bei ihrem Vortrag über Musikgeragogik hatten Sie bei der Liste mit Zielen Musikalische Bildung an erster Stelle stehen. Aber im Vortrag und auch jetzt stellen Sie mehr die Transfereffekte von Musik in den Vordergrund. Inwiefern sind die Senioren für Sie musikalisch bildbar?

Wickel: Um es einmal locker zu formulieren: bis zum letzten Atemzug. Bei jedem Einsatz von Musik in der Altenarbeit, aber auch ganz allgemein in der Sozialen Arbeit, wird musikalisch gelernt. Das ist nicht auszuschließen. Die drei Bereiche Musikpädagogik, Musiktherapie und Soziale Arbeit haben Schnittmengen. Für mich als Musiker steht der musikalische Bildungsanspruch an erster Stelle.

Widmer: Die Musik- und Tanzpädagogik kann den verschiedenen Zielgruppen der Sozialen Arbeit Angebote zum Musizieren machen, die niederschwellig sind, die z. B. ohne Noten auskommen. In meinem Verständnis sind diese Angebote nicht simplifiziert. Wir bilden vor allem im musikalischen Handlungsbereich. Trotzdem wird vor allem der Musik in der Sozialen Arbeit immer wieder vorgeworfen, dass sie die Werte der Musik nicht ernst nehme, dass sie simplifiziere und somit der Kunst schaden würde.

Wickel: Die Qualität Sozialer Arbeit mit Musik liegt genau in der Niederschwelligkeit ihrer musikalischen Angebote. Die Sichtweise in der traditionellen Musikpädagogik ist genau anders herum. Da geht es um komplizierte Inhalte und viel Üben. Wir müssen nachweisen, dass wir nur mit niederschwelligen Angeboten überhaupt unsere Zielgruppen erreichen und dass in diesen Angeboten große Wirkungen stecken. Musikausbildende Institutionen

ler who already at the time had published what we are including in our presentations today.

Audience: I would like to integrate what was just called easily accessible into the fundamental idea. The elemental is inherent in the smallest unit and highest sophistication. It is up to us to find forms for the music and dance teachers that can be executed in different ways depending on the type and condition of the groups. So everybody should be allowed to participate with their individual particularities. It is not only about musical learning but also about an internal and external learning.

Wickel: You have a great advantage. You are musical professionals. In our line of work, in Social Work, we can only work with the resources that the students already bring along. Unfortunately, we only have very little time for musical training. This also shows how important it is in education. We do not have the professionalism that you have achieved in your training at the Orff Institute.

Widmer: At the Orff Institute the problem is the opposite because our students have to be introduced into the occupational field of Social Work and Integrative Education.

And another question: is the role of music in Social Work different today from thirty years ago when it was really marginal?

Wickel: There are 52 training courses for Social Work in the Federal Republic of Germany today. The field is very fragmented. I see a trend towards management. The social educators of the older generation who are still in touch with the human being are becoming more and more difficult to find. Social workers today tend to be more occupied with advising, mediating and referring. Of course, there are notable exceptions but that is how I see the trend.

Widmer: The Orff Institute trains experts who can support a social education team with their possibilities of working with music and dance. Of course, they have to know enough about Social Work to be able to participate constructively in the discussion and work situation.

Wickel: The dialogue with the music schools is also important. This is where work with other target groups arises, work that previously tended to be seen as taboo: e. g. adults, the handicapped, difficult adolescents etc. This training was not and is not taught at the music academies. This is where further dialogue is needed.

müssen sich zusammensetzen und diese Grenzen überwinden, die am Orff-Institut durch einen langen Prozess schon überwunden sind. Der Initiator dafür war sicherlich Wilhelm Keller, der damals auch schon das publiziert hat, was wir heute in Vorträgen einbringen.

Publikum: Was gerade mit niederschwellig bezeichnet wurde möchte ich gerne in den Elementarbegriff einbinden. Das Elementare steckt in der kleinsten Einheit und in der höchsten Ausreifung. Es liegt an uns, für die Musik- und Tanzpädagogen Formen zu finden, die sich je nach Art und Zustand der Gruppen unterschiedlich ausüben lassen. So sollte sich jeder auch mit seinen Besonderheiten einbringen dürfen. Es geht nicht nur um ein musikalisches Lernen, sondern auch um ein inneres und äußeres Lernen.

Wickel: Sie haben den großen Vorteil. Sie sind musikalische Profis. Bei uns in der Sozialen Arbeit können wir nur mit den Ressourcen arbeiten, die die Studierenden schon mitbringen. Wir haben leider nur sehr wenig Zeit für die musikalische Ausbildung. Dies zeigt auch den Stellenwert in der Ausbildung. Die Professionalität, die Sie in Ihrer Ausbildung am Orff-Institut erreichen, haben wir nicht.

Widmer: Am Orff-Institut ist die Problemlage umgekehrt, denn unsere Studierende müssen in das Berufsfeld Soziale Arbeit und Integrative Pädagogik eingeführt werden.

Noch eine andere Frage: Ist die Bedeutung der Musik in der Sozialen Arbeit heute eine andere als vor dreißig Jahren, als sie wirklich randständig war?

Wickel: Es gibt in der Bundesrepublik Deutschland heute 52 Ausbildungsgänge zur Sozialen Arbeit. Es gibt eine große Heterogenität. Ich sehe einen Trend zum Management. Den Sozialpädagogen des älteren Typs, der noch am Menschen nahe dran ist, gibt es immer weniger. Sozialarbeiter haben heute eher die Aufgabe zu beraten, zu vermitteln und zu verweisen. Es gibt auch rühmliche Ausnahmen, aber so sehe ich den Trend.

Widmer: Am Orff-Institut werden Fachleute ausgebildet, die dann ein sozialpädagogisches Team mit ihren Möglichkeiten mit Musik und Tanz unterstützen können. Sie müssen dann natürlich soviel über Soziale Arbeit wissen, dass sie sich sinnvoll in die Diskussion und Arbeitssituation einbringen können.

Wickel: Wichtig ist auch der Dialog mit den Musikschulen. Dort kommt jetzt die Arbeit mit anderen Zielgruppen auf, die früher eher tabu war: z. B. Erwachsene, Behinderte, schwierigere Jugendliche usw. Dafür wurde und wird nicht an der Musikhochschule ausgebildet. Da muss ein weiterer Dialog einsetzen.

Eckart Altenmüller

Neurosciences in Dialogue with Music and Dance Pedagogy – Concerning the Neuronal Effects of Learning Music

1. Introduction

Although it is a truism that music enhances the development of the brain, little substantial proof has so far been produced. The connection between musicality and intelligence has already been proved in 1925 by Terman in his investigation of one thousand highly talented children. He established that along with high intelligence quotients there is also considerable evidence of high artistic-musical gifts well beyond the coincidental[1]. In more recent times in Germany in the Bastian Study (2000), sponsored by the BMBF[2], a positive correlation between musical talent and intelligence quotients was found among school children. Currently, in longitudinal studies, Canadian scientists were able to examine the consequences of music teaching on intelligence and establish its to some extent (minor) effects[3]. The object of this work is firstly to present the neuronal effects of learning music in a concentrated form, and secondly to show its possible transfer effects on cognitive or emotional performance.

2. The Neuronal Effects of Learning Music

Making music is effective as a stronger stimulus towards plastic changes in the central nervous system. By neuro-plasticity is understood the functional and structural adaptation of the nervous system to special demands that as a rule must include thoroughly processed relevant and complex information. Plasticity can be observed in all ways of measuring time and is accompanied by short and long-term learning processes. The mechanism of plasticity includes quick changes in the synaptic signal behaviour which can occur in seconds, the growth of synapses and dendrites taking from hours to days, strengthened axonal myelinisation with an improvement in the neuronal signal transmission taking weeks, and reduced (physiological) dying of neurons in a year. These

1 Terman and Oden 1925

2 Federal Ministry of Education and Research (Ed.)

3 Schellenberg 2004

Eckart Altenmüller

Neurowissenschaften im Dialog mit Musik- und Tanzpädagogik – zu den neuronalen Auswirkungen musikalischen Lernens

1. Einleitung

Obwohl es als Binsenweisheit gilt, dass Musik die Entwicklung des Gehirns fördert, sind bislang wenig handfeste Nachweise erbracht worden. Der Zusammenhang zwischen Musikalität und Intelligenz wurde bereits 1925 von Terman in seiner Untersuchung an tausend überdurchschnittlich intelligenten Kindern nachgewiesen. Er stellte fest, dass mit einem hohen Intelligenzquotienten auch künstlerisch-musikalische Hochbegabung weit überzufällig häufig einhergeht[1]. In jüngerer Zeit fand in Deutschland in einer durch das Bundesministerium für Bildung und Forschung (BMBF) geförderten Studie Bastian (2000) bei Schulkindern eine positive Korrelation zwischen musikalischer Begabung und dem Intelligenzquotienten. Aktuell konnten kanadische Wissenschaftler in Längsschnittstudien Auswirkungen von Musikunterricht auf Intelligenzleistungen überprüfen und teilweise (geringe) Effekte feststellen[2]. Gegenstand dieser Arbeit ist, in konzentrierter Form erstens neuronale Auswirkungen musikalischen Lernens darzustellen und zweitens mögliche Transfereffekte auf kognitive oder emotionale Leistungen aufzuzeigen.

2. Auswirkung des Musizierens auf neuronale Netzwerke

Musizieren gilt als starker Anreiz für plastische Veränderungen des Zentralnervensystems. Unter Neuroplastizität versteht man die funktionelle und strukturelle Anpassung des Nervensystems an Spezialanforderungen, die in aller Regel relevante und komplexe Informationsverarbeitung einschließen müssen. Plastizität kann in allen Zeitbereichen beobachtet werden und ist begleitet von kurz- und langfristigen Lernvorgängen. Die Mechanismen der Plastizität schließen rasche Veränderungen synaptischen Signalverhaltens im Sekundenbereich, Wachstum von Synapsen und Dendriten über Stunden bis Tage, verstärkte axonale Myelinisierung mit Verbesserung der neuronalen Signalübertragung über Wochen und verringertes (physiologisches) Absterben von Neuronen im Jahresbereich ein. Begleitet

1 Terman und Oden 1925

2 Schellenberg 2004

changes are accompanied by an adjustment of the blood capillaries and the supportive, connective tissue in the central nervous system.

The influence of musical-sensorimotor learning on the neuronal network was proved in adults who were learning to play the piano[4]. Already, after 20 minutes of a beginner's piano practice there is a functional coupling with simultaneous activation of the nerve cell connections in the auditory cortex and in the sensorimotor areas. After a further five weeks training on the piano, these at first only temporary changes in the neuronal network become stable, and there is an increase in neuronal coherence and in the speed of communication between the hearing and movement areas[5]. With trained pianists, when they listen to piano music[6] or when they observe the movements of another pianist[7] there is a strong connected activation of the sensorimotor hand area without any movement being visible. Conversely the hand movements of a professional pianist practising on a muted (or better »a silent«) keyboard activate the hearing areas. These findings document the tight coupling of neuronal representations in service of auditory-sensorimotor integration that is brought about through musical training. Interestingly, pianists playing on a muted (silent) dummy keyboard or watching other pianists' movements also show activation of the left hemisphere Broca area in the frontal lobe. This has led to a new evaluation of the function of this area of the brain. So today the Broca area is no longer seen as merely concerned with language production, but as covering a wider understanding as the place where the programming of practised, symbol-holding movement sequences are interpreted.

A connection between the level of musical expertise and strongly registered or extended neuronal responses to musical stimuli can be established in many studies using different methods. Pantev and colleagues (1998) for example, showed that intensive musical training leads to an extension in the neuronal response in the primary and secondary auditory regions. At the same time these changes are specific to the instruments concerned and the musical requirements. For example, trumpeters possess extended receptive fields in the auditory area of the temporal lobes, but only for trumpet sounds and not for violin sounds[8]. In comparison with pianists, conductors show a strong reaction in the auditory neurons in tasks that demand a precise placing of the source of sounds[9]. This skill is of course continuously practised in the everyday life of a conductor. In behavioural experiments it is also clear that musical perception is trained for the requirements of the instrument concerned: violinists for example, because of their free choice of pitch on the violin, depend upon a very precise perception of pitch and therefore possess a

4 Bangert and Altenmüller 2003
5 Bangert 2001
6 Bangert et al. 2005
7 Haslinger et al. 2005
8 Pantev et al. 2001
9 Münte et al. 2001

werden diese Veränderungen von Anpassung der Blutkapillaren und des Stützgewebes im Zentralen Nervensystem (ZNS).

Der Einfluss musikalisch-sensomotorischen Lernens auf die neuronalen Netzwerke wurde an Erwachsenen beim Erlernen des Klavierspiels nachgewiesen[3]. Bereits nach 20 Minuten Klavierüben entsteht bei Anfängern eine funktionelle Kopplung mit gleichzeitiger Aktivierung der Nervenzellverbände in den Hörrinden und in den sensomotorischen Arealen. Nach fünf Wochen Training am Klavier sind diese zunächst nur vorübergehenden Änderungen der neuronalen Vernetzung stabil und es kommt zu einer Zunahme der neuronalen Kohärenz und der Geschwindigkeit der neuronalen Leitgeschwindigkeit zwischen den Hör- und Bewegungsregionen[4]. Bei ausgebildeten Pianisten kommt es beim Hören von Klaviermusik[5] oder beim Betrachten pianistischer Bewegung[6] zu einer starken Mitaktivierung der sensomotorischen Handregion, ohne dass Bewegungen sichtbar sind. Umgekehrt führen bei professionellen Klavierspielern pianistische Handbewegungen auf einer stummen Tastatur zu einer Aktivierung der Hörregionen. Diese Befunde dokumentieren die durch musikalisches Training verursachte enge Kopplung von neuronalen Repräsentationen im Dienste der auditiv-sensomotorischen Integration. Interessanterweise zeigten Pianisten beim Spiel auf einer stummen Tastatur oder beim Beobachten pianistischer Bewegungen auch eine Aktivierung der linkshemisphärischen Broca-Regionen im Stirnhirnbereich. Dies hat zu einer Neubewertung der Funktion dieser Hirnregionen geführt. So wird heute die Broca-Region nicht mehr als reine motorische Sprachregion angesehen, sondern in einem erweiterten Verständnis übergreifend als Ort der Programmierung geübter symbolhaltiger Bewegungssequenzen interpretiert.

Ein Zusammenhang zwischen dem Grad der musikalischen Expertise und stärker ausgeprägten oder erweiterten neuronalen Antworten auf musikalische Reize konnte in zahlreichen Studien mit unterschiedlichen Methoden belegt werden. Pantev und Mitarbeiter (1998) zeigten beispielsweise, dass intensives musikalisches Training zu einer Vergrößerung der neuronalen Antwort in primären und sekundären auditiven Regionen führt. Dabei sind diese Veränderungen spezifisch für die jeweiligen Instrumente und musikalischen Erfordernisse. Trompeter beispielsweise besitzen nur für Trompetenklänge, nicht aber für Geigenklänge vergrößerte rezeptive Felder in den auditiven Arealen des Schläfenlappens[7]. Dirigenten zeigen im Vergleich zu Pianisten eine stärkere Reaktion auditiver Neurone bei Aufgaben, die eine präzise Ortslokalisation von Klangquellen erfordern[8]. Eben diese Fertigkeit wird im Alltag eines Dirigenten ständig geübt. Auch in Verhaltensexperimenten wird deutlich, dass Musikwahrnehmung spezifisch für die jeweiligen Erfordernisse des Instrumentes trainiert wird: Geiger beispielsweise sind aufgrund der freien Wahl der Tonhö-

3 Bangert und Altenmüller 2003

4 Bangert 2001

5 Bangert et al. 2005

6 Haslinger et al. 2005

7 Pantev et al. 2001

8 Münte et al. 2001

better capacity to distinguish pitch than pianists[10]. The special aural skills of musicians are also reflected in neuro-anatomical adaptation[11]. How far these changes affect extra-musical achievements was not tested in any of these studies. As is described below piano lessons however, have a (marginal) effect on cognitive functions.

The only study so far, in which the transfer results of musical activity on the language achievements of children was explicitly examined with neuro-physiological methods, comes from the working group led by Stefan Koelsch in the Max-Planck Institute for Cognitive Neuroscience in Leipzig. In a group of 11 year old children from a choir with regular musical training Sebastian Jentschke showed that these children, in comparison with musically non-active children, showed not only a marked neuronal response to musical irregularities, but also responded to syntactical errors in spoken sentences with a stronger component of the event related brain potential. This strengthened neuronal activity was above all revealed in the later time range of about 500 to 1,000 milliseconds, which speaks for a different conscious processing of syntactical errors or for a different internal mechanism for correcting errors[12]. The points in this study that merit criticism are 1.) There is no longitudinal design that would clarify the differences between the two groups through a random sample distortion (although the authors took care to see that the educational background of the parents and the socio-economical level of the children in both groups was comparable) and 2.) The language behaviour of the children was not expressly tested. The studies needed to enable unambiguous reports on the effects of making music on the central nervous system and on behaviour are described below.

3. Transfer Effects: Does Making Music Improve Cognitive or Emotional Skills?

This section deals with the transfer effects of making music on other forms of cognitive and emotional performance. In this respect the first part deals with the special problem of intensive music making in schools, illustrated through the example of the Berlin School experiment.

3.1 School Experiment with Intensive Music Lessons

School experiments, that examine the effect of intensive music lessons on performance in other school activities and on social behaviour, are not new. It is a particular problem of the educational sciences that studies of that kind are always bound up with extreme methodical difficulties and huge costs. The parting of the ways establishes itself as soon as the question arises as to which intelligence test and which concept of musicality

10 Hofmann et al. 1997

11 a review of this also in Münte et al. 2002

12 Jentschke et al. 2005

hen auf der Geige auf eine sehr präzise Tonhöhenwahrnehmung angewiesen und besitzen daher ein besseres Unterscheidungsvermögen für Tonhöhen als Pianisten[9]. Die speziellen Hörfertigkeiten von Musikern spiegeln sich auch in neuroanatomischen Anpassungen wider[10]. Inwiefern diese Veränderungen Auswirkungen auf außermusikalische Leistungen haben, wurde in all diesen Studien nicht überprüft. Wie unten dargestellt wird, hat Klavierunterricht aber (geringfügige) Auswirkungen auf einige kognitive Funktionen.

Die bislang einzige Studie, in der mit neurophysiologischen Methoden Transferleistungen musikalischer Aktivität auf Sprachleistungen bei Kindern explizit untersucht wurden, stammt aus der Arbeitsgruppe um Stefan Koelsch im Max-Planck Institut für kognitive Neurowissenschaften in Leipzig. An musikalisch regelmäßig geschulten 11-jährigen Chorsängern zeigte Sebastian Jentschke, dass diese Kinder im Vergleich zu musikalisch nicht aktiven Kindern nicht nur stärkere neuronale Antworten auf Verletzungen musikalischer Regularitäten aufwiesen, sondern auch syntaktische Verletzungen in gesprochenen Sätzen mit einer stärker ausgeprägten Komponente des Ereignis korrelierten Potentials beantworteten. Diese verstärkte neuronale Aktivierung war vor allem in dem späteren Zeitbereich um 500 bis 1.000 ms ausgeprägt, was für eine andersartige bewusste Verarbeitung der syntaktischen Verletzungen bzw. für eine andersartige interne Fehlerkorrektur spricht[11]. Kritisch anzumerken ist an dieser Studie, dass 1.) kein Längsschnittdesign vorliegt, die Unterschiede zwischen beiden Gruppen also auch durch eine Stichprobenverzerrung zu erklären wären, (wobei die Autoren darauf geachtet haben, dass Ausbildungsstand der Eltern und sozio-ökonomischer Hintergrund der Kinder in beiden Gruppen vergleichbar waren) und 2.) das sprachliche Verhalten der Kinder nicht ausdrücklich überprüft wurde. Weiter unten wird dargestellt, welche Studien notwendig sind, um eindeutige Aussagen zu den Auswirkungen des Musizierens auf das Zentralnervensystem und auf das Verhalten zu erlauben.

3. Transfereffekte: verbessert Musizieren kognitive oder emotionale Fertigkeiten?

In diesem Abschnitt werden Transfereffekte des Musizierens auf andere kognitive und emotionale Leistungen dargestellt. Dabei soll im ersten Teil die besondere Problematik des intensivierten Musikunterrichts an Schulen am Beispiel des Berliner Schulversuchs exemplarisch beleuchtet werden.

9 Hofmann et al. 1997

10 Übersicht dazu bei Münte et al. 2002

11 Jentschke et al. 2005

should be considered. Children and young people are influenced in many different ways and cannot, as in a laboratory, be examined for the extent of only one influence – here intensive music lessons. Klaus Ernst Behne (1995) has presented the methodical traps of interventional studies very clearly. Unspecific effects can falsify the results. Alone the fact of taking part in an experiment – a music test – can motivate the children to above-average achievements. In general psychology this problem is known as the »Hawthorne-Effect«. When the teachers know that their students are taking part in an experiment, they may possibly teach them with more commitment and show them more affection and interest. This is described as the »Pygmalion-Effect«. Finally, it can occur that children, through music lessons, are given a greater number of lessons in general and so get more attention, which has a favourable influence on the result, regardless of whether it is music, or for example art, ballet or sport that is being taught.

In his overall view Klaus Ernst Behne (1995) acknowledges the school experiments carried out up to 1994. A simplified meta-analysis of the larger studies shows that intensive music lessons have a positive effect on students' social behaviour and motivation[13]. Instrumental lessons, in addition, seem to have a positive influence on attention and perseverance behaviour[14]. The evidence with regard to the increase in intellectual skills after music lessons is less clear, particularly because the unspecific effects were not excluded in all studies. This is also true for the Berlin longitudinal studies, under the leadership of H. G. Bastian (2000), which should be introduced here in more detail as an example. For this six-year-long study 130 children in model schools and 40 children in control schools were enlisted. The children in the model schools, within the framework of courses containing an emphasis on music, had two hours on the subject of music, learnt to play an instrument either individually or in groups and made music in various ensembles. The middle intelligence quotients were recorded with the »Culture Fair Intelligence Test« (CFT1). This test is essentially based on Spearman's »Basic Intelligence«. This tests the extent to which children can recognise rules, identify distinctive features and quickly perceive when these are changed. After three years an intermediate test showed no significant difference between the model and control groups[15]. The final evaluation after 4 years (the CFT was probably not used for the whole length of the trial) showed a better result in the trial group of up to 6 IQ points in the middle range. As a further intelligence test a short form of the »Adaptive Intelligence-Diagnosis« was introduced. This test is more comprehensive and investigates everyday knowledge, school type mental arithmetic capacity, ability to concentrate, speed of processing symbolic information in the manual-visual field, space-time thinking, verbal-logical thinking and social understanding and reflection.

The overall evaluation of these tests after six years experimental time furnished no significant differences between the model and the control classes. Also with respect to the

13 e. g. Weber et al. 1993

14 e. g. Scott 1992

15 Bastian 1997

3.1 Schulversuche mit intensiviertem Musikunterricht

Schulversuche, die Auswirkungen von intensiviertem Musikunterricht auf andere schulische Leistungen und auf das Sozialverhalten überprüfen, sind nicht neu. Es ist ein besonderes Problem der Erziehungswissenschaften, dass derartige Studien stets mit großen methodischen Schwierigkeiten und mit immensen Kosten verbunden sind. Schon bei der Frage, welchen Intelligenztest und welchen Musikalitätsbegriff man heranziehen soll, scheiden sich die Geister. Kinder und Jugendliche sind zahlreichen wechselnden Einflüssen ausgesetzt und können nicht wie in einem Laborexperiment durch Veränderung einer einzigen Einflussgröße, hier durch intensivierten Musikunterricht, untersucht werden. Klaus Ernst Behne (1995) hat die methodischen Fallstricke der Interventionsstudien sehr klar dargestellt. Unspezifische Effekte können die Ergebnisse verfälschen. Allein die Tatsache, Teilnehmer eines Experimentes – des Musikversuches – zu sein, kann die Kinder zu überdurchschnittlichen Leistungen motivieren. Dieses Problem ist aus der allgemeinen Psychologie als »Hawthorne-Effekt« bekannt. Wissen Lehrer und Lehrerinnen dass ihre Schüler an Modellversuchen teilnehmen, werden sie möglicherweise engagierter unterrichten und den Kindern mehr Zuneigung und Interesse entgegen bringen. Dieser Effekt wird als »Pygmalion-Effekt« bezeichnet. Schließlich kann der Umstand, dass Kinder durch Musikunterricht eine größere Anzahl von Unterrichtsstunden haben und somit mehr Zuwendung erfahren, die Ergebnisse günstig beeinflussen, unabhängig davon, ob Musik oder beispielsweise Kunst, Ballett oder Sport unterrichtet wird.

In seiner Übersicht würdigte Klaus Ernst Behne (1995) die bis 1994 durchgeführten Schulversuche. Eine vereinfachte Metaanalyse der größeren Studien zeigt, dass intensiver Musikunterricht positive Auswirkungen auf Sozialverhalten und Motivation der Schüler hat[12]. Instrumentalunterricht scheint darüber hinaus geeignet, Aufmerksamkeit und Ausdauerverhalten positiv zu beeinflussen[13]. Weniger klar ist die Aussage hinsichtlich der Steigerung intellektueller Fertigkeiten durch Musikunterricht, insbesondere da nicht in allen Studien unspezifische Effekte ausgeschlossen wurden. Das gilt auch für die unter der Leitung von H. G. Bastian (2000) durchgeführte Berliner Längsschnittstudie, die hier exemplarisch etwas eingehender vorgestellt werden soll. Zu dieser auf sechs Jahre angelegten Studie wurden 130 Kinder in Modellschulen und 40 Kinder aus Kontrollschulen herangezogen. Die Kinder in den Modellschulen erhielten im Rahmen von musikbetonten Zügen einen 2-stündigen Fachunterricht in Musik, erlernten einzeln oder in Gruppen ein Instrument und musizierten in unterschiedlichen Ensembles. Der mittlere Intelligenz-Quotient wurde mit dem »Culture Fair Intelligence Test« (CFT 1) erfasst. Dieser Test fragt im Wesentlichen Spearmans »Grundintelligenz« ab. Dabei wird geprüft, inwieweit Kinder die Fähigkeit haben, Regeln zu erkennen, Merkmale zu identifizieren und Wechsel der Merkmale schnell wahrzunehmen. Eine erste Zwischentestung ergab nach drei Jahren keinen signifikanten Unterschied zwischen den Modell- und den Kontrollgruppen[14]. Die Endaus-

12 z. B. Weber et al. 1993

13 z. B. Scott 1992

14 Bastian 1997

ability to concentrate, the children on the music course did not show long-term effects in the course of the years. An improvement in the social behaviour of the music course was marked. For example there were fewer totally excluded children as a whole. In addition the musical achievement of the children that received the musically intensive course tended to be better.

Overall, the outcome of this test is rather ordinary. Unambiguous, long-term transfer effects for language, logical-mathematics and spatial intelligence are not found. A possible transfer effect with respect to social intelligence is shown. An increase in 6 points corresponds to the statistical variation range[16]. The design of the study was imperfect, for a genuine control group that was experiencing an emphasis in another subject, say handicrafts or painting was missing. For this reason it is impossible to establish a causal relationship between intensive music lessons and the observed effects. It is also unclear if it is not only the increased commitment that is responsible for the improvement in social behaviour.

3.2 Controlled Intervention Experiments with Music Lessons

The influence of making music on cognitive skills is better controlled through intervention studies of checked individual instrumental lessons. Several studies of this kind have been carried out in recent years. Eugenia Costa-Giomi compared intelligence quotients in children with and without piano lessons. This long-term experiment was carried out in Montreal between 1994 and 1997. There were 67 nine-year-old children from a rather poor social status who were given weekly piano lessons for three years; the control group of 50 children had no piano lessons. While at the beginning of the study all the children showed the same intelligence quotient in language, spatial and mathematical performance, after two years the piano students were ahead in all three tested IQ domains, though after three years the children in the control group had caught up[17].

In some new studies similar results have been obtained. In an intervention study the group led by Schellenberg investigated 144 six-year-old children who had piano lessons, singing lessons, drama lessons or no lessons for a period of 36 weeks. After these 36 weeks the children with piano and singing lessons had 3–3.5 higher IQ points than those having drama or no lessons. The significance of these results was inappropriate in individual testing, but was then weakly significant ($p>0.05$) when the singing and piano groups together were tested against the drama and control group[18]. So altogether the effect is very weak.

Apparently the effects of music lessons on cognition are not restricted to children. Bugos and colleagues (2004) gave piano lessons for six months to 20 senior citizens aged between 60 and 85 and compared them with a control group of 18 similarly old people. After the

16 see Macintosh 1998

17 Costa-Giomi 1999

18 Schellenberg 2004

wertung zeigte nach 4 Jahren (offenbar wurde der CFT nicht über die ganze Dauer des Schulversuchs eingesetzt) ein besseres Abschneiden der Versuchsgruppe um sechs IQ-Punkte im Mittelwert. Als weiterer Intelligenztest wurde eine Kurzform des »Adaptiven Intelligenz-Diagnostikum« eingesetzt. Dieser Test ist umfassender und untersucht Alltagswissen, schulische Rechenfähigkeit, Konzentrationsfähigkeit, Schnelligkeit in der symbolischen Informationsverarbeitung im manuell-visuellen Bereich, räumlich-zeitliches Denken, verbal-logisches Denken und soziales Erfassen und Reflektieren.

Die Gesamtauswertung dieses Tests erbrachte nach sechs Jahren Versuchszeit keine signifikanten Unterschiede zwischen den Modellklassen und den Kontrollschulen. Auch hinsichtlich der Konzentrationsfähigkeit waren die Kinder der musikbetonten Züge den Versuchskindern nicht langfristig im Verlauf der Jahre überlegen. Als deutlicher Effekt wird eine Verbesserung des Sozialverhaltens in den musikbetonten Zügen beschrieben. So finden sich z. B. insgesamt weniger völlig ausgegrenzte Schüler. Darüber hinaus ist die musikalische Leistung der Kinder in den Schulen, die intensivierten Musikunterricht erhalten, tendenziell besser.

Insgesamt ist die Bilanz dieses Schulversuches ernüchternd. Eindeutige langfristige Transfereffekte für sprachliche, logisch-mathematische und räumliche Intelligenz finden sich nicht. Möglicherweise zeigen sich Transfereffekte hinsichtlich der sozialen Intelligenzen. Eine Zunahme des IQ um sechs Punkte entspricht der statistischen Schwankungsbreite[15]. Das Design der Studie war fehlerhaft, denn eine echte Kontrollgruppe, die z. B. in einem anderen Fach, etwa Werken oder Malen eine entsprechende Mehrzuwendung erfuhr, fehlt. Aus diesem Grund kann keine kausale Beziehung zwischen intensiviertem Musik unterricht und den beobachteten Effekten hergestellt werden. Es bleibt also unklar, ob nicht allein die vermehrte Zuwendung etc. für die Verbesserung von Sozialverhalten verantwortlich ist.

3.2 Kontrollierte Interventionsversuche mit Musikunterricht

Der Einfluss des Musizierens auf kognitive Fertigkeiten lässt sich in Interventionsstudien mit überprüftem Einzel-Instrumentalunterricht besser kontrollieren. Mehrere derartige Studien wurden in den letzten Jahren durchgeführt. Von Eugenia Costa-Giomi wurde die Entwicklung des Intelligenzquotienten bei Kindern mit und ohne Klavierunterricht verglichen. Dieses bislang langfristigste Experiment wurde in den Jahren 1994 bis 1997 in Montreal durchgeführt. 67 neunjährige Kinder aus eher sozial schwachen Familien erhielten über drei Jahre wöchentlich Klavierunterricht, 50 Kinder waren in der Kontrollgruppe (ohne Klavierunterricht). Während zu Beginn der Studie alle Kinder den gleichen, sprachliche, räumliche und mathematische Leistungen umfassenden Intelligenzquotienten aufwiesen, zeigte sich nach zwei Jahren Klavierunterricht ein Vorsprung der Klavierschüler in allen

[15] siehe Macintosh 1998

piano lessons the piano group showed an improvement which included memory performance, working memory, planning memory and strategy management ($p<0.05$).

3.3 Better Cognitive Performance in Children and Adults who Make Music

Another simpler, if methodically questionable, access to the question as to whether music making promotes cognitive performance, would be the unique intelligence test of comparing music making children and adults with those who do not make music but who are as nearly like them as possible. The method of choosing the sample remains methodically suspect. It is well-known that children who have music lessons as a matter of course usually come from families which have a better socio-economic level with a higher standard of education than those who do not. Both these factors have an influence on intelligence quotients[19]. Bastian establishes a positive correlation between musical performance and the IQ of children in high schools[20]. This advantage in intelligence is however no longer evident in a comparison of music students with psychology or medical students. Exclusively pronounced skills such as visual pattern recognition and speed of perception are improved in music students. Here it is probably the result of specific training in reading and playing from notation[21]. The results lead to the distinctive conclusion that obviously only the less intelligent of the intelligent music making children will want to pursue music as a profession. Without wanting to enter into a discussion about the significance of the practical applications of intelligence quotients, this conclusion is entirely plausible. From the point of view of the current poor professional prospects of musicians and the continuous dependence on a high degree of physical performance skills, it is understandable that young people with alternative possibilities will choose a more secure career.

In other countries further positive correlation between cognitive skills and musical activity can be found. The group led by Agnes Chan show that adult musicians[22] and children who make music[23] have a better word memory than non-musicians. Here one must notice that Chinese, as a tonal language, is particularly related to music. For in Chinese the melody of the word and its contours determine its meaning. In the field of Indo-Germanic languages, where intonation is important, this effect on word memory does not appear to exist. With regard to language skills in conveying emotion, new, interesting results have appeared. Thompson and colleagues (2004) show that musically trained children are more sure of recognising the emotional content – sad, happy, fearful, angry – of spoken sentences than children who do not make music. Similar, but not so positive results were achieved by children who had drama lessons, whereas singing lessons had no effect on the recognition of the emotional content of speech.

19 Macintosh 1998

20 Bastian 2000

21 Helmbold et al. 2005

22 Chan et al. 1998

23 Ho et al. 2003

drei getesteten IQ-Domänen, der allerdings nach drei Jahren von den Kindern der Kontrollgruppe wieder aufgeholt war[16].

In einigen neueren Studien wurden ähnliche Resultate erzielt. Die Gruppe um Schellenberg untersuchte in einer Interventionsstudie 144 Kinder im Alter von sechs Jahren die 36 Wochen Klavierunterricht, Gesangsunterricht, Schauspielunterricht oder keinen Unterricht erhielten. Die Klavier- und Gesangskinder hatten nach diesen 36 Wochen einen um 3–3.5 IQ Punkte höheren IQ als die Kinder mit Schauspielunterricht oder die ohne Unterricht. Diese Ergebnisse verfehlte in Einzeltestungen die Signifikanz, wurden aber dann schwach signifikant ($p>0.05$), wenn Gesang- und Klaviergruppen gemeinsam gegen Schauspiel- und Kontrollgruppe getestet wurden[17]. Insgesamt ist der Effekt also sehr schwach.

Offensichtlich sind Auswirkungen auf die Kognition nach Musikunterricht nicht auf Kinder beschränkt. Bugos und Mitarbeiter (2004) erteilten 20 Senioren im Alter zwischen 60 und 85 Jahren über sechs Monate Klavierunterricht und verglichen sie mit einer Kontrollgruppe von 18 gleich alten Probanden. Die Klaviergruppe hatte nach dem Unterricht eine Verbesserung von Gedächtnisleistungen, die Arbeitsgedächtnis, Planungsgedächtnis und Strategiebildungen mit einschlossen ($p<0.05$).

3.3 Bessere kognitive Leistungen bei musizierenden Kindern und Erwachsenen

Ein einfacher, wenngleich methodisch anfechtbarer Zugang zur Frage, ob Musizieren kognitive Leistungen fördert wäre die einmalige Intelligenztestung von musizierenden Kindern und Erwachsen im Vergleich zu sonst möglichst gleichartigen nicht musizierenden Altersgenossen. Methodisch anfechtbar bleibt die Stichprobenauswahl. So ist bekannt, dass Kinder, die Musikunterricht erhalten in der Regel aus sozio-ökonomisch besser gestellten Familien mit höherem Bildungsniveau stammen als nicht musizierende Kinder. Beide Faktoren beeinflussen den Intelligenzquotienten[18]. Bastian stellte eine positive Korrelation zwischen musikalischen Leistungen und dem IQ bei Schülern in Gymnasien her[19]. Dieser Intelligenzvorsprung lässt sich aber bei Musikstudenten im Vergleich mit Psychologie- oder Medizinstudenten nicht mehr finden. Lediglich ausgestanzte Fertigkeiten, wie die visuelle Mustererkennung und die Wahrnehmungsgeschwindigkeit sind bei Musikstudenten verbessert. Hier handelt es sich am ehesten um einen Effekt spezifischen Trainings beim Noten lesen und vom Blattspiel[20]. Die Befunde führen zu der aparten Schlussfolgerung, dass offensichtlich nur die weniger Intelligenten der intelligenten musizierenden Schüler Musik auch als Profession betreiben wollen. Ohne auf die Diskussion um die lebenspraktische Bedeutung des Intelligenzquotienten eingehen zu wollen ist diese Folgerung durch-

16 Costa-Giomi 1999
17 Schellenberg 2004
18 Macintosh 1998
19 Bastian 2000
20 Helmbold et al. 2005

4. Summary and Final Evaluation

Summarising the results presented here one can establish the following:

- Listening to music with an induction of activity and positive attitude leads (as do other stimuli with the same effect) to a short-term improvement in cognitive performance, particularly in tasks involving the realm of time-spatial thinking.
- Intensive music making leads to various degrees of short and long-term plastic adaptation of the central nervous system.
- There are indications of an at least short-term, slight increase in cognitive and emotional skills through making music. Long-term effects and effects on social life have not been causally proved.
- Music students in Germany are not more intelligent than other students.
- There is a correlation between musical performance and speech memory in Chinese children and adults.

The summarised results in relation to a positive effect of music making on other cognitive performances are disappointing. However, when only little scientifically based proof for a transfer of music training and making music on other intelligence performances exists, this should not be established as the inversion of an argument against the significance of musical training for cognitive performance and the development of personality in children and young people. One certain difficulty facing transfer research is that in many fields the suitable test instruments needed for transfer effects are not available at present. How can one measure intrapersonal and interpersonal intelligence with justifiable expenditure? How shall »creative potential«, »self-confidence«, »setting of long-term objectives«, »aesthetic sensitivity«, »emotional warmth« be recorded with scientific exactitude in a long-range study on the difficult to control, highly dynamic and numerous factors of influence to which a biological system is liable? And what do we know about the later effects on adult life that early music training can produce, or about the influences on the quality of life? This leads directly to the last question. What further research should there be in the coming years?

5. Desirable Research

- The conditions of plastic accommodation in children are not clarified. What are the roles of sensorimotor activity, motivation, positive or negative emotion?
- All intervention studies must show a design with constant parameters. Intensive music teaching must be complemented with intensive teaching in another subject for the control group.
- Long-term intervention studies for 10 to 15 year olds are urgently needed.
- Studies for children in which the »soft criteria« described above, such as social behaviour, emotional perception, subjective and objective quality of life integrated as variable aims, are urgently needed.

aus plausibel. Angesichts der derzeit schlechten beruflichen Aussichten von Musikern und der immer währenden Abhängigkeit von hoher körperlicher Leistungsfähigkeit ist es einsehbar, dass Jugendliche mit alternativen Möglichkeiten eine sichere berufliche Laufbahn wählen.

In anderen Ländern sind weitere stabile Befunde positiver Korrelationen von kognitiven Fertigkeiten mit musikalischer Betätigung gefunden worden. So zeigte die Gruppe um Agnes Chan, dass erwachsene Musiker[21] und musizierende Kinder[22] über ein besseres Wortgedächtnis als Nichtmusiker verfügen. Hier ist allerdings anzumerken, dass die chinesische Sprache als tonale Sprache besonders musiknah ist. So dienen im Chinesischen Wortmelodien und Melodiekonturen der Übermittlung von Wortbedeutungen. Im indogermanischen Sprachraum überwiegen die Intonationssprachen – hier scheint dieser Effekt auf das Wortgedächtnis nicht zu existieren. Hinsichtlich emotionaler Sprachfertigkeiten sind neue interessante Befunde hinzugetreten. So zeigten Thompson und Kollegen (2004), dass musikalisch geschulte Kinder den emotionalen Gehalt traurig, fröhlich, ängstlich und ärgerlich gesprochener Sätze sicherer erkennen konnten als Kinder, die nicht musizieren. Ähnliche, aber nicht ganz so positive Ergebnisse erzielten Kinder, die Schauspielunterricht erhielten, während Gesangsunterricht keine Auswirkung auf die Erkennensleistung des emotionalen Gehaltes von Sprache hatte.

4. Zusammenfassung und Schlussbewertung

Fasst man die dargestellten Ergebnisse zusammen, so kann man Folgendes feststellen:

- Musikhören mit Induktion von Aktivierung und positiver Stimmung führt (wie andere Stimuli mit gleicher Wirkung) zu einer kurzfristigen Verbesserung kognitiver Leistungen, besonders bei zeitlich-räumlichen Denkaufgaben.
- Intensives Musizieren führt zu unterschiedlichen kurz- und langfristigen plastischen Anpassungen des zentralen Nervensystems.
- Es gibt Hinweise auf eine zumindest kurzfristige leichte Steigerung kognitiver und emotionaler Fertigkeiten durch Musizieren. Nicht kausal bewiesen sind langfristige Effekte und Effekte auf das Sozialleben.
- Musikstudenten in Deutschland sind nicht intelligenter als andere Studenten.
- Es gibt eine Korrelation von musikalischen Leistungen und Sprachgedächtnis bei chinesischen Kindern und Erwachsenen.

Zusammenfassend sind die Befunde hinsichtlich einer positiven Auswirkung des Musizierens auf andere kognitive Leistungen enttäuschend. Aber auch wenn nur wenig wissenschaftlich fundierte Beweise für einen Transfer von Musikerziehung und Musizieren auf andere Intelligenzleistungen existieren, sollte dies nicht im Umkehrschluss als Argument gegen die Bedeutung von Musikerziehung für die kognitiven Fertigkeiten und die Persön-

21 Chan et al. 1998

22 Ho et al. 2003

- Studies that specifically investigate the positive influence of music making on the breakdown of health are urgently needed. A study of this kind with stroke patients is currently in progress with us[24].

6. Bibliography / Bibliographie

Bangert, Marc, 2001: *Auditiv-sensomotorische Integration bei komplexen hochtrainierten Wahrnehmungs- und Verhaltensleistungen: Analyse kortikaler Koaktivierungsprozesse am Beispiel des Klavierspiels.* Dissertation Universität Hannover

Bangert, Marc/Altenmüller, Eckart, 2003: *Mapping Perception to Action in Piano Practice: A longitudinal DCEEG-study.* BMC Neuroscience 4, S. 26–36

Bangert, Marc/Peschel, Thomas/Rotte, Michael/Drescher, Dieter/Hinrichs, Herman/Schlaug, Gottfried/Heinze, Hans-Jochen/Altenmüller, Eckart: *Shared networks for auditory and motor processing in professional pianists: Evidence from fMRI conjunction*, in: *Neuroimage* 30, S. 917–926 (2006)

Bastian, Hans G.: *Beeinflußt intensive Musikerziehung die Entwicklung von Kindern*? In: *Musikforum* 86, S. 4–22 (1997)

Bastian, Hans G., 2000: *Musik(erziehung) und ihre Wirkung*, Schott, Mainz

Behne, Klaus-Ernst: *Vom Nutzen der Musik*, in: *Musikforum* 82, S. 27–39 (1995)

Bugos, J./Perlstein, W. M./Brophy, T. S./Bedenbaugh P.: *The effects of individualized piano instruction on executive memory functions in older adults (60–85),* Proceedings of the ICMPC8, Evanston, 2004

Chan, Agnes S./Ho, Yim-Chi/Cheung, Mei-Chung: *Music training improves verbal memory*, in: *Nature* 396, S. 128 (1998)

Costa-Giomi, Eugenia: *The Effects of Three Years of Piano Instruction on Children's cognitive development*, in: *Journal of Research in Music Education* 47, S. 198–212 (1999)

Haslinger, B./Erhard, P./Altenmüller, E./Schroeder, U./Boecker, H./Ceballos-Baumann, A. O.: *Transmodal sensorimotor networks during action observation in professional pianists*, in: *Journal of Cognitive Neuroscience* 17, S. 282–293 (2005)

Helmbold, N./Rammsayer, T./Altenmüller, E.: *On differences in primary mental abilities between musicians and non-musicians,* in: *Journal of Individual Differences* 26, S. 74–85 (2005)

Ho, Yim-Chi/Cheung, Mei-Chung/Chan, Agnes S.: *Music Training Improves Verbal but Not Visual Memory: Cross-Sectional and Longitudinal Explorations in Children*, in: Neuropsychology 17, S. 439–450 (2003)

Hofmann, Gert/Mürbe, Dirk/Kuhlisch, Eberhard/Pabst, Friedemann: *Unterschiede des auditiven Frequenzdiskriminationsvermögens bei Musikern verschiedener Fachbereiche*, in: *Folia Phoniatrica et Logopaedica* 49, S. 21–25 (1997)

Jentschke, Sebastian/Koelsch, Stefan/Friederici, Angela D.: *Investigating the relationship of music and language in children,* Ann Y. Acad.Sci 1060, S. 231–242 (2005)

Mackintosh, Nicholas J., 1998: *IQ and Human Intelligence*, Oxford University Press, Oxford,

24 Schneider et al. 2007

lichkeitsentwicklung von Kindern und Jugendlichen eingesetzt werden. Eine Schwierigkeit der Transfer-Forschung ist ja, dass in vielen Bereichen derzeit noch geeignete Testinstrumente fehlen, die man zum Messen von Transfereffekten benötigt. Wie etwa will man intrapersonale und interpersonale Intelligenz mit vertretbarem Aufwand messen? Wie sollen »kreatives Potential«, »Selbstvertrauen«, »langfristige Zielsetzung«, »ästhetisches Empfinden«, »emotionale Wärme«, in einer Langzeitstudie an schwer kontrollierbaren, hochdynamischen und zahlreichen Einflussfaktoren ausgesetzten biologischen Systemen, – nämlich an Kindern, – mit wissenschaftlicher Exaktheit erfasst werden? Und was wissen wir über die Späteffekte, die frühe Musikerziehung im Erwachsenenalter erzeugen kann, was über Einflüsse auf die Lebensqualität? Dies führt direkt zum letzten Abschnitt. An welchen Fragen sollte in den nächsten Jahren weiter geforscht werden?

5. Forschungsdesiderate

- Die Bedingungen plastischer Anpassungen bei Kindern sind nicht geklärt. Welche Rolle spielt sensomotorische Aktivität, welche Motivation, welche positive oder negative Emotion?
- Alle Interventionsstudien müssen ein Design mit Parameterkonstanz aufweisen. Intensivierter Musikunterricht muss durch einen anders gearteten intensivierten Unterricht als Kontrollgruppe ergänzt werden.
- Dringend benötigt werden langfristige, auf 10 bis 15 Jahre angelegte Interventionsstudien.
- Dringend benötigt werden Studien an Kindern, in denen die oben angesprochenen »weichen Kriterien« wie Sozialverhalten, emotionale Wahrnehmung, subjektive und objektive Lebensqualität als Zielvariabeln integriert werden.
- Dringend benötigt werden Studien, in denen die Möglichkeit, durch Musizieren gesundheitliche Störungen positiv zu beeinflussen gezielt untersucht wird. Eine derartige Studie ist derzeit bei uns an Schlaganfallpatienten in Arbeit[23].

[23] Schneider et al. 2007

Münte, Thomas F./Kohlmetz, Christine/Nager, Wido/Altenmüller, Eckart: *Superior auditory spatial tuning in professional conductors*, in: *Nature* 409, S. 580 (2001)

Münte, Thomas F./Altenmüller, Eckart/Jäncke, Lutz: *The musician's brain as a model of neuroplasticity*, in: *Nature Reviews Neuroscience* 3, S. 473–478 (2002)

Pantev, Christo/Oostenveld, Robert/Engelien, Almut/Ross, Bernhard/Roberts, Larry E./, Hoke, Manfried: *Increased auditory cortical representation in musicians*, in: *Nature* 392, S. 811–814 (1998)

Pantev, Christo/Roberts, Larry E.,/Schulz, Matthias/Engelien, Almut/Ross, Bernhard: *Timbre-specific enhancement of auditory cortical representations in musicians*, in: *Neuroreport* 12, S. 169–74 (2001)

Schellenberg, E. Glenn: *Music lessons enhance IQ*, in: *Psychological Science* 15, S. 511–514 (2004)

Schneider, Sabine/Schönle, Paul W./Altenmüller, Eckart/Münte, Thomas F.: *Using musical instruments to improve motor skill recovery following a stroke*, in: *Journal of Neurology*, DOI 10.1007 s00415-006-0523-2 (2007)

Scott, Laurie: *Attention and perseverance behaviours of preschool children enrolled in Suzuki violin lessons and other activities*, in: *Journal of Research in Music Education* 40, S. 225–235 (1992)

Terman, Lewis M./Oden, Melita H., 1925: *Genetic studies of Genius: Mental and physical traits of one thousand gifted children*, Stanford University Press, Stanford

Thompson, William F./Schellenberg, E. Glenn/Husain, Gabriela, 2004: *Decoding speech prosody: Do music lessons help?* In: *Emotion* 4, S. 46–64

Weber, Ernst W./Spychiger, Maria/Patry, Jean L., 1993: *Musik macht Schule,* Blaue Eule Verlag, Essen

SCHAU
SIDONIE

In Dialogue – Regina Pauls with Eckart Altenmüller

Regina Pauls: In their thinking and action, music and dance pedagogues usually start from the assumption that mankind needs roots and wings; symbolically this is a connection between heaven and earth, time and space, being and consciousness, order and chaos, certainty and confusion, restriction and freedom, harmony and dissonance, and so on.

Human kind is placed in all these constellations. Always and everywhere we function as psycho-physical entities. The physical-physiological and psychical processes are recognised through a furious interplay which we describe as living experience, practical experience and learning. It is in this field that Professor Altenmüller has rendered outstanding service through his solid, empirical research into the question of Music and Mankind. He seeks approaches to explanations and opens up new insights into the neuronal and psychologically effective connections that occur while making music and that have consequences for music education.

In recent years brain research has not only astonished us, but has made learning socially acceptable once more. This related knowledge helps us to ponder anew about our work in Music and Dance Education, to dare to tread new paths, to analyse, but also to protect what is already tried and tested. It is also very satisfying to learn that the basic strategies of Elemental Music and Dance Pedagogy have such a primary connection with the linking-up of neuronal structures.

Because brain research is often difficult to understand – so that many results are interpreted in a very simplified way and correspondingly misunderstood – it is urgently necessary to acquire competence through expert information.

Brain research is far-reaching, it shakes foundations. It raises questions, such as: does our neuronal equipment determine our ability to learn – or does brain performance react to experience and activity?

- What then is pre-programmed, genetically determined, placed in a timetable?
- For what is the neuronal system responsible in the totality of a human being?
- What are the effects of music and dance?
- Can we start from the assumption that there are strong and weak developmental stages?
- What are the factors that disrupt learning?

All this cannot be answered within the scope of this lecture; nevertheless the contents do affect the outcome of our artistic work.

Are there differences in the neuronal field that are gender specific?

Eckart Altenmüller: The brain organisation is usually the same, for instance with regard to the sensorimotor auditory coupling. There are differences, however, with respect to

Im Dialog – Regina Pauls mit Eckart Altenmüller

Regina Pauls: Musik- und Tanzpädagogen gehen in ihrem Denken und Tun in der Regel davon aus, dass der Mensch Wurzeln und Flügel braucht; symbolisch ist das wohl eine Verbindung von Himmel und Erde, Zeit und Raum, Sein und Bewusstsein, Ordnung und Chaos, Sicherheit und Irritation, Gebundenheit und Freiheit, Harmonie und Dissonanz usw.

In all diese Konstellationen ist der Mensch gestellt – immer und überall funktioniert er als eine psychophysische Einheit. Die physischen-physiologischen und die psychischen Prozesse sind durch ein furioses Wechselspiel gekennzeichnet, das wir auch als Erleben, Erfahren und Lernen bezeichnen. Und gerade in diesem Feld hat sich Professor Altenmüller verdient gemacht, durch solide empirische Forschung zur Problematik Musik und Mensch. Er sucht Erklärungsansätze und eröffnet neue Sichten auf die neuronalen und psychologischen Wirkungszusammenhänge beim Musizieren, die musikpädagogische Konsequenzen nach sich ziehen.

Die Gehirnforschung hat uns in den letzten Jahren nicht nur in Erstaunen versetzt, sondern das Lernen wieder salonfähig gemacht. Diesbezügliche Erkenntnisse helfen täglich neu über unsere musik- und tanzpädagogische Arbeit nachzudenken, uns auf andere Wege zu trauen, zu hinterfragen, aber auch Bewährtes zu schützen. Und es ist sehr befriedigend zu erfahren, dass die Grundstrategien der Elementaren Musik- und Tanzpädagogik so primär mit der Vernetzung neuronaler Strukturen zusammenhängen.

Weil die Hirnforschung oft schwer durchschaubar ist – und damit viele Ergebnisse sehr vereinfacht interpretiert bzw. missverstanden werden –, ist es zwingend erforderlich, durch Experten und Informationen Handlungsfähigkeit zu erwerben.

Die Hirnforschung geht weit, sie rüttelt an Grundfesten. Sie provoziert Fragen, wie: Bestimmt unsere neuronale Ausstattung unsere Lernmöglichkeiten – oder verändert sich die Gehirnleistung in Reaktion auf Erfahrung, Tätigkeit und Aktivität?

- Was also ist vorprogrammiert, genetisch bestimmt, in einen Zeitplan gestellt?
- Was verantwortet das neuronale System im Gesamtsystem Mensch?
- Was bewirken Musik und Tanz?
- Können wir von starken und schwachen Entwicklungsphasen ausgehen?
- Was sind Lernstörfaktoren?

Das alles kann hier im Rahmen dieses Vortrages nicht beantwortet werden, dennoch berühren die Inhalte den Erfolg unserer künstlerischen Arbeit.

Zunächst: Gibt es geschlechtsspezifische Unterschiede im neuronalen Feld?

Eckart Altenmüller: Die Gehirnorganisation ist in der Regel gleich z. B. hinsichtlich der sensomotorisch-auditiven Kopplung. Es gibt jedoch Unterschiede hinsichtlich der Lateralisation. Das heißt bei Mädchen und jungen Frauen wird durch die Ausschüttung von

lateralisation. This means that in girls and young women the brain starts maturing earlier through the fall-out of testosterone. This produces a fixed definition relatively earlier so that the plasticity of the brain hemisphere is not so great as in men. Since testosterone inhibits brain maturity, young men have more time for linking up the various fields. The linking up is then sexually unspecific for the entire human developmental life-span. Changes are still possible at a ripe old age.

Pauls: What is the research attitude with regard to Multiple Intelligences? In my opinion, Howard Gardner's production was an important step, for it changes attitudes to human education. Strengths and weaknesses appear in a new light. It can change self-awareness; a better encouragement of potential is indicated. Nevertheless there are heated discussions among neuro-scientists.

Altenmüller: One should not be put out by the term intelligences. It is mainly a question here of thinking skills. Special thinking skills, operations and styles develop on the foundation of basic intelligences that are very individual. Basic intelligence and thinking skills together form a special quality that shows itself as person-specific in different domains. There are good parameters for musical intelligence.

Pauls: This touches on human individuality. How are we to understand this?

Altenmüller: Individuality has been much neglected in research. Investigations are too strongly focused on similarities. Most musicians have a similarly regulated training. That's why they produce the same effects. The electroencephalograms are nevertheless different in each case; each one has an entirely different pattern. The crystallised biography of hearing is highly individual and forms an entirely independent background for all kinds of music making. In this field, dance has not been explored at all. There is no neuro-physiological research into it.

Pauls: Is there any neuro-physiological research into improvisation which could give us some pointers for how we learn music? Does the brain organization change, or do patterns combine into new networks?

Altenmüller: The improvising brain has a different pictorial and emotional language. It evades neuro-biological experiments. It has so far not been possible to portray this condition. The subject gives up control, has a bird's-eye view of himself and is yet involved, hands-on, as craftsman. This makes people who are not used to this way of making music, fearful. Colleagues introduce improvisation far too late. The fear is often already conditioned, an erring pedagogy that only seeks to correct deficiencies is not humanistic. The humanisation of making music is called for. We could discuss Buchenbinder's statement »No children achieve perfection« at length. It is a programme for learning music.

Testosteron die Hirnreifung früher in Gang gesetzt, so dass eine relativ frühe Fixierung erfolgt und die Plastizität der Hirnhemisphären nicht so stark ist wie beim männlichen Geschlecht. Da Testeron die Hirnreifung hemmt, haben Jungen mehr Zeit zur Vernetzung in unterschiedlichen Feldern. Beim Musiklernen selbst konnten keine Unterschiede konstatiert werden. Die Vernetzung geht dennoch geschlechtsunspezifisch über den gesamten Entwicklungszeitraum des Menschen. Veränderungen sind bis ins hohe Alter möglich.

Pauls: Was ist der aktuelle Forschungsstand zum Problem der Multiplen Intelligenzen? Die Hervorbringung von Howard Gardner war meines Erachtens ein wichtiger Schritt, denn es veränderte sich auch die Sicht auf die Bildung des Menschen. Stärken und Schwächen erscheinen in einem neuen Licht. Es kann das Ich-Bewusstsein verändern, eine bessere Förderung des individuellen Potentials ist angezeigt. Dennoch wird unter den Neurowissenschaftlern heiß diskutiert.

Altenmüller: Man sollte sich nicht am Begriff Intelligenzen stören. Hier geht es vorwiegend um Denkfertigkeiten. Es haben sich auf der Grundlage von Basisintelligenzen, die sehr individuell sind, spezielle Denkfertigkeiten, Denkoperationen und Denkstile herausgebildet. Basisintelligenz und die Denkfertigkeiten bilden zusammen eine Besonderheit, die sich in unterschiedlichen Domänen personenspezifisch zeigt. Für die musikalische Intelligenz gibt es gute Parameter.

Pauls: Hier wird die Individualität des Menschen berührt. Was ist darunter zu verstehen?

Altenmüller: Die Individualität wird in der Forschung stark vernachlässigt. Untersuchungen sind zu stark auf Ähnlichkeiten im Angebot fokussiert. Die Musiker haben meistens eine kanonische Ausbildung, deshalb haben wir gleiche Effekte. Die Hirnstrombilder sind dennoch bei jedem anders, jeder hat ganz individuelle Muster. Die kristallisierte Hörbiografie ist höchst individuell und bildet einen ganz eigenständigen Hintergrund für jedwedes Musizieren. Der Tanz wird in diesem Bereich gar nicht untersucht. Es gibt keine neurophysiologischen Forschungen.

Pauls: Gibt es im Bereich der Improvisation neurophysiologische Untersuchungen, die uns Hinweise für das Musiklernen geben können? Ändert sich die Gehirnorganisation oder verbinden sich Muster zu neuen Netzwerken?

Altenmüller: Das improvisierende Gehirn hat eine andere Bild- und emotionale Sprache, es entzieht sich neurobiologischen Experimenten. Dieser Zustand ist bisher nicht abbildbar. Der Mensch gibt die Kontrolle ab, er sieht sich aus der Vogelperspektive und ist handwerklich doch mittendrin. Dieser Zustand macht Menschen, die diese Form des Musizierens nicht gewohnt sind, Angst. Die Hochschulen setzen viel zu spät mit der Improvisation ein. Oft ist die Angst schon konditioniert, eine Fehlerpädagogik, die nur Defizite korrigieren will, ist nicht humanistisch. Humanisierung des Musizierens ist angesagt. Über die Aussage Buchenbinders »Perfektion bekommt keine Kinder« könnte lange gesprochen werden, es ist ein musikalisches Lernprogramm.

In Dialogue – Karin Schumacher with Werner Beidinger

Knowledge of Developmental Psychology as the Basis of a Music and Dance Pedagogy – Experiences from Work in Music Therapy, with at first Unresponsive Children

Knowledge of infant research helps not only to gain a better understanding of children with severely restricted ability to make contact and form a relationship, but also shows which of all the emotional experiences must be used to be able to develop an ability to communicate in dialogue.

Why can Elemental Music help to develop the human ability to communicate in dialogue?

1. Intensity, Rhythm and Form

Example: Fritz at the window[1]

Karin Schumacher: Even if Fritz is looking out of the window and appears not to react to the therapist's play, we start from the assumption that he can hear and is aware of music. We know that the ability to hear is already fully developed before birth and that from birth the intensity of a sound and the rhythm and form of a piece of music can all be assimilated and distinguished. In spite of no visible reaction here it is sensible to make music *for* the child. It creates a connecting atmosphere that cannot be established by visible means.

Werner Beidinger: Music pedagogy today has adopted this knowledge and turns more and more to parents with children as target groups. In this situation it is also important that both music teacher and parents make music together *for* the children. As an objective for this general music-making, creating an emotional connection is just as important as establishing contact as part of the therapeutic work. These interpersonal aspects are equally influenced by personal commitment and artistic quality.

1 During the lecture these examples were introduced with video examples (Ed.).

Im Dialog – Karin Schumacher mit Werner Beidinger

Entwicklungspsychologische Erkenntnisse als Grundlage einer Musik- und Tanzpädagogik – Erfahrungen aus der musiktherapeutischen Arbeit mit zunächst dialogunfähigen Kindern

Erkenntnisse der Säuglingsforschung helfen nicht nur die Behinderung von Kindern mit schwerer Kontakt- und Beziehungsstörung besser zu verstehen, sondern zeigen, welche vor allem emotionalen Erfahrungen gemacht werden müssen, um eine Dialogfähigkeit entwickeln zu können.

Weshalb kann Elementare Musik die Dialogfähigkeit des Menschen entwickeln helfen?

1. Intensität, Rhythmus und Form

Beispiel: Fritz am Fenster[1]

Karin Schumacher: Auch wenn Fritz aus dem Fenster schaut und scheinbar auf das Spiel der Therapeutin nicht reagiert, gehen wir davon aus, dass er Musik hören und empfinden kann. Wir wissen, dass schon pränatal die Fähigkeit zu hören voll ausgereift ist und dass die Phänomene Intensität eines Hörereignisses, Rhythmus und Form eines Musikstückes von Geburt an differenziert aufgenommen werden können. Trotz einer hier nicht sichtbaren Reaktion ist es also sinnvoll, f ü r das Kind Musik zu machen. Es entsteht eine atmosphärische Verbindung, die sich noch nicht durch sichtbare Zeichen nachweisen lässt.

Werner Beidinger: Die Musikpädagogik macht sich diese Erkenntnisse heute zu eigen und wendet sich verstärkt der Zielgruppe von Eltern-Kind-Gruppen zu. Auch bei diesen Konstellationen ist es von Bedeutung, dass die Musikpädagogen gemeinsam mit den Eltern f ü r die Kinder Musik machen. Dabei ist für das Ziel der allgemeinen Musikalisierung eine emotionale Anbindung ebenso wichtig, wie für die Kontaktaufnahme in der therapeutischen Arbeit. Diese zwischenmenschlichen Aspekte werden über die persönliche Zuwendung und die künstlerische Qualität gleichermaßen beeinflusst.

[1] Im Vortrag wurde das Beispiel mit einem Videoausschnitt eingeleitet (Hrsg.).

2. Resonance, Glance and Emotive Exchange

Example: Max in the therapist's arms

Schumacher: Max, a seven-year-old boy, comes into the session wanting to be given a hug. He is a mute child whose mental capacities have no certain future. He visibly enjoys being carried and rocked by the therapist to an audible lullaby. When the therapist sings his name he reacts with a smile. Here the first contact reactions come about through the stimulation of the proprioceptors, i.e. the body's own perception and the heard music that exactly coincides with the rhythm of being rocked. First contact reactions always occur where sensory stimuli are brought to a common denominator. A short exchange of glances allows the occurrence of a connected emotional exchange between the two persons. The first feelings of a relationship are the result.

In infant research this is called the »regulation of emotional vitality«. The adult reciprocates the child's joy, to enjoy it himself. Emotional exchange and regulation form the foundation for the genesis of contact reaction and the feeling of inter-human relationship. The phenomenon resonance, sounding again, plays a decisive role. The person senses himself in the mirror of the other. He recognises his existence through the resonance of another person. Personare through resonare. He becomes a person through the mirror image of another.

Beidinger: We find this phenomenon not only in therapeutic work with handicapped children, but also in Music and Dance Pedagogy. If the music or movement oriented content that we offer our groups or classes of children is to make a lasting impression, then this input also requires a corresponding feedback or resonance. The musical experience should not be perceived as a random occurrence; it requires repetition, reflection and variation in order to be really lodged in the brain as a memory trace. The brain perceives one-off experiences with no emotional connections to be random and therefore does not store them. Our students' individual creative aspirations need this kind of differentiated and many-sided input, so that the improvising child can have a sufficient repertoire of experience at his disposal, enabling him to solve his or her allotted tasks creatively.

3. Intermodal Connection

Example: Florian on the trampoline

Schumacher: In the third example we see Florian jumping on a trampoline, a movement that he likes to make of his own accord for hours. This is called »stereotypical« for this activity contains no element of change, shows no explorative and therefore no emotionally significant moment. The therapist supports Florian in this movement. She complements the bodily sensation with a nursery rhyme. Order arises through the conformity of the physical sense with the audible music and this releases tension and allows the stereotypical movements to retire into the background.

2. Resonanz, Blick und Affekt

Beispiel: Max auf dem Arm

Schumacher: Max, ein siebenjähriger Junge kommt in die Stunde und will auf den Arm genommen werden. Auch er ist ein nicht sprechendes Kind, über dessen geistige Fähigkeiten man keine sichere Auskunft geben kann. Er freut sich sichtlich, von der Therapeutin zu einem zu hörenden Wiegenlied getragen und gewiegt zu werden. Er reagiert mit einem Lächeln auf seinen Namen, den die Therapeutin zur Musik singt. Erste Kontaktreaktionen entstehen hier durch die Stimulation der propriozeptiven, d. h. der körpereigenen Wahrnehmung und der zu hörenden Musik, die genau mit dem Rhythmus des Gewiegt-Werdens übereinstimmt. Immer dort wo sensorische Reize »auf einen Nenner« gebracht werden, entstehen erste Kontaktreaktionen. Ein kurzer Blickaustausch lässt einen damit verbundenen Affektaustausch beider Personen entstehen. Erste Beziehungsempfindungen sind die Folge.

Man nennt dies in der Säuglingsforschung »Regulation von Vitalitätsaffekten«. Der Erwachsene erwidert die Freude des Kindes, sich selbst zu erleben. Affektaustausch und Affektregulation bilden die Basis für die Entstehung von Kontaktreaktion und das Empfinden zwischenmenschlicher Beziehung. Das Phänomen Resonanz, Wiedererklingen, spielt hier eine entscheidende Rolle. Der Mensch spürt sich im Spiegel des anderen. Er erkennt seine Existenz durch den Widerhall einer anderen Person. P e r s o n a r e durch R e s o n a r e . Er wird zur Person durch das Zurückgespiegelt-Werden einer anderen Person.

Beidinger: Diese Phänomene finden wir nicht nur in der therapeutischen Arbeit mit Kindern, die an einer Behinderung leiden, sondern auch in der musik- und tanzpädagogischen Arbeit. Wenn sich der musikalische oder bewegungsorientierte Inhalt, den wir unseren Kindergruppen oder Klassen zukommen lassen nachhaltig verfestigen soll, dann braucht auch dieser Input eine entsprechende Rückkoppelung bzw. Resonanz. Die musikalische Erfahrung darf nicht als Zufallsprodukt wahrgenommen werden; sie braucht Wiederholung, Spiegelung und Variation um sich im Gehirn tatsächlich als Gedächtnisspur festzusetzen. Einmalige, nicht emotional angebundene Erfahrungen bewertet das Gehirn als Zufall und speichert sie daher nicht. Nicht zuletzt die angestrebte eigenschöpferische Äußerung unserer Schülerinnen und Schüler braucht diesen differenzierten und vielseitigen Input, damit das improvisierende Kind ein ausreichendes Erfahrungsrepertoire zur Verfügung hat, aus dem heraus es kreative Aufgabenstellungen lösen kann.

3. Intermodale Verknüpfung

Beispiel: Florian auf dem Trampolin

Schumacher: Florian hüpft auf einem Trampolin, eine Bewegung, die er stundenlang von sich aus gerne macht. Man nennt dies auch »Stereotypie«, da diese Tätigkeit keine Veränderung in sich trägt, keinen explorativen und damit keinen emotional bedeutsamen

Knowledge of infant research reveals here that the concurrence of all the senses provides the foundation for every capacity to make relationships. Normally the ability to perceive sense impressions in concurrence is inborn. This situation must however be supported by the environment through corresponding stimulation. Elemental music supplies this stimulus. Physical activity is made audible, the audible is transformed into physical activity and the visible is included. This brings three sense impressions into concurrence: I hear what I feel what I see.

4. Authorship – Self-effectiveness / Synchronisation

Example: Florian's *Yes-No Song*

Schumacher: Florian is incapable of making synchronized movements. He has difficulty in making movements to order. The movements of his head and hands are not co-ordinated. In communication this has an ambivalent quality. The therapist takes this up in an improvised song text, communicating the child's own impulses as she observes them. The result is synchronisation – exact, harmonious movements that follow one another.

Infant research reveals that the experience of self-effectiveness and authorship is an absolutely essential driving force for every development. The resulting moments of synchronization are particularly helpful in making relationships.

It is especially these experiences that elemental music makes possible. It attaches great importance to the child's spontaneous activity, to being creative, to the self discovery of music and dance creations. Music and dance facilitate the experience of synchronized moments that contain a specific form of inter-human nearness.

Beidinger: Here we can notice similar objectives within different basic conditions. In Elemental Music and Dance Pedagogy children perceive »moments of synchronization« as impressive musical experiences, for instance when a rhythmically structured verse, accompanied with body percussion, is spoken together with much expression. Music education in the tradition of Orff-Schulwerk especially combines the fostering of musical development with stimuli for encouraging the development of creative potential in people of all ages. Only in this equal balance can musical activity really have this often quoted positive effect on the overall development of children, as professionals concerned with music educational practice gladly affirm.

5. Elemental Music – Self-coherence

Example: Steven in the corridor

Schumacher: Steven can speak, but his language is not communicative. The connection between voice, body and communicative expression is not developed. The therapist tries to give him a new experience of the connection between his voice and body through a

Moment zeigt. Florian wird in dieser Bewegung von der Therapeutin unterstützt. Sie ergänzt auch hier die körperliche Empfindung durch einen Kinderreim. Durch das Übereinstimmen des Körperempfindens mit der zu hörenden Musik entsteht eine Ordnung, die Spannungen löst und stereotype Bewegungen in den Hintergrund treten lässt.

Erkenntnisse der Säuglingsforschung sagen hier, dass die Übereinstimmung aller Sinnesmodalitäten die Basis für jede Beziehungsfähigkeit darstellt. Normalerweise ist die Fähigkeit, Sinneseindrücke in Übereinstimmung wahrnehmen zu können, angeboren. Dieser Vorgang muss jedoch von der Umwelt durch eine entsprechende Stimulation unterstützt werden. Elementare Musik trägt diese Unterstützung in sich. Man macht Körperliches hörbar, Hörbares setzt man in Körperliches um und zieht das Visuelle, das Sichtbare hinzu. Dadurch werden drei Sinneseindrücke in Übereinstimmung gebracht: Ich höre, was ich fühle und was ich sehe.

4. Urheberschaft – Selbstwirksamkeit / Synchronisation

Beispiel: Florians *Ja-Nein-Lied*

Schumacher: Florian kennt keine synchrone Bewegung. Er hat Schwierigkeiten, seine Bewegungen auf einen Nenner zu bringen. Der Kopf und die Bewegung der Hände sind nicht koordiniert. Dies wirkt wie eine Ambivalenz zu kommunizieren. Die Therapeutin nimmt dies in einem improvisierten Liedtext auf und beachtet dabei die eigenen Impulse des Kindes, sich mitzuteilen. Synchrone, d. h. zeitlich genau aufeinander abgestimmte Momente sind die Folge.

Die Säuglingsforschung sagt, dass ein ganz wesentlicher Motor jeglicher Entwicklung die Erfahrung von Selbstwirksamkeit und Urheberschaft sei. Es gilt daher, dem Kind Erfahrungen zu ermöglichen, die das Empfinden von Selbstwirksamkeit nach sich zieht. Die dadurch entstehenden synchronen Momente sind besonders beziehungsfördernd.

Genau diese Erfahrungen werden durch eine Elementare Musik- und Tanzerziehung ermöglicht. Sie legt großen Wert auf die Selbsttätigkeit des Kindes, auf das Schöpferisch-Sein, auf das Selbst-Erfinden musikalisch-tänzerischer Ereignisse. Musik und Tanz ermöglichen das Erleben synchroner Momente, die eine spezifische Form zwischenmenschlicher Nähe in sich trägt.

Beidinger: Auch hier können wir ähnliche Ziele unter anderen Rahmenbedingungen konstatieren. In der Elementaren Musik- und Tanzpädagogik werden Kinder »synchrone Momente«, z. B. den rhythmisch strukturierten, durch Körpergesten gestalteten und gemeinsam mit großem Ausdruck gesprochenen Vers, ebenso als beeindruckendes musikalisches Erlebnis wahrnehmen. Insbesondere eine Musikerziehung in der Tradition des Orff-Schulwerks kombiniert die musikalische Entwicklungsförderung mit Impulsen für die Entwicklung schöpferischer Potentiale von Menschen aller Altersstufen. Nur in dieser ausgewogenen Balance kann musikalische Beschäftigung dann tatsächlich die viel zitierten positiven Auswirkungen auf die Gesamtentwicklung von Kindern bewirken, wie sie von Funktionären der Musikdidaktik gerne beschworen werden.

rhythmic touching of his chest. She copies the rhythm of his vocalization and creates this musical happening.

> *Elemental music is never music alone but forms a unity with movement, dance and speech. It is a music that one makes oneself, in which one takes part not as a listener but as a participant.*[2]

With disabled children this connection has to be developed again and from the start. It is this connection that first gives the feeling of being a unity and a person. This sense of self-coherence creates the foundation for a later ability to communicate in dialogue.

Beidinger: In relation to the key word self-coherence (self-awareness, self-identity) attention is now for once focussed on the role of the teacher.

- To what extent are we capable of reflecting on our own performance in a teaching situation?
- Does our self-awareness function so well that we can trace back a successful or less successful teaching situation not only to the weather, to the restlessness of the children or to some other extraneous factor, but also to our own behaviour?
- How well did I introduce my singing and speaking voice?
- With which children did I establish contact during the lesson?
- How was my physical presence?
- Do I look forward to the next lesson?

This really very incomplete list of questions may perhaps make clear how extraordinarily demanding it is to help others to become creators or even able to communicate in dialogue, when our own self-evaluation shows itself to be far from self-evident.

6. Inter-affectivity – Affective Co-ordination and Structuring

Example: Steven plays an octachime

Schumacher: Steven has taken an octachime. The therapist tries to adapt to the rhythm of his movement and to include his vocal and affective expressions in her play so that a mutual music making ensues. The affective emotive exchange plays a decisive role in helping to create a feeling of contact and relationship. The child acquires an interest in others on the foundation of this experience of emotive exchange.

The experiences of sharing emotions at the same time are particularly able to be evoked through music and dance and provide a foundation for empathising with another, to be able to imagine what another person is feeling. The technical term used by infant researchers for this is inter-affectivity. Daniel Stern, one of the most important infant researchers of our time, describes this capacity as the springboard to speech. A communicative language between people can arise first where the experience of this exchange of mutual feelings occurs. Music and Dance Education offer therefore an important experience for human communication and especially for verbal communication.

2 Orff, Carl: *Orff-Schulwerk: Past and Future*, in: *Music in Education*, Sep/Oct 1964 (transl. Margaret Murray)

5. Elementare Musik – Selbstkohärenz

Beispiel: Steven im Flur

Schumacher: Steven kann zwar sprechen aber seine Sprache ist nicht kommunikativ. Der Zusammenhang zwischen Stimme, Körper und kommunikativer Äußerung ist hier nicht entwickelt. Die Therapeutin versucht durch das rhythmische Berühren seiner Brust den Zusammenhang zwischen seiner Stimme und seinem Körper neu erfahrbar zu machen. Sie rhythmisiert seine Vokalisationen und formt dieses musikalische Geschehen.

> *Elementare Musik ist nie Musik allein, sie ist mit Bewegung, Tanz und Sprache verbunden, sie ist eine Musik, die man selbst tun muss, in die man nicht als Hörer, sondern als Mitspieler einbezogen ist.*[2]

Dieser Zusammenhang muss bei Kindern mit Behinderung neu und von Grund auf entwickelt werden. Erst dieser Zusammenhang gibt das Gefühl, eine Einheit und eine Person zu sein. Dieses Empfinden von Selbstkohärenz bildet die Basis für die spätere Dialogfähigkeit.

Beidinger: Zum Stichwort der Selbstkohärenz (Selbstwahrnehmung/Eigenzusammenhang) sei hier einmal der Fokus auf die Rolle des Lehrers gerichtet.

- Wie gut sind wir eigentlich dazu in der Lage, uns im Anschluss an eine Unterrichtssituation selbst zu reflektieren?
- Funktioniert unsere Selbstwahrnehmung so gut, dass wir gelungene oder weniger gelungene Unterrichtssituationen nicht nur auf das Wetter, die Unruhe der Kinder oder sonstige Fremdfaktoren zurückführen sondern diese auch auf eigene Verhaltensweisen beziehen können?
- Wie war der Einsatz meiner Sing- und Sprechstimme?
- Zu welchen Kindern habe ich während der Stunde Kontakt gehabt?
- Wie war meine körperliche Präsenz?
- Freue ich mich auf die nächste Stunde?

Dieser wahrlich sehr unvollständige Fragenkatalog mag verdeutlichen, wie ungemein anspruchsvoll die Aufgabe ist, anderen Menschen dabei zu helfen, sich als Urheber zu erfahren oder gar dialogfähig zu werden, wenn sich bereits unsere eigene Selbstevaluierung als gar nicht so selbstverständlich herausstellt.

6. Inter-Affektivität – Affektabstimmung und -gestaltung

Beispiel: Steven spielt auf der Rührtrommel

Schumacher: Steven hat sich eine Rührtrommel genommen. Die Therapeutin versucht, in den Rhythmus seiner Bewegung hineinzufinden und seine Vokale und affektiven Äuße-

2 Orff, Carl: *Das Schulwerk – Rückblick und Ausblick*, in: Thomas, Werner/Götze, Willibald (Hrsg.): *Orff-Institut. Jahrbuch 1963*, Mainz 1964, S. 16

Beidinger: For most of us, the desire to express ourselves and our emotions is innate. Rhythmic echo-play would therefore quickly become boring if it were not so musically structured that it acquired an emotional dimension. The introduction of rhythmic or melodic forms of communication is dependent on this »artistic quality«. The simple rhythmic building brick *ta ta titi ta* needs accent, rhythmic structure and expression if it is to provide motivation for engaging »in conversation« through imitation or through a contrasting phrase. We can find methodical ideas for initiating communication games of this kind in the work of Edwin E. Gordon[3]. His suggestions for the fostering of an understanding of music are at first predominantly focussed on building a repertoire of rhythmic and melodic patterns, the aim being to fill a backpack of musical experiences that one can fall back on during further improvisation exercises. As long as rhythmic echo-play is not restricted to the reproduction of long and short note values and that the musical expression takes account of other parameters, there can be no objection to the use of short phrases for »music training« in working with pre-school and elementary school children (see the following quotation from Carl Orff).

7. Playing – Practising – Learning – Achieving

Example: Fritz under the mat

Schumacher: *The drive to play provides the practice from which achievement comes* (Carl Orff 1932). Pleasure as the driving force for development. Only when Fritz is invisible does he dare to express himself vocally, which the therapist can take up in play. The fun of the nonsense language makes contact and relationship possible through the audible vocal play.

8. Pleasure as the Driving Force for Development

Example: Fritz with boomwhackers

Schumacher: When the child has gained enough trust in the therapist and her interventions, his capacity to express himself musically and in dialogue will grow. Fritz doesn't only play with the boomwhackers but creates a dialogue with his voice. The resulting pleasure is the best driving force for further development.

Pleasure and fun leave behind memory traces which motivate the child to repetition and thereby to learning. When the therapist understands how to release this pleasure, practising and therefore learning and achievement will follow.

3 cf. lecture by Edwin E. Gordon from p. 222

rungen sofort in ihr Spiel einzubeziehen, so dass eine gemeinsame Musik entstehen kann. Auch spielt der affektive emotionale Austausch eine entscheidende Rolle, um das Gefühl von Kontakt und Beziehung herstellen zu helfen. Erst auf der Basis der Erfahrung dieses emotionalen Austausches entsteht für das Kind ein Interesse am anderen.

Die Erfahrungen, zur selben Zeit Emotionen teilen zu können sind gerade in der Musik und im Tanz besonders evozierbar und bilden daher den Boden für die Fähigkeit, sich in den anderen hineinzufühlen, sich vorstellen zu können, wie ein anderer Mensch empfindet. Der Fachausdruck, den die Säuglingsforscher hier verwenden, ist Inter-Affektivität. Daniel Stern, einer der wichtigsten Säuglingsforscher unserer Zeit, beschreibt diese Fähigkeit als Sprungbrett zur Sprache. Erst dort, wo dieses Phänomen, gemeinsam Gefühle teilen zu können, erfahren wurde, wird eine kommunikative Sprache zwischen Menschen in Erscheinung treten können. Musik- und Tanzerziehung bieten daher eine wichtige Erfahrung für die menschliche Kommunikation an sich und speziell auch für die verbale Kommunikation.

Beidinger: Den meisten von uns ist der Wunsch sich auszudrücken, sich emotional zu spüren angeboren. Deshalb würde das rhythmische Echospiel schnell langweilig werden, wäre es nicht musikalisch gestaltet, sodass es auch eine emotionale Dimension bekommt. Das Heranführen an rhythmische oder melodische Kommunikationsformen ist auf diese »künstlerische Qualität« angewiesen. Der schlichte rhythmische Baustein *ta ta titi ta* braucht Betonung, rhythmische Struktur und Ausdruck, damit er Motivation dafür ist imitierend oder aber auch kontrastierend »ins Gespräch« zu kommen. Methodische Anregungen, mit denen solche Kommunikationsspiele initiiert werden können finden wir z. B. bei Edwin E. Gordon[3]. Seine Hinweise zur Förderung eines Musikverstandes sind zwar zunächst überwiegend auf die Repertoirebildung von rhythmischen und melodischen Motiven (patterns) fokussiert, doch wird damit auch zielgerichtet der musikalische Erfahrungs-Rucksack gefüllt, auf den man bei späteren Improvisationsübungen zurück greifen kann. So lange sich beispielsweise ein rhythmisches Echospiel nicht auf die Reproduktion von langen und kurzen Notenwerten beschränkt und die musikalische Äußerung auch andere Parameter berücksichtigt, ist gegen kurze Phasen des »Musiktrainings« auch bei Vor- und Grundschulkindern nichts einzuwenden (vgl. nachfolgendes Zitat von Carl Orff).

7. Spielen – üben – lernen – leisten

Beispiel: Fritz unter der Matte

Schumacher: *Aus dem Spieltrieb erwächst die Übung und aus ihr die Leistung* (Carl Orff 1932). Somit versteht sich Freude als Entwicklungsmotor. Nur wenn Fritz nicht zu sehen ist, wagt er vokale Äußerungen, auf die die Therapeutin spielerisch eingeht. Der Spaß an der Nonsens-Sprache ermöglicht Kontakt und Beziehung über das zu hörende Vokalspiel.

[3] vgl. Vortrag Edwin E. Gordon ab S. 223

Summary

In order to be able to develop the capacity to communicate in dialogue you need the experience of resonance, i.e. someone who is so emotionally adjusted to you that he can feel it physically and vocally, and, should he later play with instruments, also hear it instrumentally. If one considers the knowledge of infant research[4], the capacity to bring the different sense impressions »to a common denominator« (Intermodal connection) belongs to the basic prerequisites for the capacity to communicate in dialogue. Elemental Music supports the sense of self (self-coherence), of which self-activity (authorship) stands as the central point. One needs a space for play in order to have the important experience of sensing oneself as the author of an activity (self-effectiveness). Only in an appropriate space for play can self-initiated and creative activity take place. It is only possible to experience pleasure and fun from one's own play and one's play with others (inter-affectivity) when the emotional and inter-human experiences take a correspondingly positive course.

The adult helps with his usually innate, intuitive capacity to regulate the affectivity of the child (affective co-ordination, affective regulation and structuring) through which frequent synchronous moments occur. These concurrences of time and emotion leave behind a sense of connection. As a result the capacity to enter into an inter-human relationship and to communicate in a meaningful dialogue is awakened.

The inborn capacity to perceive »Intensity, Rhythm and Form« with all the senses in a differentiated way forms the fundamental prerequisite to perceive them also in »Music and Dance«. When the personal possibilities for expressing oneself in music and dance are at first reduced through a disability, it is especially music that can nevertheless be made use of and therefore proves itself to be an encourager of development.

Beidinger: The circle of parallel and similar activities is completed. Through joyfully committed activity and music making, through exhilarating movement and expressive speaking, those artistic modes of expression that are already present in the components of Orff-Schulwerk are developed. Just as music in a therapeutic context can encourage development, so can a music educational activity have a therapeutic effect. When we sing a song together, we activate that part of the brain that also responds to praise and positive encouragement. In our educational practice we should direct our attention strongly to the emotional content, so that learning about music contributes at the same time to the personal development of the children in our care.

Audience: What is the difference between classical imitation and the term synchronisation as used in dialogue?

Schumacher/Beidinger: In contrast to imitation, »synchronised moments« happen simultaneously. It is not a question of reproducing or copying, but rather of having the

[4] Stern 1985/2000

8. Freude als Entwicklungsmotor

Beispiel: Fritz mit Boomwhackers

Schumacher: Hat das Kind genügend Vertrauen in die Therapeutin und ihre Interventionen gewonnen, so wird seine Fähigkeit, sich musikalisch und dialogisch zu äußern, wachsen. Fritz spielt nicht nur mit den Boomwhackers, sondern dialogisiert mit seiner Stimme. Die dabei entstehende Freude ist der beste Motor für die weitere Entwicklung.

Freude und Spaß hinterlassen Gedächtnisspuren, die das Kind zur Wiederholung und damit zum Lernen motivieren. Versteht der Therapeut oder Lehrer diese Freude auszulösen, so würde üben und damit lernen und leisten die Folge sein.

Zusammenfassung

Um Dialogfähigkeit entwickeln zu können, braucht der Mensch zunächst Resonanzerfahrung, d.h. einen Menschen, der sich emotional so auf ihn einstellt, dass er es körperlich spüren und stimmlich, sollte er später mit Musikinstrumenten spielen, auch instrumental, hören kann. Folgt man den Erkenntnissen der Säuglingsforschung[4], so gehört zu den basalen Voraussetzungen für die Dialogfähigkeit des Menschen, die Fähigkeit unterschiedliche Sinneseindrücke »auf einen Nenner« bringen zu können (Intermodale Verknüpfung). Elementare Musik unterstützt das Selbstgefühl (Selbstkohärenz), da sie die Selbsttätigkeit (Urheberschaft) in den Mittelpunkt stellt. Für die wichtige Erfahrung, sich als Urheber einer Handlung empfinden zu können (Selbstwirksamkeit), benötigt man einen Spielraum. Nur ein entsprechender Spielraum ermöglicht selbst- und schöpferisch tätig zu werden. Freude und Spaß am eigenen und gemeinsamen Spiel (Inter-Affektivität) erleben zu können ist jedoch nur möglich, wenn die emotionalen, d.h. zwischenmenschlichen Erfahrungen entsprechend positiv verlaufen sind.

Der Erwachsene hilft durch seine normalerweise angeborene intuitive Fähigkeit, die Affekte des Kindes zu regulieren (Affektabstimmung, Affektregulation und -gestaltung), wodurch sich häufiger synchrone Momente ereignen. Diese zeitlichen und emotionalen Übereinstimmungen hinterlassen ein Gefühl von Verbundenheit. Die Fähigkeit, eine zwischenmenschliche Beziehung eingehen und einen sinnvollen Dialog führen zu können, sind die Folge.

Die angeborenen Fähigkeiten, die Phänomene Intensität, Rhythmus und Form mit allen Sinnen differenziert wahrnehmen zu können, bilden die Grundvoraussetzung, sie auch in Musik und Tanz zu empfinden. Ist durch eine Behinderung die eigene musikalisch-tänzerische Ausdrucksmöglichkeit zunächst eingeschränkt, kann gerade Musik trotzdem wahrgenommen werden und damit entwicklungsfördernd wirken.

4 Stern 1985/2000

capacity to empathise, to create a moment of mutual feeling. This requirement is used by the therapist in work with children with a disability and often lasts for only a fraction of a second; a synchronisation of a longer length is not sought at all. Classical imitation exercises on the other hand apply to children in a music educational context, where in the process of learning about music children are asked to copy the teacher or another member of the class in order to extend their repertoire of musical experience.

Audience: Is there such a thing as affective over-loading?

Schumacher/Beidinger: Yes! Over-ambitious mothers or fathers can be responsible for children not developing a feeling for their individual needs (cf. self-affectivity). If parents always assess in advance what is good for the child, when he is hungry or what will give him pleasure, he will find it difficult to learn to distinguish his own perceptions from the evaluations of others. The ability to communicate has to do with saying »No«. And: the human race needs moments of rest. Many children, often already at pre-school age, are overwhelmed with stimuli. Alongside early learning in music, kindergartens offer incentives to learn swimming, a first foreign language, to play in a creative workshop and other stimulating activities. If, however, the child is not given the possibility of pausing, considering, repeating and evaluating, then even worthwhile activities can have negative effects.

Audience: Mothers have priority when it comes to providing incentives and taking over the caring role, which can also present the danger of the mother being over-burdened with responsibilities. In the field of parent-child groups I miss examples of male input as well as their attendance.

Schumacher/Beidinger: We can confirm both wish and demand for contributions from men. Many fathers have an unconventional relationship with their children and react less distantly to teaching situations than they did before. In this context we should scrutinise the predominance of women in our educational institutions, particularly in the early years (kindergarten and elementary school) and how this could be modified.

Beidinger: Es schließt sich der Kreis der Parallelen und Ähnlichkeiten. Durch freudig beseeltes Agieren und Musizieren, durch lustvolles Bewegen und expressives Sprechen werden jene künstlerischen Ausdrucksmedien entwickelt, die bereits im Orff-Schulwerk ausgewiesen sind. So wie die Musik im therapeutischen Kontext entwicklungsfördernd sein kann, so kann eine musikpädagogische Aktion gleichermaßen therapeutisch wirken. Wenn wir gemeinsam ein Lied singen, aktivieren wir im Gehirn jene Bereiche, die auch durch Lob und positive Verstärkung angesprochen werden. Richten wir unsere Aufmerksamkeit also auch in der pädagogischen Praxis verstärkt auf den emotionalen Gehalt, damit unser Musiklernen gleichzeitig auch ein wesentlicher Beitrag zur Persönlichkeitsentwicklung der uns anvertrauten Kinder ist.

Publikum: Wie unterscheidet sich die klassische Imitation vom Synchronisationsbegriff wie er im Dialog eingesetzt wurde?

Schumacher/Beidinger: Bei »synchronen Momenten« handelt es sich im Gegensatz zur Imitation um ein zeitgleiches Phänomen. Es geht dabei nicht um ein reines Abbilden oder Nachahmen sondern eher um die Fähigkeit des Mitfühlen-Könnens. Diese Anforderung stellt sich in der Arbeit mit Kindern mit Behinderung an den Therapeuten und umfasst oft nur einen Sekundenbruchteil; eine Dauersynchronisation ist auf keinen Fall erstrebenswert. Die klassische Imitationsaufgabe dagegen wendet sich im musikpädagogischen Kontext an die Kinder selbst, die im Prozess des Musiklernens die Lehrerin, den Lehrer oder andere Gruppenmitglieder imitieren, um ihr musikalisches Erfahrungsrepertoire zu erweitern.

Publikum: Kann es auch eine affektive Überfütterung geben?

Schumacher/Beidinger: Ja! Überambitionierte Mütter oder Väter können Grund dafür sein, dass Kinder kein Gespür für eigene Bedürfnisse entwickeln (vgl. Selbstaffektivität). Wenn Elternteile immer im Vorhinein bewerten, was für das Kind gut ist, wann es Hunger hat oder worüber es sich freuen wird, dann wird es das Kind schwer haben die eigene Wahrnehmung von fremden Einschätzungen unterscheiden zu lernen. Kommunikationsfähigkeit aber hat mit Nein sagen zu tun. Und: Der Mensch braucht Pausen. Viele Kinder, oft schon im Vorschulalter, werden mit Reizen überschüttet. Neben der musikalischen Früherziehung bietet der Kindergarten organisierte Angebote zum Schwimmenlernen, in einer ersten Fremdsprache, eine Kreativwerkstatt und weitere stimulierende Reize. Wenn allerdings die Möglichkeit des Innehaltens, des Nachspürens, der Wiederholung und der Bewertung für das Kind nicht mehr gegeben ist, dann können eigentlich wertvolle Angebote auch eine negative Auswirkung mit sich bringen.

Publikum: Vorrangig sind es Mütter, die Angebote wahrnehmen bzw. die Betreuungsrolle übernehmen, was in der Aufgabenfülle der Mütter auch eine Gefahr einer Überlastung darstellt. Ich vermisse beispielsweise im Umfeld von Eltern-Kind-Gruppen männliche Impulse, ebenso deren Zugänge.

Bibliography / Bibliographie

Schumacher, Karin, 1999: *Musiktherapie und Säuglingsforschung. Zusammenspiel. Einschätzung der Beziehungsqualität am Beispiel des instrumentalen Ausdrucks eines autistischen Kindes,* Dissertation an der Hochschule für Musik und Theater Hamburg, 1998, Peter Lang Verlag, Frankfurt/Main

Schumacher, Karin/Calvet-Kruppa, Claudine, 2001: *Die Relevanz entwicklungspsychologischer Erkenntnisse für die Musiktherapie,* in: Decker-Voigt, Hans-Helmut (Hrsg.): *Schulen der Musiktherapie,* Reinhardt, München

Schumacher, Karin/Calvet-Kruppa, Claudine, 2005: *»Untersteh' Dich!« – Musiktherapie bei Kindern mit autistischem Syndrom,* in: Plahl, Christine/Koch-Temming, Hedwig: *Musiktherapie mit Kindern,* Verlag Hans Huber, Bern

Schumacher, Karin/Calvet, Claudine/Stallmann, Martina, 2006: *»Zwischenmenschliche Beziehungsfähigkeit« – Ergebnisse der Reliabilitätsprüfung eines neu entwickelten Instrumentes zum Wirkungsnachweis der Musiktherapie,* in: Müller-Oursin, Barbara (Hrsg): *Ich wachse, wenn ich Musik mache. Musiktherapie mit chronisch kranken und von Behinderung bedrohten Kindern,* Reichert Verlag, Wiesbaden

Video

Schumacher, Karin/Calvet-Kruppa, Claudine: *Musiktherapeutische Interventionen* (Deutsche Version, erhältlich bei den Autoren) / *Musictherapeutical Interventions* (English version can be ordered from the authors), E-Mail: schumaka@gmx.de

Schumacher/Beidinger: Den Wunsch wie auch den Bedarf nach männlichen Komponenten können wir bestätigen. Väter pflegen häufig einen unkonventionelleren Umgang zu ihren Kindern und reagieren in Unterrichtssituationen mit weniger Distanz. Zu untersuchen wäre in diesem Zusammenhang, wie sich die Feminisierung unsere Bildungseinrichtungen vor allem in den ersten Lebensjahren (Kindergarten und Grundschule) begründen bzw. auch verändern lässt.

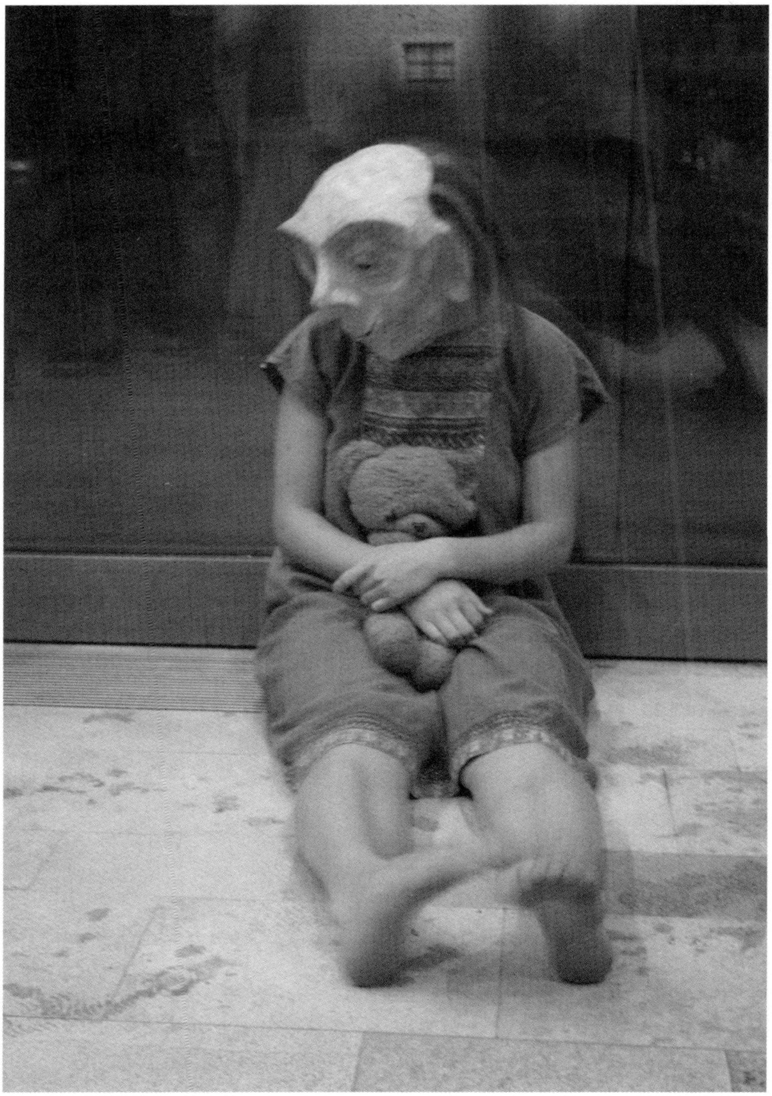

In Dialogue – Polo Vallejo with Sofia López-Ibor

Similarities and Differences between the Work of the Musicologist and the Music and Movement Teacher

Music teachers all over the word have a growing interest in incorporating ethnic music and dance into the school curriculum. The discovery of the rich and varied repertoire of different cultures is always very attractive to our students.

In this session we are going to discuss the similarities and the differences between the work of the ethnomusicologist and the music and dance teacher when approaching music from other cultures. Polo Vallejo researches the music of the Wagogo people of Tanzania and Sofia López-Ibor teaches Ghanaian music to children at the San Francisco School. The objective of this dialogue is to observe and compare both activities that in essence have the ultimate goal of preserving, respecting and loving a particular music and dance style. With different live music examples[1] we not only analyse some songs but find connections and extensions with other music styles as well and discuss how to include them in classroom teaching.

1. Learning Music

Polo Vallejo: Music plays an essential role in Black African societies. From elders to children the whole community is involved, participating together, in situations where songs, rhythms and dance not only constitute the main communication tool but also assure the transmission of those important values in traditional life. Observing every day's journey in a little Gogo village from Central Tanzania, we can discover three basic aspects that let us understand the reason for such richness:

- coexistence of music and life in absolute symbiosis,
- the inherent intelligence in their complex and refined musical system,
- the empiric knowledge acquired by the most effective apprenticeship: practice.

How do the Wagogo learn music? What are the mechanisms of musical transmission in an oral tradition like the Wagogo?

Among the Wagogo (as in the rest of Black Africa), the first year of life is a crucial period: the child is practically stuck to his mother's back, and participates in all her daily activities, whether they be work or recreational. These routines are decisive in the process of musical exteriorisation, for they entail direct contact with an instant assimilation of some basic elements: pulse, rhythm, intonation etc. Unconsciously a fundamental

[1] performed by the presenters and the audience (Ed.)

Im Dialog – Polo Vallejo mit Sofia López-Ibor

Ähnlichkeiten und Unterschiede in der Arbeit von Musikethnologen und Musik- und Tanzpädagogen

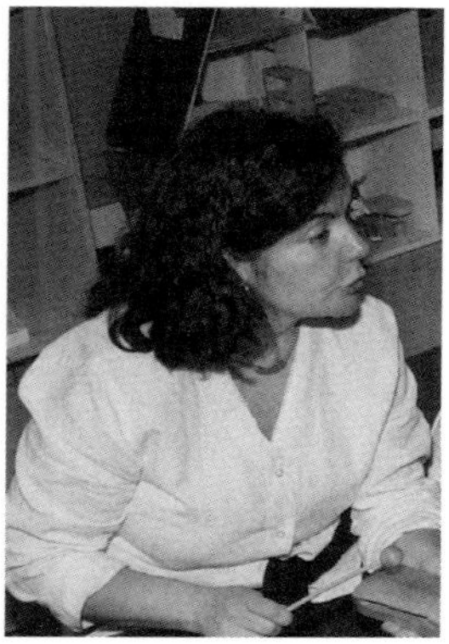

Musiklehrer haben überall auf der Welt ein wachsendes Interesse daran, Musik und Tanz anderer Ethnien in ihren Unterricht einzubeziehen. Die Entdeckung eines reichen und vielfältigen Repertoires aus unterschiedlichen Kulturen ist immer sehr anregend für Schüler.

In diesem Dialog wollen wir die Ähnlichkeiten, aber auch die Unterschiede der Arbeit eines Musikethnologen und einer Musik- und Tanzpädagogin diskutieren, die sich bei der Annäherung an Musik und Tanz aus anderen Kulturen ergeben. Polo Vallejo erforscht die Musik des Wagogo Stammes in Tansania, Sofia López-Ibor verwendet Musik aus Ghana in ihrem Unterricht mit Kindern der San Francisco School. Ziel dieses Dialogs ist die Betrachtung und der Vergleich der beiden Aufgabenbereiche, die im Wesentlichen dieselbe Intention haben, einen besonderen Musik- und Tanzstil zu bewahren, zu respektieren und ihn lieben zu lernen. Mit verschiedenen Musikbeispielen[1] sollen einige Lieder analysiert, ihre Verbreitung und ihre Verbindungen mit anderen Musikstilen aufgezeigt und schließlich ihre Anwendung im Unterricht diskutiert werden.

1. Musik lernen

Polo Vallejo: Musik spielt in der schwarzafrikanischen Gesellschaft eine wesentliche Rolle. Von den Ältesten bis zu den Jüngsten ist die ganze Gemeinschaft einbezogen, sie nehmen miteinander an Situationen teil, bei denen Lieder, Rhythmen und Tänze nicht nur ein wichtiges Kommunikationsmittel darstellen, sondern auch die Tradierung dieser wesentlichen Werte im traditionellen Leben gewährleisten. Wenn man den Ablauf eines jeden Tages in einem kleinen Gogo-Dorf in Tansania beobachtet, kann man drei grundsätzliche Aspekte erkennen, welche die Ursache eines solchen Reichtums verstehen lassen:

- Zusammengehörigkeit von Musik und Leben in einer absoluten Symbiose,
- die angeborene Einsicht in ihr reiches und komplexes Musiksystem,
- das Erfahrungswissen, das in der wirkungsvollsten Lehre, nämlich der Praxis, erworben wird.

Wie lernen die Wagogo Musik? Wie funktioniert Musiküberlieferung in einer oralen Tradition wie die der Wagogo?

Unter den Wagogo (wie auch im restlichen Schwarzafrika) ist das erste Lebensjahr eine entscheidende Phase. Das Kind lebt praktisch am Rücken seiner Mutter und nimmt

[1] wurden von Referenten und Teilnehmern gemeinsam musiziert (Hrsg.)

stage in the future musician's training is being carried out. Thus the child is born and grows up in an atmosphere in which music is a natural element. The home and immediate family circle is the seed of a musical process, which is neither planned nor verbalised. The transmission of songs from one generation to the next follows the typical channels of the oral tradition, and human memory is the only »data base«.

Sofia López-Ibor: The music learning experience of the Wagogo children in Tanzania is impossible to compare with the music education of American children. But in our school the students work on a project unit about Ghana and West Africa that culminates in a big celebration every year. James Harding, Doug Goodkin and myself, lead this event that has an important role in the life cycle of our school. I decided to study the music and dance of the Anglo Ewe in the Volta region where I met the ethnomusicologist and teacher Stephen Kofi Gbolonyo, who also works with our students on a regular basis.

How do the San Francisco School children learn West African music?

- If music belongs to an oral tradition it has to be taught orally. A big mistake teachers make when they start teaching West African music is to teach it in a Western manner.
- The main repertoire is children's games. The games are games to be played for the pleasure of playing them and keep developing the children's ability to enjoy them.
- The children learn from the direct experience of working with Stephen Kofi Gbolonyo and myself. Listening to the stories behind the songs, the dances and the games develop intuition, reasoning, imagination and communication.

What do the children learn?

- Community songs, drumming and dances.
- Instrumental pieces for xylophones and recorder: xylophone music is not common among the Ewe but we have learned some pieces from the Dagomba culture in the North of Ghana. The Ewe play a beautiful bamboo flute called atemtəbem with a similar fingering to the recorder.
- Games: We collect archetypal games, which have very similar rules around the world. The Ewe children play chasing games, jump rope, clapping games, passing stones, and others. The most popular game is called *Ampe*, in which two contestants jump together and land on the floor with one or the other leg forward to score points.
- Drama and story telling: Children listen to stories told by the teachers and respond to different moments and events in the plot with particular songs.
- Language: greetings, numbers, days of the week, Ewe names for boys and girls etc.

2. Sociocultural Context

Vallejo:

- Where is the song from? – It is one of the numerous songs of the Makumbi repertoire, which is an initiation rite among the Wagogo children of Tanzania.

an all ihren Alltagstätigkeiten teil, ob diese nun mit Arbeit oder mit Erholung zu tun haben. Diese Gepflogenheiten sind entscheidend für den Prozess der musikalischen Aneignung, denn sie haben einen direkten Kontakt mit der unmittelbaren Einverleibung von Grunderfahrungen wie Puls, Rhythmus, Intonation etc. zur Folge. So vollzieht sich unbewusst eine grundlegende Phase im Training des zukünftigen Musikers. Das Kind wird hineingeboren und wächst in einer Atmosphäre auf, in der Musik ein natürliches Element darstellt. Das Zuhause und der unmittelbare Familienkreis bilden den Samen eines musikalischen Prozesses, der weder geplant noch verbalisiert wird. Die Weitergabe von Liedern von einer Generation zur nächsten folgt den typischen Bahnen oraler Tradition; das menschliche Gedächtnis ist die einzige »Datenbank«.

Sofia López-Ibor: Es ist fast nicht möglich, die Erfahrung des musikalischen Lernens der Wagogo-Kinder mit der Musikerziehung amerikanischer Kinder zu vergleichen. Aber in unserer Schule (der San Francisco School) erleben die Kinder ein Projekt über Musik und Tanz aus Ghana, das jedes Jahr in einem großen Fest gipfelt. James Harding, Doug Goodkin und ich selbst leiten diese Veranstaltung, die eine wichtige Rolle in unserem Schulleben spielt. Ich hatte mich entschlossen, Musik und Tanz der Anglo Ewe in der Volta Region zu studieren und traf dort den Musikethnologen und Lehrer Stephen Kofi Gbolonyo, der seitdem auch regelmäßig mit unseren Schülern arbeitet.

Wie lernen die Kinder der San Francisco School westafrikanische Musik?
- Wenn Musik zu einer oralen Tradition gehört, muss sie auch oral gelehrt werden. Einer der größten Fehler, den Lehrer machen können, wenn sie westafrikanische Musik zu lehren beginnen, ist, dass sie dies auf westliche Weise versuchen.
- Das wichtigste Repertoire sind Kinderspiele. Die Spiele sollen aus Freude am Spiel gespielt werden, und die Fähigkeit der Kinder entwickeln, daran ihre Freude zu haben.
- Die Kinder lernen aus der direkten Erfahrung mit Stephen Kofi Gbolonyo und mir. Indem sie den Geschichten lauschen, die den Liedern zugrunde liegen, entwickelt sich Intuition, Nachdenken, Vorstellungskraft und Kommunikation.

Was lernen die Kinder?
- Lieder, Trommelrhythmen und Tänze aus Ghana.
- Instrumentalstücke für Xylophone und Flöten: Xylophone sind zwar nicht verbreitet unter den Ewe, aber wir haben einige Stücke der Dagomba Kultur aus dem Norden Ghanas gelernt. Die Ewe spielen eine wunderschöne Bambusflöte (Atemtebem), die einen ähnlichen Fingersatz wie die Blockflöte hat.
- Spiele: Wir sammeln archetypische Spiele, die auf der ganzen Welt sehr ähnliche Spielregeln haben. So spielen die Ewe-Kinder Fangenspiele, Seilspringen, Klatschspiele, Spiele zum rhythmischen Weitergeben von Steinen u. v. a. Das beliebteste Spiel heißt *Ampe*, bei dem zwei Spieler gemeinsam springen und mit dem einen oder anderen Fuß nach vorne auf dem Boden aufkommen und damit Punkte sammeln.
- Drama und Geschichten erzählen: Die Kinder lauschen den Geschichten, die von den Lehrern erzählt werden und reagieren auf gewisse Ereignisse im Verlauf der Handlung mit den entsprechenden Liedern.
- Sprache: Begrüßungsformeln, Zahlen, Wochentage, Ewe-Namen der Kinder usw.

Nange

Initiation's children song. Wagogo from Tanzania.

- In which language is it? – In Cigogo, the vernacular language of the Wagogo and one of the 113 languages constituting the linguistic richness of the country. The Wagogo also speak Swahili, which is the official language in Tanzania and the lingua franca of most East Africa.
- What is the context of the song? – *Nange* is sung during the initiation rite or Makumbi that indicates the transition between adolescence to adulthood. It is the rite par excellence, like in many other African settings.

2. Sozio-kultureller Kontext

Vallejo:

Notenbeispiel *Nange* ⇨ p. 214

- Woher kommt das Lied? Zu wem gehört es? – Es ist eines der zahlreichen Lieder aus dem Makumbi Repertoire, d. h. aus dem Initiationsritus der Wagogo Kinder.
- Welche Sprache benützt das Lied? – Es ist Cigogo, die Umgangssprache der Wagogo und eine der 113 Sprachen, die den linguistischen Reichtum des Landes ausmachen. Die Wagogo sprechen auch Suaheli, die offizielle Landessprache Tansanias und gleichzeitig die Lingua Franca von fast ganz Ostafrika.
- Was ist der Hintergrund des Liedes? – *Nange* wird während des Initiationsritus oder Makumbi gesungen, der den Übergang von der Jugend zum Erwachsenenalter symbolisiert. Es ist, wie in fast ganz Afrika, der Ritus par excellence.
- Welchen Inhalt hat das Lied? – Eine Wand aus Maispflanzen, innerhalb derer der Initiant ein ganzes Monat verbleibt, umgibt den Platz (Ikumbi) auf dem das Ritual stattfindet. In der Mitte ist ein Loch (Ikombo) in welches am letzten Tag der Zeremonie das Blut einer geopferten Ziege gegossen und mit dem Blut des beschnittenen Jungen vermischt wird. Das Lied führt aus, dass die Mütter, sobald der Initiant den heiligen Platz verlässt, das Loch zuschütte. Dabei singen sie ein anderes schönes Lied *Anye chimunygule*. Die Texte der Makumbi Lieder sind voll von Weisheit, Warnungen, Rat und moralischen Ermahnungen, sie begleiten den Initianten das ganze Leben.

López-Ibor: Zurück zur San Francisco School und dem Modell der Annäherung an ghanesische Musik mit einem Beispiel für das Kennenlernen des Liedkontexts. Wenn wir den Hintergrund bewusst machen und eine tiefere Verbindung zu dem Liedmaterial bewirken wollen, dann können wir die folgenden Fragen behandeln:

- Woher kommt das Lied, in welcher Sprache ist es? – Es ist in Ewe und das Volk der Ewe lebt in der Volta Region in Ghana und auch in Togo, Benin und Nigeria.
- Wie viele Sprachen sprechen die Ewe? – Alle sprechen natürlich Ewe, viele sprechen auch Akan, Twi oder andere ghanesische Sprachen. Einige sprechen auch Englisch, andere Französisch.
- Was sagt der Text? – Gota ist ein unterhaltsamer Tanz der Ewe.
- Wann tanzt das Ewe-Volk? – Musik und Tanz bilden einen großen Teil des Gemeinschaftslebens in westafrikanischen Kulturen. Auch religiöse und gesellschaftliche Zusammenkünfte beinhalten oft musikalische und tänzerische Aspekte.
- Was ziehen die Leute beim Tanzen an? – Ghanesische Drucke und Stoffe sind bezaubernd schön. Frauen tragen einen Wickelrock, eine Bluse und einen Kopfschmuck. Die Männer tragen ein farbenfrohes Hemd, die Häuptlinge manchmal einen Umhang um Schulter und Taille.

- What is the song talking about? – A wall made of corn stalks where the initiated would remain for a month surrounds the space Ikumbi, where the ritual takes place. In the centre there is a hole called Ikombo in which they pour the blood of a sacrificed goat mixed with the blood of the circumcised boy on the last day of the rite. The song remarks that once the initiated abandon the Ikumbi, the mothers while singing another beautiful song *Anye chimunygule, will cover the hole.* The texts of the Makumbi songs are filled with wisdom, warnings, counsel and moral values to accompany the child his whole life.

López-Ibor: Now back to the San Francisco School model of approaching Ghanaian music. Here is an example of learning the song background. If we want to contextualise and make a deeper connection to the material we can answer the following questions:
- Where is the song from? What is the language of the song? – The Ewe live in the Volta region in Ghana and also in Togo, Benin and Nigeria.
- How many languages do the Ewe speak? – They all speak Ewe, many speak Akan, Twi or other Ghanaian languages. Some speak English and others French.
- What is the meaning of the song? – *Gota* is an Ewe recreational dance.
- When do Ewe people dance? – Music and dance are a big part of the community life among any West African culture. Social and religious gatherings often include a music-dance event.
- What do people wear to dance? – Ghanaian prints and fabric are strikingly beautiful. Women wear a wrap, a blouse and a head-dress. Men wear colorful shirts and sometimes chiefs wear a wrap around their waist and shoulder.

3. Music Analysis

Vallejo: Another kind of research the ethnomusicologist does is analysing the system of the music, the way it is constructed and its formal elements.

How is the song *Nange* constructed?
- Formal structure: It is an antiphonal chant; the material is introduced by a leader first and is responded to by the group. This call and response form implies the form solo – tutti. In the second section of the song the same melody is sung with a different text at a distance of one pulse.
- Type of scale – melodic and harmonic aspects: The song is based on a pentatonic anhemitonic scale and introducing the tritone implicit in the scale. Harmonically the unusual tritone interval gives the Wagogo music a particular climax and identity.
- Rhythmic organisation – pulse, period and rhythm: The form of the song is cyclic; it is formed by periods that are repeated several times but never in an identical way (ostinati and variations). The pulse is the reference element that helps the organisation of the syllabic rhythm. In the second section of the song, the clapping hands reinforce the off-beat sensation by underlining the last subdivision of the pulse.

3. Musikanalyse

Vallejo: Ein anderer Forschungsbereich eines Musikethnologen ist die Analyse des musikalischen Systems, also welches die Elemente der Musik sind und wie sie strukturiert werden.

Wie ist z. B. das *Nange* Lied gebaut?
- Formale Struktur: Es handelt sich um einen antiphonalen Gesang, das Material wird zuerst von einem Vorsänger vorgestellt und dann von der Gruppe beantwortet. Diese Form des Vor- und Nachsingens beinhaltet die Form Solo – Tutti. Im zweiten Teil des Liedes wird die Melodie mit einem anderen Text im Abstand eines Pulsschlags nachgesungen.
- Tonart, melodischer und harmonischer Aspekt: Die Melodie basiert auf einer pentatonischen Skala ohne Halbtöne mit der Besonderheit der Einführung des in der Skala aufscheinenden Tritonus, Harmonisch gesehen gibt das unübliche Tritonus-Intervall der Musik der Wagogo einen besonderen Höhepunkt und ihre Identität.
- Rhythmische Organisation, Puls, Phrase und Rhythmen: Es handelt sich um eine zyklische Form, d. h. das Lied besteht aus Phrasen, die mehrmals wiederholt werden, aber niemals auf exakt die gleiche Weise (Ostinati und Variationen). Der Puls ist das Bezugselement, das hilft, den syllabischen Rhythmus zu organisieren. Im zweiten Teil verstärkt das Klatschen den synkopischen Charakter durch eine hinzugefügte Unterteilung des Grundschlags.
- Form und Variationen: Die Wagogo wiederholen ein Lied niemals in einer identischen Version. Sie sind der Meinung, dass Variationen der Melodie zum selben Text keine Veränderung des Liedes bedeutet. Das ist kein willkürliches Vorgehen, sondern entspricht einer allgemeinen Technik und den ästhetischen Kriterien des Volkes. Improvisation spielt eine wichtige Rolle und gibt Impulse für rhythmische und melodische Variationen innerhalb des Zyklus.
- Polyphone und polyrhythmische Techniken: *Nange* ist ein charakteristisches Beispiel für ihre Art der Mehrstimmigkeit Es beinhaltet die kanonische Imitation des musikalischen Materials im Abstand von nur einem Grundschlag. Dieser *Canon alla parte* ist ein raffiniertes Merkmal der Musik der Wagogo.

López-Ibor: Im Musikunterricht der San Francisco School lernen die Kinder auch die formalen Aspekte der Musik kennen und benennen.
- Welche Form hat das Lied? – Call and Response wie viele andere afroamerikanische Lieder, die wir schon in unserem Schul-Repertoire haben. Kann eines der Kinder die Rolle des Vorsängers übernehmen?
- Wie viele Teile hat der Tanz? – Der Tanz besteht aus drei Teilen, im ersten sucht man einen Partner, im zweiten wird gemeinsam getanzt und im dritten trennt man sich wieder von einander. Ein Trommler spielt auf der großen Trommel (Achimiev) und signalisiert den Übergang zwischen den einzelnen Teilen. Andere Trommler spielen die anderen Instrumente Sogo, Kagan und Kidi, Axaxe Shaker und die Glocken Gankogui.

- Form – Variation: the Wagogo never sing the same song in an identical version. They think that varying the melody while maintaining the text doesn't mean changing the song. This is not an arbitrary fact, but it responds to common technical and aesthetic criteria of the whole community. Improvisation plays an important role giving impulse to the melodic and rhythmic variations inside the cycle.
- Polyphonic and polyrhythmic techniques: *Nange* is a paradigmatic song according to the plurivocal procedures. There is a canonic imitation separated by one pulse. This *canon alla parte is* one of the refined characteristics of the Wagogo music.

López-Ibor: In the music class the San Francisco School students also learn about the formal aspects of the music.

- What is the form of the song? – Call and response like many songs we already have in our school repertoire. Is there any student that can adopt the role of the caller?
- How many parts are there in the dance? – It has three different sections, one to choose a partner, one to dance together and another to separate from each other. A master drummer plays the big drum (Achimiev) and indicates the changes between the sections. Other drummers play the supporting parts of Sogo, Kagan and Kidi, the Axaxe shaker and the Gankogui bells.
- What is the most important instrument in the ensemble? – The Gankogui bell is the central instrument because it is the timekeeper.

4. Parallels with Other Music Styles

Vallejo: Most of the African songs have a strong influence on our students. The songs are very original and have a perfect rhythmic, melodic, harmonic and formal structure. From the first time you hear them you have the sensation that with a few elements you can make a lot of music. Who is not attracted by a song in a language that is so musical by itself? Who hasn't got an irresistible desire to dance at the same time as singing?

Exploring the multiple possibilities any song brings, there are many opportunities to deepen musical perception and understanding. Why and how can we incorporate these materials and concepts into our educational world? Aren't they too foreign? Understanding the structure of a song like *Nange* can also lead us into other music styles.

We know the polyphonic procedures are not an isolated phenomenon, and the polyphonic technique is not only a Western musical idea. In the same way the Wagogo use the polyphonic technique in children's and adult repertoire, we can find similar procedures in contrasting cultures (from a Japanese children's song like *Hotaru Koi*, to a xylophone duo by Gunild Keetman, or a canon by Béla Bartók). We can experience how many different ways you can organize musical material according to rhythmic, melodic and polyphonic concepts as a *canon alla parte*. In the last example *El que parte y reparte*, we can see how one of the ultimate goals of analytical work could be to compose our own didactic songs.

Music example: *El que parte y reparte*, ⇨ p. 221

- Was ist das wichtigste Instrument des Ensembles? – Die Gankouli Glocke ist das zentrale Instrument, weil sie das Tempo angibt.

4. Parallelen zu anderen Musikstilen

Vallejo: Viele afrikanische Lieder haben einen starken Einfluss auf unsere Schüler. Die Lieder sind sehr eigenständig und haben eine perfekte rhythmische, harmonische und formale Struktur. Schon beim ersten Hören hat man den Eindruck, dass man mit wenigen Elementen viel Musik machen kann. Und wer ist nicht fasziniert von einem Lied in einer an sich schon so musikalischen Sprache? Wer fühlt nicht das unwiderstehliche Bedürfnis zum Singen auch zu tanzen?

Beim Erforschen der verborgenen Schätze und der vielen Möglichkeiten, die jedes Lied in sich trägt, kann man musikalische Wahrnehmung und Verständnis vertiefen. Warum und wie kann man diese Materialien und Konzepte in unsere pädagogische Welt einfügen? Sind sie nicht zu fremdartig für unsere Wirklichkeit? Das Verstehen eines Liedes wie *Nange* kann uns auch an andere Stile der Musik heranführen.

Wir wissen, dass mehrstimmige Musizierweisen kein isoliertes Phänomen sind, dass mehrstimmige Techniken nicht nur in der westlichen Musik existieren. In derselben Weise wie von den Wagogo Mehrstimmigkeit in ihren Kinderliedern und im Liedrepertoire der Erwachsenen verwendet wird, finden wir auch ähnliche Praktiken in verschiedenen Kulturen (von einem japanischen Kinderlied wie *Hotaru Koi* bis zu Xylophon-Duetten von Gunild Keetman oder einem Kanon von Béla Bartók). Wir können dabei herausfinden, auf welch unterschiedliche Weise man musikalisches Material je nach seinen rhythmischen, melodischen und polyphonen Ideen zu einem *Canon alla parte* gestalten kann.

In unserem letzten praktischen Beispiel *El que parte y reparte* wollen wir zeigen, dass eines der Ziele analytischer Arbeit auch in der Komposition eigener didaktischer Lieder liegen kann.

Zusammenfassung

López-Ibor: Die Zerstreuung der afrikanischen Völker über die ganze Welt hat einen unverwechselbaren Einfluss hinterlassen. Die Akzeptanz afrikanischer Musik und afrikanischen Tanzes und das wachsende Interesse, sie unseren Schülern nahe zu brin-

Summary

López-Ibor: The black diaspora all over the world has left an unmistakable influence. The acceptance and growing interest in bringing African music and dance to our students has two opposite sides. The powerful rhythmic texture of African music is an amazing experience we can provide for our students, who are naturally inclined to like music that is the ancestor of pop music, rock, jazz, hip-hop, Caribbean salsa and other popular styles. But some Western music teachers are approaching this music in a very superficial way, leading to many misinterpretations and making wrong assumptions.

- How many of us are teaching African songs without knowing their meaning?
- How many teachers play any random pattern on a drum to accompany a song without even knowing the main bell, which is the spinal chord of the song structure?
- How many of us perceive the main beat of the song differently to the Africans?
- How many of us are finding pieces in music education books that are presented just as African?
- How can we approach West African music in the classroom making fewer mistakes?
- How can we develop a better sense of what this music is about with our students?
- How can we avoid stereotypes? The ethnomusicologist does research that can serve as a wonderful model for the music teacher.

The performance of these Ghanaian genres integrates the arts of drumming, singing, dancing, playing games and using costumes. Rather than specialize in one, the students are given the opportunity to explore the interrelation between all the media. By being encouraged to ask questions about a musical or dance style, they develop good research habits from a very young age. We can't look at the cultures in Africa as simply a way to bring wonderful music into our classrooms. If music teachers accept the task of using African materials in a respectful and deeply meaningful way, they must help the students understand the greater context of the material and observe and reflect on all the details of the performance.

Vallejo: In our vast musical universe cultures form an extraordinary mosaic of expression in which the vocal or instrumental variety coincides with linguistic or dance diversity. Music gives us the opportunity of bringing us together and also helps us to explore our own particular system; especially studying the music of our predecessors and the multiple mechanisms they used to give us such a wonderful musical legacy.

A simple song can be the nucleus for empiric learning, exploring the numerous possibilities of projecting, motivating and provoking a moving experience. Moreover education has to be synonymous for motivation and emotion.

gen, haben zwei Seiten. Die rhythmische Kraft afrikanischer Musik ist eine unglaubliche Erfahrung, die wir unseren Schülern anbieten, die natürlich auch geneigt sind, eine Musik zu mögen, die Vorläufer von Pop, Jazz, Rock, Hip-Hop, Salsa und anderen populären Musikstilen ist. Aber manche westliche Musiklehrer nähern sich dieser Musik in sehr oberflächlicher Weise, die zu vielen Fehlinterpretationen und falschen Auslegungen führen.

- Wie viele lehren afrikanische Lieder, ohne die Bedeutung ihrer Texte zu kennen?
- Wie viele Lehrer haben wir erlebt, die einfach irgendwelche zufälligen Trommelrhythmen als Begleitung eines Liedes spielen, ohne überhaupt die »main bell« (führende Glockenstimme) zu kennen, die das Rückgrat der Liedstruktur ist?
- Wie viele von uns nehmen den Grundpuls eines Liedes anders wahr als ihn Afrikaner wahrnehmen?
- Wie oft finden wir Stücke in musikpädagogischen Lehrbüchern, die schlichtweg und provozierend naiv nur als afrikanisch bezeichnet werden?
- Wie können wir uns westafrikanischer Musik im Unterricht annähern ohne so gravierende Fehler zu begehen?
- Wie können wir unseren Schülern ein besseres Verständnis geben, was diese Musik eigentlich bedeutet?
- Wie können wir stereotype Lösungen vermeiden? Die Forschungsergebnisse der Musikethnologen können als wunderbare Modelle für Musiklehrer dienen.

Die Interpretation von Modellen aus Ghana integriert die künstlerischen Ausdrucksformen des Trommelns, Singens, Tanzens, Spielens und der Kostüme. Statt sich nur auf eines davon zu konzentrieren, wird den Kindern die Gelegenheit gegeben, die Verbindung zwischen all diesen Medien zu erforschen. Indem sie ermutigt werden, Fragen über einen Musik- und Tanzstil zu stellen, entwickeln sie bereits in einem frühen Alter ein Forscherverhalten. Man kann und darf afrikanische Kulturen nicht nur als Lieferanten hübscher Lieder für unseren Musikunterricht ansehen. Wenn Musiklehrer die Aufgabe auf sich nehmen, afrikanisches Material in einer respektvollen und in einer seiner tiefen Bedeutung bewussten Weise zu verwenden, dann müssen sie den Schülern helfen, die Beispiele in einem größeren Zusammenhang zu verstehen und alle Einzelheiten in der Ausführung zu beobachten und zu bedenken.

Vallejo: In unserem riesigen musikalischen Universum bringen die Kulturen ein unglaubliches Mosaik des Ausdrucks hervor, in welchem vokale und instrumentale Erscheinungsformen mit sprachlichen und tänzerischen zusammentreffen. Musik gibt uns die Gelegenheit uns kennen zu lernen, aber auch unser eigenes System zu erforschen; im Besonderen die Musik unserer Vorfahren und die vielfältigen Werke, die sie hervorbrachten, um uns ein so wunderbares musikalisches Erbe zu hinterlassen.

Ein einfaches Lied kann zum Kern erfahrungsreichen Lernens werden und unzählige Möglichkeiten aufzeigen, bewegende Erfahrungen anzuregen. Darüber hinaus sollte Erziehung gleichbedeutend sein mit Motivation und Emotion.

Edwin E. Gordon

Music Learning Theory

I want to start out by just making two statements. I am primarily a researcher, but I've been involved in teaching because that's the best way to get my research done. I don't want you to think that I come to you offering a method. I'm not trying to tell you how to teach. My *Music Learning Theory* and *Audiation* is not a method, it's a collection of research facts. I will tell you what I have learned from research and then you take whatever I give you and adapt it to your own personality and to your own teaching style. The second thing I'd like to say is that, no matter who will be talking to you, nobody knows everything. Nobody has the whole truth. So I'm giving you whatever truth that I know and I hope you'll use it wisely.

1. Language Learning and Music Learning

Let's think about language: when you learnt your native language you started with a listening vocabulary, you learnt how to listen. You listened for about a year while persons spoke and you became acculturated to the language. Your second language was a speaking vocabulary: you learnt to speak what you heard. Listening was extremely important. Your third vocabulary was communication: you began to ask questions and to answer questions. Your fourth language was reading, your fifth language was writing. Now, that's language.

Although music is not a language, the process of learning language and learning music is the same. I'd like to go through and explain what happens musically from a research point of view. To begin with, children listen: what does that mean? They hear many, many songs sung to them by other humans – at least in the most ideal way of learning. The more songs they hear, the better their listening vocabulary will develop. What we have found is that the more difference they hear, the better their vocabulary develops. If they hear too much sameness, their vocabulary will not develop very well. So, when we teach very young children we sing to them in a variety of tonalities (major, minor, Dorian, Phrygian, Lydian, Mixolydian, Aeolian etc.) and meters (duple, triple and many different unusual meters) because the more that they hear the better their vocabulary develops. Our research indicates that if we keep doing the same thing over and over again, just major or duple meter, their listening vocabulary shrinks: we call this overlearning.

So, what research suggests to us is to expose children in listening the first one or two years of life to as many tonalities as possible. The more difference, the better it is. This is

Music Learning Theory

Ich möchte mit zwei Feststellungen beginnen. Ich bin in erster Linie Forscher, aber ich habe mich auch mit Unterricht befasst, denn dies ist der beste Weg um meine Forschung durchzuführen. Ich möchte nicht, dass Sie denken, ich käme zu Ihnen, um Ihnen eine Methode anzubieten. Ich möchte Ihnen nicht vorschreiben, wie Sie unterrichten sollen. Meine *Music Learning Theory* und *Audiation* ist keine Methode, es ist vielmehr eine Sammlung von Forschungsergebnissen. Ich will Ihnen erzählen, was ich selbst durch die Forschung gelernt habe und dann können Sie nehmen, was auch immer ich Ihnen zu geben habe und es an Ihre eigene Persönlichkeit und Ihren Unterrichtsstil anpassen. Die zweite Feststellung, die ich machen möchte, ist die: Ganz gleich, wer zu Ihnen spricht, niemand weiß alles, niemand hat die ganze Wahrheit. So kann ich Ihnen nur die Wahrheit mitgeben, die ich selbst kenne, und hoffe, Sie werden weise Gebrauch davon machen.

1. Sprache lernen und Musik lernen

Lassen Sie uns über Sprache nachdenken: Als Sie Ihre Muttersprache lernten, fingen Sie mit dem Hör-Wortschatz an, Sie lernten zuzuhören. Sie hörten etwa ein Jahr lang zu während Menschen zu Ihnen sprachen und wurden sprachlich initiiert. Ihre zweite Sprache war dann der Sprech-Wortschatz: Sie lernten zu sagen was Sie hörten. Zuhören war äußerst wichtig. Ihre dritte Sprache war Kommunikation: Sie begannen Fragen zu stellen und zu beantworten. Ihre vierte Sprache war Lesen, Ihre fünfte Schreiben. Das alles ist Sprache.

Obwohl Musik keine Sprache ist, so ist doch der Prozess des Sprache-Lernens und des Musik-Lernens der gleiche. Ich möchte gerne aus der Sicht der Forschung erklären, was da musikalisch geschieht. Zunächst: Kinder hören zu, was bedeutet das? Sie hören viele, viele Lieder die ihnen von anderen Menschen vorgesungen werden – zumindest in der idealen Weise des Lernens. Je mehr Lieder sie hören, desto besser wird sich ihr Hör-Vokabular entwickeln. Wir haben herausgefunden, dass ihr Vokabular umso vielfältiger wird, je mehr Verschiedenartiges sie hören. Wenn sie zu viel Ähnliches hören, wird sich ihr Vokabular hingegen nicht so gut entwickeln. Wenn wir also sehr junge Kinder unterrichten, so singen wir für sie in vielen Tonalitäten (Dur, moll, dorisch, phrygisch, lydisch, mixolydisch, äolisch etc.) und Taktarten (in 2-er, 3-er und vielen ungewöhnlichen Taktarten), denn je mehr sie hören, desto reicher wird sich ihr Vokabular entwickeln. Unsere Forschung hat ergeben, dass ihr Hör-Vokabular verkümmert, wenn wir immer und immer die gleichen Dinge (z. B. nur Dur und Zweivierteltakt) benützen. Wir nennen das Überlernen.

also true with rhythm. For example, we work with them in duple meter and also triple meter, but the important thing is that they hear both duple and triple and then we can get to 5 and 7 and other unusual meters as soon as possible. Thus the listening vocabulary develops very, very much.

Now the second vocabulary I would say is what we call the speaking vocabulary, that is when children begin to produce what they have heard. If we are going to sing to them and expect them to sing back, we establish for them what we refer to as a context, i.e. a tonality (you may also call it a mode), so that they can understand what I expect them to sing. What do I expect them to sing? Well, I start out with very simple things which I call tonal patterns. For example, when children learn how to speak language they can't begin by reciting a poem. I think it's very foolish, at least from my research, to expect students to learn a song or to create a song before they can do specific parts of the song that I refer to as tonal patterns or rhythm patterns. In the same way you learnt words before you could recite a poem, we find that children have to learn tonal and rhythm patterns so that they can put those patterns together and produce a song or a lengthy piece.

So we first establish a context – a specific tonality or meter – and then have them get the patterns, that we refer to as the content. Now we find that this works very well for the speaking vocabulary. As soon as they learn to reproduce or produce the patterns, we immediately put solfege to it. We find that using solfege syllables helps children keep all of the patterns clear and discriminate among them accurately. We use tonal solfege with a moveable *do*-system with a *la*-based minor. So, the resting tone for major would be *do*, for Dorian *re*, for Phrygian *mi*, for Lydian *fa*, for Mixolydian *so*, for Aeolian and harmonic minor *la*. So they immediately identify the solfege with the sound of the patterns and the context. We give them a context so that they can put the content, i.e. the patterns, in perspective.

We also work with them with rhythm solfege, using the beat function system that we have developed over years and that is based on how rhythm is audiated, rather than notated. For example we express duple meter with the syllables *Du de*, triple meter with the syllables *Du da di* (for subdivisions we use the syllable *ta*). For unusual meters we change syllable, for example a 5 would be *Du be Du ba bi*, a 7 *Du ba bi Du be Du be*, and so on. Through solfege children acquire a wide vocabulary of singing and chanting at a very early age.

Now the third language that I call »communication« referring to verbal language, in music is called improvisation. It is extremely important that these music vocabularies develop in the same sequence that language vocabulary develops. For example, you learn to listen to your language, then you begin to speak and then at about two years old you begin to answer questions and to ask questions. Now we find that in music if we intersperse, if we put this third vocabulary – improvisation – in before reading, it just makes a world of difference, because if they can improvise we can teach them to do anything. When we teach improvisation we establish a context (e.g. major), sing a pattern to a child and then ask the child to answer with a different pattern, based on the same or a different function (tonic or dominant).

We find that if we can get them to improvise, we really don't have to teach »reading«, because we have solidified their *audiation*. Later on we can say to them, in the fourth

Die Forschungsergebnisse zeigen uns also, dass wir Kinder im ersten und zweiten Lebensjahr in ihrem Hören so vielen unterschiedlichen Tonalitäten als möglich aussetzen sollten. Je mehr Unterschiedliches, desto besser. Das gilt ebenso für den rhythmischen Bereich. Wir arbeiten mit ihnen im 2-er und 3-er Takt und beziehen dann so bald als möglich 5-er und 7-er und andere ungewöhnliche Taktarten ein. So entwickelt sich ein sehr vielfältiges Hör-Vokabular.

Der zweite Wortschatz, den wir Sprech-Vokabular nennen, beginnt, wenn Kinder das, was sie gehört haben, auch selbst anwenden. Wenn wir ihnen etwas vorsingen und erwarten, dass sie es nachsingen, dann führen wir etwas ein, das wir Kontext nennen, d.h. eine Tonalität (man könnte auch sagen einen Modus), so dass sie verstehen können, was ich von ihnen beim Singen erwarte. Und was erwarte ich? Nun ja, ich fange mit ganz einfachen Beispielen an, die ich Tonale Bausteine nenne. Wenn Kinder Sprechen lernen, dann können sie auch nicht gleich ein Gedicht rezitieren. Meiner Überlegung nach ist es unklug zu erwarten, dass sie ein Lied erlernen oder ein Lied erfinden sollen, bevor sie einzelne Teile, die ich Tonale oder Rhythmische Bausteine nenne, ausführen können. Wie wir also Wörter gelernt haben, bevor wir ein Gedicht aufsagen konnten, so meinen wir auch, dass Kinder zuerst tonale und rhythmische Bausteine lernen müssen, damit sie diese zusammenfügen und ein Lied oder ein längeres Stück erfinden können.

Wir setzten also zunächst den Kontext fest – d.h. eine bestimmte Tonalität und eine Taktart – und lassen sie dann die Bausteine erfahren, den Inhalt. Für das Ausdrucks-Vokabular funktioniert das sehr gut. Sobald sie beginnen, solche Muster zu wiederholen oder selbst zu erfinden, führen wir die Tonsilben ein. Unserer Meinung nach helfen die Solmisationssilben den Kindern, diese Bausteine zu erkennen und sie klar zu unterscheiden. Wir benützen die relative Solmisation, das Tonika-Do System mit einem auf *la* basierenden moll, d.h. die Finalis für Dur ist *do*, für Dorisch *re* für Phrygisch *mi,* für Lydisch *fa,* für Mixolydisch *so* und für äolisch und harmonisch moll *la*. Auf diese Weise lernen sie die Solmisationssilben unmittelbar mit dem Klang der Bausteine und deren Kontext zu identifizieren. Wir geben ihnen einen Zusammenhang, damit sie den Inhalt, d.h. die Bausteine, in diesen Rahmen setzen können.

Wir arbeiten mit ihnen auch die Rhythmussprache und benützen das Grundschlag-Funktionssystem, das wir über die Jahre entwickelt haben, und das eher darauf basiert wie Rhythmus wahrgenommen als wie er geschrieben wird. Zweiertakte werden mit den Silben *Du de,* Dreiertakte mit *Du da di* zum Ausdruck gebracht (für Unterteilungen benützen wir die Silbe *ta).* Für ungewöhnliche Taktarten werden die Silben gewechselt, so zum Beispiel bei einem 5-er *Du be Du ba bi*, einen 7-er *Du ba bi Du be Du be* usw. Durch Rhythmussprache und Solmisationssilben erwerben Kinder in einem sehr frühen Alter ein großes Vokabular für das Singen und rhythmisches Sprechen.

Die dritte Sprache, die ich in der Wortsprache »Kommunikation« nenne, heißt in der Musik Improvisation. Es ist besonders wichtig, dass sich der musikalische Wortschatz in derselben Reihenfolge entwickelt wie der sprachliche. So lernt man zum Beispiel die Wortsprache erst zu hören, dann beginnt man zu sprechen und schließlich, mit etwa zwei Jahren, fängt man an, Fragen zu stellen und zu beantworten. Wenn wir dies nun auf die Musik übertragen, wenn wir also dieses dritte Vokabular, die Improvisation, vor das Lesen stellen, so macht das einen ungeheuren Unterschied. Denn wenn Kinder

vocabulary, when they see notation, that those signs are just the way the sounds, that they already know and actively produce, look like. In other words, they bring the *audiation* to the notation, instead of trying to take meaning from the notation. What they read, they can write. And that is the sequence of the way students learn.

By the way, one major concern to us is the use of movement in music learning, which is essential. We refer to Laban's effort qualities. We have seen that the proper sequence is flow, weight, space and only then time. That is, to be able to maintain a consistent tempo a child has to learn first to feel continuous, free flowing movement, then to feel the weight in his/her body, to feel the movement in space (that visualizes the flow of time) and only then will he/she be able to produce a consistent tempo.

2. Audiation

Audiation is the ability to hear music and understand it without the sound being physically present. It may be confused with imitation: being able to really audiate a melody, for example, means more than just being able to reproduce it, but also to sing it in another tonality or in another meter. Many children imitate and do not audiate. Many adults as well as many music teachers can imitate, memorize, read or perform music without really being able to audiate it. We have to find a way to get them more flexible, so that they can audiate. *Audiation* is to music what thought is to language. If you can't think I don't want to have a conversation with you, it would be boring. I want to hear what you have to say, not what I've said. *Audiation* is: I want to hear you do something different from what you've heard.

3. Music Aptitude

Musical ability is often viewed in all-or-none terms: some are blessed with »talent«, others must do without. Recent research, however, reveals that music aptitude, i. e. the potential to learn music, like all human characteristics is normally distributed in the population. All persons have the potential to achieve in music. Relatively few have high aptitude, a similar number have low aptitude, and the majority of persons fall somewhere in the middle of the »bell curve« with average aptitude. *Music Learning Theory* is unique among music teaching approaches in accounting directly for students' differing potentials to achieve in music. By teaching to students' individual differences, teachers lessen the risk of boring students with high potential and frustrating students with lower potential.

Music teachers' judgments about students' musical »talent« are often based significantly on musical achievement, rather than on the potential to achieve. It is not uncommon, for example, for students of average aptitude to achieve at a high level as a result of a rich musical background and dedicated effort. Only a valid music aptitude test can distinguish between actual achievement and the potential to achieve further. Because many students with high music aptitude have not had the opportunity to achieve in

einmal fähig sind zu improvisieren, dann können wir sie alles lehren. Wenn wir Improvisation unterrichten, dann setzen wir einen Kontext fest (z. B. Dur), singen eine Phrase vor und fordern das Kind auf, mit einer neuen Phrase zu antworten, die dieselbe oder eine unterschiedliche Funktion (Tonika oder Dominante) hat.

Wenn wir unsere Schüler zum Improvisieren bringen können, dann müssen wir ihnen nicht das Notenlesen beibringen, da wir ihre *Audiation*, ihre innere Klangvorstellung gestärkt haben. Wenn sie dann die vierte Sprache, die Notation sehen, dann können wir ihnen sagen, dass diese Zeichen zeigen wie die Töne aussehen, die sie schon kennen und produzieren können. Mit anderen Worten, sie verbinden *Audiation* (Klangvorstellung) mit der Notation, statt zu versuchen sich vorzustellen wie Zeichen klingen könnten. Was sie lesen, können sie auch schreiben. Das ist die Reihenfolge des Lernprozesses.

Die Einbeziehung von Bewegung in den musikalischen Lernprozess ist uns übrigens ein großes Anliegen und unverzichtbar. Wir beziehen uns dabei auf Labans Bewegungsqualitäten und haben erkannt, dass die richtige Reihenfolge im Lernprozess Bewegungsfluss, Gewicht/Kraft, Raum und erst dann Zeit ist. Um ein gleichmäßiges Tempo beibehalten zu können, muss ein Kind zuerst einen kontinuierlichen, freien Bewegungsfluss, die Kraft und das Gewicht seines Körpers fühlen können, es muss die Bewegung im Raum, die die Zeitspur sichtbar macht, fühlen, erst dann wird es fähig sein, ein gleich bleibendes Tempo durchzuhalten.

2. Audiation

Audiation ist die Fähigkeit Musik zu hören und zu verstehen, ohne dass der Ton physisch präsent ist. Dies könnte mit Imitation verwechselt werden. Eine Melodie wirklich innerlich zu hören, bedeutet mehr als sie nur reproduzieren zu können, es bedeutet auch, sie in einer anderen Tonalität oder einem anderen Takt zu singen. Viele Kinder imitieren nur ohne innere Klangvorstellung. Auch viele Erwachsene und selbst Musiklehrer können Musik imitieren, erinnern, lesen und spielen ohne sich diese wirklich vorstellen zu können. Wir müssen einen Weg finden sie flexibler zu machen so dass sie diese Klangvorstellung entwickeln können. *Audiation* bedeutet für die Musik das, was für die Sprache der Gedanke ist. Wenn Du nicht denken kannst, dann will ich auch kein Gespräch mit Dir führen, denn es wäre langweilig. Ich möchte hören, was Du mitzuteilen hast, nicht was ich gesagt habe. *Audiation* bedeutet: Ich möchte hören, dass Du etwas anders machst als das, was Du gehört hast.

3. Musikalische Begabung

Musikalische Fähigkeiten werden oft als ein »Alles oder Nichts«-Begriff verstanden. Einige sind mit T a l e n t gesegnet, andere müssen eben ohne auskommen. Neuere Forschungen haben jedoch ergeben, dass musikalische Befähigung, d. h. die Fähigkeit Musik zu lernen, gleichmäßig unter der Bevölkerung verteilt ist wie alle übrigen menschlichen Eigenschaften. Alle Menschen haben das Potential Musik zu erlernen. Relativ wenige sind hoch-

music, a music aptitude test can reveal musical potential that might otherwise remain unknown to those students and their teachers. It is not the purpose of aptitude testing to identify students for inclusion or exclusion in music activities. All children have the right to a comprehensive musical education. Music aptitude testing helps music teachers meet the unique needs of each student.

So, there are many, many things we should be thinking about in terms of music learning, of music aptitude, of improvisation.

But the most important thing is that good music teaching – whether it is piano, classroom music, choir – should be sequential. We should know where we're beginning: we start with listening before we start performing, we teach improvisation before reading, we teach free flowing movement before musical time, and whenever we introduce anything to children we establish context, so that they can put the content into the proper context.

In this sense *Music Learning Theory* is not a method, but it does explain the proper sequence through which we learn music.

Bibliography / Bibliographie

Gordon, Edwin E., 1980: *Learning Sequences in Music: Skill, Content, and Patterns. A Music Learning Theory*, GIA Publications, Chicago

Gordon, Edwin E., 1990: *A Music Learning Theory for Newborn and Young Children*, GIA Publications, Chicago

Reynolds, Alison M./Bolton, Beth M./Taggart, Cynthia C./Gordon, Edwin E./Valerio, Wendy H., 1998: *Music Play. The Early Childhood Music Curriculum. Guide for Parents Teachers & Caregivers*, GIA Publications, Chicago

begabt, eine ähnliche Zahl ist unterdurchschnittlich begabt, die Mehrheit liegt irgendwo in der Mitte der Kurve mit durchschnittlicher Begabung. Die *Music Learning Theory* ist unter den musikpädagogischen Ansätzen deswegen einzigartig, weil sie von unterschiedlichen Möglichkeiten der Schüler im musikalischen Lernprozess ausgeht. Indem im Unterricht den Unterschieden der Schüler entsprochen wird, verringern Lehrer die Gefahr, hochbegabte Schüler zu langweilen und Schüler mit geringerer Begabung zu frustrieren.

Die Beurteilung des musikalischen »Talents« von Schülern seitens der Musiklehrer stützt sich bezeichnenderweise oft eher auf das, was sie musikalisch können, also erreicht haben, als auf das Potential etwas zu erreichen. Es ist daher keineswegs ungewöhnlich, dass Schüler durchschnittlicher Befähigung ein hohes Niveau erreichen, weil sie aus einem musikalisch reichen Umfeld kommen und sehr engagiert sind. Nur ein wirkungsvoller Test musikalischer Fähigkeiten kann zwischen augenblicklichen Ergebnissen und der Fähigkeit, mehr zu erreichen, unterscheiden. Da viele Schüler mit hoher musikalischer Begabung nicht die Gelegenheit hatten, musikalisch voranzukommen, kann ein musikalischer Begabungstest Fähigkeiten aufzeigen, die Schülern und ihren Lehrern sonst verborgen geblieben wären. Es ist n i c h t der Zweck von Begabungstests, darüber zu entscheiden, ob Kinder zu musikalischen Aktivitäten aufgenommen oder abgewiesen werden sollen. Alle Kinder haben das Recht auf eine umfassende musikalische Bildung. Begabungstests sollen den Lehrern helfen, die besonderen Bedürfnisse jedes Schülers zu erfassen.

Es gäbe noch viele Bereiche bezüglich des musikalischen Lernens, musikalischer Begabung und Improvisation, über die wir nachdenken sollten.

Aber am wichtigsten ist, dass guter Musikunterricht, sei es nun Klavier, Schulmusik oder Chor, in der richtigen Reihenfolge vorgehen sollte. Wir müssen wissen, wo wir beginnen: Zuhören vor Aufführen, Improvisieren vor Lesen, freier Bewegungsfluss vor Grundschlag und Takt. Wann immer wir Kinder an etwas heranführen, schaffen wir einen Kontext, so dass sie ihren Inhalt in den entsprechenden Rahmen setzen können.

So gesehen ist also *Music Learning Theory* keine Methode, sondern eine Erklärung für die richtige Reihenfolge, in der wir Musik lernen.

In Dialogue – Andrea Sangiorgio with Edwin E. Gordon

Andrea Sangiorgio: In the Orff-Schulwerk approach we stress the importance of creativity and improvisation. In *Music Learning Theory*, also, the students' active production of music plays a meaningful role: would you explain your perspective on creativity and improvisation and how you foster their development?

Edwin E. Gordon: I have to start by saying that I make a distinction between creativity and improvisation as I understand them. They are not separate but they are on a continuum. Creativity leaves students complete freedom in the musical expression, it is primarily exploration. Improvisation involves more restrictions: a possible example might be that I first sing a series of tonal patterns in major – tonic, dominant and subdominant functions – then sing a pattern to the student, and ask him/her to answer with a pattern that is different from mine. That's improvisation. The same happens with rhythm: instead of imitating the teacher's pattern the students answer with a different one.

All of my improvisation is harmonic, as is usual in jazz. With my students we start taking turns improvising with the voice based on an harmonic progression (such as I – I – V – I in major) which is sung in parts by the group. The progressions we use may become more complicated and introduce new functions, according to the students' skills. Being able to audiate harmonically, to hear the changes in the chords, is necessary in order to improvise. Harmonic improvisation is what we find to be the answer and the wonderful goal that we have in mind.

Sangiorgio: So you start from zero with newly born babies and you develop their *audiation* skills until later on they are able to improvise harmonically. The ultimate goal is the ability to speak the language of music the way jazz musicians do. What are the necessary skills for music teachers? What do we have to learn as teachers?

Gordon: The first thing you have to do is to learn how to audiate these tonalities yourself and to feel the chord changes. You just have to develop your sense of tonality for all these different modes or tonalities, as I prefer to call them. Different tonalities have different chord sequences: major and minor have I – IV – V, but Dorian, Mixolydian and Aeolian have I – IV – VII, Phrygian has I – II – VII, Lydian I – II – V. You can learn to audiate the different functions of each tonality.

Sangiorgio: So your main goal is to develop the ability to understand music – *audiation* – and the ability to understand the tonal and rhythmic syntax of music. With this aim in mind you also developed a system of tonal and rhythm solfege. Would you tell us something more about it?

Im Dialog – Andrea Sangiorgio mit Edwin E. Gordon

Andrea Sangiorgio: Im Orff-Schulwerk wird die Bedeutung von Kreativität und Improvisation betont. Auch in der *Music Learning Theory* spielt das aktive Hervorbringen von Musik eine bedeutsame Rolle. Würden Sie Ihr Verständnis von Kreativität und Improvisation erklären und wie Sie deren Entwicklung fördern?

Edwin E. Gordon: Ich möchte damit beginnen, zwischen Kreativität und Improvisation – so wie ich sie verstehe – einen Unterschied zu machen. Sie sind nicht getrennt sondern bilden ein zusammenhängendes Ganzes. Kreativität lässt Schülern komplette Freiheit des musikalischen Ausdrucks, es ist vor allem Exploration. Improvisation beinhaltet mehr Einschränkungen. Ein Beispiel dazu: Ich singe zuerst eine Reihe von Pattern in Dur mit den Funktionen Tonika, Dominante und Subdominante, dann singe ich für ein Kind ein Pattern, und fordere es auf, mit einem Pattern zu antworten, das sich von meinem unterscheidet. Das ist Improvisation. Das Gleiche gilt für den rhythmischen Bereich, statt das Pattern des Lehrers zu wiederholen, antwortet das Kind mit einem unterschiedlichen.

Alle meine Improvisationen sind, wie das im Jazz so üblich ist, harmonisch. Mit meinen Schülern wechseln wir uns ab in vokaler Improvisation über eine harmonische Fortschreitung (z. B. in Dur I – I – V – I), die mehrstimmig von der Gruppe gesungen wird. Diese harmonische Struktur kann, den Fähigkeiten der Schüler entsprechend, komplizierter werden und neue Funktionen einbeziehen. Um zu improvisieren ist es notwendig, eine harmonische Klangvorstellung zu haben und die Veränderung der Akkorde bewusst zu hören. Harmonische Improvisation ist das wunderbare Ziel, das wir im Sinne haben und das wir erreichen wollen.

Sangiorgio: Sie fangen also mit neugeborenen Babys bei Null an und entwickeln deren *Audiation*, bis sie später dazu fähig sind, harmonisch zu improvisieren. Letztendliches Ziel ist also die Fähigkeit, die musikalische Sprache so zu benützen wie es Jazzmusiker tun? Was sind die notwendigen Voraussetzungen für diese Arbeit von Seiten der Musiklehrer?

Gordon: Die erste Sache die man lernen muss, ist, diese Tonarten selbst bewusst zu hören und den Wechsel der Akkorde wahrzunehmen. Man muss ein Klangverständnis für alle diese M o d i , oder wie ich lieber sage, für alle diese T o n a r t e n entwickeln. Unterschiedliche Tonarten haben verschiedene Akkordfolgen: Dur und Moll haben I – IV – V, aber Dorisch, Mixolydisch und Äolisch haben I – IV – VII, Phrygisch hat I – II – VII, und Lydisch I – II – V. Man kann die unterschiedlichen Funktionen jeder Tonart hören lernen.

Sangiorgio: Es ist also Ihr grundlegendes Ziel sowohl die Fähigkeit zur *Audiation*, also zum bewussten Musik hören, als auch die Fähigkeit für das Verstehen der tonalen und rhyth-

Gordon: Concerning tonal solfege John Curwen and Sarah Glover were the ones in England who developed the moveable *do*-system. Zoltán Kodály went to England and learnt the system from them. From all the research that we've done there is no better system for developing *audiation* than moveable *do* with a *la*-based minor. We have taken it and have extended its use to all modes. *Audiation* of various tonalities is facilitated by associating a unique tonal syllable with each tonality (*do* with major, *re* with Dorian and so on). The internal logic of interval relationship is always maintained and just a few syllables suffice for all basic tonalities.

Sangiorgio: And what about rhythm and rhythm solfege?

Gordon: With rhythm we have macrobeats (that can be played with the feet). Macrobeats can be divided into two or three microbeats (that can be played with the hands). With our voice we can produce different patterns or longer phrases in many different meters starting with duple and triple meter and then moving on to unusual meters. We have to feel the macrobeats, the microbeats and the patterns upon them simultaneously.

Concerning rhythm solfege, we have developed over years a beat function system. In this system macrobeats are always *Du*. In duple meter microbeats are always *de*: for example, *Dude Du Dude Du*. For triple meter we use the syllables *Du da di*. When we go to a 7 we change the *d* to a *b*: *Du ba bi Du be Du be*. I see a big difference with what Kodály does with rhythm syllables and what I do, because my syllables are based on beat function and not on note values. In our system, for example, instead of *Ta Ta Titi Ta* we say *Du Du Dude Du*. Kodály teachers have to teach music theory and notation in order to explain the syllables. We use syllables that are based on how rhythm is audiated, not notated. There are many Kodály teachers in the U.S. now that are switching over and are using the beat function syllables.

This solfege system is very comprehensive, accounting unambiguously for virtually any rhythm, whether easy or difficult. Any pattern in any meter has its own unique syllables, which facilitates the ability to distinguish between different patterns, functions and meters.

Sangiorgio: How can we coordinate the use of patterns with classroom activities? If we want to teach children a dance, a song or an instrumental piece, how can we introduce the patterns in relation to the materials we are using?

Gordon: This is a complex question; I'll give just a quick example: I may sing the children a song – in which the A part is in major and in triple meter, and the B part is in minor and duple meter – and then I ask them: are you audiating *do mi so* or *la do mi*? I have them listen again to the melody and then I sing the patterns again with tonal syllables in major or minor. I use the patterns to help them understand the context. They are able then to recognize the change from major to minor. I can also ask them: do you hear *Du de* or *Du da di*? I sing the song again and then I might sing the rhythm of the melody of the A part using patterns with rhythm syllables. They will be able to recognize that the B part of the song is in duple time.

mischen Syntax zu entwickeln. Im Zusammenhang damit haben Sie auch ein System von tonalem und rhytmischen Solfège entwickelt. Können Sie uns darüber noch etwas sagen?

Gordon: John Curwen und Sarah Glover haben in England das relative Do-System (die relative Solmisation) entwickelt. Zoltán Kodály kam nach England und hat das von ihnen gelernt. Bei allen Untersuchungen haben wir kein besseres System für die Entwicklung des bewussten Hörens gefunden als das relative *do*, beziehungsweise das relative *la* für moll-Tonarten. Wir haben das für alle Modi übernommen und ausgebaut. Bewusstes Hören verschiedener Tonarten wird dadurch erleichtert, dass mit jeder Tonart eine einzige Silbe assoziiert wird (*do* für Dur, *re* für Dorisch, *mi* für Phrygisch usw.) Die innere Logik der Intervall-Beziehung bleibt immer erhalten und einige wenige Silben reichen für alle grundlegenden Tonarten aus.

Sangiorgio: Und was ist mit dem Rhythmus und dem rhythmischen Solfège?

Gordon: Beim Rhythmus haben wir Macrobeats (metrische Hauptimpulse), die mit den Füssen ausgeführt werden. Macrobeats können in zwei oder drei Microbeats (metrische Unterimpulse) unterteilt und mit den Händen gespielt werden. Mit unserer Stimme produzieren wir verschiedene Pattern oder längere Phrasen in vielen verschiedenen Metren, beginnend mit Zweier- und Dreiermetrum und dann weiter mit ungewöhnlichen Metren. Dabei müssen wir die Macrobeats, die Microbeats und die Pattern gleichzeitig erfassen.

Was das rhythmische Solfège betrifft, haben wir in den letzten Jahren ein neues System entwickelt. In diesem System sind macrobeats immer *Du*. Im Zweiermetrum sind die Microbeats immer *de*: z. B. *Dude Du Dude Du*. Für das Dreiermetrum verwenden wir die Silben *Du da di*, wenn wir zum 7-er Takt übergehen verändert sich *d* zu *b*: *Du ba bi Du be Du be*. Bei den rhythmischen Silben besteht ein großer Unterschied zwischen Kodálys Konzeption und meiner, weil ich von der Funktion auf dem Metrum und nicht von den Notenwerten ausgehe. In unserem System, zum Beispiel, statt *Ta Ta Titi Ta* sagen wir *Du Du Dude Du*. Kodály-Lehrer müssen Musiktheorie und Notation unterrichten um die Silben zu erklären. Im Gegensatz dazu verwenden wir Silben, die darauf basieren, wie man den Rhythmus hört, nicht wie man ihn schreibt. Es gibt in den USA unterdessen viele Kodály-Lehrer, die zu diesem System überwechseln.

Dieses Solfège-System ist sehr umfassend und praktisch auf alle Rhythmen, ob sie nun einfach oder kompliziert sind, anwendbar. Jedes Motiv hat in jeder Taktart seine eigenen Silben und das erleichtert die Unterscheidung von Motiven, Funktionen und Taktarten.

Sangiorgio: Wie können wir das Erlernen dieser Beispiele mit dem Klassenunterricht verbinden? Wenn wir mit Kindern einen Tanz, ein Lied oder ein Instrumentalstück erarbeiten wollen, wie können wir dann die Pattern einführen und mit dem Material, an dem wir arbeiten, verbinden?

Gordon: Das ist eine ziemlich komplexe Frage. Ich gebe ein kurzes Beispiel: Ich singe den Kindern ein Lied vor, in dem Teil A in Dur und im Dreiertakt ist, der B-Teil hingegen in

I just incorporate everything I taught them through *Music Learning Theory* into classroom activities. I need to use tonal and rhythm patterns so that they can listen to music and perform it intelligently.

Sangiorgio: What would you say are the ultimate goals of *Music Learning Theory*?

Gordon: The ultimate goal of *Music Learning Theory* is not to produce great musicians or performers, but listeners who really audiate. We need intelligent audiences desperately.

Audience: You said before that if we don't teach children from an early age we miss a very big advantage. When is it »too late«?

Gordon: Research indicates that music aptitude is developmental during the early years of life. A child's aptitude at birth is innate. From one to three is the most productive time for children. Somewhere at around three years old aptitude begins to level off and we can do less and less in getting their aptitude to its birth level. At nine years old there is no more possibility to increase the potential. This does not mean that you cannot teach a child after nine, but only that the child's achievement cannot go higher than his potential at nine (by that time we call it stabilized music aptitude). But you can still teach children quite a bit because most children are not making the most of their potential.

Bibliography / Bibliographie

Gruhn, Wilfried, 2003: *Kinder brauchen Musik. Musikalität bei kleinen Kindern entfalten und fördern*, Beltz Verlag, Weinheim

Gruhn, Wilfried, 2005: *Der Musikverstand. Neurobiologische Grundlagen des musikalischen Denkens, Hörens und Lernens*, Georg Olms Verlag, Hildesheim

moll und im Zweiertakt. Dann frage ich sie: Hört ihr *do - mi - so* oder *la - do -mi*? Ich lasse sie die Melodie nochmals anhören und singe sie dann mit den Solmisationssilben in Dur oder moll. Ich benütze die Pattern um ihnen dabei zu helfen, den Kontext zu verstehen. So werden sie schließlich den Wechsel von Dur zu moll erkennen. Ich kann sie auch fragen: Hört ihr *Du de* oder *Du da di*? Ich singe das Lied nochmals und dann nur die Melodie des A-Teils indem ich Rhythmussilben verwende. Sie werden dann verstehen, dass der B-Teil im Zweiermetrum steht.

Ich baue einfach alles, was ich ihnen durch die *Music Learning Theory* beigebracht habe, in den Klassenunterricht ein. Ich muss Pattern so verwenden, dass sie Musik sinnvoll hören und spielen können.

Sangiorgio: Wie würden Sie letztlich die Ziele der *Music Learning Theory* definieren?

Gordon: Das Endziel der *Music Learning Theory* liegt nicht darin, große Musiker hervorzubringen. Was wir hingegen brauchen, ist ein Publikum, das bewusst hören kann. Wir benötigen geradezu verzweifelt ein intelligentes Publikum.

Publikum: Sie haben vorhin gesagt, dass wir eine große Gelegenheit verpassen, wenn wir Kinder nicht von klein auf unterrichten. Wann ist es »zu spät«?

Gordon: Die Forschung weist darauf hin, dass sich die musikalischen Fähigkeiten in den ersten Lebensjahren entwickeln. Die Begabung eines Kindes ist mit der Geburt vorgegeben. Vom ersten bis zum dritten Jahr ist die produktivste Zeit für Kinder. Wenn sie etwa drei sind, beginnen die Anlagen, wenn sie nicht gefördert werden, sich wieder abzuschwächen, ab etwa neun Jahren kann man ihr Potential nicht mehr steigern. Das heißt natürlich nicht, dass man ein Kind ab neun Jahren nichts mehr lehren kann, es heißt nur, dass es nicht mehr erreichen kann, als seine Anlagen im Alter von neun Jahren erlauben (wir nennen das die stabilisierte musikalische Begabung). Dennoch können wir Kindern auch danach noch einiges beibringen, denn die meisten nützen ihr Potential nie aus.

Christa Coogan and Doug Goodkin

Multiple Intelligences and Orff-Schulwerk

1. Introduction

Doug Goodkin: My lifetime's work has been to teach children and adults through the practice of Orff-Schulwerk. I am passionately interested in dynamic ideas, but because I am a teacher, they always have to serve a practical end. Orff-Schulwerk is first and foremost an active practice. To be trained in Schulwerk is to acquire a vast repertoire of activities, not only learning songs, dances and pieces, but learning how to release musical and kinaesthetic impulses and guide them towards artistry, understanding how to develop material from the simple to the complex, mastering the art of keeping the group energy focused and flowing.

Though it is clear that a successful Orff-Schulwerk teacher must keep that childlike love for play alive and active, he or she must also reflect in an adult-like fashion on the guiding ideas and principles behind the fun. Orff and Keetman both were on the spare side of explaining these principles, though their every phrase is ripe for expansion. But often I have found the language for what we are doing from people outside of the Schulwerk circle. Howard Gardner's book, *Frames of Mind: Theory of Multiple Intelligences*[1], helped me to discover a new language to describe the work I had been doing and thus, a clearer idea of how to do that work better.

Christa Coogan: My area of expertise is dance, dance education as well as Music and Dance Education within the framework of an Orff-Schulwerk approach.

The encounter with the theory of the Multiple Intelligences (after reading Howard Gardner's publications and after enrolling in a Harvard University Department of Education professional development course entitled *Using the Theory of Multiple Intelligences to Help Students Learn Better*) has changed my teaching in probably many imperceptible ways as well as those which are more significant. Multiple Intelligences Theory has given me another vocabulary to understand myself, a new vocabulary to think about learning, to think about my students and how they learn and how I learn myself.

Goodkin: In the spirit of the Schulwerk, let's begin with an activity. With your eyes closed, please answer the following questions:

- What sounds have you noticed (Birds, cars etc.)?
- What are Doug and Christa wearing?

1 Gardner, Howard, 1983: *Frames of mind: Theory of Multiple Intelligences*

CHRISTA COOGAN UND DOUG GOODKIN

Vielfache Intelligenzen[1] und Orff-Schulwerk

1. Einführung

Doug Goodkin: Mein ganzes Leben lang habe ich Kinder und Erwachsene nach dem Konzept des Orff-Schulwerks unterrichtet. Ich interessiere mich leidenschaftlich für dynamische Ideen, da ich jedoch als Lehrer arbeite, müssen diese auch einem praktischen Ziel dienen. Das Orff-Schulwerk ist in erster Linie ein aktiver Weg. Nach den Prinzipien des Orff-Schulwerks unterrichtet zu werden bedeutet, sich ein umfangreiches Repertoire an Aktivitäten anzueignen, das nicht nur aus dem Erlernen von Liedern, Tänzen und Instrumentalstücken besteht, sondern auch darin, zu lernen, wie musikalische und kinästhetische Impulse freigesetzt und zu einer künstlerischen Ausführung gebracht werden können, bedeutet auch, zu lernen wie man Material von einfachen Anfängen bis hin zu komplexen Inhalten entwickelt, und wie man es meistert, die Gruppenenergie zu fokussieren und in Fluss zu halten.

Ein erfolgreicher Orff-Schulwerk-Lehrer muss sich zwar seine kindliche Liebe für das Spielerische erhalten und mit Leben füllen, er oder sie muss allerdings auch auf eine erwachsene Weise über die Leitgedanken nachdenken, die hinter dem Spaß stehen. Orff und Keetman haben sich mit der Erläuterung dieser Prinzipien immer gerne etwas zurückgehalten, allerdings lassen sich alle ihre Aussagen sehr gut weiter vertiefen. Ganz häufig aber fand ich gerade bei Menschen, die per se nichts mit der Welt des Schulwerks zu tun haben, den passenden Sprachgebrauch für unsere Tätigkeit. Howard Gardners Buch, *Abschied vom IQ. Die Rahmen-Theorie der Vielfachen Intelligenzen*[2], half mir dabei, eine neue sprachliche Ausdrucksweise für die Beschreibung meiner Arbeit zu finden und damit zu eine bessere Vorstellung dessen wie diese Arbeit besser gemacht werden könnte.

Christa Coogan: Mein Spezialgebiet ist der Tanz, Tanzunterricht sowie Musik- und Tanzunterricht im Rahmen des Orff-Schulwerks.

Die Begegnung mit der Theorie der Vielfachen Intelligenzen (durch die Lektüre von Howard Gardners Veröffentlichungen und der Teilnahme an einem Fortbildungskurs an der Harvard-Universität mit dem Titel *Die Anwendung der Theorie der Vielfachen Intelligenzen für ein verbessertes Lernen von Studierenden* hat meine Unterrichtsmethoden verändert, und zwar sowohl die an sich nicht so augenscheinlichen, als auch die zentralen

[1] Auf internationaler Ebene hat sich der Terminus »Multiple Intelligences« durchgesetzt, doch verwenden wir hier die Übersetzung wie sie in Gardners deutschen Veröffentlichungen vorliegt (Hrsg.).

[2] Gardner, Howard, 1991: *Abschied vom IQ. Die Rahmentheorie der Vielfachen Intelligenzen*, Stuttgart

- Show a gesture you've seen either of them doing while speaking.
- How well do you think Doug and Christa know each other?
- Find a way to describe how you were feeling before this workshop began. (Name a colour, number from 1 to 10, adjective, gesture or position, sound etc.)

This little exercise is a way to frame what we all intuitively know, that there are multiple ways to interpret, perceive and express the world.

Gardner named these ways of noticing intelligences. Each has an association with a particular part of the body: visual-spatial with the eye; musical: the ear; linguistic: the tongue; kinesthetic: the body as a whole or in parts; inter- and intra-personal: the heart and the mind; mathematical: the brain. Just as a complete functioning body depends upon all organs and senses (though deaf, mute and blind people clearly can compensate well), so does an overall definition of intelligence depend upon a polyphony of intelligences working together. The ancient Greeks recognized this by naming nine muses to cover the territory. In the 13th century, Sufi poet Rumi had already written a poem entitled *The Variety of Intelligences in Human Beings*.

In traditional schools, these intelligences can be simplistically recognized in the various subjects like language, arts, maths and science, music, visual art and physical education, with the last two finding their way into the school under such report card items as »gets along with peers« or »shows interest and enthusiasm«. As we will soon see, intelligences are not the same as school subjects, because all intelligences are (or should be) brought into play in every school subject.

2. The Multiple Intelligences Theory

Coogan: Before we come to the practical work I would like to explain the Multiple Intelligences Theory briefly for those who might perhaps know it just by name.

Multiple Intelligences Theory is actually a contribution to neuropsychology because it is a theory claiming to understand how the human brain evolved and developed over thousands of years and how it functions today. Meanwhile however, the theory has been adopted in certain educational circles because it gives educational reforms, visions and practices and is a scientific support. This theory offers important perspectives in reference to an authentic education and to our work as Orff-Schulwerk practitioners.

Certainly many of the pedagogical ideas found in Multiple Intelligences Theory and the various approaches they have engendered, especially pertaining to early childhood education and the beginning school years, are not new. Similar theories and practices belong to the reformers of the 20th century, such as Maria Montessori, John Dewey and Jean Piaget as well as their predecessors Friedrich Froebel and Johann Pestalozzi and also to Gunild Keetman and Carl Orff.

To begin with I will sketch two other important contributions to human intelligence and then introduce the Theory of Multiple Intelligences.

Methoden. Die Theorie der Vielfachen Intelligenzen lieferte mir ein neues Vokabular für mein Selbstverständnis, um über Lernen an sich, über die Lernweise meiner Studierenden und meine eigenen Lernprozesse nachzudenken.

Goodkin: Beginnen wir, ganz im Sinne des Schulwerks, mit einer kleinen Übung. Schließen Sie Ihre Augen und beantworten Sie die folgenden Fragen:

- Welche Geräusche haben Sie bemerkt (Vögel, Autos usw.)?
- Wie sind Doug und Christa angezogen?
- Machen Sie eine Geste, die Sie bei einem der beiden während des Vortrags beobachtet haben.
- Wie gut kennen sich ihrer Meinung nach Doug und Christa?
- Versuchen Sie zu beschreiben, wie Sie sich vor Beginn dieses Workshops gefühlt haben (nennen Sie eine Farbe, eine Zahl von 1 bis 10, ein Adjektiv, eine Geste oder eine Haltung, ein Geräusch usw.).

Diese kleine Übung zeigt uns, was wir intuitiv wissen, nämlich dass es viele verschiedene Arten gibt, die Welt zu interpretieren, wahrzunehmen und zu erklären.

Gardner nannte diese Arten der Wahrnehmung Intelligenzen. Jede davon bezieht sich auf einen bestimmten Teil unseres Wesens: räumlich-visuell auf das Auge, musikalisch auf das Ohr, sprachlich auf die Zunge, kinästhetisch auf den ganzen Körper oder einzelne Körperteile, interpersonal und intrapersonal auf Herz und Seele, mathematisch auf das Gehirn. So wie auch ein intakter Körper von allen Organen und Sinnen abhängt (obwohl taube, stumme und blinde Menschen offensichtlich gut kompensieren können), so hängt eine umfassende Definition der Intelligenz davon ab, inwieweit die Polyphonie der verschiedenen Intelligenzen im Einklang arbeitet. Die alten Griechen erkannten dies und benannten neun Musen, um diese Bereiche abzudecken. Bereits im 13. Jahrhundert schrieb der sufische Poet Rumi ein Gedicht mit dem Titel *The Variety of Intelligences in Human Beings*[3].

An traditionellen Schulen finden sich diese Formen der Intelligenz in grob vereinfachter Weise in den verschiedenen Fächern wie Sprache, Kunst, Mathematik und Naturwissenschaften, Musik, darstellende Kunst und Leibeserziehung wieder, wobei die beiden zuletzt genannten in Beurteilungskategorien wie »kommt gut mit seinen Mitschülern aus« oder »zeigt Interesse und Begeisterungsfähigkeit« auftauchen. Wie wir gleich sehen werden, sind die Formen der Intelligenz jedoch nicht mit Schulfächern gleichzusetzen, da sämtliche Formen der Intelligenz für jedes einzelne Schulfach zum Einsatz gebracht werden (oder werden sollten).

2. Die Theorie der Vielfachen Intelligenzen

Coogan: Bevor wir zur praktischen Arbeit übergehen, möchte ich die Theorie der Vielfachen Intelligenzen kurz für diejenigen erklären, welche diese Theorie vielleicht nur dem Namen nach kennen.

[3] die verschiedenen Formen der Intelligenz des Menschen (Hrsg.)

The scientific research of intelligence and the possibility of measuring intelligence began at the end of the 19th century. At the beginning of the 20th century, the British scientist Charles Spearman questioned whether intelligence could be understood as one capacity or as several. His theory supposes that there is a general intelligence factor– g-factor – which enables abstract reasoning and, in addition, verbal and spatial abilities which he called the s-factor. This g-factor is understood as hereditary, changing little due to age, training or experience. Spearman is also the developer of the classical test theory and it is his mathematical equation to measure intelligence (along with the test developed by Alfred Binet, the father of school intelligence tests) that still has wide acceptance in the field of test psychology today.

Louis Thurston, engineer and doctor of psychology at the University of Chicago in the 1930's critized the intelligence theory of Spearman. Thurston claimed that what Spearman understood as the g-factor plus the s-factor are really the combination of seven independent capabilities, which he called the »Primary Mental Abilities«. According to Thurston, these abilities are as follows: verbal ability and word fluency, numerical ability, spatial ability, rote memory, perceptual speed, inductive reasoning and deductive reasoning. As did Spearman, Thurston tried to confirm his theory with mathematical equations and to measure intelligence achievements with tests.

Another model of intelligence was developed in the 1980's by the psychologist Howard Gardner. In his own work in neuropsychology and development Gardner, professor for Neurology, Cognition and Pedagogy at Harvard University, began to question the conventional view of intelligence, that is, Spearman's g-factor, and the psychometric lean to previous intelligence theories[2]. Similar to Thurston's suppositions, Gardner's theory justifies the existence of relatively autonomous components of intelligences. In this framework, each person possesses all intelligences, yet they are combined differently in each individual. The evidence he presents is based on psychometric findings as well as on biological-psychological factors and neurological evidence. In addition the theory is distinguished by its definition of intelligence as the ability to solve problems or to create products that are valued within a given cultural setting. Problems to be solved can range from repairing an electrical appliance to deciphering a mathematical equation and product creations can include musical compositions and scientific theories.

2.1 Forms of Intelligences

Gardner subdivides the factor intelligence into 8 components[3]:

Linguistic: involves perceiving or generating spoken or written language. It is the ability to use language and its structure to communicate; it is sensitivity to subtle meanings in language and a fascination for words.

2 Gardner, Howard, 1993: *Multiple Intelligences*

3 A ninth intelligence, the spiritual or existential ability, is still under consideration.

Die Theorie der Vielfachen Intelligenzen gehört an sich in den Bereich der Neuropsychologie, da diese Theorie für sich den Anspruch erhebt, zu erklären, wie sich das Gehirn des Menschen über Tausende von Jahren hinweg entwickelt hat und wie es heute funktioniert. Seitdem wurde diese Theorie allerdings von bestimmten pädagogischen Kreisen aufgenommen, da sie Bildungsreformen, Zukunftsvisionen und Methoden ermöglicht und dafür eine wissenschaftliche Grundlage schafft. Diese Theorie liefert wichtige Perspektiven in Bezug auf eine glaubwürdige Bildung und für unsere Arbeit als Orff-Schulwerk-Pädagogen.

Viele der pädagogischen Ansätze zur Theorie der Vielfachen Intelligenzen und die verschiedenen daraus abgeleiteten Methoden, besonders in Hinblick auf die Erziehung im frühen Kindesalter und die ersten Schuljahre, sind nicht neu. Ähnliche Theorien und Methoden wurden bereits von den Reformern des 20. Jahrhunderts wie Maria Montessori, John Dewey und Jean Piaget und auch von deren Vorgängern Friedrich Froebel und Johann Pestalozzi und eben auch von Gunild Keetman und Carl Orff vertreten.

Zu Beginn möchte ich kurz zwei andere wichtige Beiträge zur menschlichen Intelligenz beschreiben, bevor ich die Theorie der Vielfachen Intelligenzen vorstelle.

Die wissenschaftliche Untersuchung der Intelligenz sowie die Möglichkeit der Intelligenzmessung begannen Ende des 19. Jahrhunderts. Zu Beginn des 20. Jahrhunderts stellte der britische Wissenschaftler Charles Spearman die Frage, ob Intelligenz als eine einzige oder als mehrere Kapazitäten aufgefasst werden kann. Seine Theorie geht davon aus, dass es einen allgemeinen Intelligenzfaktor gibt, den G-Faktor, welcher abstraktes Denken ermöglicht, sowie verbale und räumliche Fähigkeiten, die er den S-Faktor nannte. Beim G-Faktor geht man davon aus, dass dieser primär erblich bedingt ist und sich nur geringfügig durch Alter, Bildung oder Erfahrung verändert. Spearman ist außerdem der Begründer der klassischen Testtheorie, und die von ihm aufgestellte mathematische Gleichung zur Intelligenzmessung (gemeinsam mit dem von Alfred Binet, dem Vater des schulischen Intelligenztests, entwickelten Test), wird auch heutzutage noch in weiten Bereichen der Testpsychologie angewendet.

Louis Thurston, Ingenieur und Doktor der Psychologie and der Universität Chicago in den 30er-Jahren, kritisierte Spearmans Intelligenztheorie. Thurston behauptete, dass die von Spearman angenommenen G-Faktoren und S-Faktoren in Wirklichkeit eine Kombination von sieben unabhängigen Fähigkeiten seien, die er die »grundlegenden mentalen Fähigkeiten« nannte. Nach Thurstons Theorie sind dies folgende Fähigkeiten: Sprachvermögen und flüssige Ausdrucksweise, numerische Fähigkeit, räumliches Vorstellungsvermögen, Gedächtnisabruf, Wahrnehmungsgeschwindigkeit und induktive und deduktive Denkfähigkeit. Thurston versuchte ebenso wie Spearman, seine Theorie durch mathematische Gleichungen zu bestätigen und Intelligenzleistungen durch Tests zu messen.

Ein anderes Intelligenzmodell wurde in den 1980er-Jahren von dem Psychologen Howard Gardner entwickelt. Während seiner Arbeit in der Neuro- und Entwicklungspsychologe begann Gardner, Professor für Neurologie, Wahrnehmungsforschung und Pädagogik an der Harvard Universität, die herkömmliche Einschätzung von Intelligenz, also Spearmans G-Faktor und die psychometrische Ausrichtung vorangehender Intelligenzthe-

Logical-mathematical: the ability to manipulate numbers, quantities and operations; the ability to use and appreciate abstract relationships or to make logical inferences.

Spatial: the ability to create a mental model of the spatial world and involves being able to discriminate relationships including depth, dimension and movement; it involves the capacity to see and to perceive stimuli accurately. It is the realm of colours, shapes, patterns, designs, textures and pictures.

Musical: the ability to hear musical patterns, to remember them, to manipulate them; the ability to communicate meaning from sound.

Bodily-kinaesthetic: the ability to use the whole body in expressing ideas and feelings or in achieving a specific goal, including the facility to use the hands to create or transform objects; harmonious functioning of muscles, dexterity, speed and sensitivity of touch.

Interpersonal: the ability to understand other people, to recognize their different temperaments and moods; being able to interact with others. It includes capitalizing of interpersonal skills in pursuit of one's own ends and it is not embedded in a moral system.

Intrapersonal: enables individuals to access their own thoughts and feelings to make a mental model of themselves which informs their actions and reactions; the ability to articulate self-understanding through other types of expression/intelligences.

Naturalist: the ability to recognize, differentiate and classify elements of the natural world as well as sensitivity to features of the environment; pattern recognition[4].

A number of features distinguish the Multiple Intelligences Theory from conventional intelligence models:

- It is a pluralistic model of intelligence.
- All 8 intelligences are universal.
- Although intelligences have a biological basis, they can develop and change.
- Each intelligence involves sub-abilities or different manifestations.
- Intelligences work in combination, not in isolation.
- The idea of intelligence is based on the ability to solve problems or to create products that are valued within one or more cultural contexts; they are not independent of content and context.
- Artistic capabilities are understood as intelligences.

4 Gardner, Howard, 1993: *Multiple Intelligences*; 1999: *Intelligences Reframed*

orien[4], in Frage zu stellen. Ähnlich wie bei Thurstons Annahmen weist Gardners Theorie auf das Vorhandensein relativ unabhängiger Intelligenzkomponenten hin. Seinem Ansatz zufolge verfügt jeder Mensch über alle diese Intelligenzformen, nur treten diese bei jedem Individuum in unterschiedlichen Kombinationen auf. Die Beweise, die er hierfür erbringt, basieren sowohl auf psychometrischen Ergebnissen als auch auf biologisch-psychologischen Faktoren und neurologischen Befunden. Zusätzlich zeichnet sich diese Theorie durch ihre Definition von Intelligenz als die Fähigkeit aus, Probleme zu lösen oder Produkte herzustellen, die innerhalb eines gewissen kulturellen Umfelds geschätzt werden. Problemstellungen, die eine Lösung erfordern, erstrecken sich von der Reparatur elektrischer Haushaltsgeräte bis zur Entzifferung mathematischer Gleichungen, und die Herstellung von Produkten kann sowohl Musikinstrumente als auch wissenschaftliche Theorien einschließen.

2.1 Formen der Intelligenzen

Gardner unterteilt den Faktor Intelligenz in 8 verschiedene Teilbereiche[5]:

S p r a c h l i c h : Dies umfasst die Wahrnehmung oder das Generieren gesprochener oder schriftlicher Sprache. Damit wird die Fähigkeit, Sprache und ihre Struktur zum Zwecke der Kommunikation zu verwenden wie auch die Empfänglichkeit für subtile sprachliche Bedeutungsnuancen sowie eine Faszination für Wörter beschrieben.

L o g i s c h - m a t h e m a t i s c h : Die Fähigkeit, Zahlen, Mengen und Vorgänge zu manipulieren sowie die Fähigkeit, abstrakte Beziehungen zu verwenden und zu verstehen oder logische Schlussfolgerungen zu ziehen.

R ä u m l i c h : Die Fähigkeit, durch mentale Leistung ein Modell der räumlichen Welt zu erzeugen, beinhaltet die Fähigkeit solche Eigenschaften wie Tiefe, Größe und Bewegung zu unterscheiden; und umfasst außerdem die Fähigkeit, Reize richtig wahrzunehmen und zu verstehen. Dies ist die Welt der Farben, Formen, Muster, Anordnungen, Texturen und Bilder.

M u s i k a l i s c h : Die Fähigkeit, Klangfiguren zu hören, sich an diese zu erinnern und diese zu manipulieren; die Fähigkeit, die Bedeutung von Klängen zu erfassen.

K ö r p e r l i c h - k i n ä s t h e t i s c h : Die Fähigkeit, den gesamten Körper zum Ausdruck von Ideen und Gefühlen oder für das Erreichen eines bestimmten Ziels einzusetzen, einschließlich der Fähigkeit, die Hände zur Umgestaltung von Objekten einzusetzen; das harmonische Funktionieren der Muskeln, Beweglichkeit, Geschwindigkeit und Berührungsempfindlichkeit.

4 Gardner, Howard, 1993: *Multiple Intelligences*

5 Eine neunte Form der Intelligenz, nämlich die spirituelle oder existenzielle Fähigkeit, wird gegenwärtig noch geprüft.

2.2 Criteria for Intelligence

Gardner qualifies an intelligence using evidence from specific criteria: biological and evolutionary evidence; logical analysis (core operations and symbol system); developmental psychology and traditional psychology[5].

Biological criteria present evidence that one intelligence can be isolated from another at the »basic brain level« – to which extent is an ability damaged (or spared) as a result of a brain injury. For instance, specific areas of the brain have been identified as mediators of linguistic or musical processing.

Evolutionary evidence attained in studies of the animal world as well as in research of early human societies and cross-cultural studies is included under the biological criteria.

Criteria based on logical analysis demonstrate that each intelligence must have an identifiable set of capacities that appear to be central to that intelligence. These Gardner calls the »core operations«[6].

Gardner continues by saying that *the existence of a core computational capacity anticipates the existence of a symbol system that exploits that capacity*[7]. Over time people have developed symbol systems to communicate information in an organized manner, be it spoken and written language, musical notation, charts and maps or mathematical equations. Therefore, a fundamental characteristic of intelligence appears to be its receptivity »to encoding in a symbol system«.

One of the two criteria coming from developmental psychology is the distinct »developmental trajectory« that an intelligence exhibits. Gardner posits that intelligences are not demonstrated »in the raw« but rather they are demonstrated in different domains and end-states.

The second criterion coming from developmental psychology is the knowledge about normal development and development in exceptional individuals – that is, individuals who have an unusual intelligence profile. These profiles of prodigies, autistic individuals and savants demonstrate a high level of ability in one area, leaving the other areas normal to severely impaired.

The source for the last two criteria comes from traditional psychology. Using experimental psychological activities, researchers have been able to discern how operations are related to one another by observing how individuals can perform certain tasks from each operation simultaneously. For instance, most of us can walk and talk at the same time, most of us can't talk and work on a crossword puzzle or talk and listen attentively to a song. In the first case, two facilities are at work, in the second, the linguistic operation is involved in both tasks.

The second comes from psychometric studies, for as definitions of intelligence have broadened, so have the measuring tools and corresponding studies, thus supporting the tenets of Multiple Intelligences Theory.

5 Gardner, Howard, 1993: *Multiple Intelligences*; 1999: *Intelligences Reframed*

6 Gardner 1999

7 Gardner 1993, p. 16

I n t e r p e r s o n a l : Die Fähigkeit, andere Menschen zu verstehen und ihre verschiedenen Temperamente und Gemütszustände zu erkennen; die Fähigkeit, mit anderen zu interagieren. Dies beinhaltet das Ausschöpfen zwischenmenschlicher Fähigkeiten zur Erreichung der eigenen Ziele und ist nicht in ein moralisches System eingebettet.

I n t r a p e r s o n a l : Befähigt Individuen, ihre eigenen Gedanken und Gefühle zu erkennen und ein geistiges Modell von sich selbst zu erstellen, welches ihre Handlungen und Reaktionen beeinflusst; die Fähigkeit sein Selbstverständnis durch andere Ausdrucks-/Intelligenzformen zu artikulieren.

N a t u r a l i s t i s c h : Die Fähigkeit, die Elemente der natürlichen Welt zu erkennen, zu unterscheiden und zu klassifizieren sowie ein Feingefühl für Umwelteigenschaften; Mustererkennung[6].

Eine Reihe von Merkmalen unterscheidet die Theorie der Vielfachen Intelligenzen von herkömmlichen Intelligenzmodellen:

- Es handelt sich um ein pluralistisches Intelligenzmodell.
- Alle 8 Formen der Intelligenz sind universal.
- Obwohl die Formen der Intelligenz einen biologischen Ursprung aufweisen, können sie sich weiterentwickeln und verändern.
- Jede Form der Intelligenz schließt untergeordnete Fähigkeiten oder verschiedene Erscheinungsmöglichkeiten ein.
- Die Formen der Intelligenz wirken zusammen und sind nicht voneinander isoliert.
- Das Intelligenzkonzept basiert auf der Fähigkeit, Probleme zu lösen oder Produkte zu schaffen, die innerhalb eines oder mehrerer kultureller Umfelder geschätzt werden. Diese sind nicht unabhängig von Inhalt- oder Kontext.
- Künstlerische Fähigkeiten werden als Formen der Intelligenz angesehen.

2.2 Kriterien für Intelligenz

Gardner beschreibt eine Form der Intelligenz anhand von Beweisen aus spezifischen Kriterien: biologische und evolutionäre Beweise, logische Analyse (Kernoperationen und Symbolsystem) sowie Entwicklungspsychologie und traditionelle Psychologie[7].

B i o l o g i s c h e K r i t e r i e n liefern Beweise dafür, dass die Formen der Intelligenz auf dem »zugrunde liegenden Gehirnniveau« voneinander unterschieden werden können, z. B. in welchem Umfang eine Fähigkeit aufgrund einer Gehirnverletzung eingeschränkt (oder verschont) worden ist. Man hat erkannt, dass bestimmte Bereiche des Gehirns z. B. als Vermittler der sprachlichen oder musikalischen Abläufe fungieren.

E r k e n n t n i s s e a u s d e r E v o l u t i o n s g e s c h i c h t e aus der Tierwelt und aus der Untersuchung früher menschlicher Gesellschaftsformen sowie aus interkulturellen Studien sind in den biologischen Kriterien enthalten.

6 Gardner, Howard, 1993: *Multiple Intelligences*; 1999: *Intelligences Reframed*

7 ebda.

Examining the musical ability can clarify how these criteria are met:

- Examples of neurological evidence: an individual can experience an injury to the speech centre of the brain but still retain the ability to sing or to compose music.
- Examples of evolutionary evidence: archaeological proof of early musical instruments; cross-cultural studies demonstrate the value that music is given in other cultures; from the animal world we have the variety of birdsong.
- Core operations: sensitivity to pitch, rhythm, timbre; to melody and musical structure; communication and expression through sound.
- Symbol system: musical notation.
- Developmental trajectory begins with the raw patterning ability, for example the ability to make tonal differentiations and continuing on through to a symbol system in which music can be encountered through song; the development progresses and music is notated in a system; finally the intelligence is expressed through the range of end-state performances: for instance singer, sound technician or composer.
- Special gifts: autistic children can show unusual musical talent yet have severe impairments in language, sensitivity to others and general communication; existence of musical prodigies; savants who demonstrate a high level of musical memory despite retardation in all other areas.
- New tests measuring musical acuity which help to support the evidence of a musical intelligence.

Intelligence refers to biological and psychological potential and abilities to process information in certain ways – that is to say – the raw material. Domains are culturally organized and valued activities which call upon the use of several intelligences. End-states are fields accepted within established domains[8].

2.3 Key to Intelligence Descriptions

2.3.1 The Musical Intelligence as an Example

Key Abilities – broad abilities central to this intelligence		
• Perceiving and understanding of patterns of sounds • Includes creating and communicating meaning from sound		
Sub-Abilities – specific abilities within this intelligence		
• A feeling for rhythm • Musical production	• Composition/notation • Physical coordination (to be able to play an instrument)	
Endstates or Domains – refer to societal disciplines emphasizing this intelligence		
• Musician/singer • Conductor • Composer	• Choreographer • D J. • Music author	• Music critic • Piano tuner • Sound engineer

8 Gardner, *Myths and messages*, pp. 201–202

Kriterien, die auf logischer Analyse basieren, zeigen, dass jede Form der Intelligenz über eine erkennbare Anzahl von Fähigkeiten verfügen muss, die für diese Form der Intelligenz von zentraler Bedeutung zu sein scheinen. Diese werden von Gardner »Kernoperationen«[8] genannt.

Gardner führt weiter aus, dass *das Vorhandensein einer Fähigkeit zu Durchführung grundlegender Berechnungen die Existenz eines Symbolsystems voraussetzt, welches diese Fähigkeit nutzt*[9]. Mit der Zeit haben die Menschen ein Symbolsystem entwickelt, um Informationen auf strukturierte Weise zu kommunizieren, z. B. gesprochene und geschriebene Sprache, das musikalische Notensystem, Tabellen und Landkarten oder mathematische Gleichungen. Daher scheint eine grundlegende Eigenschaft von Intelligenz darin zu bestehen, »Kodierungen innerhalb eines Symbolsystems« wahrzunehmen.

Eine der zwei Kriterien aus der Entwicklungspsychologie ist die ausgeprägte »Entwicklungsrichtung«, die eine Intelligenz aufzeigt. Gardner postuliert, dass die Formen der Intelligenz nicht »in ihrem Urzustand« sichtbar werden, sondern erst in verschiedenen Domänen und Endzuständen in Erscheinung treten.

Das zweite, aus der Entwicklungspsychologie stammende Kriterium bezieht sich auf das Wissen über normale Entwicklung und über die Entwicklung außerordentlicher Individuen, d. h. von Individuen, die ein ungewöhnlich hohes Intelligenzprofil aufweisen. Diese Profile von außergewöhnlichen Talenten, autistischen Personen und Savants (Inselbegabungen) zeigen ein hohes Fähigkeitsniveau in einem Bereich, während die anderen Bereiche normal entwickelt oder gar schwer beeinträchtigt sind.

Die Quelle für die letzten zwei Kriterien ist die traditionelle Psychologie. Unter Verwendung von experimentellen psychologischen Aktivitäten haben Forscher herausgefunden, wie Abläufe miteinander verbunden sind, indem sie beobachteten, wie Individuen bestimmte Aufgaben einer Tätigkeit gleichzeitig ausführen können. So können z. B. die meisten von uns gleichzeitig sprechen und gehen, doch können die meisten von uns nicht gleichzeitig sprechen und ein Kreuzworträtsel lösen oder sprechen und aufmerksam einem Lied zuhören. Im ersten Fall werden zwei verschieden Fähigkeiten eingesetzt, während im zweiten Fall an beiden Aufgaben sprachliche Handlungen beteiligt sind.

Das zweite Kriterium stammt aus psychometrischen Untersuchungen, da im Zusammenhang mit dem immer breiter werdenden Spektrum an Definitionen für Intelligenz auch die Messgeräte und die entsprechenden Studien weiterentwickelt wurden und somit zu einer Unterstützung der Lehre der Theorie der Vielfachen Intelligenzen geführt haben.

Anhand einer Untersuchung der musikalischen Fähigkeit kann gezeigt werden, wie diese Kriterien erfüllt werden:

- Beispiele neurologischer Anzeichen: Auch nach einer Verletzung des Sprachzentrums des Gehirns ist es möglich, weiterhin die Fähigkeit zum Singen oder zum Komponieren von Musikstücken zu behalten.
- Beispiele von Anzeichen aus der Evolutionsgeschichte: Archäologische Funde früher Musikinstrumente; interkulturelle Studien haben die Bedeutung von Musik in anderen Kulturen gezeigt; die verschiedenen Vogelgesänge in der Tierwelt.

8 Gardner 1999

9 Gardner 1993, S. 16

Products and Problem Solving – output of an intelligence		
• Composition/song • Opera/musical • Dance set to music	• Critic/analysis • Accompaniment • Advertising jingle	• Performance/concert • Film music
Everyday uses of this intelligence – daily contexts in which we use this intelligence		
• Playing an instrument • Listening carefully to a song on the radio • Appreciating bird song or different city sounds		

2.3.2 The Bodily-kinaesthetic Intelligence as an Example

Key Abilities – broad abilities central to this intelligence		
• Allows an individual to use the body to create products or solve problems • Refers to the ability to control all or isolated parts of one's body		
Sub-Abilities – specific abilities within this intelligence		
• Body control and fine motor abilities • Athletic movement • Creative movement (including responsiveness to music) • Generating movement ideas (such as in choreography)		
Endstates or Domains – refer to societal disciplines emphasizing this intelligence		
• Dancer • Athlete • Sculptor	• Choreographer • Actor • Surgeon	• Artisan • Carpenter • Mime
Products and Problem Solving – output of an intelligence		
• Sports/games • Sculpture, painting • Textiles	• Play • Crafts/carpentry • Charades	• Dance performance • Performance art • Jewellery
Everyday uses of this intelligence – daily contexts in which we use this intelligence		
• Repairing something • Playing soccer or another sport	• Braiding hair	

Multiple Intelligences Theory is not a technique but rather an approach, a perspective or a mind-set. Using it as such is helpful to inform varying learning and teaching practices. It is a vision of the versatility of children and students. It is a theory that supports us as teachers of Orff-Schulwerk to discover and to honour, to challenge and to celebrate this versatility because:

- Education becomes more individual and personal
- This approach encourages an education that leads to more f l o w experiences for students[9]
- It supports the needs of children who are lost in the traditional curriculum setting
- It justifies the inclusion of arts as a central axis in the curriculum
- It attempts to unify teachers and to bring teachers and parents closer together

[9] Csikszentmihályi, Mihály, 1990: *Flow*, Stuttgart

- Kernbereiche: Empfindlichkeit gegenüber Tonhöhe, Rhythmus und Klangfarbe; gegenüber Melodien und musikalischen Strukturen; Kommunikation und Ausdruck durch Klänge.
- Symbolsystem: die musikalische Notenschrift.
- Die Entwicklungsrichtung beginnt mit der Fähigkeit, einfache Muster zu erkennen, z. B. tonale Unterschiede zu erkennen und führt zu einem Symbolsystem, welches es ermöglicht, Musik in Form eines Liedes zu begegnen; der Entwicklungsprozess und die Musik werden in einem System aufgezeichnet; schließlich wird diese Form der Intelligenz durch eine Reihe von Darbietungen des Endzustandes ausgedrückt: z. B. Sänger, Tontechniker oder Komponist.
- Besondere Begabungen: Autistische Kinder können eine ungewöhnliche Begabung für Musik zeigen, dennoch sind ihre sprachlichen Fähigkeiten, ihre Wahrnehmung anderer und ihre allgemeinen Kommunikationsfähigkeiten stark eingeschränkt; die Existenz außergewöhnlicher musikalischer Talente; Savants, die über ein hoch entwickeltes musikalisches Gedächtnis verfügen, in allen anderen Bereichen jedoch stark unterentwickelt sind.
- Neue Tests zur Messung musikalischer Empfindsamkeit haben weitere Anzeichen für die Existenz einer musikalischen Intelligenz geliefert.

Intelligenz bezieht sich auf ein biologisches und psychologisches Potential und die Fähigkeit, Informationen, d. h. das Rohmaterial, auf bestimmte Weise zu verarbeiten. Domänen sind kulturell strukturierte und bewertete Aktivitäten, welche die Anwendung mehrerer Formen der Intelligenz erfordern. Endzustände sind Bereiche, die innerhalb etablierter Domänen akzeptiert sind[10].

2.3 Schlüssel zur Beschreibung von Intelligenz

2.3.1 Das Beispiel der musikalischen Intelligenz

Schlüsselfähigkeiten – umfassende Fähigkeiten mit zentraler Bedeutung für diese Form der Intelligenz		
• Wahrnehmung und Verständnis von Klangfiguren		
• Beinhaltet die Schaffung und die Kommunikation von Bedeutung durch Klänge		
Untergeordnete Fähigkeiten – spezifische Fähigkeiten innerhalb dieser Intelligenz		
• Rhythmusgefühl	• Komposition/Notenschrift	
• Musikproduktion	• Physische Koordination (die Fähigkeit, ein Instrument zu spielen)	
Endzustände und Domänen – bezogen auf gesellschaftliche Disziplinen, welche diese Intelligenz betonen		
• Musiker/Sänger	• Choreograph	• Musikkritiker
• Dirigent	• D J.	• Klavierstimmer
• Komponist	• Musikverfasser	• Tontechniker

10 Gardner, *Myths and messages*, S. 201-202

Produkte und Problemlösung – Ausdrucksform der Intelligenz		
• Komposition/Gesang • Oper/Musical • Musikbezogener Tanz	• Kritik/Analyse • Begleitung • Werbe-Jingle	• Aufführung/Konzert • Filmmusik
Anwendungsmöglichkeiten dieser Form der Intelligenz im täglichen Leben – Alltagsumstände, in welchen wir diese Form der Intelligenz verwenden • Spielen eines Instruments • Aufmerksames Zuhören eines Liedes im Radio • Wahrnehmung von Vogelgesang oder der verschiedenen Geräusche in der Stadt		

2.3.2 Das Beispiel der kinästhetischen Intelligenz

Schlüsselfähigkeiten – umfassende Fähigkeiten mit zentraler Bedeutung für diese Form der Intelligenz		
• Ermöglicht es einem Individuum, den Körper zur Erstellung von Produkten oder zur Problemlösung zu verwenden • Bezeichnet die Fähigkeit, seinen ganzen Körper oder einzelne Teile seines Körpers zu steuern		
Untergeordnete Fähigkeiten – spezifische Fähigkeiten innerhalb dieser Intelligenz • Körperkontrolle und feinmotorische Steuerung • Athletische Bewegungsabläufe • Kreative Bewegungen (einschl. Reaktionen auf Musik) • Erstellung von Ideen für Bewegungsabläufe (wie z. B. in der Choreographie)		
Endzustände oder Domänen – bezogen auf gesellschaftliche Disziplinen, welche diese Intelligenz betonen		
• Tänzer • Athlet • Bildhauer	• Choreograph • Schauspieler • Chirurg	• Handwerker • Zimmermann • Pantomime
Produkte und Problemlösung – Ausdrucksform der Intelligenz		
• Sport/Spiele • Skulpturen/Gemälde • Textilien	• Bühnenstücke • Handarbeiten/Zimmerhandwerk • Worträtsel	• Tanzvorführungen • Darstellungskunst • Schmuck
Anwendungsmöglichkeiten dieser Form der Intelligenz im täglichen Leben – Alltagsumstände, in welchen wir diese Form der Intelligenz verwenden		
• Etwas reparieren	• Haare flechten	• Fußball spielen oder einen anderen Sport treiben

Die Theorie der Vielfachen Intelligenzen ist keine Methode, sondern vielmehr eine Betrachtungsweise, eine Perspektive oder eine Einstellung. Ihre Anwendung ist hilfreich bei der Vermittlung verschiedener Lern- und Unterrichtsmethoden. Sie liefert ein Verständnis darüber, wie unterschiedlich Kinder und Schüler sein können. Diese Theorie hilft uns als Lehrer des Orff-Schulwerks dabei, diese Vielseitigkeit zu entdecken, zu würdigen, herauszufordern und damit zu arbeiten, denn:

- Der Unterricht wird so individueller und persönlicher
- Diese Betrachtungsweise regt zu einem Unterricht an, der zu mehr »Flow«-Erfahrungen bei den Schülern führt[11]

[11] Csikszentmihályi, Mihály, 1990: *Flow*, Stuttgart

- It demands an interdisciplinary curriculum
- It calls for authentic assessment models

I wish to now share with you a quote from the choreographer José Limón. His dance works and his teaching method have inspired me and motivated me as a dancer and as a teacher over many years.

> *I want to dig beneath empty formalisms, displays of technical virtuosity, and the slick surface; to probe the human entity for the powerful, often crude, beauty of the gesture that speaks of man's humanity.*[10]

This digging and probing is what we do as teachers – probing delicately, at times more forcefully, always with a strong dose of intuition, respect, clear structures and methods. Multiple Intelligences Theory is a powerful tool to help uncover the beauty that smoulders in each of us.

3. Practical Application of Multiple Intelligences Theory in the Orff Classroom

Goodkin: Carl Orff said *Elemental music gives to the child powers which otherwise cannot come to fruition*[11]. A contemporary music and movement teacher aware of Howard Gardner's work might rephrase Orff's statement like this: *Music stimulates the full range of our intelligences.* Gardner's conception of intelligence as plural speaks directly to the way in which inspired Orff-Schulwerk teachers work.

The Theory of the Multiple Intelligences is a great starting point for class preparation and curriculum design. A well-taught Orff-Schulwerk music and movement programme impacts children's development in each of Gardner's proposed intelligences. Although Orff's practice preceded Gardner's theory, the two have much to offer each other. That is to say, an understanding of Orff practice can move Gardner's ideas directly into the classroom experience and an understanding of how intelligences overlap can help us to teach music better. The child who does not easily understand through the ear could come into music through the eye. One child may not get pleasure from the confluence of beautiful sounds, but might be motivated by the social aspect of music-making. Another may be frustrated by the math of music, but u n d e r s t a n d through the movement of the body.

All too often, we teach music through one narrow intelligence only, attracting those children comfortable in that modality and turning away those who are not. Orff-Schulwerk focuses on experiencing music from a variety of angles. Not only do these multi-dimensional approaches help each child to feel successful, but they also promote musical understanding by experiencing the same piece of information in many different ways.

10 Limón, José, quoted in Lewis: *The Modern Dance as an Unpopular Art*, p. 153

11 Orff, Carl: *The Schulwerk, Volume III of the Documentation: Carl Orff and his Life and Works,* (transl. Margaret Murray), New York 1978, p. 245

- Sie hilft dabei, auf die Bedürfnisse von Kindern einzugehen, die bei einem traditionellen Lehrplan eher untergehen
- Sie rechtfertigt den Einschluss der künstlerischen Fächer als zentrales Element des Lehrplans
- Sie versucht, eine engere Beziehung unter den Lehrern sowie zwischen Lehrern und Eltern herzustellen
- Sie erfordert einen Lehrplan mit übergreifenden Disziplinen
- Sie fordert glaubwürdige Bewertungsmodelle

Ich möchte Ihnen nun gerne ein Zitat des Choreographen José Limón vorstellen. Seine Tanzarbeit und Unterrichtsmethoden haben mich inspiriert und mich über viele Jahre hinweg als Tänzerin und Lehrerin motiviert.

> *Ich möchte über inhaltslose Formalismen, Zurschaustellungen technischer Virtuosität und glänzende Fassaden hinausgehen; ich möchte das menschliche Wesen auf die beeindruckende, oft rohe Schönheit der Geste hin untersuchen, die uns die Menschlichkeit des Menschen zeigt.*[12]

Forschen und Verstehen, das ist es, was wir als Lehrer tun – vorsichtiges Forschen, manchmal mit etwas mehr Nachdruck, stets aber mit einem hohen Maß an Intuition, Respekt, mit klaren Strukturen und Methoden. Die Theorie der Vielfachen Intelligenzen dient als ein wirksames Werkzeug, dass uns dazu verhilft, die Schönheit, die in jedem von uns schlummert, zu Tage zu bringen.

3. Praktische Anwendung der Theorie der Vielfachen Intelligenzen im Orff-Schulwerk-Unterricht

Goodkin: Carl Orff sagte *Die elementare Musik vermittelt dem Kind Fähigkeiten, die es auf andere Weise nicht erhalten könnte*[13]. Zeitgenössische Musik und Bewegungslehrer, die Howard Gardners Arbeit kennen, würden diesen Satz von Carl Orff vielleicht so umformulieren: *Musik stimuliert die Gesamtheit aller Formen der Intelligenz.* Gardner verstand Intelligenz als Plural, und dies hat einen direkten Bezug auf die Art und Weise, wie inspirierte Orff-Schulwerk-Lehrer arbeiten.

Die Theorie der Vielfachen Intelligenzen ist ein guter Ausgangspunkt für die Unterrichtsvorbereitung und die Lehrplangestaltung. Ein gut vermitteltes Musik- und Bewegungsprogramm nach dem Orff-Schulwerk beeinflusst die Entwicklung der Kinder in allen der von Gardner beschriebenen Formen der Intelligenz. Obwohl die Methoden des Orff-Schulwerks bereits vor Gardners Theorie existierten, können sich beide gegenseitig bereichern. Damit meine ich, dass durch ein Verstehen der Prinzipien des Orff-Schulwerks Gardners Ideen direkt auf den Unterricht übertragen werden können und dass ein Verstehen der Überschneidung der Formen der Intelligenz uns dabei helfen kann, Musik besser

12 Limón, José, zitiert in Lewis: *The Modern Dance as an Unpopular Art,* S. 153

13 Orff, Carl, 1976: *Das Schulwerk, Band III der Dokumentation: Carl Orff und sein Werk,* Tutzing, S. 246

A child who can dance the beat, draw the beat, verbally describe the beat, hear the beat, feel the beat, read notation of the beat, share the beat with others, count the beat will have a deeper experience of the beat that one who always counts.

Let's see how the different intelligences relate directly to Orff-Schulwerk ideas.

Musical intelligence: Orff suggests *To learn music, make music!* That means, explore, play around, improvise, and try things out. Creating and composing are at the centre of the conception.

- Echoing rhythms and melodies directly through the ear, hand and voice calls on the musical intelligence, the direct perception of sound's patterns, timbres, dynamics and nuances.
- Creating one's own patterns, as in a question-answer exercise, further strengthens that direct musical understanding.
- Working in small groups with instruments and improvising and composing a piece is yet another strategy – one begins, another responds, the musical conversation continues until it reaches the sense of cadence.
- Deciding how to orchestrate one's small compositions, with attention to the colour and shape of sound, is a direct musical approach.

Linguistic intelligence: *At the beginning of all musical exercise, rhythmic as well as melodic, stands speech exercise*[12]. In this short sentence Orff defines the origin of the entire Schulwerk. Orff was acutely aware of the deep connection of language and music.

- Singing songs, chanting rhymes, playing with phonemes, reciting poetry help us develop music and language skills at the same time.
- Clapping the rhythms, the accents of words, helps us understand patterns and create motives for composition and improvisation.
- Telling stories, discussing the experiences, describing music helps also understand in a deeper way.

Logical-mathematical intelligence: Music by its very nature is aural math, dividing time into units of precise mathematical relationships, creating order from the chaos of sound through unifying structures, making patterns and performing concrete operations on those patterns, canons, fugues, counter-themes, variations.

- Ordering and arranging the rhythmic blocks as an object that can be manipulated is particularly interesting because this intelligence originates in the physical world of objects.
- Using xylophones and other instruments to physically manipulate aural patterns means the Orff class further strengthens the music-math connection.
- Analyzing is a key component of a music class, and helps grow both musical understanding and general logical intelligence.

12 Orff, Carl/Keetman, Gunild: *Orff-Schulwerk – Music for Children*, Vol. I, *Instructions and comments*

zu unterrichten. Ein Kind, das Schwierigkeiten dabei hat, Musik über das Ohr zu verstehen, könnte über das Auge einen Zugang zur Musik erlangen. Manche Kinder empfinden vielleicht keine Freude an dem Zusammenwirken schöner Klänge, sondern werden eher durch die gesellschaftlichen Aspekte der Musikproduktion motiviert. Andere wiederum mögen zwar durch die Mathematik der Musik Frustrationserlebnisse haben, können diese jedoch durch Körperbewegungen verstehen.

Wir unterrichten Musik zu oft, indem wir nur einen sehr eng gefassten Bereich der Intelligenz ansprechen, und ziehen dadurch Kinder an, die mit diesem Bereich vertraut sind; dadurch wenden sich jedoch diejenigen Kinder ab, die damit nicht zurechtkommen. Das Orff-Schulwerk legt einen Schwerpunkt auf die Erfahrung von Musik durch verschiedene Methoden. Diese mehrdimensionalen Methoden verhelfen dem Kind nicht nur dazu, Erfolgserlebnisse zu haben, sondern fördern auch das musikalische Verständnis durch ein Erleben derselben Information auf verschiedene Weisen. Ein Kind, das im Takt tanzen kann, den Takt zeichnen, den Takt verbal beschreiben, den Takt hören und fühlen, die Noten des Taktes lesen, den Takt mit anderen teilen und den Takt abzählen kann, wird zu einem tieferen Verständnis des Taktes kommen, als durch bloßes Abzählen.

Sehen wir uns einmal an, in welcher Beziehung die verschiedenen Formen der Intelligenz zu den Ideen des Orff-Schulwerks stehen.

Musikalische Intelligenz: Orff empfiehlt: *Um Musik zu lernen, mache Musik!* Dies bedeutet, zu erkunden, herumzuspielen, zu improvisieren und verschiedene Dinge auszuprobieren. Kreieren und Komponieren stehen im Zentrum seine Konzeption.

- Die unmittelbare Wiederholung von Rhythmen und Melodien durch Ohr, Hand und Stimme erfordert den Einsatz der musikalischen Intelligenz, die unmittelbare Wahrnehmung von Klangbildern, Klangfarben, Dynamik und Nuancen.
- Die Schaffung eigener Klangbilder, wie z. B. in einer Frage-Antwort-Übung, verstärkt dieses unmittelbare Musikverständnis weiter.
- Zusammenarbeit in kleinen Gruppen mit Instrumenten sowie die Improvisation und Komposition von Musikstücken ist eine weitere Strategie – ein Schüler beginnt, ein anderer antwortet, und die musikalische Unterhaltung wird fortgeführt, bis sie zu einer Schlussphrase gelangt.
- Die Entscheidung, wie eine eigene kleine Komposition orchestriert werden soll, unter Berücksichtigung von Klangfarbe und -form, stellt einen unmittelbaren musikalischen Vorgang dar.

Sprachliche Intelligenz: *Am Beginn jeder musikalischen, rhythmischen oder melodischen Übung steht die Sprechübung*[14]. Durch diesen kurzen Satz definiert Orff die Grundlage des gesamten Orff-Schulwerks. Orff war sich genau der tief greifenden Verbindung von Sprache und Musik bewusst.

- Das Singen von Liedern, der Gesang von Reimen, das Spielen mit Phonemen und Rezitieren von Gedichten helfen uns, gleichzeitig musikalische und sprachliche Fähigkeiten zu entwickeln.

14 Orff, Carl/Keetman, Gunild: *Orff-Schulwerk – Musik für Kinder*, Bd. I, *Anleitung und Anmerkungen*

Visual-spatial intelligence: This intelligence associated with the plastic arts also gets a good deal of exercise in the Orff classroom.

- Playing the Orff xylophone helps unlock this potential by translating abstract pitches to precise intervals and shapes in space.
- Feeling the length of the phrase of 16 beats by improvising or dancing away from home and returning to the end of the phrase is a spatial task.
- Constant immersion in the kinetic designs of folk dances and other choreographies solidifies spatial orientation.
- Making relations between the plastic arts and movement and choreography, as in dancing or interpreting the lines of a Paul Klee painting, is yet another connection.
- Improvising music cued by dancers connects sounds and sight and spatial awareness.
- All notation systems, from graphic to traditional, emphasize the relationship between the eye and the ear.

Kinaesthetic intelligence: Coming to know the profound connections between movement and music is one of the key contributions of the Schulwerk.

- Learning instrumental techniques, following the gestures of them are ways of exercising the kinaesthetic intelligence.
- Exploring and composing with movement and dance ideas are at the centre of Orff-Schulwerk.
- Experiencing musical parameters through body experience is at the centre of the whole approach.
- Treating the body as the embodiment of sound and the source of knowledge, and as an instrument for kinetic expression, is what sets the Orff approach apart from mere cerebral understanding.
- Choreographing musical pieces allows finding bodily expression as well as spatial structure.

Intrapersonal intelligence: Orff-Schulwerk gives the opportunity to grow a self and locate and name one's own emotions.

- Introducing children to many kinds of music and dances they can identify with (from Jazz, to Mozart, to gamelan or Taiko drumming) increases the emotional experience.
- Giving the students the opportunity to improvise and thus, share openly in front of the group helps them to grow an individual quality of self.
- Building a strong self through story telling and dramatic play is a proven benefit of this approach. (Many alumni students credit their Orff training with their fearlessness to speak up in their high school classes and express their opinions).

Interpersonal intelligence: Orff-Schulwerk classes are group classes, not individual lessons. All learning takes place in a community setting in which a high degree of interpersonal intelligences are necessary.

- Das Klatschen von Rhythmen und die Betonung von Wörtern helfen uns dabei, Muster zu verstehen und Motive für die Komposition und Improvisation zu kreieren.
- Das Erzählen von Geschichten, das Besprechen von Erfahrungen und das Beschreiben von Musik helfen uns ebenfalls, zu einem tieferen Verständnis zu gelangen.

Logisch-mathematische Intelligenz: Musik ist in Wirklichkeit hörbare Mathematik, welche die Zeit in Einheiten mit präzisen mathematischen Beziehungen unterteilt und Ordnung in das Chaos von Klängen bringt, indem sie Strukturen vereint, Muster erstellt und konkrete Operationen an diesen Mustern, Kanons, Fugen, Kontrapunkten und Variationen durchführt.

- Die Strukturierung und Anordnung von rhythmischen Blöcken als ein Objekt, das manipuliert werden kann, ist besonders interessant, da diese Form der Intelligenz seinen Ursprung in der physischen Welt der Objekte hat.
- Die Verwendung von Xylophonen oder anderen Instrumenten zur physischen Manipulierung von akustischen Mustern führt zu einer Verstärkung der Verbindung Musik-Mathematik im Orff-Schulwerk-Unterricht.
- Die Analyse ist eine Schlüsselkomponente des Musikunterrichts und fördert sowohl das Musikverständnis als auch die allgemeine logische Intelligenz.

Visuell-räumliche Intelligenz: Diese Form der Intelligenz, verbunden mit der bildenden Kunst, wird ebenfalls häufig im Orff-Schulwerk-Unterricht eingesetzt.

- Das Spielen des Xylophons trägt dazu bei, dieses Potential durch die Übertragung von abstrakten Tonhöhen auf präzise Intervalle und räumliche Formen zu übertragen.
- Das Erfühlen der Länge einer Phrase mit 16 Takten durch Improvisation oder ein Wegtanzen von der Ausgangsposition und einer Rückkehr am Ende der Phrase ist eine räumliche Aufgabe.
- Ständiges Involviertsein mit der dynamischen Gestaltung von Volkstänzen und anderen Choreographien stärkt die räumliche Orientierung.
- Eine weitere Verbindung ist die Herstellung von Beziehungen zwischen bildenden Künsten und Bewegung und Choreographie, wie z. B. durch Tanzen oder durch eine Interpretation der Grundprinzipien eines Gemäldes von Paul Klee.
- Die Improvisation von Musik durch Tänzer verbindet Klänge und visuelle Eindrücke mit der räumlichen Wahrnehmung.
- Sämtliche Bezeichnungssysteme, von graphischen bis hin zu traditionellen, betonen die Beziehung zwischen Auge und Ohr.

Kinästhetische Intelligenz: Zu einem Verständnis der grundlegenden Verbindungen zwischen Bewegung und Musik zu gelangen, ist einer der wichtigsten Beiträge des Schulwerks.

- Das Erlernen instrumentaler Techniken und das Verfolgen der entsprechenden Gesten sind Möglichkeiten für den Einsatz der kinästhetischen Intelligenz.
- Spielendes Entdecken und Komponieren von Ideen aus dem Bereich der Bewegung und des Tanzes stehen im Zentrum des Orff-Schulwerks.

- Focusing and co-operating in music and dance activities means that one's personal expression is always framed within the context of the group.
- Feeling one's voice as part of a group is one of the great gifts of music, when two lines can speak in counterpoint that creates an aesthetic effect.
- Creating and composing together is a habitual practice in Orff classrooms.

Spiritual intelligence: When I started writing about the application of Gardner's ideas in relation with Orff-Schulwerk, I added this intelligence on my own and later found out that he has added something similar, which was not yet officially approved (Gardner has also added another intelligence he calls natural intelligence, referring to one's relationship with the natural world). By spiritual intelligence, I'm referring to consciousness, a state of being enhanced by a connection to the unseen world. If music helps us connect to our own rhythms, inner songs and feelings, helps us connect to the fellow musicians we play with and the community we share our music with, it also can put us in touch with the unseen, but palpably felt presence of ancestors, spirits, gods or God. While traditional cultures routinely call in the gods through music, we might have had the experience of accidentally stumbling into it when the beauty and flow of a class or a performance make us feel something else has entered the room.

4. Summary

In one sense, the intelligences can be thought of as eight different filters through which to experience the world, eight different languages to express that experience. The language of sounds, words, ideas, images, movements, feelings, relationships and states of consciousness. An education taking these ideas seriously would help children think and speak in all eight. Everywhere I turn, I find the Schulwerk drawing forth these innate connections. I believe it is our finest achievement. We already know the techniques for growing star athletes, violin virtuosi and math wizards. What I think the new millennium suggests is that we start growing whole human beings.

- Das Erleben musikalischer Parameter durch Körpererfahrung steht im Zentrum der gesamten Arbeit.
- Das Konzept des Orff-Schulwerks unterscheidet sich von einer rein zerebralen Interpretation dadurch, dass der Körper als ein Klanginstrument, als Quelle der Erfahrung und des Wissens und als ein Medium des Ausdrucks verstanden wird.
- Die Choreographie von Musikstücken ermöglicht sowohl das Finden einer Körpersprache als auch einer räumlichen Struktur.

Intrapersonale Intelligenz: Das Orff-Schulwerk vermittelt die Möglichkeit, ein Verständnis seiner selbst zu entwickeln und seine eigenen Emotionen zu lokalisieren und zu benennen.

- Eine Einführung der Kinder in verschieden Musik- und Tanzarten, mit welchen sich diese identifizieren können (von Jazz und Mozart über Gamelan bis Taiko-Trommeln) verstärkt die emotionale Erlebnistiefe.
- Den Studenten die Möglichkeit zu geben zu improvisieren und sich somit offen vor der Gruppe mitzuteilen, trägt dazu bei, ein individuelles Selbstbewusstsein zu entwickeln.
- Der Aufbau eines ausgeprägten Selbstwertgefühls durch das Erzählen von Geschichten und durch das Aufführen von Bühnenstücken ist ein nachgewiesenes Ergebnis dieser Unterrichtsweise. (Viele ehemalige Schüler geben an, dass sie die Tatsache, keine Angst mehr zu haben, vor der Klasse zu sprechen und ihre Meinungen zu äußern, ihrer Orff-Ausbildung verdanken.)

Interpersonale Intelligenz: Der Unterricht nach dem Orff-Schulwerk erfolgt als Gruppenunterricht und nicht als Einzelunterricht. Alle Lernaktivitäten finden in der Gemeinschaft statt, in der ein hohes Maß an zwischenmenschlicher Intelligenz erforderlich ist.

- Konzentration und Zusammenwirken bei Musik und Tanzaktivitäten bedeutet, dass der eigene Ausdruck immer im Gruppenzusammenhang erscheint.
- Das Erleben der eigenen Stimme als Teil des Gruppenklangs ist eines der großen Geschenke der Musik, wenn zwei Verse kontrapunktierend gesprochen werden und dadurch eine ästhetische Wirkung erzielt wird.
- Gemeinsam Kreieren und Komponieren ist ein selbstverständlicher Vorgang im Orff-Schulwerk-Unterricht.

Spirituelle Intelligenz: Als ich anfing, über Gardners Ideen in Verbindung mit dem Orff-Schulwerk zu schreiben, ergänzte ich noch diese Form der Intelligenz und fand später heraus, dass auch er etwas Ähnliches hinzugefügt hatte, was jedoch noch nicht offiziell anerkannt war (Gardner fügte ebenso eine andere Form der Intelligenz hinzu, die er Natur-Intelligenz nannte, und womit er die Beziehung eines Individuums mit der natürlichen Welt bezeichnete). Mit spiritueller Intelligenz meine ich ein Bewusstsein, einen Wesenszustand, der durch eine Verbindung zu der unsichtbaren Welt gesteigert wird. Wenn Musik uns dabei hilft, eine Beziehung zu unseren eigenen Rhythmen, inneren Liedern und Gefühlen zu finden und uns ermöglicht, eine Verbindung zu anderen Musikern, mit denen wir zusammen spielen, und mit der Gemeinschaft, mit der wir unsere Musik teilen, herzustellen, dann kann Musik auch eine Verbindung zu der unsichtbaren und dennoch deutlich

fühlbaren Gegenwart unserer Vorfahren, von Geistern, Göttern oder Gott herstellen. Während traditionelle Kulturen regelmäßig die Gegenwart der Götter durch Musik herbeirufen, sind wir vielleicht schon einmal zufällig darauf gestoßen, als wir aufgrund der Schönheit und des Flusses des Unterrichts oder einer Aufführung das Gefühl hatten, dass etwas anderes den Raum betreten hat.

4. Zusammenfassung

In gewissem Sinne können die verschiedenen Formen der Intelligenz als acht verschiedene Filter angesehen werden, durch die wir die Welt wahrnehmen, als acht verschiedene Sprachen, mit denen wir diese Erfahrung ausdrücken können. Die Sprache der Klänge, Wörter, Ideen, Bilder, Bewegungen, Gefühle, Beziehungen und Bewusstseinszustände. Eine Bildung, welche diese Ideen ernst nimmt, würde Kindern dazu verhelfen, in allen dieser acht Sprachen zu denken und zu sprechen. Wo immer ich hinsehe, finde ich Beispiele, wie das Schulwerk diese angeborenen Verbindungen freisetzt. Ich glaube, dies ist unsere größte Errungenschaft. Wir wissen bereits, mit welchen Methoden wir Starathleten, Violinenvirtuosen und Mathematikgenies fördern können. Ich denke, was das neue Jahrtausend von uns verlangt, ist, dass wir damit beginnen, die Entwicklung ganzheitlicher Menschen zu fördern.

II
Contributions to Mediation in the Arts

Lectures

Workshops

II
Beiträge zur Kunstvermittlung

Vorträge

Workshops

Fernando Palacios

Living the Arts – Educating through the Arts
The Speck, Life, Art and the Big Bang

Preface

In my lecture I will try to establish parallels between the musical story *The Little Speck of Dust (La mota de polvo)*, the development of concerts for children and teenagers in Spain and in particular the project *Música en acción* that has been developed by the county government of Navarre (Spain) during the last ten years. Each short chapter on the journey of the speck of dust represents at the same time a phase in the development of live concerts in my country. We will follow the story by listening to the CD and I will remark on the educational project. We can see *Música en acción* in DVD examples – the corresponding texts are printed here.

1. Nothing. Silence

THE SPECK OF DUST
Once upon a time there was a far-off country where there was nothing at all: no people, no trees, no water, no ants, no clouds, no colours, no ground. It was a place where nothing could be heard [...] nothing [...] amazing silence reigned.

Nothing. The void. The infinite.
The silence.The transparency.
No space. No time.
There is no force. No origin.
We are in the moment before creation. The instant previous to the Big Bang.
There is no perception: there are no senses.

Kunst erleben – In Kunst erziehen
Das Staubkorn, das Leben, die Kunst und der Urknall

Vorwort

In meinem Vortrag werde ich versuchen eine Parallele herzustellen zwischen der musikalischen Geschichte *Das kleine Staubkorn (La mota de polvo)*, der Entwicklung der Kinder- und Jugendkonzerte in Spanien und im Besonderen dem Projekt *Música en acción*, das von der Regionalregierung Navarras (Spanien) in den letzten zehn Jahren entwickelt wurde. Jedes der kurzen Kapitel über die Reise des Staubkorns stellt gleichzeitig eine Phase der Entwicklung solcher Live-Konzerte in meinem Lande dar. Die Geschichte verfolgen wir beim Zuhören der CD, ich werde Anmerkungen über das pädagogische Projekt machen. *Música en acción* können wir in Ausschnitten der DVD sehen, die entsprechenden Texte sind hier abgedruckt.

1. Das Nichts. Das Schweigen

> *DAS KLEINE STAUBKORN*
> *Es war einmal [...] ein fernes Land, in dem es absolut nichts gab: weder Menschen noch Dinge, weder Bäume noch Wasser, keine Ameisen, keine Wolken, auch keine Farben und keinen Boden [...] es war ein Ort, an dem man nichts hörte [...] nichts. Es herrschte ein eindrucksvolles Schweigen.*

Das Nichts. Die Leere. Die Unendlichkeit.
Das Schweigen. Die Transparenz.
Kein Raum. Keine Zeit.
Es gibt keine Kräfte. Keinen Ursprung.
Wir befinden uns am Punkt vor der Schöpfung. Der Moment vor dem Urknall.
Es gibt keine Wahrnehmung: es gibt keine Sinne.

2. Creation. The Speck

> *THE SPECK OF DUST*
> *Well, to be true, there was something: a dweller, just a tiny dweller who lived suspended in space, still, bored [...] It was a simple and lonely speck of dust ♪[1]. That speck of dust only knew the infinite silence and the horizonless space. In spite of her great lightness she couldn't move around because nobody had taught her how to move around. She was there alone ♪, floating ♪, still ♪ [...] like a spider hanging from an invisible thread, or like a dot on a piece of paper, engrossed in her monotony ♪.*

Yes space. Yes time.
The point. The speck. The note.
To exist. Yet not to be.
Energy. Concentration. Inactivity.
Elemental perception.

3. Live. Movement

> *THE SPECK OF DUST*
> *Suddenly one day she had a strange feeling ♪: the wind appeared and began to move gently ♪. The breeze pushed our friend upwards and downwards ♪. At first she felt somewhat dizzy, it even gave her vertigo, but she got gradually used to it. In this way, the tiny speck of dust was tracing beautiful drawings in space ♪. She was no longer a passive »note«, but thanks to the movement she was now able to produce a melody ♪.*

The breeze. Life. The movement.
The Aleph. The explosion. The Big Bang.
Space and time fill up.
The senses awaken.

- We are listening to *The speck of dust* for clarinet, speaker and orchestra.
- It is a musical tale: an inseparable unity of speech, theatre (sometimes arts) and music: a small Gesamtkunstwerk[2].
- A continuation of the finding of Prokofiev's classic *Peter and the Wolf*, and of the musical tales that followed.
- The structure of its narration follows the »functions« of Vladimir Propp (*Morphology of the Tale*); the aesthetic of its music is a combination of different styles of the 20th century.

1 The sign ♪ represents the excerpt from the CD *La mota de polvo*.
2 Synthesis of the Arts (Ed.)

2. Die Schöpfung. Das Staubkorn

> *DAS KLEINE STAUBKORN*
> *Nun in Wirklichkeit gab es da doch etwas, einen Bewohner, einen winzigen Bewohner, der hoch in der Luft hing, unbewegt, gelangweilt [...] ein einfaches, einsames Staubkorn ♪*[1]*. Dieses Staubkorn kannte nichts anderes als die unendliche Stille und das All ohne Horizont, denn es konnte sich trotz seiner großen Leichtigkeit nicht fortbewegen da niemand jemals ihm gezeigt hatte wie man sich bewegen kann. Da war es also allein ♪, schwebend ♪, still ♪ [...]. Wie eine Spinne an ihrem unsichtbaren Faden hängt, oder wie ein Punkt auf einem Blatt Papier, in sich gekehrt in seiner Eintönigkeit ♪.*

Es gibt den Raum. Es gibt die Zeit.
Der Punkt. Das Staubkorn. Die Note.
Dasein. Noch nicht sein.
Energie. Konzentration. Inaktivität.
Elementare Wahrnehmung.

3. Das Leben. Die Bewegung

> *DAS KLEINE STAUBKORN*
> *Eines Tages, ganz plötzlich, spürte es etwas Merkwürdiges ♪. Die Luft kam langsam in Bewegung ♪. Die Brise trug unseren Freund auf und ab ♪. Anfangs wurde ihm etwas schlecht dabei, ja sogar schwindlig, aber nach und nach gewöhnte es sich daran. Und so beschrieb das winzige Staubkorn wunderschöne Muster in der Luft ♪. Jetzt war es kein statischer und unbewegter Notenpunkt mehr, dank der Bewegung konnte es eine Melodie machen ♪.*

Die Brise. Das Leben. Die Bewegung.
Der Aleph. Die Explosion. Der Urknall.
Raum und Zeit füllen sich.
Die Sinne erwachen.

- Wir hören *Das kleine Staubkorn,* eine Geschichte mit Musik für Klarinette, Erzähler und Orchester.
- Was ist eine musikalische Geschichte? Die untrennbare Einheit von Sprache, Theater (fallweise auch Bildende Kunst) und Musik: ein kleines Gesamtkunstwerk.
- Dieses Werk entsteht als eine Weiterentwicklung der Entdeckung von Prokofjews Klassiker *Peter und der Wolf*, und der musikalischen Geschichten, die diesem Beispiel folgten.

[1] Das Zeichen ♪ bedeutet Musikeinspielung von der CD *La mota de polvo.*

4. Exploration

> *THE SPECK OF DUST*
> *The breeze got stronger and became a wind blowing faster and more unsettled ♪. The speck of dust, swept along more and more by the air, learnt how to nose-dive ♪, to climb to the greatest heights ♪, and to make pirouettes in space ♪.*

Exploration. Constructing an experience.
The game of the senses.

I have brought this work to this Symposium because, in its 15 years of existence, I found a series of curious coincidences: the story of the speck itself has a close relation to three factors:

I) »The creation of the world«, »The theory of the Big Bang«, »The birth of life«
II) The experience of live music: Living the arts
III) The »Didactic Concerts« in Spain[3]

In 1992 there were hardly any didactic concerts in Spain (nothing, without past, without origin).

- *The speck of dust* appears: direct transmission of the world premiere by the National Radio and TV Orchestra of Spain. (The movement starts. The senses awaken.)
- Gonzalo Angulo, head of the cultural department of the regional government in Gran Canaria, was interested in the piece. After initial discussions with the author the first music education department of an orchestra in Spain was founded by the Philharmonic Orchestra of Gran Canaria.
- From this moment the project became known all over Spain.

5. The Journey. Knowledge

> *THE SPECK OF DUST*
> *She was so busy with her games that she didn't notice that her country, her world of calm and quietness, had fallen behind. New lands, very different to hers, were approaching. The wind carried her to a place where carnivorous plants, starving, with big mouths, were hungrily watching the absent-minded speck. She had to perform miracles not be gobbled up by those headshrinkers ♪.*
> *With great difficulty she also went through a space full of nervous particles which, like millions of mosquitoes, made the greatest confusion, so much so that anybody*

3 DVD example: DVD of the first performance on January 6th 1992 with the Orchestra of Radio Televisión Española conducted by Sergiu Comisiona, first programme of the Spanish television

- Die Struktur der Erzählung folgt den »Funktionen« von Vladimir Propp (*Morphologie der Erzählung*); die Ästhetik seiner Musik ist eine Mischung aus verschiedenen Stilrichtungen des 20. Jahrhunderts.

4. Die Exploration

DAS KLEINE STAUBKORN
Die Brise wehte stärker und stärker und wurde schließlich zu Wind, der immer schneller und wilder blies ♪. Das Staubkorn, mitgetragen von der Strömung, lernte im Staccato zu fallen ♪, in höchste Höhen zu steigen ♪, und im leeren Raum Pirouetten zu drehen ♪.

Die Exploration. Erfahrungen sammeln.
Das Spiel der Sinne.

Ich habe dieses Werk mitgebracht, weil ich seit seiner Entstehung vor 15 Jahren, eine Reihe von interessanten Übereinstimmungen festgestellt habe. Die Geschichte des Staubkorns ist eng mit drei Tatsachen verknüpft:

I) »Die Erschaffung der Welt«, »Die Theorie des Urknalls«, »Die Entstehung des Lebens«
II) Das Erlebnis von Live Musik: K u n s t e r l e b e n
III) Die Schüler- und Familienkonzerte in Spanien[2]

Im Jahre 1992 sind didaktische Konzerte in Spanien praktisch unbekannt (das Nichts, keine Vergangenheit, kein Ursprung).

- *Das Staubkorn* taucht auf und wird direkt im Spanischen Rundfunk und Fernsehen übertragen. (Erste Bewegung. Die Sinne erwachen.)
- Gonzalo Angulo, Kulturreferent in der Regionalregierung von Gran Canaria, interessiert sich für das Werk, und nach ersten Gesprächen mit dem Autor wird die erste Musikpädagogische Abteilung eines Orchesters in Spanien gegründet, die des Philharmonischen Orchesters Gran Canaria.
- Von diesem Moment an wird das Projekt in ganz Spanien bekannt.

5. Die Reise. Das Wissen

DAS KLEINE STAUBKORN
Es war so vertieft in seine Spiele dass es nicht bemerkte, wie sein Land, seine Welt der Ruhe und Stille, immer weiter zurückblieb. Neue Länder näherten sich, die ganz anders waren als das seine. Der Wind trug es an einen Ort, wo fleischfressende Pflan-

2 Einspielung: DVD-Aufnahme der Erstaufführung am 6. Januar 1992 mit dem Orchester von Radio Televisión Española unter Leitung von Sergiu Comisiona, 1. Programm des Spanischen Fernsehens

would get lost in that mess ♪.
The speck, propelled all the time by the gust of wind, went on visiting other places: that of the great fleas, whose leaps and jumps were as high as mountains (you had to keep your wits about you not to be trampled on!) ♪.
Or the so-called »Shoveland«, where everyone moved at high speed, in fits and starts, in all directions, in a huge and very dangerous race without rhyme or reason ♪.

I) The voyage. The knowledge.
The fight. Survival.

II) The fight against the media and against lethargy.
- Headshrinkers: television »eats up« everything that education builds up.
- Mosquitoes: many inadequate concerts (distraction).
- Giant fleas: important negative examples.
- Shoveland: the metaphor can easily be understood.

III) The speck travels: *The speck of dust, Il granello di polvere, Une graine de poussière, Das kleine Staubkorn, La volva de pols, Hauts izpia* ... (Germany, Columbia, Costa Rica, Cuba ...).
- The collection *The speck of dust* is published: the magic of the union between tale, music and illustration. In the course of many years, 25 versions have been published.
- The publisher Agruparte and a group of enthusiasts spread it all over the world.

6. The Others. Experience

THE SPECK OF DUST
At last, everything changed. She arrived at a place which brought her back memories of her homeland. It happened when the wind stopped and quietness and silence returned ♪. Yet the speck noticed that she was not alone: very close to her, a gentle and minute piece of fluff was staring at her while moving his body smoothly and sweetly ♪. Our speck was amazed at the charming dance of her partner and tried to follow suit. She realized that moving was less hard after the experience she had acquired during her long trip ♪.

I) The others. Dialogue.
Imitation. The finished work.

II) The meeting.
One priority objective of all general education should be to find ways to »trip over« a work of art, to develop an instinct for the search for art, to clean and prepare the channel of communication with art. We have to provoke the collision.

We need to move towards an education through art with a continuous search for beauty. Art calls for art: to move comfortably between artistic media assures a more

zen mit hungrigen Riesenmäulern das verirrte Körnchen mit großem Appetit anblickten. Es musste Feinarbeit leisten um nicht von diesen »Nimmersatten« verschlungen zu werden ♪.
Es durchquerte auch – nicht ohne Schwierigkeiten – einen Raum gefüllt mit nervösen Partikelchen die, wie Millionen kleiner Mücken, höchste Verwirrung erzeugten, sodass man sich in diesem Riesenmeer einfach verirren musste ♪.
Und das Körnchen, das von einem starken Windstoß immer weiter getrieben wurde, besuchte noch andere Gegenden: die der Riesenflöhe, deren Hopser und Sprünge so hoch wie Berge waren (man musste sehr aufpassen nicht getreten zu werden) ♪.
Oder das so genannte »Land der Schubser«, wo alle Lebewesen sich mit großer Geschwindigkeit strauchelnd durcheinander bewegten, in einem kolossalen und gefährlichen Rennen, ungeordnet und unkonzentriert ♪.

I) Die Reise. Das Wissen.
Der Kampf. Das Überleben.

II) Der Kampf gegen die Medien, die Trägheit.
- »Nimmersatt«: das Fernsehen »frisst auf« was die Erziehung aufbaut.
- Mücken: für junge Leute ungeeignete Konzerte tauchen auf, die lediglich auf Ablenkung zielen.
- Riesenflöhe: es gibt einige negative Beispiele in großem Rahmen, die die Bildungsarbeit mit Live-Musik verdrängen wollen.
- Land der Schubser: Metapher für die damalige Realität.

III) Das Staubkorn geht auf Reisen: *The speck of dust, Il granello di polvere, Une graine de poussière, Das kleine Staubkorn, La volva de pols, Hauts izpia* ... (Deutschland, Kolumbien, Costa Rica, Kuba ...).
- Herausgabe der Sammlung *La mota de polvo*: die Magie der Geschichte im Zusammenspiel mit der Musik und den Illustrationen. Nach mehreren Jahren sind nun 25 Titel erschienen.
- Der Verlag Agruparte und eine Gruppe Enthusiasten verbreiten sie in aller Welt.

6. Der Andere. Die Erfahrung

DAS KLEINE STAUBKORN
Endlich wurde alles anders. Es landete an einem Ort, der es an sein eigenes Land erinnerte. Es war der Moment, in dem der Wind nachließ und wieder Ruhe und Stille einkehrten ♪. Aber das Staubkorn bemerkte, dass es nicht alleine war: Ganz aus der Nähe betrachtete es eine feine, winzige Faser, die sich sanft und graziös bewegte ♪. Unser Staubkorn war von dem verführerischen Tanz der Anderen sehr beeindruckt und versuchte sie nachzuahmen. Es stellte fest, dass es ihm aufgrund der Erfahrungen, die es auf seiner langen Reise machen konnte, nicht mehr so schwer fiel sich zu bewegen ♪.

profound appreciation of our environment, consequently, a more intense knowledge of the world.

III) In the »laboratory« of the Gran Canaria Philharmonic Orchestra other works with the same ideals are created. Imitation of the structures of classical musical tales.
- The author and musician Carmen Santonja wrote five musical stories that are literary masterpieces for the symphonic works: *Peer Gynt, The Firebird, The Legend of the Holy Mary from Pena Negra, La Boutique Fantasque*[4] and *Till Eulenspiegel*
- At first a seminar and then a masterclass on the theme of educational concerts was held at the university of Grenada. Many universites and centres for in-service teacher training are interested in this topic and offer lectures and courses.

7. Play. Art

THE SPECK OF DUST
Very soon they were getting on well together. They began playing the game »follow the leader«. One of them tried a movement, then the other one followed suit ♪. They were joined later by a very robust dot passing by and a tiny spot, agile like a piccolo ♪. The game was a success, and every dot managed to copy the movement of the fluff; everyone was doing the same but, as they went one after another, the performance looked like »police chasing thieves«. It was as if every dot was going against the others. In other words, that was a point-counterpoint ♪.

I) Communication. The game. Art.
Creation. Invention. Improvisation.

II) The game of listening. The speck of dust does what a good listener does: he/she turns to the other person and pays him/her attention.
The creation in listening. Through listening *The speck of dust* recreates the music of the others within itself. This enables it to play. Listening is creative.

III) The repertoire grows.
- Increasingly orchestras begin to work with these programmes and provide high quality concerts for children and teenagers.
- Many Spanish orchestras are founding educational departments.
- The regional government of Navarre starts the programme *Música en acción*. After a modest beginning the project expands rapidly. A team of narrators, writers and teachers develops that produces didactical materials.

4 DVD example: DVD from the second programme of the Spanish television: *La Boutique Fantasque* (music: Giacomo Rossini – Ottorino Respighi, text: Carmen Santonja) with the Orchestra Radio Televisión Española conducted by Adrian Leape

I) Der Andere. Der Dialog.
Die Imitation. Das fertige Werk.

II) Das Zusammentreffen.
Ein Hauptanliegen von Bildung und Erziehung sollte es sein, Wege zu suchen wie die Schüler »über Kunst stolpern« können, den Instinkt für deren Suche zu wecken, die Kommunikationskanäle mit ihr zu reinigen und bereit zu machen. Wir müssen den »Zusammenstoß« herbeiführen.

Wir müssen in Richtung »Erziehung durch Kunst« gehen, eine ständige Suche nach dem Schönen. Kunst zieht Kunst an: der Umgang mit künstlerischen Medien bringt ein tieferes Verständnis unserer Umwelt mit sich, und damit auch eine tiefere Kenntnis unseres Daseins.

III) In der »Werkstatt« des Philharmonischen Orchesters in Gran Canaria entstehen neue Werke mit dem gleichen Grundgedanken die die Strukturen der klassischen musikalischen Geschichten imitieren.

- Die Autorin und Musikerin Carmen Santonja hat fünf musikalische Geschichten zu symphonischen Werken geschrieben, allesamt schriftstellerische Meisterwerke: *Peer Gynt, Der Feuervogel, Die Legende der Hl. Maria von Pena Negra, La Boutique Fantasque*[3] und *Till Eulenspiegel.*
- An der Universität Granada wurde zuerst ein Seminar, dann ein Meisterkurs zum Thema Didaktische Konzerte veranstaltet. Diverse Universitäten und Zentren für Lehrerfortbildung im Bereich Musikerziehung interessieren sich für dieses Thema und bieten Vorträge und Kurse an.

7. Das Spiel. Die Kunst

DAS KLEINE STAUBKORN
Bald hatten sie sich angefreundet und fingen an »Was Du kannst kann ich auch« zu spielen. Eine erfand eine Bewegung, die andere machte sie nach ♪. Später kamen noch ein dicker Punkt dazu, der gerade vorbeikam ♪, und ein kleines Tüpfchen, wendig wie ein Flöhchen ♪.
Das Spiel war ein Erfolg, jeder Punkt ahmte die Bewegung der Faser nach; alle taten das Gleiche, aber einer nach dem anderen. Das ganze machte den Eindruck einer Verfolgungsjagd wie bei »Räuber und Gendarm«. Jeder Punkt war irgendwie gegen den anderen, also war das ein Punkt-Kontrapunkt ♪.

I) Kommunikation. Spiel. Kunst.

[3] Einspielung: DVD-Aufnahme des 2. Programms des Spanischen Fernsehens: *La Boutique Fantasque* (Musik: Giacomo Rossini – Ottorino Respighi, Text: Carmen Santonja) mit dem Orchester von Radio Televisión Española unter Leitung von Adrian Leape

- The accompanying didactical material is distributed at the beginning of the school year so that teachers can actively prepare for attending the concerts. The content is broad and provides multifaceted ideas for activities that combine different arts and forms of expression.

Música en acción (Music in Action) is a programme of educational concerts aimed at children, teenagers and families which is organized by the Department of Culture and Tourism of the Government of Navarre. Every year it involves more than 30,000 students and teachers from the Community's schools[5]. Nothing is comparable to the experience of leaving school to attend a concert. An air of novelty and excitement imbues this break from school routine, investing it with energy and love of life.

A school trip to a concert is not just a break in the daily routine but also the transformation of an everyday morning into a bubble in time featuring unexpected consequences.

> Something important is going to happen. The children know it: they have already been working in the classroom on certain aspects of the musical stories they're about to hear, collated in educational material that they handed in to their teachers earlier. This has sparked their interest, so it won't be a complete novelty.
>
> From the classroom to the concert hall, from a workaday room to a space specially equipped to house the art of sound and kindle the mysteries of time. Because an auditorium is not a museum displaying exhibits to passers-by; it is not a theme park of endless, vacuous fun; nor is it a giant television with a licence to kill; but rather a venue where a work of art is manufactured in an instant, a space where everything is attuned to hearing and time.

Where did we get to in the story of our speck of dust? It had learned to listen and to move with the others. Let's see what else is going to happen to it.

5 *Música en acción*, DVD recording, concerts for schools and families, Government of Navarra, www.cfnavarra.es/conciertosescolares. During the lecture excerpts of the following productions were shown:
- *From Dream to Nightmare*: a musical story for choir and orchestra with music from Felix Mendelssohn-Bartholdy
- *Music with Anything*: a performance for pre-school children with sounds from a variety of small instruments taken from a huge suitcase
- *Flight to Lateinamerika*: young people's concert with symphonic music from Brazil, Cuba, Argentina, Mexico and Columbia
- *Story of Philip*: musical story for trombone by Wolfgang Hartmann
- *The deadly Mammals*: musical story for violoncello by Fernando Palacios
- *Metálicos S. A.*: young people's concert with brass instruments
- *Moldavia*: children's concert with an analysis of pieces by Friedrich Smetana
- *In a Place in La Mancha*: children's concert with dance – excerpts from *Don Quijote* by Telemann
- *The Opera of the Senses*: composition for a music school by Fernando Palacios
- *The Paper Boat*: performance for origami and piano duet with music by Debussy and Fauré

Die Schöpfung. Erfindung. Improvisation.

II) Das Spiel des Zuhörens. Das Staubkorn tut was ein guter Zuhörer tut: sich dem Anderen zuwenden, ihm Aufmerksamkeit widmen.
Die Entstehung des Hörerlebnisses. Durch das Zuhören rekreiert das Staubkorn die Musik der Anderen in ihrem Inneren. Das ermöglicht ihr zu spielen. Zuhören ist ein kreativer Akt.

III) Das Repertoire erweitert sich.
- Immer mehr Orchester beginnen mit diesen Programmen und bieten Kinder- und Jugendkonzerte mit hohem Niveau an.
- Mehrere spanische Orchester richten Musikpädagogische Abteilungen ein.
- Die Regionalregierung von Navarra beginnt das Programm *Música en acción*. Nach einem bescheidenen Anfang wächst das Projekt rasch. Es entsteht ein Team von Erzählern, Autoren und Lehrern, die didaktisches Material produzieren.
- Das didaktische Begleitmaterial wird zu Beginn des Schuljahres verteilt damit die Lehrer die Konzertbesuche mit ihren Schülern aktiv vorbereiten. Der Inhalt ist breit gefächert und gibt vielfältige Anregungen zu Aktivitäten, die die verschiedenen Kunst- und Ausdrucksformen miteinander verbinden.

Música en acción (Musik in Aktion) ist eine Serie von Kinder-, Jugend- und Familienkonzerten der Abteilung für Kultur und Tourismus der Regierung von Navarra. Jede Saison sind mehr als 30.000 Schüler und Lehrer dieser Region beteiligt[4].

Nichts ist vergleichbar mit dem Erlebnis, die Schule zu einem Konzertbesuch zu verlassen. Der Schulalltag wird auf angenehme und neue Weise unterbrochen und die Freude darüber bringt neue Kraft und Lebensfreude.

4 *Música en acción*, DVD-Aufnahme, Schüler- und Familienkonzerte, Regierung von Navarra, www.cfnavarra.es/conciertosescolares. Während des Vortrags wurden Ausschnitte aus den folgenden Produktionen gezeigt:
- *Vom Traum zum Alptraum*: eine musikalische Geschichte für Chor und Orchester mit Musik von Felix Mendelssohn-Bartholdy
- *Musik – Womit auch immer*: Aufführung für Vorschulkinder mit den Klängen diverser kleiner Instrumente in einem Reisekoffer
- *Flug nach Lateinamerika*: Jugendkonzert mit symphonischer Musik aus Brasilien, Kuba, Argentinien, Mexiko und Kolumbien
- *Die Geschichte von Philipp*: Eine musikalische Geschichte für Posaune von Wolfgang Hartmann
- *Die todbringenden Säugetiere*: Eine musikalische Geschichte für Violoncello von Fernando Palacios
- *Metálicos S. A.*: Jugendkonzert mit Blechblasinstrumenten
- *Die Moldau*: Kinderkonzert mit einer Analyse des Werkes von Friedrich Smetana
- *In einem Ort in La Mancha*: Kinderkonzert mit Tanz mit Ausschnitten aus *Don Quijote* von Telemann
- *Die Oper der Sinne*: Komposition von Fernando Palacios für eine Musikschule
- *Das Papierschiffchen*: Aufführung für Origami und Klavier zu vier Händen mit Musik von Debussy und Fauré

8. The Different. Investigation

THE SPECK OF DUST
Suddenly our speck was paralyzed in the presence of a new figure ♪*. This one was very odd indeed! It looked like a very stiff wire, like the trail left by planes [...] it was a long and very thin straight line* ♪*.*
»Good heavens!« the speck said, »I cannot even see the beginning nor the end! It's always the same! It goes nowhere!«
The line, watching the astonishment in her face, replied:
»I am resting now. That is why I lie down and stretch, but I can do a great many things. Look: I can bend like an »S« ♪*. I can make myself into a staircase going up and down* ♪*. If I feel inspired I can twist myself in many ways – some of them are very nice. Look, look at this one«* ♪*.*
»It's great!« said the speck. »Do you always do that alone?«
»Oh, of course not! A lot of lines, diagonal lines, stripes, edges and corners live here [...] look, here come some friends now ♪*. You see? There are thick ones* ♪*, and some are very thin* ♪*; some are wrinkled* ♪ *and some are broken up* ♪*. Look now, when we stand on tiptoe we look like a pizzicato* ♪*. We shall make a little show to satisfy your curiosity«* ♪*.*

I) The different. The union. The demonstration.

II) *The speck of dust* proposes games of time through art, music, movement and memory:
   a) A point. A short sound. The movement. A drawing in the air. An invisible line = an invisible melody. An audible line. Memory.
   b) A line. A long sound. Its torsion. A drawing seen. A melody we hear and see.

   When we go in, everything changes; we go from the noises of the street and the bus to a space that embraces other sounds. And once inside, the curtain rises on a ritual. The audience take their seats, the lights change ... the music begins, time stops. The story enthrals us and the music sweeps us away.

   Attract or distract, that is the question. To attract is to seduce, to captivate, to hypnotise, to fascinate, to bewitch ... Distracting, however, is synonymous with diverting, entertaining, amusing, deflecting, sidetracking ... We need to choose which of these two verbs we want to guide us.
   To attract: to propose means of accessing music that lead us to concentrate on its language and enjoy its expressiveness; we don't want to put up a smokescreen that diverts the audience while the music remains on the sidelines. Platform or device, inside or outside.

III) *Música en acción:* New projects arise, new means of communication, new stories.

Eine solche außerschulische Veranstaltung ist nicht nur eine willkommene Unterbrechung der täglichen Routine, sondern bedeutet auch die Umwandlung eines alltäglichen Morgens in eine »Zeitglocke« mit unvorhersehbaren Folgen.

> Etwas Wichtiges wird geschehen. Die Kinder wissen es: Sie haben schon im Unterricht verschiedene Aspekte der musikalischen Geschichte, die sie hören werden, erarbeitet, so wie es im didaktischen Material vorgeschlagen wird, das ihren Lehrern vorher ausgehändigt wurde. Dies hat ihr Interesse geweckt. Es wird also keine totale Neuheit sein.
>
> Vom Klassenzimmer zum Konzertsaal, vom alltäglichen zu einem besonderen Raum, der speziell für Klänge geschaffen ist und die Mysterien der Zeit antreibt. Denn ein Auditorium ist kein Museum, das den Besuchern Kunstwerke vorstellt, es ist kein Themenpark mit Vergnügungsgarantie, auch kein Riesenfernseher mit »Erlaubnis zu töten«, sondern ein Raum, in dem das Kunstwerk unmittelbar geschaffen wird, ein Raum, der ganz auf das Zuhören und die Zeit eingestellt ist.

Wo waren wir denn bei der Geschichte unseres Staubkorns stehen geblieben? Es hatte gelernt, zuzuhören und sich zusammen mit den anderen zu bewegen. Sehen wir nun, was ihm denn noch so alles passiert.

8. Der Unterschied. Das Erforschen

DAS KLEINE STAUBKORN
Plötzlich – unser Staukorn blieb wie angewurzelt stehen – war da etwas Neues ♪. Das war ja wohl seltsam! Es war wie ein stark gespanntes Stromkabel, oder die Spur wie sie ein Flugzeug hinterlässt. [...] es war eine lange und sehr dünne, gerade Linie ♪.
»Ist ja toll!« sagte das Staubkorn, »aber man sieht weder Anfang noch Ende – immer gleich – geht nirgends hin!«
Als die Linie sein Erstaunen bemerkte, antwortete sie:
»Ich ruhe mich gerade aus, deshalb recke und strecke ich mich, aber ich kann unendlich viele Sachen machen. Schau, ich kann mich wie ein S krümmen ♪. Ich kann eine Leiter machen, die nach oben und unten geht ♪, und wenn ich Lust habe, dann verbiege ich mich auf unterschiedliche Weise, das kann sehr schön sein. Schau diese zum Beispiel« ♪.
»Das ist fantastisch!« antwortete das Staubkorn, »aber machst du das alles immer alleine?«
»Ach wo! Hier leben eine Menge von uns, Linien, Striche und Strahlen, Zeilen und Streifen, Ecken und Kanten [...] schau, da kommen noch ein paar Freunde ♪. Siehst Du? Da gibt es sehr dicke ♪, und ganz dünne ♪, verknitterte ♪, und sogar unterbrochene ♪. Und außerdem, wenn wir uns auf die Spitze stellen, erscheinen wir als Pizzicato ♪. Um deine Neugier zu befriedigen, werden wir dir zusammen etwas vorspielen« ♪.

9. Participation. Improvisation

THE SPECK OF DUST
»How wonderful! I am deeply impressed« said the speck. »It is incredible how easily you can adopt so many forms. And you can produce many different effects. Would you mind if I move among you and see what happens?«
»All right« said the line, »but you have to try do adapt to our movements. OK? Well, don't worry. If you do something strange, we'll follow suit. Are you ready? Set! Go!« ♪

I) Participation. Improvisation. Inspiration.

II) Artistic creation brings two primary aspects of the human being into dialogue: the social and the emotional. Society will not advance without us educators, we cannot advance in the extension and consolidation of artistic education. Art is a privileged language, a space of encounter and an instrument for the future; as the poet Celaya said referring himself to poetry: *a cannon loaded with future*. And the future is being constructed today, not tomorrow, and art can do excellent social work and contribute towards a better »non-theoretical« world.

III) *Música en acción*: Collaborations: University of Music, School of Music, Dance School, Chamber Opera Madrid (production of performances).

Musical stories aspire to attract attention to the music without trying to take the audience along gratuitous highways of entertainment or along short cuts or paths that obviate the actual art of sound.

The aim of our School and Family Concerts in Navarre has never been to turn the concert hall into somewhere to just pass the time but rather a space in which you can experience art in all its magnitude.

The mission of our educational concerts is to try to alleviate, as far as we are able, the numbing effect that the media has on society with its damaging illusion of entertainment. And there is nothing better to mitigate these circumstances than music.

We don't know whether we have hit the mark with our concerts. Over the years we have tried to compensate for the short-sightedness caused by lack of information and monotony with a few dioptres of creativity. We hope our spectacles continue to work in the future.

I) Der Unterschied. Das Gemeinsame. Die Demonstration.

II) *Das kleine Staubkorn* inspiriert uns zu Spielen mit der Zeit durch Bildende Kunst, Musik, Bewegung und mit dem Gedächtnis:
   a) Ein Punkt. Ein kurzer Klang. Die Bewegung. Zeichnung in der Luft. Eine unsichtbare Linie = eine unsichtbare Melodie. Eine hörbare Linie. Das Gedächtnis.
   b) Eine Linie. Ein langer Ton. Er verbiegt sich. Man sieht eine Zeichnung. Eine Melodie die man hört und sieht.

Wir treten ein und alles ist anders, vom Lärm auf der Straße und im Bus in den Raum, der andere Klänge beherbergt. Und wenn man drinnen ist, dann geht der Vorhang des Rituals auf. Das Publikum nimmt Platz, die Lichter gehen aus ... die Musik erklingt, die Uhren stehen still. Die Geschichte nimmt uns gefangen und die Musik nimmt uns auf.

Anziehen oder Ablenken, das ist die Frage. Anziehen ist Verführen, Entzücken, Hypnotisieren, Blenden, Faszinieren, Verzaubern ... Ablenken hingegen ist Synonym für Spaß haben, Unterhalten, ansprechend Gestalten, lustig sein, Abweichen, sich entfernen ... Wir müssen uns entscheiden, von welchem der beiden Verben wir uns leiten lassen. Anziehen: Einstiegsmöglichkeiten zur Musik schaffen, die uns ermöglichen, uns auf ihre Sprache zu konzentrieren und uns an ihrem Ausdruck zu erfreuen; wir wollen keine Bühnenschau, die das Publikum unterhält mit der Musik im Hintergrund. Einstieg oder Schau, drinnen oder draußen.

III) *Música en acción:* Neue Projekte, neue Ausdrucks- und Kommunikationsmöglichkeiten und neue Musikgeschichten entstehen.

9. Die Beteiligung. Die Improvisation

DAS KLEINE STAUBKORN
»Das ist ja wunderbar! Ich bin wirklich beeindruckt«, sagte das kleine Staubkorn. »Es ist unglaublich mit welcher Leichtigkeit ihr euch auf so viele verschiedene Weisen anordnen und unterschiedliche Effekte erzielen könnt. Würde es euch etwas ausmachen, wenn ich mich zwischen euch bewegen würde um zu sehen wie das wirkt?«
»Einverstanden« sagte die Linie, »aber du musst versuchen dich in das einzufügen, was wir machen. Aber keine Sorge, wir machen es einfach und langsam, und wenn du etwas Besonderes machst, dann folgen wir Dir schon. Aufgepasst! Fertig? Jetzt geht's los!« ♪

I) Beteiligung. Improvisation. Inspiration.

II) Die künstlerische Gestaltung ist Dialog zwischen zwei Uraspekten des menschlichen Wesens: dem Sozialen und dem Emotionalen. Die Gesellschaft wird sich nicht weiter entwickeln, wenn wir, Lehrer und Erzieher, die Erziehung nicht durch die Kunst ausbauen und festigen. Die Kunst ist eine privilegierte Sprache, Treffpunkt und Zukunfts-

10. The Work. The Return

THE SPECK OF DUST
Hours, days, months and years went by ... always playing to make melodies, accompaniments, counterpoints ... it was an endless game. But it was too much activity for our dear speck. She was so used to her former silence and stillness that she felt absolutely exhausted with such a new and hectic life. Moreover she yearned to go back to her country. She knew now how to wiggle gracefully, so she could explore the surroundings, look for some partners and teach them what she had learnt. Without any more ado she gathered momentum and, with the help of the lines forming a big catapult, she shot off towards home ♪.
She had to cross once again all those strange countries she had visited on her outward journey, but this time she could see them the other way round and at top speed ♪.

I) The work. The return.

III) After 15 years:
- Repertory: more than 70 musical tales and different performances.
- Departments: half of the orchestras have started to work pedagogically.
- Agruparte: 26 CD-books edited and several volumes of educational material.

11. The Life in Art

THE SPECK OF DUST
She finally arrived in her peaceful and quiet land. Once again she could hear the calm and the silence; but now it was different from before, because she could move in any direction she wished. It was the right time to invent the most beautiful movements she was able to do ♪.

II) Life in art: Create.

Art is life in life. It increases the wattage of an existence lived at low intensity, it provides an opportunity to live within the form and sense its strength, it positions us in front of new ideas and subdues us to its perturbation. Art helps us to live. Its energy sweeps us away, its power of creation is contagious and invites us to create. Experiencing artistic creation brings us right into the artist's world, to feel his pressure and participate in the creation. In other words, being within the work of art develops our creativity, which means emancipation of the global will, the assembly line. Creativity is our tool to survive the changing of the world which, sadly enough, seems to be accepted as a fact. Art is communication, because it provokes an encounter between the creator and the spectator; the energy and conceptual vigour of the form in art communicates ideas and invites us to share these.

instrument; wie der Dichter Celaya über die Poesie sagte *eine Kanone geladen mit Zukunft*. Und diese Zukunft müssen wir heute bauen, nicht morgen, denn die Kunst kann eine außergewöhnliche soziale Aufgabe erfüllen und zu einer besseren »nicht theoretischen« Welt beitragen.

III) *Música en acción*: Zusammenarbeit mit: Hochschule für Musik, Musikschule, Tanzschule, Kammeroper Madrid (Produktion).

Die musikalischen Geschichten sollen ein Medium darstellen, um die Aufmerksamkeit auf die Musik zu lenken, ohne das Publikum weder auf breiten Umwegen der Unterhaltung noch auf Abkürzungen oder Pfaden zu leiten, die von der eigentlichen Tonkunst ablenken.

Das Ziel unserer Schüler- und Familienkonzerte in Navarra war nie, den Konzertsaal in einen Unterhaltungsraum zu verwandeln, sondern in einen Raum, in dem man die Kunst in seiner ganzen Dimension erleben kann.

In unseren didaktischen Konzerten haben wir uns die Aufgabe gestellt, dem einschläfernden Effekt der Massenmedien sowie deren schädigendem Unterhaltungseffekt bestmöglich entgegenzuwirken. Und es gibt kein besseres Mittel diesen Effekt zu mildern als die Musik.

Wir wissen nicht, ob wir mit unseren Konzerten ins Schwarze getroffen haben, aber wir haben in all den Jahren unserer Arbeit versucht, mit einigen Dioptrien von Kreativität die Kurzsichtigkeit, hervorgerufen durch den Mangel an Information und die Eintönigkeit, zu kompensieren. Wir hoffen, dass unsere Brillen auch weiterhin gut funktionieren.

10. Das Werk. Die Rückkehr

DAS KLEINE STAUBKORN
So vergingen Stunden, Tage, Monate, Jahre ... immer spielend mit Melodien, Begleitungen, Kontrapunkten ... Es war ein nicht enden wollendes Spiel. Aber das war schon zu viel Betriebsamkeit für unser liebes Staubkorn. Gewöhnt an die Stille und Ruhe von einst, fühlte es sich völlig erschöpft von diesem neuen, ermüdenden Leben. Außerdem sehnte es sich danach, in sein Land zurückzukehren. Jetzt, da es sich mit Anmut zu bewegen wusste, könnte es doch die Gegend erforschen, ein paar Freunde suchen und ihnen alles beibringen, was es gelernt hatte. Nun, es überlegte nicht mehr lange, verabschiedete sich von den Linien, die sich zu einem Sprungbrett formierten, nahm einen Anlauf und startete Richtung Heimat ♪.
Es musste wieder durch all jene merkwürdigen Gegenden, die es auf der Hinreise bereits durchquert hatte, aber diesmal erlebte es alles in umgekehrter Reihenfolge und ganz schnell ♪.

12. Education

THE SPECK OF DUST
She would search for all the specks of dust, the dots in the papers, the tiny spots on the walls, the twisted threads, the ribbons and strings, and she would teach them to have fun with the game of moving and bending with ease in order to make beautiful figures, melodies, songs, sonatas – but that is another story.

I) To search. To teach. To elaborate.

II) To show what we have learnt within the music itself.
The didactic concert: a meeting place.

One of the most fascinating ways of experiencing art is the concert. The live performance is the fundament of artistic communication. A didactic concert is much more than a series of musical pieces with their respective explanations, because there, all objectives of artistic education come together and all the expectations and desires previously explained should be more or less fulfilled:

- A place where life, art and education can join together; time space and movement. Apart from its content, the didactic concert wants to be a work of art in itself.
- It provokes a collision with the work of art, it creates enthusiasm. And with the enjoyment of the work of art a circle closes which began with the search, the discovery and the appreciation.
- It situates us within the artist's world and makes us feel like him. Being within the art form we develop our creativity; it is the finishing piece of our work with the form.
- It is a cross-road where two important aspects of the human being come in contact: the social and the emotional. But it is also a series of corridors: we enter one of them and come out through all the others.
- Through comprehension and enjoyment of its forms and processes, we can opt for more complicated languages.
- It is indispensable for getting to know our world. In it the listener of today and tomorrow is being formed.

III) 15 years in education

- Training courses for narrators, didactic implementation.
- Didactic material: exchange between different institutions.
- The collection *La mota de polvo* is being used extensively.
- Press: the Music Education journal *12 Notas* publishes in every issue reviews about didactic concerts in all of Spain.

I) Das Werk. Die Rückkehr.

III) Rückblick. Was ist in den vergangenen 15 Jahren geschehen?
- Repertoire: Mehr als 70 verschiedene musikalische Geschichten und Bühnenwerke sind entstanden.
- Abteilungen: Die Hälfte der Orchester hat begonnen pädagogisch zu arbeiten.
- Agruparte: Herausgabe von 26 CD-Büchern, sowie Veröffentlichungen zur pädagogischen Arbeit damit.

11. Das Leben in der Kunst

DAS KLEINE STAUBKORN
Endlich kam es wieder in seine ruhige Gegend zurück, wo Gelassenheit herrschte und es Stille hören konnte ♪. Aber nun war es anders als am Anfang, denn wenn es wollte, dann konnte es sich in alle Richtungen bewegen. Nun war der günstigste Augenblick gekommen, sich die schönsten Bewegungen auszudenken, derer es fähig war ♪.

II) Das Leben in der Kunst: Schöpfen.

Die Kunst ist Leben im Leben. Sie hebt unsere Wattzahl einer Existenz auf Sparflamme, sie gibt uns die Möglichkeit, in der Form zu wohnen und ihre Kraft zu spüren, sie situiert uns vor neuen Ideen und wühlt uns auf. Die Kunst hilft uns zu leben. Ihre Energie reißt uns mit, die Größe ihres Schöpfungsprozesses steckt uns an und lädt uns zur Gestaltung ein. Das Gestaltungserlebnis führt uns in die Welt des Künstlers, seine Nöte zu spüren und am Prozess teilzunehmen. Es ist klar, dass ein Bewohnen des Kunstwerks unsere Kreativität fördert, und das ist wiederum eine Emanzipation vom Gemeinschaftswillen, der Fließbandarbeit. Die Kreativität ist unser Werkzeug zum Überleben der Verfremdung der Welt, die leider allgemein akzeptiert zu sein scheint. Kunst ist Kommunikation, denn sie provoziert ein Treffen zwischen dem Schöpfer und dem Zuschauer; die Kraft des Konzeptes der künstlerischen Form übermittelt Ideen und fordert uns auf, diese zu teilen.

12. Die Erziehung

DAS KLEINE STAUBKORN
Nun würde es alle Staubkörner suchen, alle Punkte auf allen Papieren ... die winzigen Flecken auf den Wänden ... die verschlungenen Fäden, die Bänder und Schnüre, ... und es würde ihnen jenes unterhaltsame Spiel zeigen, wie man sich mit Leichtigkeit bewegen und dabei schöne Figuren, Melodien, Lieder und Sonaten schaffen kann – aber das wäre ja wieder eine andere Geschichte.

13. Commitment

THE SPECK OF DUST
Although, if you like we can hear the story that says:

»There was an old man called Michael Finnigin,
He grew whiskers on his chinnigin,
The wind came up and blew them in again
Poor old Michael Finnigin begin again.«
Or, to go back to our story:
»A speck becalmed was annoyed
the wind taught her the air wasn't void
to songs and melodies she gave free rein.
Shall we begin all over again?«

All right. But now it will be just the clarinet and the orchestra who will tell the story from the beginning to the end, in a perfect order and leaving nothing out. This tale is about the adventures of a tiny speck of dust. Do you remember? In the beginning there was the silence ♪.

I) The compromise.

II) From here, an invitation to work in art and in life.

III) Fortunately, at this time live music for children and families has changed substantially in Spain. After 15 years »the speck« has come of age, has grown independent and does not inform me about its movements any more. What will be happening from now on is not my responsibility any more.

Epilogue

Through enjoying musical stories, a dance performance or other educational concerts children and teenagers (and their teachers) grow accustomed to regulating their listening, observing the flow of the sound, measuring its progress and course and playing with the expected and unexpected. Listening to live music furthers our intellectual growth and our interest and develops creativity. Whoever r e h e a r s e s a piece of music, listens to it with all their senses, notices inner changes and changes in thinking. Listening is creative. Listening is life. Listening teaches us to create and to live.

It was ascertained that children who attended our series of educational concerts regularly had somehow changed: they had learned to put out their antennae in order to hear the world better and to refurbish their sensitivity; they had developed the ability to solve sound equations (to relate sounds to one another, to look for similarities, to recognize the faces of heard themes, to discover what lay behind the clothing of the variations), their creative mind had been developed. Just these components of music – raising

I) Suchen. Lehren. Ausarbeiten.

II) Das Gelernte in der Musik selbst beweisen.
Das didaktische Konzert: ein Treffpunkt.

Einer der mitreißendsten Formen ein Kunstwerk zu erleben ist das Konzert. Die direkte und lebendige Art ist die Basis künstlerischer Kommunikation. Ein didaktisches Konzert ist viel mehr als nur eine Aneinanderreihung von Musikstücken mit entsprechenden Erklärungen. In ihm kommen alle Ziele künstlerischer Erziehung zusammen, und alle Erwartungen und Wünsche, die in den vorhergehenden Kapiteln angesprochen wurden, müssen sich in mehr oder weniger starkem Maße erfüllen:

- Ein Ort, an dem sich Kunst, Leben und Bildung treffen; Zeit, Raum und Bewegung. Am Rande seines Inhaltes will das didaktische Konzert selbst ein Kunstwerk sein.
- Es konfrontiert mit der Kunst und erzeugt Enthusiasmus. Und mit der Freude am Kunstwerk schließt sich der Kreis, der mit der Suche, der Entdeckung und dem Verständnis begonnen hatte.
- Es führt uns in die Welt des Künstlers und wir fühlen wie er. Durch das B e w o h n e n eines Kunstwerkes entwickeln wir unsere Kreativität; es ist die Krönung einer Arbeit mit der Form.
- Es ist eine Wegkreuzung an der sich zwei wichtige Aspekte menschlichen Wesens treffen: der soziale und der emotionale. Aber es ist auch wie eine Folge von verschiedenen Gängen: Wir gehen bei einem Eingang hinein und kommen bei allen heraus.
- Durch Verständnis und Freude an seinen Formen und Prozessen können wir zu komplexeren Ausdrucksformen übergehen.
- Es ist unverzichtbar zum Verständnis unserer Welt. In ihm formt sich der Zuhörer von heute und morgen.

III) 15 Jahre in der Musikerziehung.
- Fortbildungskurse für Erzähler sowie unterschiedliche didaktische Ansätze.
- Didaktisches Material: Austausch zwischen verschiedenen Institutionen.
- Massive Ausbreitung der Kollektion *Das kleine Staubkorn*.
- Presse: Die Musikzeitschrift *12 Notas* veröffentlicht in jeder Nummer Kritiken der didaktischen Konzerte in ganz Spanien.

13. Die Verpflichtung

DAS KLEINE STAUBKORN
Obwohl, wenn ihr wollt, dann können wir ja tun, wie es in dem Märchen heißt:

> *»Ein Sultan, der hatte der Töchter sieben,*
> *die sangen und tanzten nach ihrem Belieben,*
> *doch er ließ durch nichts und niemand sich stören.*
> *Wollt ihr die Geschichte noch einmal hören?«*

anticipation, asking questions that expect an answer from the listener – has opened up new paths for us to answer our own questions.

During these 15 years we have experienced how many adults were »taken« to the family concerts by their children and how they could develop a love of a style of music that had previously been foreign to them. The orchestral musicians that took part on such projects gradually understood this new form of communication with the audience and the resulting benefits for society. Because of the multi-facetted positive results of these educational concerts (for children, teachers and musicians) the cultural representatives of the institutions were the first to consolidate and promote their development. Their focus being on a future with citizens that were prepared to listen, who were culturally and artistically motivated and ready to unlock life's questions.

Bibliography / Bibliographie

Palacios, Fernando, 1998: *La mota de polvo* (Book/Buch + CD) und weitere 24 Titel (Book/Buch + CD), AgrupArte, Vitoria, www.agruparte.com

Palacios, Fernando, 1999: *The speck of dust* (Book/Buch + CD), AgrupArte, Vitoria

Palacios, Fernando, *Música en acción* (DVD), School and family concerts, in collaboration with the Government of Navarra/Schüler- und Familienkonzerte, in Zusammenarbeit mit der Regierung von Navarra, www.cfnavarra.es/conciertosescolares

Palacios, Fernando, 2002: *Las óperas del Real*, AgrupArte, Vitoria

Palacios, Fernando, 2002: *Escuchar: 20 Reflexiones Sobre Música y Educación Musical*, AgrupArte, Vitoria

Also, eben:
»Ein Staubkorn im großen Schweigen des Alls,
fand Freunde, die zeigten ihm jedenfalls,
mit Singen und Tanzen Melodien zu spielen.
Soll ich euch die Geschichte noch einmal erzählen?«

Ja? Also gut. Aber diesmal werden nur die Klarinette und das Orchester diese kleine Geschichte erzählen, und zwar von Anfang bis Ende – in genauer Reihenfolge und ohne auch nur das Geringste wegzulassen – die Abenteuer eines unbedeutenden Staubkorns. Erinnert ihr euch noch? Alles begann in der Stille ♪.

I) Die Verpflichtung.
II) Ich möchte hiermit eine allgemeine Aufforderung aussprechen, in der Kunst und im Leben zu arbeiten.
III) Live-Musik für Schüler und Familien hat sich stark gewandelt. Nach 15 Jahren hat das »Staubkorn« sich selbständig gemacht und ich kenne nicht mehr alle seine Abenteuer. Was von jetzt an mit ihm passiert, dafür bin ich nicht mehr verantwortlich.

Epilog

Sich an musikalischen Geschichten zu erfreuen, an einer Tanzaufführung oder anderen didaktischen Konzerten, gewöhnt Kinder und Jugendliche (und ihre Lehrer) daran, den Strom des Klanges zu beobachten, seinen Fluss und Verlauf zu messen und mit dem Erwarteten und Unerwarteten zu spielen. Live-Musik zu hören, fördert unser geistiges Wachstum, unser Interesse, unsere Kreativität. Wer ein Musikstück probiert, es mit allen Sinnen anhört, merkt wie sich sein Inneres, sein Denken verändert. Zuhören ist kreativ. Zuhören ist lebendig. Zuhören lehrt uns, kreativ zu leben.

Man konnte feststellen, wie die Kinder, die regelmäßig an unseren didaktischen Konzertzyklen teilnahmen, sich irgendwie veränderten: Sie hatten gelernt, die Antennen auszufahren, ihre Sensibilität aufzupolieren; sie hatten Fähigkeiten entwickelt (Klänge aufeinander zu beziehen, Ähnlichkeiten zu suchen, die Gesichter der erklungenen Themen wieder zu erkennen), ihr kreativer Geist hatte sich entwickelt. Eben diese Komponente der Musik, Erwartungen zu erwecken, Fragen zu stellen, die die Antwort des Zuhörers erwarten, ist, was in uns neue Wege öffnet, unsere eigenen Fragen zu lösen.

Während dieser 15 Jahre haben wir erlebt, wie viele Erwachsene von ihren Kindern zu den Familienkonzerten »mitgenommen« wurden und sich so eine Liebe zu einem ihnen bisher fremden Musikstil entwickeln konnte. Die Orchestermusiker, die an solchen Projekten teilnahmen, verstanden nach und nach diese neue Form der Kommunikation mit dem Publikum und den damit verbundenen Nutzen für die Gesellschaft. Aufgrund der vielfältigen positiven Resultate dieser didaktischen Konzerte waren die Kulturbeauftragten der Institutionen, die ersten, die ihre Entwicklung unterstützten, den Blick gerichtet in eine Zukunft mit Bürgern, die zum Zuhören bereit, kulturell und künstlerisch motiviert sind und bereit für die Entschlüsselung der Fragen des Lebens.

In Dialogue – Verena Maschat with Fernando Palacios

Verena Maschat: You were saying that the educational concerts can only be successful when there is a close collaboration with the teachers who accompany the children and young people to the concerts. How is that collaboration established?

Fernando Palacios:
- It is true that good preparation is absolutely vital for the project.
- We have a meeting with all the classroom teachers involved at the beginning of the school year.
- We distribute carefully elaborated didactic material so that the teachers do classroom work previous to the concert.
- Teacher training courses are offered to facilitate this preparation.
- All CDs of the collection *La mota de polvo* come with a short guide for parents and teachers to enrich the experience of listening.

Maschat: I know that the collection *La mota de polvo* has had a great influence in creating new educational resources. What kind of educational projects have been done with this work as a starting point?

Palacios:
- Ideas for the creation of scenic dance by Barbara Haselbach
- Music and movement in primary and secondary schools as well as in music schools in Vigo and La Coruña[1]
- Children's concerts in Germany with Hermann Grosse-Jäger
- Initiation into educational concerts in Columbia, Costa Rica and Cuba
- At this point, this CD-book is going it's own way: black theatre, shadow theatre, origami[2] scenic work etc.

Maschat: Which grade of participation do you get in an educational concert?

Palacios:
- We direct our activity to the primary sense for music, the listening, reducing the visual component to a minimum.
- Participation from the audience: music and movement seated
- Participation through listening

1 Galicia, Spain

2 Japanese: *ori*, to fold, and *kami*, paper lit. »folding paper« is the traditional Japanese art of paper folding (Ed.)

Im Dialog – Verena Maschat mit Fernando Palacios

Verena Maschat: Sie haben erzählt, dass die Schülerkonzerte nur sinnvoll sind, wenn eine gute Zusammenarbeit mit den Lehrern besteht, die die Schüler ins Konzert begleiten. Wie sieht diese Zusammenarbeit aus?

Fernando Palacios:
- Die Mitarbeit der Lehrer ist absolut unverzichtbar.
- Wir haben ein Treffen mit allen beteiligten Lehrern zu Beginn des Schuljahres.
- Wir verteilen und kommentieren didaktisches Material mit diversen Aktivitäten, die auf den Konzertbesuch vorbereiten.
- Wir organisieren Fortbildungskurse.
- Die Sammlung *La mota de polvo* hat auch einen kleinen Führer, der Eltern und Lehrern Möglichkeiten zur intensiven Zuhören aufzeigt.

Maschat: Die musikalische Geschichte *La mota de polvo* hat viele didaktische Entwicklungsmöglichkeiten gezeigt. Welche Interpretationen dieses Werkes hat es in all den Jahren gegeben?

Palacios:
- Ideen für szenischen Tanz von Barbara Haselbach
- Musik und Bewegung in Schulen und Musikschulen in Vigo und La Coruña[1]
- Schülerkonzerte in Deutschland mit Hermann Große-Jäger
- Einführung von Schülerkonzerten in Kolumbien, Costa Rica und Kuba
- Dieses CD-Buch führt bereits ein Eigenleben: Schwarzlichttheater, Schattenspiel, Origami[2] szenisches Spiel usw.

Maschat: Inwieweit ist das Publikum bei solchen Konzerten aktiv beteiligt?

Palacios:
- Wir sprechen den für die Musik wichtigsten Sinn an, das Gehör, und reduzieren die visuelle Komponente auf ein Minimum.
- Mitwirkung vom Saal aus: Musik und Bewegung im Sitzen
- Aktives Musik-Zuhören
- Die musikalische Geschichte vollbringt das Wunder: die Aufmerksamkeit.

1 Galizien, Spanien

2 Japanisch: *ori* , falten, und *kami*, Papier, lit. »Papierfaltkunst« ist die traditionelle japanische Kunst, Papier zu falten (Hrsg.)

- The musical tale does the miracle: maintaining attention
- They are concerts not attractions. We also combine them with scenic representation, theatre, mime, dance, projections, audio-visual material etc. But always trying to leave the visual part »in second place«.

Maschat: A musical tale is more than a juxtaposition of tale and music.

Palacios:
- A musical tale is a structure of a concert that is superior to a simple concert with some explanations.
- Delightful experience. Attention and wonder. Loss of sense of time. Order and the world. Essence and unity. Dream and fantasy.
- Text and music go side by side: like in an opera, but spoken instead of sung.

Maschat: What is your experience with the production of an opera for children and young people?

Palacios:
- I work with a small opera company, The Madrid Chamber Opera.
- We have done productions in Spain of *Help! help!, The Globolinks* and *Amahl and the Night Visitors* by Menotti and *The Little Sweep* by Britten.
- Production of a new version of *Brundibar* by Hans Krása
- Adaption of *The Bat* by Johann Strauss
- World première of *The Planet Analfabia* and *The Opera of the Senses*.
- This coming season 2006/07 I shall be in charge of the Educational Department of the Teatro Real[3] and will organize opera productions for children.

Maschat: What other new projects do you have for the coming season?

Palacios:
- An integrated arts performance: the project of *El paseante ocioso*[4]. Music, art, dance, poetry.
- A joint venture between the following institutions: Educational concerts – The Government of Navarre, The Madrid Chamber Opera, University of Music Pablo Sarasate, The Navarre Dance School and José Lainez, Auditorium Barañain, the illustrator and photographer Laura Terré.

3 Royal Opera Theatre Madrid (Ed.)

4 *The Idle Walker* (Ed.)

- Es sind Konzerte, keine Attraktionen. Wir machen auch Aufführungen mit Szene, Theater, Pantomime, Tanz, Projektionen, audio-visuelle Medien usw. Aber wir versuchen, die visuelle Komponente »in Schach zu halten«.

Maschat: Eine musikalische Geschichte ist mehr als ein Märchen mit Musikbegleitung.

Palacios:
- Eine musikalische Geschichte ist eine Struktur eines Konzerts das auf einem höheren Niveau steht als ein Konzert mit Erklärungen.
- Freudiges Erlebnis. Aufmerksamkeit und Staunen. Die Zeit vergessen. Ordnung und Welt. Essenz und Einheit. Traum und Phantasie.
- Text und Musik gehen Hand in Hand: wie eine Oper, statt gesungen gesprochen.

Maschat: Was sind Ihre Erfahrungen mit Opernaufführungen für Kinder und Jugendliche?

Palacios:
- Ich arbeite mit einer kleinen Gruppe, der Kammeroper Madrid.
- In Spanien haben wir folgende Werke aufgeführt: *Help! Help!*, *The Globolinks* und *Amahl and the Night Visitors* von Menotti sowie *Der kleine Schornsteinfeger* von Britten.
- Gestaltung einer neuen Version von *Brundibar* von Hans Krása
- Bearbeitung von *Die Fledermaus* von Johann Strauss
- Uraufführung von *Der Planet Analfabia* und *Die Oper der Sinne*
- Ab der Saison 2006/07 werde ich im Teatro Real[3] die Musikpädagogische Abteilung leiten und Opernaufführungen für Kinder organisieren.

Maschat: Welche neuen Projekte gibt es für die kommende Saison?

Palacios:
- Ein integriertes Kunstprojekt *El paseante ocioso*[4]: Musik, Kunst, Tanz, Poesie.
- Eine Zusammenarbeit folgender Institutionen: Schülerkonzerte der Regierung von Navarra, Kammeroper Madrid, Hochschule für Musik Pablo Sarasate, Tanzschule Navarra und José Lainez, Auditorium Barañain, die Illustratorin und Fotografin Laura Terré.

[3] Königliches Opernhaus in Madrid (Hrsg.)

[4] *Der müßige Spaziergänger* (Hrsg.)

Catherine Milliken

A Feast for the Senses – about Zukunft@BPhil, the Education Programme of the Berliner Philharmoniker

There is almost nothing more wonderful than to play a work for young people who ultimately identify with the music you are playing. (Sir Simon Rattle)

As the artistic director of the education Department of the Berliner Philharmoniker – or »Zukunft@BPhil« as we are called – I devise our programme for the year and carry out the projects in conjunction with the musicians of the Berliner Philharmoniker.

The involvement of orchestral musicians generally in education programmes and, in our case, the instigation of an education programme by the Berliner Philharmoniker, results from a growing appreciation in Germany, for the sharing of ideas and music with people from all walks of life.

Zukunft@BPhil-Programme

Our education projects are above all directed towards school children and students of various ages throughout Berlin. Together with the musicians of the Berliner Philharmoniker, composers and artists of other disciplines, they proceed to investigate the themes of a particular project, exchange their thoughts and ideas, and develop their own compositions culminating in a public performance of their music. The education concerts take place in various concert venues throughout Berlin, the foyer of the Berliner Philharmonie being the most frequent venue. The concerts are programmed to precede the evening concerts given by the Berliner Philharmoniker.

In addition to the creative projects, we present a school orchestra event with the participation of German school orchestras, training for the musicians of the orchestra before they enter into the creative projects, training for teachers, visits to general rehearsals by schools and small chamber concerts within local communities both in Berlin as well as in other cities when the Orchestra is on tour.

In this article I shall be presenting three projects of Zukunft@BPhil carried out in the season 2005/06 entitled *MusicART-Märchenklang*, *MusicART-Blitzlichter* and *MusicDANCE&SONGS-Carmina Burana*.

Ein Fest für die Sinne – über Zukunft@BPhil, das pädagogische Programm der Berliner Philharmoniker

Es gibt fast nichts Wunderbareres als ein Werk für junge Menschen zu spielen, die sich mit dem Werk, das man spielt, unmittelbar identifizieren. (Sir Simon Rattle)

Als künstlerische Leiterin der Pädagogischen Abteilung (Education Department) der Berliner Philharmoniker oder »Zukunft@BPhil«, wie wir offiziell genannt werden, bin ich verantwortlich für die Jahresprogramme und verwirkliche diese Projekte gemeinsam mit Musikern der Berliner Philharmoniker.

Die grundsätzliche Einbeziehung von Orchestermusikern in Erziehungsprogramme und in unserem Fall die Verwirklichung eines pädagogischen Programms durch die Berliner Philharmoniker, resultiert aus einem in Deutschland wachsendem Verständnis dafür, Musik und Ideen mit Menschen aller Art zu teilen.

Zukunft@BPhil-Programm

Unsere pädagogischen Projekte wenden sich vor allem an Schulkinder und Studierende unterschiedlichen Alters in ganz Berlin. Gemeinsam mit den Musikern des Orchesters der Berliner Philharmoniker, mit Komponisten und Künstlern anderer Disziplinen, erforschen sie die Themen eines Projekts, tauschen Gedanken und Ideen aus und entwickeln ihre eigenen Kompositionen; all dies findet seinen Höhepunkt in einer öffentlichen Aufführung ihrer Musik. Diese Pädagogischen Konzerte finden in verschiedenen Veranstaltungsräumen in ganz Berlin statt; der am häufigsten benütze Ort ist das Foyer der Berliner Philharmonie. Die Konzerte sind so konzipiert, dass sie dem entsprechenden Abendkonzert der Berliner Philharmoniker vorangestellt werden.

Zusätzlich zu den kreativen Projekten präsentieren wir auch ein Schulorchester-Treffen unter Mitwirkung von deutschen Schulorchestern. Wir geben Einführungen für die Musiker der Orchester, bevor sie an den Kreativprojekten teilnehmen, wir machen Fortbildungskurse für Lehrer, organisieren sowohl den Besuch von Generalproben für Schüler als auch kleine Kammermusikkonzerte – so genannte »Kofferkonzerte« – in lokalen Gemeindezentren sowohl in Berlin selbst, als auch an Orten, wo das Orchester auf Tournee ist.

In diesem Bericht möchte ich drei Projekte von Zukunft@BPhil aus der Saison 2005/06 vorstellen, nämlich *MusicART-Märchenklang*, *MusicART-Blitzlichter* und *Music DANCE&SONGS-Carmina Burana*.

The film *Rhythm is it*, based on *Le Sacre du Printemps* and featuring the work of well known choreographer Mr. Royston Maldoom OBE, the Berliner Philharmoniker, Sir Simon Rattle and over 250 dancing amateurs and students throughout Berlin, is widely known. Since the beginning of our education programme in 2002, we have produced one such large dance performance yearly, mostly under the inspired guidance and leadership of Mr. Maldoom.

However throughout the season we continue to carry out such creative projects, if not in such large dimensions; the emphasis is more on the creation of music, the more hands-on involvement by the members of the orchestra and also featuring the involvement of artists from other disciplines such as writers, singers, visual artists, film-makers, to name a few.

We live in a time when music is so easily available on CD or Mp3 Players, when music is downloadable, transportable, conservable, when on television programms, original sounds or sound tracks are almost never heard, when background music of all sorts assails our ears in all sorts of public places to become undistinguishable noise: a noise which is aimed to manipulate us into passivity. It is indeed the same with visual images. It is the subtle passivity and the ensuing laziness of thought and imagination caused by the constant onslaught to our senses which can so easily become boredom and listlessness.

As Sir Simon Rattle, the visionary instigator of the education programme of the Berliner Philharmoniker so aptly once remarked:

> *Every person can make music. Every person can compose somehow. When children learn a sport, they play football or hold a tennis racket in their hand. When we want to them to be acquainted with music, we expect them to sit still. This is definitely not the right way!*

This observation and its far reaching ramifications, results in our aim to provide a forum where children are encouraged to actively engage in music-making and the necessary creative processes and decisions. They are encouraged to actively »feel, see, play and hear« music, thereby instilling curiosity and active perception far from the boredom that passivity brings about.

»Encouraged to actively engage in« is of course a written phrase which is suitable for brochures but leaves us with the question of how in practice to aid this active engagement, when for example the theme of a project is not football, but *Ma mère l'oye* by Maurice Ravel or perhaps even more difficult, works of a more contemporary nature with a higher degree of abstraction.

Therefore a »way-in-ticket« (motivation), a »goal« (challenge) and »rules of play« (structure) must be provided as well as the assurance that the »way in« is safe, that the »goal« is achievable and that the »rules of play« can at all times be examined and created anew.

In other words, the m o t i v a t i o n, the c h a l l e n g e, the s e l f - c o n f i d e n c e needed by children in such creative projects to perform their own composition or creation, is what I seek to arouse as well as the curiosity to investigate many possibilities of new sound worlds by using the body, voice, instruments, text and what ever is needed to portray a musical idea.

Weit bekannt geworden ist der Film *Rhythm is it*, ein Projekt zu *Le Sacre du Printemps* von Zukunft@BPhil, mit den Berliner Philharmonikern unter Sir Simon Rattle zusammen mit dem Choreograph Royston Maldoom OBE und über 250 Tanzamateuren und Studenten aus ganz Berlin. Seit dem Beginn unseres pädagogischen Programms im Jahr 2002 haben wir jährlich eine Musik- und Tanzproduktion dieser Größe veranstaltet.

Während der Spielzeit führen wir auch ca. 10 kreative Musikprojekte durch. Der Schwerpunkt liegt hierbei auf Komposition von Musik durch die Schüler, auf der direkten Mitwirkung von Orchestermitgliedern und der Einbeziehung von Künstlern aus anderen Disziplinen wie Schriftsteller, Sänger, bildende Künstler, Filmemacher, um nur einige zu nennen.

Wir leben in einer Zeit, in der Musik über CDs oder MP3-Players so einfach zugänglich geworden ist, in der Musik heruntergeladen, konserviert und transferiert werden kann, in der Musik in Fernsehprogrammen kaum mehr wahrgenommen wird, in der uns Hintergrundmusik aller Art an allen Orten berieselt, bis sie zur ununterscheidbaren Lärmkulisse wird: zu einem Lärm, der darauf abzielt, uns zur Passivität zu manipulieren.

Tatsächlich geschieht das Gleiche auch mit visuellen Eindrücken. Es ist diese, aus dem ständigen Angriff auf unsere Sinne entstehende subtile Passivität und die daraus erwachsende Trägheit des Denkens und der Vorstellungskraft, die so leicht zu Langeweile und Teilnahmslosigkeit führt.

Sir Simon Rattle, der visionäre Anreger des pädagogischen Programms der Berliner Philharmoniker, sagte einmal treffend:

> *Jeder Mensch kann Musik machen. Jeder Mensch kann irgendwie komponieren. Wenn Kinder Sportarten lernen, spielen sie Fußball oder bekommen einen Tennisschläger in die Hand. Wenn wir sie allerdings mit Musik vertraut machen wollen, erwarten wir von ihnen, dass sie stillsitzen. Das ist sicher nicht der richtige Weg!*

Diese Beobachtung und ihre weit reichenden Folgeerscheinungen bewirkten unser Ziel, ein Forum zur Verfügung zu stellen, durch welches Kinder ermutigt und bestärkt werden, Musik »zu fühlen, zu sehen, zu spielen und zu hören«, dadurch werden Neugierde und eine aktive Wahrnehmung erweckt, die weit entfernt sind von der Langeweile, die Passivität mit sich bringen.

»Ermutigung zur aktiven Teilnahme« ist natürlich eine Sprachfloskel, die in Broschüren gerne verwendet wird, es stellt sich aber die Frage wie man diese aktive Teilnahme in der Praxis unterstützen kann, wenn das Thema nicht Fußball sondern beispielsweise *Ma mère l'oye* von Maurice Ravel ist? Oder vielleicht noch schwieriger, wenn es sich um zeitgenössische Werke mit einem höheren Abstraktionsgrad handelt?

Daher müssen eine »Eintrittskarte« (Motivation), ein »Tor« (Ziel) und »Spielregeln« (Strukturen) bereitgestellt werden, ebenso wie die Versicherung, dass der Eintritt sicher, das Ziel erreichbar sind und die Spielregeln jederzeit überprüft und neu gestaltet werden können.

In anderen Worten, es ist mir ebenso wichtig, die Motivation, die Herausforderung und das Selbstvertrauen zu erwecken, all das, was Kinder in solchen kreativen Projekten benötigen, um ihre eigene Komposition, ihr eigenes Werk aufzuführen, wie auch Neugier zu ermutigen, verschiedene Möglichkeiten neuer Klänge zu erforschen, indem man den Körper, die Stimme, Instrumente, Texte und alles das verwendet, was man braucht, um eine musikalische Idee zu verwirklichen.

The Motivation

»The way in« or motivation for a project is something like a »hook« in a pop song. We feel motivated when we are curious, when we become hooked as it were, when we become fascinated to investigate the many different ways each of us personally wishes to try. Each of us sees, hears, feels, perceives in a way only known to each of us.

The memory of a particular situation can vary greatly from one individual to the next. Even for the same individual a memory may be at times more strongly visual, tactile or auditory. Our perception of a situation which is maybe foreign to us can also be aided by an analogy or by an impression deepened by layering in different ways of perceiving the same object.

And so it is possible in the conception of a music education project to use a structure and method which appeal to more than one sense, which appeal to the various ways by which individuals perceive. Thereby making the process more accessible to all and allowing the experience to become more deeply rooted.

For this reason the motto of the 2005/06 season's creative projects offered by Zukunft@BPhil became »to let music and sound touch all«. The projects were structured to consciously include other art forms and could so be organized into series. The series is designed to follow specific preoccupations and will be continued over the coming seasons:

- *MusicART – To see with the ear and hear with the eye*
  Creative sound and visual projects, based on works by Maurice Ravel, George Benjamin and Gustav Holst.
- *SONGS – You can sing*
  Students write own texts, investigate the physicality of the voice and perform own songs, based on works by Mozart, Orff, and Shostakovich.
- *REMIX – and remixing over and again*
  Creating music, texts, investigating sound worlds – both acoustic and electronic based on Thomas Adès' work – *Asyla.*
- *MusicFILM – Film to music and music to film*
  The first of this series takes place in a Berlin prison and is based on Wagner's *Rheingold.*
- *MusicDANCE – Movement in music, music in movement*
  The joy, the fascination of people discovering themselves, their bodies, their stillness, their rhythm, their music and that of their fellows.

The Challenge

The challenge is easy and its power should never be underestimated. It is simply that the children are given the opportunity, in as polished a way possible to perform their work publicly. It is not easy to be in front of an audience and metaphorically state »I am ...«

But it is the challenge of creating something interesting, which feels right to the children, of which they are proud and passionate to then perform, that is always a driving

Motivation

Die »Eintrittskarte« oder Motivation für ein bestimmtes Projekt ist so etwas wie ein »hook« in einem Pop Song. Wir fühlen uns motiviert, wenn wir neugierig geworden sind, wenn wir »am Haken zappeln«, wenn wir darauf gespannt sind, etwas auf die uns jeweils eigene Weise zu erforschen. Jeder von uns sieht, hört, fühlt, nimmt in einer Weise wahr, die nur wir selbst kennen.

Die Erinnerung an eine bestimmte Situation kann sich von einem Individuum zum nächsten stark unterscheiden. Auch für dasselbe Individuum kann eine Erinnerung manchmal stärker visuell, taktil oder akustisch sein. Die Wahrnehmung einer Situation, die uns vielleicht fremd ist, kann auch durch eine Analogie unterstützt werden oder ein Eindruck wird dadurch vertieft, dass dasselbe Objekt auf verschiedene Weise wahrgenommen wird.

So ist es in der Konzeption eines Projektes möglich, Struktur und Methode zu finden, die mehr als einen Sinn anregen, die vielmehr die unterschiedlichen Weisen ansprechen, in denen Individuen wahrnehmen. Dadurch wird der Prozess für alle annehmbarer und erlaubt vertiefte Erfahrung.

Aus diesem Grunde lautete das Motto für die kreativen Projekte, die in der Saison 2005/06 von Zukunft@BPhil angeboten wurden *Musik und Klang zum Anfassen*. Die Projekte waren so strukturiert, dass bewusst andere Kunstformen einbezogen wurden und sie dementsprechend unterschiedliche Projekt-Reihen formten. Diese Reihen wurden gebildet, um spezifische Vertiefungen zu ermöglichen und werden in der kommenden Saison fortgesetzt.

- *MusicART – Mit dem Ohr sehen, mit dem Auge hören*
  Klangexperimente und visuelle Projekte, basierend auf Werken von Maurice Ravel, George Benjamin und Gustav Holst.
- *SONGS – Singen ist der Klang des Körpers*
  Schüler schreiben eigene Texte, erforschen die physiologischen Bedingungen der Stimme und führen ihre eigenen Lieder auf, inspiriert von Mozart, Orff und Schostakovitsch.
- *REMIX – ... und noch mal remixen*
  Texte und Musik gestalten, erforschen von Klangwelten, sowohl akustisch als auch elektronisch, basierend auf dem Werk *Asyla* von Thomas Adès.
- *MusicFILM – Film zur Musik, Musik zum Film*
  Das erste Projekt dieser Reihe findet in einem Berliner Gefängnis statt und basiert auf Wagners *Rheingold*.
- *MusicDANCE – Bewegung in Musik, Musik in Bewegung*
  Die Freude und Faszination, mit der Menschen sich selbst und ihren Körper entdecken, ihre Ruhe, ihren Rhythmus, ihre Musik und die ihrer Gefährten.

Die Herausforderung

Die Herausforderung ist einfach, doch ihre Wirkung sollte niemals unterschätzt werden. Den Kindern wird die Gelegenheit gegeben, ihr Werk so gut wie möglich öffentlich aufzuführen. Aber es keineswegs einfach, vor einem Publikum zu stehen und auf metaphorische Weise zu signalisieren: »Ich bin ...«

force during the projects. It is simply a striving for that goal, which, after the initial struggles, is effortlessly achieved in the concentration and flow during the moment of performance of their own composition. A piece which becomes »of themselves« and makes the moment of »I am« simple and unconscious.

Self-confidence

The self-confidence gained during the work begun in the classroom and finished in front of an audience demands concentration, relaxation and again a type of »flow«. The beauty of the performance is to witness children who have been skeptical or afraid of a project becoming proud to be part of the whole and to present their ideas and perform their composition. For this self-confidence to flourish it is necessary for their »way-in-ticket« or motivation, as mentioned above, to be assured by a supportive atmosphere: an atmosphere that supports the state of being curious and non-judgemental. For this, the project itself must be well planned.

In fact, the design of a project must be almost a composition itself. We cannot expect children or participants embarking on any creative project to feel free to work and imagine creatively and to express their thoughts or feelings in any way, especially in a group situation, if they do not feel supported by the security of being in a planned structure.

Even more so is a structure needed when a group of people gather to create together. The form and content of each project is therefore conceived to a certain degree beforehand. Our projects are based on the seasonal repertoire of the Berliner Philharmoniker in order to show the myriads of ways possible of creating musical forms based on similar ideas. How often have we presented projects in the foyer of the Philharmonie, based on a work that is played later that evening in its original form by the Berliner Philharmoniker, and the children have quietly whispered afterwards that it was grand to hear the orchestra and to hear similarities and differences between their own composition and that of their composition colleagues.

The initial choices made in devising a project are therefore to do with the on what, with whom and the how. What is not planned is what the children imagine, discover and what form their discoveries are to take.

The Projects

1. *MusicART – Märchenklang*, based on *Ma mère l'oye* by Maurice Ravel

What?

The concept for the project stems from the following points:

- This orchestral suite is actually ballet music, containing fairy gardens, princesses and beasts, fanfares and badminton games.
- Ravel himself had a passion for mechanical toys.

Es ist die Herausforderung etwas Interessantes zu gestalten, die Kinder anspricht, etwas auf das sie stolz sind. Dieses »bestimmte Etwas« aufzuführen ist die treibende Kraft während der Projekte. Es ist schlichtweg die Sehnsucht, dieses Ziel zu erreichen, und dies wird – nach Anfangsschwierigkeiten – in der Konzentration und Präsenz des Augenblicks der Aufführung ihrer eigene Kompositionen mühelos. Ein Stück, das »sie selbst« sind, macht den Moment des »Ich bin« einfach und unwillkürlich.

Selbstvertrauen

Das Selbstvertrauen, das während der im Klassenzimmer begonnenen Arbeit und schließlich vor dem Publikum gewonnen wird, erfordert Konzentration, Entspanntheit und eine Art von »flow«. Die Schönheit der Aufführung liegt auch darin, zu sehen wie Kinder, die dem Projekt ängstlich und skeptisch gegenüber standen, stolz werden, Teil des Ganzen zu sein, ihre Ideen zu präsentieren und ihre Komposition aufzuführen. Damit dieses Selbstvertrauen sich entwickeln kann ist eine unterstützende Atmosphäre notwendig, die Neugier bestärkt, nicht wertet und nicht urteilt. Um dies zu erreichen, muss das Projekt selbst gut geplant werden.

In der Tat muss der Entwurf eines Projektes beinahe selbst zur Komposition werden. Wir können nicht erwarten, dass Kinder oder Teilnehmer, die sich auf irgendein kreatives Projekt einlassen, sich frei fühlen, um zu arbeiten und kreative Vorstellungen zu haben, um ihre Gedanken und Gefühle – vor allem in einer Gruppensituation – auszudrücken, wenn sie sich nicht durch die Sicherheit, die eine geplante Struktur vermittelt, unterstützt fühlen.

Noch notwendiger ist eine Struktur, wenn eine Gruppe von Menschen zusammenkommt, um gemeinsam etwas zu kreieren. Form und Inhalt eines jeden Projektes sind daher bis zu einem gewissen Grad im Vorhinein geplant. Unsere Projekte basieren auf dem Programm der Philharmoniker für eine bestimmte Saison, um die unzähligen möglichen Wege aufzuzeigen musikalische Formen, denen ähnliche Ideen zu Grunde liegen, zu gestalten. Wie oft haben wir Projekte im Foyer der Philharmonie präsentiert, die von einem Werk ausgingen, das später am Abend in seiner Originalform von den Berliner Philharmonikern gespielt wurde und wie oft haben Kinder dann leise geflüstert, dass es großartig sei, das Orchester zu hören und auch Ähnlichkeiten und Unterschiede zwischen ihrer eigenen Komposition und der ihrer »Komponistenkollegen« zu hören.

Die Eingangsentscheidungen bei der Planung eines Projektes beziehen sich daher auf die Fragen: Was? Mit wem? Wie? Was nicht geplant werden kann, ist, was sich die Kinder vorstellen, was sie entdecken und welche Form ihre Entdeckungen haben werden.

Die Projekte

1. *MusicART-Märchenklang – Ma mère l'oye* von Maurice Ravel

Was?
Das Konzept des Projektes stützt sich auf folgende Punkte:

- According to this, I invited two artists (Erwin Stache and Ruth Geiersberger) to accompany this project.

With whom?

The project was realized with two schools:

- One class of 9 to 10 year olds who were accompanied by three musicians from the Berliner Philharmoniker, (Sarah Willis, Richard Duven, Aline Champion) and myself.
- One class of 14 year olds accompanied by Erwin Stache (sound artist) and Ruth Geiersberger (dance and vocal performer).

How?

- Each class took part in 8 sessions alone. Then two sessions together, a general rehearsal and then two performances. Each session lasted 2 and a half hours.
- The first step was in both schools to research dreams and dream worlds. Even the younger class first came up with BMWs and murders. But after a while the fantasy flowed to more pleasant pastures and forests. From here was not far to investigating fairy tales and creating own texts.
- We searched for sounds together, found out about instruments, played games that turned into small choreographies, made up spells and learnt one melody together from the 2nd movement of the Ravel – our »sleeping song«.
- The older class investigated more electronic sounds of the sound objects provided by Erwin Stache, re-invented fairy tales, devised their own texts and musical rules for playing and using the sound objects. Similar paths were followed as for the smaller ones.
- The pupils had to particularly become accustomed to the freedom to express themselves through their own ideas and to create a piece together. It wasn't easy as the project demanded calmness and concentration, but they were always captivated however by the sound of the musicians playing their instruments, the sounds of gongs and later anything that had to do with movement.
- The performances were on the 15th and 17th of January 2006 in the Chamber Music Room and the foyer of the Philharmonie.

2. *MusicART-Blitzlichter* – based on *Ringed by the flat horizon* by George Benjamin

What?

The concept stems from the fact that George Benjamin was inspired to write his orchestral work by a scientific photograph of a crack of lightning against a dark horizon and also texts by T. S. Eliot from *The Wasteland*.

With whom?

Three schools participated making a total of 72 children. The project comprised art and music workshops.

The art workshop participants were:

- One class of 12–13 year olds (Bernd Ryke Schule).
- The class of 12–14 year olds from a centre for special needs with a focus on »mental development« (Special school).

- Diese Orchester Suite ist eine Ballettmusik und hat Feenreiche, Prinzessinnen, Ungeheuer, Fanfaren und Federball-Spiele zum Thema.
- Ravel selbst hatte eine Vorliebe für mechanisches Spielzeug.
- Im Zusammenhang damit lud ich zwei Künstler (Erwin Stache und Ruth Geiersberger) zur Mitarbeit an diesem Projekt ein.

Mit wem?

Das Projekt erfolgte mit zwei Schulen:

- Mit einer Klasse von Neun- bis Zehnjährigen, die von drei Orchestermitgliedern (Sarah Willis, Richard Duven, Aline Champion) und mir begleitet wurden.
- Mit einer Klasse von 14-jährigen, begleitet von Erwin Stache (Klangkünstler) und Ruth Geiersberger (Tanz- und Vokal-Performerin).

Wie?

- Jede Klasse hatte acht Unterrichtseinheiten alleine, daraufhin zwei gemeinsam mit der anderen Gruppe, schließlich die Generalprobe und zwei Aufführungen. Jede Unterrichtseinheit dauerte zweieinhalb Stunden.
- Der erste Schritt war an beiden Schulen Träume und Traumwelten zu erforschen. Sogar die jüngere Gruppe schlug zunächst BMWs und Morde vor. Aber nach einiger Zeit floss die Fantasie doch zu angenehmeren Wiesen und Wäldern. Von da war es nicht weit bis zur Erkundung von Märchen und zum Verfassen eigener Texte.
- Gemeinsam suchten wir nach Klängen, fanden einiges über Instrumente heraus, spielten Spiele, die zu kleinen Choreographien wurden, erfanden Zaubersprüche und lernten gemeinsam eine Melodie aus dem 2. Satz von Ravels Werk – unser »Schlaf-Lied«.
- Die ältere Klasse erforschte mehr die elektronischen Geräusche der von Erwin Stache zur Verfügung gestellten Klangobjekte, entwarfen ihre eigenen Texte und musikalischen Regeln für das Spiel auf den Objekten. Es wurden ähnliche Wege gegangen wie bei den Kleineren.
- Vor allem mussten sich die Schüler an die Freiheit gewöhnen, sich durch eigene Ideen auszudrücken und zusammen ein Stück zu kreieren. Es war nicht leicht, da das Projekt viel Ruhe und Konzentration erforderte, dennoch waren sie immer gefangen vom Klang der Musiker und ihrer Instrumente und später von allem, was mit Bewegung zu tun hatte.
- Die Aufführungen waren am 15. und 17. Januar 2006 im Kammermusik-Saal und im Foyer der Philharmonie Berlin.

2. *MusicART-Blitzlichter* – basierend auf *Ringed by the flat horizon* von George Benjamin

Was?

Das Konzept stützt sich auf die Tatsache, dass George Benjamin von einem wissenschaftlichen Foto eines Blitzes vor dem Hintergrund eines dunklen Horizonts sowie Texten von T. S. Elliott aus *The Wasteland* inspiriert wurde.

Mit wem?

Insgesamt nahmen 72 Kinder von drei verschiedenen Schulen daran teil. Das Projekt beinhaltete Musik- und Kunst-Workshops.

- Accompanying the project were Adrianne Westerbarkey (artist and director of the workshop), Anna Henkel (video artist) and myself.

The music workshop participants were:

- One class of 14-15 year olds (Sophie Charlotte Gymnasium).
- Accompanying the project were three musicians from the Berliner Philharmoniker, (Stanley Dodds, Franz Schindelbeck, Ludwig Quant) and myself (director of the music workshops and director of the project).

How?

The art workshop (3 hours per day for 7 days)

- The most important feature of this part of the project was the meeting between the two schools. Just around the corner from one another, they had never done a project together, seen or spoken to one another.
- From the first day the members of each class helped each other. The teachers were surprised by the positive reaction of acceptance and interaction which took place by the two otherwise quite hermetic and different groups with their individual needs.
- The first periods were spent listening to the music of George Benjamin together and improvising movements to the music as well as certain students conducting their class members making sounds that could be termed dark and light, far or near or also investigating particular tonal colours with their voices.
- The painting then began in earnest, in their special painting suits, to the music of George Benjamin always responding to the colours and dramaturgy of the music. I need not have worried – although the music is contemporary and very abstract for children of that age, if we went to turn the music off, we were begged to leave it on. The class members of the special school were astounding in the freedom of their artistic efforts and gestures to the music. Sometimes we let them paint with blindfolds to concentrate on the movement of painting. Sometimes games were played whereby a colour was described and another had to produce exactly the colour described.
- On the last day, the children were filmed whilst they painted onto glass plates.

The music workshop (5 days in two and a half hourly sessions)

The film from the art workshops was cut by the leaders of the workshops and was presented to the students of the Sophie Charlotte Gymnasium (grammar school).

- Here followed the creation of film music by which, similar to the art workshop, warm-up exercises of voice, movement and conducting the group were carried out.
- Then followed much discussion about colour, movement and how colour differences and movements would sound.
- The students presented their 15 Minutes of music to the film on the 5th of May 2006. Of course the art workshop students attended.

Teilnehmer des Kunst-Workshops:

- Eine Klasse von 12- bis 13-jährigen (Bernd Ryke Schule).
- Eine Klasse von 12- bis 14-jährigen eines sonderpädagogischen Förderzentrums mit dem Schwerpunkt »Geistige Entwicklung«.
- Das Projekt wurde begleitet von Adrianne Westerbarkey (Künstlerin und Leiterin des Workshops), Anna Henkel (Video-Künstlerin) und mir.

Teilnehmer des Musik-Workshops:

- Eine Klasse von 14- bis 15-jährigen (Sophie Charlotte Gymnasium).
- Begleitet von drei Musikern der Berliner Philharmoniker (Stanley Dodds, Franz Schindelbeck, Ludwig Quant) und mir (Leitung der Musik-Workshops und Gesamtleitung).

W i e ?

Der Kunst-Workshop (Sieben Tage – drei Stunden täglich)

- Das wichtigste Charakteristikum dieses Projektteils war die Begegnung zweier Schulen. Obwohl die Schulen sich in unmittelbarer Nähe befinden, hatten bislang sehr wenige gemeinsame Aktionen oder Kontakt miteinander stattgefunden.
- Vom ersten Tag an halfen sich die Mitglieder der beiden Klassen, die Lehrer waren überrascht über die positive Reaktion der gegenseitigen Akzeptanz und Interaktion zwischen den beiden Schulen unterschiedlicher Bedürfnisse, die vorher keinerlei Kontakt hatten.
- Die ersten Treffen wurden mit dem gemeinsamen Anhören der Musik von George Benjamin und Bewegungsimprovisationen verbracht. Auch dirigierten einzelne Teilnehmer ihre Mitschüler, die Geräusche erprobten, die als hell oder dunkel, nah oder fern bezeichnet werden konnten und besondere Tonfarben mit ihren Stimmen zu erzeugen versuchten.
- Das ernsthafte Malen, natürlich in ihren speziellen Malanzügen, begann dann zur Musik Benjamins und in Reaktion auf Tonfarben und Dramaturgie der Musik. Obwohl die Musik zeitgenössisch und für Kinder dieses Alters ziemlich abstrakt ist, baten sie sobald wir die Musik abschalteten, sie doch weiter klingen zu lassen. Die Kinder überraschten durch die Freiheit ihrer künstlerischen Bemühungen und ihrer Bewegung zur Musik. Manchmal ließen wir sie mit geschlossenen Augen malen, um sich auf die Bewegung beim Malen zu konzentrieren. Gelegentlich spielten wir auch Spiele bei denen jemand eine Farbe nannte und andere diese Farbe darstellen sollten.
- Am letzten Tag wurden die Kinder beim Malen auf Glasplatten gefilmt.

Der Musik-Workshop (Fünf Tage – mit je einer Einheit von zweieinhalb Stunden)

Der Film aus dem Kunst-Workshop war von den Lehrern geschnitten und der Klasse des Sophie Charlotte Gymnasiums gezeigt worden.

- Im Prozess des Erstellens einer Filmmusik wurden – wie im Kunst-Workshop – mit Warm-up-Übungen für Stimme, Bewegung sowie mit Dirigierübungen begonnen.
- Dann folgten Diskussionen über Farbe und Bewegung und die Frage wie Farbunterschiede und Bewegungen klingen könnten.
- Die Schüler präsentierten ihre 15 Minuten Filmmusik am 5. Mai 2006. Die Teilnehmer des Kunst-Workshops waren dabei natürlich anwesend.

3. *MusicDANCE and SONGS* – two part Project based on *Carmina Burana* by Carl Orff

What?

This project is based on texts taken from Carl Orff's *Carmina Burana*.

A total of 420 people from 11 schools took part.

> *Just as Carl Orff imagined: the source of possibilities enabling the creative potential of the individual to unfold lies not only in artistic dance but also in speech and singing and in rhythmical and melodic music play*[1].

With whom and how?

Song workshops:

- 8 school classes, myself, Mary King, David Moss and 4 musicians of the Berliner Philharmoniker (Rainer Seegers, Matthew Hunter, Andreas Wittman und Martin Heinze).
- 3 sessions each of improvisation, voice work, to the texts of the Codex using Latin and old German as well as the German and English translations.
  - I then cut and mixed their recorded pieces and improvisations, together with the improvisations of the accompanying four musicians of the Berliner Philharmoniker. The students were invited back to give their revisions.
- The finished version was presented as a sound installation prior to the MusicDANCE presentation on the 13th and 14th of May 2006 in the Arena, Treptow.

MusicDANCE:

- 4 schools – a total of 215 amateur and student dancers of varying ages, a group of seniors,
- Royston Maldoom, choregraphy assistants, and for the performances,
- the Berliner Philharmoniker, soloists, school choirs and Sir Simon Rattle.

Summary

The experiences gathered during a project are lived jointly and have different effects on each participant. It is rare that someone remains unmoved. The reason lies in the music itself – how it is approached and how it captures us. During a project we awaken curiosity and the desire to try one's hand at something, we facilitate different approaches and impart an atmosphere of trust. In this way the music is there for everyone: to be felt, touched, heard and experienced with all our senses.

1 quotation from the programme of the performance

3. *MusicDANCE and SONGS – Carmina Burana* von Carl Orff

Was?

Das Projekt basierte auf Texten aus *Carmina Burana* von Carl Orff.
Insgesamt nahmen 420 Schüler aus elf Schulen daran teil.

> *So, wie auch Carl Orff sich das vorgestellt hatte: Nicht nur im künstlerischen Tanz, sondern auch in Sprachspiel und Singen, in rhythmischem und melodischem Spiel sah er eine Quelle von Möglichkeiten, das gestalterische Potenzial des einzelnen Menschen zu entfalten*[1].

Mit wem? und Wie?

Song-Workshops:

- Acht Schulklassen, begleitet von Mary King, David Moss, vier Orchestermitgliedern (Rainer Seegers, Matthew Hunter, Andreas Wittman und Martin Heinze) und mir.
- Jede Gruppe hatte drei Stunden Improvisation und Stimmarbeit zu den Texten des Codex; sie wurden in Latein, Mittelhochdeutsch und in deutschen und englischen Übersetzungen verwendet.
- Die Aufnahmen ihrer Stücke und Improvisationen, gemeinsam mit den Improvisationen der begleitenden Philharmoniker, wurden von mir geschnitten und bearbeitet, dann wurden die Schüler um ihre Rückmeldung gebeten.
- Die endgültige Version wurde schließlich als Klanginstallation vor der Musik-Tanz-Aufführung am 13. und 14. Mai 2006 in der Arena, Treptow präsentiert.

MusicDANCE:

- Vier Schulen mit insgesamt 215 Amateuren und Tanzschülern unterschiedlichen Alters, eine Gruppe von Senioren,
- Royston Maldoom, Choreographieassistenten und, zu den Aufführungen,
- die Berliner Philharmoniker, Solisten, Schulchöre und Sir Simon Rattle.

Zusammenfassung

Die Erfahrungen, welche während eines Projektes gesammelt werden sind gemeinsam erlebte Erfahrungen mit verschiedensten Auswirkungen für jeden Teilnehmer. Jedoch bleibt selten jemand unberührt. Der Grund dafür liegt wohl in der Musik selbst wie sie zu fassen ist und wie sie uns erfasst. Während eines Projektes erwecken wir Neugier und Lust zum Ausprobieren, ermöglichen verschiedene Wege des Herangehens und vermitteln eine Atmosphäre des Vertrauens. So ist die Musik für jeden da: zum Berühren, zum Anfassen, zum Hören und zum Erleben mit allen Sinnen.

1 Zitat aus dem Programmheft der Aufführung

Royston Maldoom

Community Dance – Concept and Practice

As I am talking from a dance artist's viewpoint with a dance background I want to be clear that I am talking for a particular kind of dance and arts activity. I cannot say that all the activities that come under the general title of dance are of equal value in creating a healthy, knowledge based society. I am talking about a kind of dance that I believe passionately can bring about the most positive individual transformation, that best promotes harmony, affects communities and ultimately has the power to play a strong role in moving society forward. This dance is arts led. It has pedagogic ambitions, it is non competitive (that is to say it encourages us to do well, not to gain advantage or ascendancy over others). It encourages us to find our potential through self discovery, interaction with others and with our environment, and acts as a spur to self motivation, self discipline and self knowledge.

I am not talking of dance as sport, or dance as diversion through pure entertainment, show dance, dance based only on technical prowess, social dance, ballroom or disco. I would include traditional dance where it does not encourage culturally sanctioned gender inequality or exclusivity or reinforce hierarchical power structures and harmful practises. I would include Hip hop when it strives to be inclusive, for women as well as differently abled, and where every precaution is taken to ensure that those less able, especially other boys, don't feel marginalised and inadequate. I am talking about dance that engages the whole self, that promotes physical, emotional, spiritual (in its broadest sense), cognitive and social development. Perhaps for those who have some knowledge of dance, a combination of Ausdruckstanz and contemporary dance. It is dance that incorporates the best of creative play with a real seriousness of purpose. In my case, dance that may well include performance as an integral and vital part of process. I will talk more about the role of performance later.

The best way to bring about a knowledge society is surely to begin by working to promote a healthy society: a society that strives for fairness, and acceptance of difference. A society that values all its members, and strives to provide them with the means to be heard, that gives them a voice, that encourages creativity and exploration. A sick society based on intolerance, over concentration of power, inequality of treatment, social exclusion and marginalisation is not a good breeding ground for encouraging the pursuit of knowledge or open democratic education.

The arts can be powerful effective tools in the pursuit of a healthy, knowledge based society. Dance has an important role to play in this. I believe in the importance of culture and creativity in supporting the existence of a healthy, democratic and educated society.

Community Dance[1] – Konzept und Praxis

Da ich aus der Sicht eines Tanzkünstlers mit einem Tanz-Hintergrund spreche, möchte ich klarstellen, dass ich über eine ganz bestimmte Form von Tanz und künstlerischer Aktivität sprechen will. Ich bin nicht der Meinung, dass alle Aktivitäten, die man allgemein als Tanz bezeichnet, von gleichem Wert für eine gesunde, wissensbasierte Gesellschaft sind. Ich spreche von einer Art des Tanzes, von der ich leidenschaftlich glaube, dass sie eine sehr positive individuelle Transformation bewirkt, Harmonie fördert, sich auf Gemeinschaften auswirkt und schließlich die Kraft hat, eine bedeutende Rolle in der positiven Veränderung der Gesellschaft zu spielen. Dieser Tanz ist durch Kunst bestimmt. Er hat pädagogische Ambitionen, ist nicht konkurrenzbetont (das heißt, er feuert uns zwar an, etwas gut zu machen, nicht aber Vorteile oder Überlegenheit über andere zu erlangen). Er ermutigt uns, unsere eigenen Möglichkeiten durch Selbsterkenntnis, durch Interaktion mit anderen und der Umwelt zu entdecken. Er dient als Weg zur Eigenmotivation, zu Selbstdisziplin und zur Kenntnis unserer selbst.

Ich spreche nicht über Tanz als Sport oder als Zerstreuung durch reine Unterhaltung, nicht über Showdance oder einen Tanz, der nur auf technischen Leistungen basiert, ich spreche auch nicht über Volkstanz, Gesellschaftstanz oder Disco. Doch möchte ich traditionellen Tanz einbeziehen, soweit er nicht kulturell akzeptierte Ungleichheit oder Exklusivität der Geschlechter oder hierarchische Machtstrukturen ermutigt und schädliche Praktiken verstärkt. Ich möchte auch Hip Hop einschließen, wenn er bestrebt ist, Frauen und Menschen mit besonderen Fähigkeiten einzubeziehen und sofern gewährleistet ist, dass jede Vorsorge getroffen wird, damit weniger Begabte, vor allem junge Männer, sich nicht an den Rand gedrängt und unzulänglich fühlen. Ich meine Tanz, der die ganze Person in Anspruch nimmt, der körperliche, emotionale, spirituelle (im weitesten Sinne), kognitive und soziale Entwicklung unterstützt. Für diejenigen, die einiges Wissen über Tanz haben: ich meine eine Mischung von Ausdruckstanz und Zeitgenössischem Tanz. Es ist ein Tanz, der die Vorzüge kreativen Spiels mit einer wirklichen Ernsthaftigkeit der Absicht verbindet. In meinem Fall Tanz, der auch Aufführungen als einen wesentlichen und vitalen Teil des Prozesses beinhalten kann. Über die Rolle von Aufführungen wird später zu sprechen sein.

Der beste Weg, um eine verständnisvolle Gesellschaft zu schaffen, beginnt sicher damit, an einer gesunden Gesellschaft zu arbeiten. Einer Gesellschaft, die sich um Fairness

1 Die aus Großbritannien kommenden Begriffe *Community Dance, Community Art* und *Community Artist* haben bisher im Deutschen keine Entsprechung gefunden und werden daher hier im Original übernommen (Hrsg.).

But my experience shows that not only is it the case that many do not understand its importance but that they also fear these words and the concepts that lie behind them. I am constantly told by those I wish to involve through discussion or practical participation ... *I know nothing about the art ... I am not creative like you* (the reasoning here being that creativity is the private preserve of the artist). This of course is also a view traditionally fostered by artists and cultural institutions wishing to preserve their status, and has in the recent past manifested itself by a reluctance to engage in, or even open hostility to increasing the artistic means of production to the public and the community.

The idea that people are not creative seems to me to fly in the face of all the evidence. Creativity is a basic survival tool. It involves seeing options, imagining outcomes and making choices. These are things we do every day, weighing up the choices in front of us and making decisions. On an artistic level, we choose our clothes, decorate our bodies, and modify our environment with design and colour and form. To watch children at play should dispel any doubts about the creativity inherent in every human being. As a choreographer and pedagogue for adults as well as children I am exposed regularly to one of the biggest untruth of all, when people say *but I cannot dance*. Here I am safe in my argument: after 30 years of experience worldwide with people of all ages, abilities, of many cultures, and social and economic backgrounds I have never met a single person who cannot dance.

The reasons for the persistence of these myths are manifold, and can be debated endlessly. Many of them are universal, many are cultural, maybe religious, many pertain to issues of gender, oppression, social exclusion, lack of self worth, fear of sexuality and eroticism and an inability to celebrate who we are, our lives and our communities. Assuming though that cultural activity is basic to our humanity, what role does my chosen art form, dance, play in promoting a healthy individual and a healthy, educated and democratic society?

I see dance as the most basic and holistic art form. It is a physical, emotional, spiritual, cognitive and social activity. Physically it has the potential to impact positively on our bodies, giving strength, flexibility, coordination, affecting our physiology, our general health that leads to improved body image, something that assumes great importance in our society, and the lack of which often causes great distress, especially to young people.

But this is only a small part of the story. Indeed an over emphasis on the potential benefits for health, and a consequent link with sport has been both a benefit and a hindrance to development of dance programmes in education. Without this link to sports it is unlikely that much of the dance activity that has taken place within education would have happened. It is traditionally the case that where dance exists in schools it is within the sports programme. Negatively, we can see that dance has often become confused with »movement«, and the social, emotional and spiritual aspects have been undervalued. Dance has often lost its place in education as a vital cultural form with benefits to the individual, identity and interaction.

Many sports are also highly competitive by tradition. This does not negate the many other benefits that sport can bring to young people, but again I have to rely on my own

und Akzeptanz von Verschiedenheit bemüht, die alle ihre Mitglieder achtet und danach strebt, ihnen die Möglichkeit zu geben, gehört zu werden, die ihnen eine Stimme gibt und Kreativität und Entdeckerfreude ermutigt. Eine kranke Gesellschaft, die auf Intoleranz, übermäßiger Machtkonzentration, ungleicher Behandlung und sozialem Ausschluss fußt, ist keine gute Brutstätte, um das Streben nach Wissen und offener demokratischer Bildung zu bestärken. Die Künste können einflussreiche und wirkungsvolle Werkzeuge in der Bemühung um eine gesunde, vernunftbegründete Gesellschaft sein. Der Tanz hat darin eine bedeutende Rolle zu spielen.

Ich glaube an die Bedeutung von Kultur und Kreativität, um die Existenz einer gesunden, demokratischen und kultivierten Gesellschaft zu bestärken. Meine Erfahrung zeigt allerdings, dass viele diese Bedeutung nicht nur nicht verstehen, sondern solche Worte und die ihnen zugrunde liegenden Konzepte auch fürchten. Immer wieder wird mir von jenen, die ich durch Diskussionen oder praktische Teilnahme einbeziehen möchte, gesagt: ... *Ich verstehe nichts von Kunst ... ich bin auch nicht kreativ wie Du* (damit meinen sie, dass Kreativität sozusagen der Privatbereich von Künstlern sei). Das ist natürlich auch eine Ansicht, die traditionellerweise von Künstlern und Kulturinstitutionen genährt wird, um ihren Status zu erhalten. In der letzten Zeit zeigte sich dies in einem Widerstreben, sich zu engagieren oder sogar in offener Ablehnung in Bezug auf die Erhöhung künstlerischer Mittel für Produktionen für die Öffentlichkeit allgemein und auch für »Gemeinden« im Sinne der britischen Community Work.

Die Idee, dass Menschen nicht kreativ seien, scheint mir allen Beweisen ins Gesicht zu schlagen. Kreativität ist ein grundsätzliches Mittel des Überlebens. Es bedeutet, dass wir Wahlmöglichkeiten sehen, uns Ergebnisse vorstellen und Entscheidung treffen können. Diese Dinge machen wir jeden Tag, indem wir Wahlmöglichkeiten, die vor uns liegen, abwägen und uns dann entscheiden. Auf einer künstlerischen Ebene wählen wir unsere Kleidung, schmücken unsere Körper und gestalten unsere Umgebung mit Farben und Formen. Kindern beim Spielen zuzusehen, sollte alle Zweifel über die in jedem menschlichen Wesen vorhandene Kreativität zerstreuen. Als Choreograph und Lehrer von Erwachsenen wie auch von Kindern werde ich oft mit der größten Unwahrheit konfrontiert, wenn Menschen sagen: *Aber ich kann doch nicht tanzen.* Hier bin ich meiner Überzeugung vollkommen sicher: Nach 30-jähriger und weltweiter Erfahrung mit Menschen aller Altersstufen und Fähigkeiten, mit Menschen aus vielen Kulturen und sozialem und wirtschaftlichen Herkommen, habe ich niemals auch nur eine einzige Person getroffen, die nicht tanzen konnte.

Die Ursachen für die Unverwüstlichkeit solcher Behauptungen sind vielfältig und könnten endlos diskutiert werden. Viele sind universal, andere kulturell, manche religiös bedingt, andere gehören zu den Themen von Gender, und betreffen Unterdrückung, sozialen Ausschluss, Mangel an Selbstwertgefühl, Furcht vor Sexualität und Erotik und schließlich die Unfähigkeit, das zu zelebrieren, was wir selbst sind: unser Leben und unsere Gemeinschaft. Wenn wir von der Annahme ausgehen, dass kulturelle Aktivitäten grundlegend für unsere Humanität sind, welche Rolle spielt dann die von mir gewählte Kunstform, der Tanz, um ein gesundes Individuum und eine gesunde, kultivierte und demokratische Gesellschaft zu fördern?

experience as a teacher and community artist that has demonstrated to me on so many occasions that competition can be an enormous hindrance to individual development. It produces as a by product many losers, it marginalises those who are unable, or unwilling to compete. Of course we have to acknowledge that we live, and will probably continue to live in a society that is highly competitive, but it is also important that we acknowledge that humans are also social animals. At different times in history our competitive nature becomes important, and in the past a stable society could only develop when territory could be protected. In such stable societies, culture and arts could flourish. Now we must question whether such competition as promoted by almost every aspect of advertising and the media is conducive to our survival. Now it increasingly seems that it is a lack of social cohesion and the inability to accommodate difference that puts our individual and collective futures at risk. Non competitive arts activity can play a leading role in bringing about understanding and tolerance without compromising our commitment to self improvement and success. There is increasing evidence that even industry and business is beginning to question whether competitiveness is the first requirement for success, and the role of creativity, negotiation and partnership are increasingly being explored.

Dance has an important role to play in emotional development. As psychological programmes change the way individuals feel we see concurrent changes in posture, body language and movement. It has been my experience and the experience of many colleagues that good dance programmes bring about these physical changes directly in the shortest time, with subsequent changes in the way people feel, in their emotional state, in their self esteem and their communication with each other and their environment.

As a simple example, one of the problems I face in the early days of a project is the inability or reluctance of participants to extend their arms to the fullest, or to assume their full height. This is a clear indication to me that the person is making an involuntary statement about their value, and their right to occupy the space that should be theirs. By working purely within the choreographic structure, it is easily possible to change the movement, allowing and encouraging the participant to reach out to the furthest edges of their personal space, and it is wonderful to see how confidence returns, or even arrives for the first time.

Furthermore, dance, accompanied by its precursors, stillness and silence, achieved through strong focus exercises enables a child to hear and feel themselves, it gives listening time, and helps him to focus on himself without distraction of external noise and diversion of frenetic, often involuntary, activity. By beginning movement from this highly focussed point the dancer feels the connection between their emotional state and the movement, bringing them to a state of heightened awareness of themselves and of the environment, including others in the vicinity. Although this concentration and focus, without external distraction can at first seem frightening or threatening, if handled properly in a safe and sensitive environment a sense of harmony is the usual end result.

I refer to dance as a spiritual activity. Whilst it may be incorporated into religious ritual in many faiths it is as often excluded from others. In an increasingly secular and materialistic society however, the loss of spiritual direction is keenly felt by many young people,

Ich verstehe Tanz als die grundlegendste und ganzheitlichste Kunstform. Als eine körperliche, emotionale, spirituelle, kognitive und soziale Aktivität. Im physischen Bereich vermag er eine positive Wirkung auf unseren Körper auszuüben, indem er Kraft, Gelenkigkeit und Koordination bewirkt, indem er unsere Gesundheit beeinflusst und zu einem verbesserten Bild des Körpers führt. Das ist in unserer Gesellschaft von großer Bedeutung und körperliche Schwächen verursachen, besonders jungen Menschen großen Kummer.

Aber das ist nur ein kleiner Teil der Geschichte. Tatsächlich brachte eine Überbetonung der potentiellen Vorteile für die Gesundheit und die daraus folgende Verbindung mit Sport sowohl einen Gewinn als auch ein Hindernis für die Entwicklung von Tanzprogrammen im pädagogischen Bereich mit sich. Es ist eher unwahrscheinlich, dass ohne diese Verbindung zum Sport viele der Tanzaktivitäten, die in Schulen stattgefunden haben, entstanden wären. Meistens ist es doch so, dass Tanz in Schulen innerhalb des Sportprogramms existiert. Auf der anderen Seite können wir sehen, dass Tanz oft mit »Bewegung« verwechselt wird und die sozialen, emotionalen und spirituellen Aspekte unterbewertet wurden. Tanz hat oft seine Bedeutung als vitale kulturelle Form der Erziehung verloren, die dem Individuum Gewinn, Identität und Interaktion brachte.

Viele Sportarten sind aus Tradition in hohem Maße konkurrenzorientiert. Das unterschätzt nicht die vielen anderen Vorteile, die Sport jungen Menschen geben kann, aber wieder muss ich mich auf meine eigene Erfahrung als Lehrer und *community artist*[2] stützen, die mir bei so vielen Gelegenheiten gezeigt hat, dass Wettbewerb ein enormes Hindernis für die individuelle Entwicklung sein kann. Als Nebenprodukt erzeugt Wettbewerb viele Verlierer und drückt jene an den Rand, die entweder nicht konkurrieren können oder wollen. Natürlich müssen wir zur Kenntnis nehmen, dass wir in einer in hohem Maße wettbewerbsorientierten Gesellschaft leben und wahrscheinlich auch weiterhin leben werden. Aber es ist auch wichtig anzuerkennen, dass Menschen auch »soziale Tiere« sind. Zu verschiedenen Zeiten in unserer Geschichte wird unsere konkurrierende Natur wichtig. In der Vergangenheit konnte eine stabile Gesellschaft nur dann verwirklicht werden, wenn Territorien auch verteidigt werden konnten. In solchen stabilen Gesellschaften konnten Kultur und die Künste blühen. Heute müssen wir uns fragen, ob Wettbewerb, wie er fast von allen Erscheinungsformen der Werbung und der Medien gefördert wird, unserem Überleben dienlich ist. Es scheint in zunehmendem Maße, als ob der Mangel an sozialer Zusammengehörigkeit und die Unfähigkeit, Unterschiede in Einklang zu bringen, unsere individuelle und kollektive Zukunft in Gefahr brächte. Künstlerische Aktivitäten, die nicht wettbewerbsorientiert sind, können eine führende Rolle spielen, um Verständnis und Toleranz zu erwecken, ohne dabei unsere Verpflichtung zu Selbstverwirklichung und persönlichem Erfolg aufs Spiel zu setzen. Es gibt zunehmend Beweise, dass sich sogar Industrie und Geschäftsleben zu fragen beginnen, ob Wettbewerb wirklich die erste Voraussetzung für Erfolg sei. Die Rolle von Kreativität, Verhandlung und Partnerschaft wird in zunehmendem Maße in ihrer Bedeutung erkannt ...

2 Künstler mit direktem gesellschaftlichem Bezug, d.h. arbeitend mit Gruppen der Gemeinde/Region u. Ä. (Hrsg.).

and the damage to society through its absence manifests itself in ways that are often ugly, divisive and socially damaging. True dance for me can never exist without this inherent spiritual dimension, the search for meaning, in life, in the world, and the need to explore ones place within it, ones true identity. This is something that is a constant need for the artist, as well as the means to express who they are and the possibility to communicate their own understanding of the nature of reality and morality. It is in my opinion crucial that as many individuals as possible are able to make this contribution to our communities. If anyone doubts the power of dance and movement to influence individuals and society one only needs to look to the employment of choreography in military displays, national parades, fascist rallies. The rich and powerful have always understood this, and yet the role that dance and movement can play in enabling the ordinary individual's voice to be heard is overlooked.

Dance is of course a cognitive and thoughtful activity. Memory, spatial awareness, structure, understanding of time, research for inspiration from literature and the spoken word, relation to other art and cultural forms and reflection on social, environmental and other issues often form part of the artists' cognitive activity.

The most valuable component for the creation of a healthy society must be the social component. Dancing together, we grow together. We learn to share space, to find our own space, to be aware of others' space. We learn to negotiate, to compromise, to work together for a common purpose whilst preserving our own identity. We seek with others, creative solutions to artistic challenges. We learn to trust, to support and lift, and as important as any of these we touch. Touching and supporting we become comfortable with others, comfortable with difference. This is why I and others have so often used dance in areas of conflict as a means to promoting harmony and acceptance. It is almost impossible to retain a prejudice against someone you have touched, supported, physically trusted.

Prejudice is only skin deep!

I have worked with dance throughout the world. I have worked with street children in Ethiopia, with mixed communities in Kwa Zulu, with working children in Peru. I have created performance for 140 people of all ages for Lithuanias national day of mourning and hope, following the killing of unarmed civilians in Vilnius during the 1991 struggle for independence. I worked in Croatia to create a musical theatre around the theme of Love in a time of conflict with Muslims and Catholics during the Balkan wars. I have worked with integrated groups of teenagers excluded from school together with children with special needs in Northern Ireland. During the late eighties and nineties I worked with large integrated groups of young Catholics and Protestants, and participated in cross border projects between The Republic of Ireland and Northern Ireland during the troubles. I have danced with people of all ages from five to mid eighties, with male and female prisoners and in schools and colleges through the UK, in Germany and the USA. All these experiences have only served to reinforce my understanding of the life enhancing power of contemporary creative dance.

Finally, I want to say something about the renewed interest in educational and community dance that seems to be manifesting in Germany. Obviously through the film *Rhythm*

Tanz spielt eine wichtige Rolle in der emotionalen Erziehung. Da psychologische Programme die Art wie Menschen fühlen beeinflussen können, beobachten wir gleichzeitige Veränderungen in Haltung, Körpersprache und Bewegung. Es ist meine eigene Erfahrung und die vieler Kollegen, dass gute Tanzprogramme in kürzester Zeit solche körperlichen Veränderungen mit sich bringen und damit verbunden auch Veränderungen in der Art des Fühlens, des emotionalen Verhaltens, des Selbstwertgefühls und der Kommunikation mit einander und mit der Umgebung.

Ein einfaches Beispiel: eines der Probleme, mit denen ich mich oft am Anfang eines Projektes konfrontiert sehe, ist das Unvermögen oder die Abneigung der Teilnehmer, ihre Arme vollkommen zu strecken oder ihre volle Größe anzunehmen. Für mich zeigt das klar, dass die jeweiligen Personen damit eine unfreiwillige Aussage machen über ihren Wert und ihr Recht, den Platz zu besetzen, der ihrer sein sollte. Indem man einfach innerhalb der choreographischen Struktur arbeitet, ist es leicht möglich die Bewegung zu verändern, indem man den Mitwirkenden erlaubt und sie darin bestärkt, sich bis an die äußerste Grenze ihres persönlichen Raums zu strecken. Es ist wunderbar zu sehen wie dadurch Selbstvertrauen zurückkehrt oder überhaupt zum ersten Mal entsteht.

Darüber hinaus befähigt Tanz und seine Vorbereitung durch Ruhe, Stille und intensive Focusübungen ein Kind, sich selbst zu hören und zu fühlen. Er gibt Zeit zum Lauschen und erlaubt ihm, sich auf sich selbst zu konzentrieren ohne Störung durch äußeren Lärm und Ablenkung durch hektische, oft unbeabsichtigte Aktivität. Dadurch, dass die Bewegung so stark fokussiert begonnen wird, fühlt der Tänzer die Verbindung zwischen seinem emotionalen Zustand und der Bewegung und erfährt eine erhöhte Wahrnehmung seiner selbst und seiner Umgebung, inklusive der Anderen in seiner Nachbarschaft. Obzwar solche Konzentration und Ausrichtung ohne äußere Ablenkung zunächst beängstigend oder bedrohlich erscheinen mag, so ist doch das Endergebnis, wenn in einer sicheren und sensiblen Umgebung angemessen gearbeitet wird, gewöhnlich ein Gefühl der Harmonie.

Ich beziehe mich auf Tanz als eine spirituelle Aktivität. Während Tanz in vielen Glaubensrichtungen in die religiösen Rituale mit einbezogen wird, ist er bei anderen oft davon ausgeschlossen. In einer zunehmend säkularisierten und materialistischen Gesellschaft jedoch wird der Verlust einer geistigen Ausrichtung von vielen jungen Menschen extrem gespürt. Der Schaden, der für die Gesellschaft durch ihr Fehlen erwächst, zeigt sich in Erscheinungsformen, die oft hässlich, entzweiend und sozial schädigend sind. Wahrer Tanz kann für mich nicht existieren ohne die ihm innewohnende spirituelle Dimension, ohne Suche nach dem Sinn, im Leben, in der Welt; ohne das Bedürfnis, seinen eigenen Platz in der Welt, seine eigene, wahre Identität zu entdecken. Dies ist ein konstantes Bedürfnis für Künstler, ebenso wie die Suche nach den Mitteln, auszudrücken, wer sie sind und die Suche nach der Möglichkeit, ihr eigenes Verständnis von Wirklichkeit und Ethik mitzuteilen. Meiner Meinung nach ist es entscheidend, dass so viele Individuen als möglich dazu befähigt werden, solche Beiträge für unsere Gemeinschaft zu erbringen. Wenn jemand an der Wirkung von Tanz und Bewegung auf den einzelnen und die Gesellschaft zweifelt, so braucht man nur zu beobachten, wie Choreographen bei Militäraufzügen, bei nationalen Paraden oder faschistischen Versammlungen eingesetzt werden. Die Reichen und Mächtigen haben das schon immer verstanden, und dennoch wird die Rolle, die Tanz

is it[1], dance for young people has entered the consciousness of many members of the public, the media, the educational and political establishment, coming at a time when questions are already being asked about the future of education especially following the results of the PISA studies. The film however, and my work in particular only acts as a high profile focus point for activity and interest that already existed in Germany but that has been often unacknowledged and ignored.

Artists have been struggling to share their passions with young people in schools and the wider community. Some schools have managed despite lack of support and funding to include dance in their curriculum. What was shown in the film was a process that I have been involved in for nearly thirty years, it was not new. There are artists in Germany who have been working in this field even longer. Traditionally frowned on as an inferior version of professional dance, these people and their projects have been marginalised by the artistic elite and most professional dancers, choreographers and companies. Times are changing. As in the UK over the past thirty years, artists have come to enjoy the opportunity to share their passion with young people, to reach out to a wider community and to actively seek the challenges that educational and community work presents.

Education boom is opening its doors. Courses for dance teachers are running throughout the country and community arts programmes are being introduced into universities and arts education establishments. This should be welcomed, but there are reservations on my part.

I believe that education involves a sharing by enthusiasts of their passion and experience. This passion and experience is something intrinsic to the artist. For the teacher who has maybe not lived the life of a dancer, actor, sculptor or poet, it is hard to recreate. If we wish to encourage cultural, artistic activity for an enthusiastic school population arts teachers need to be provided with opportunities to experience the art form as an active participant, preferably to work alongside practising artists. This may be costly, but to ignore it is to invite failure and frustration for teachers and pupils. Although there are many examples of passionate, committed arts teachers, generations of students have been turned away from music, poetry and literature by uninspired, indifferent teaching.

I firmly believe that courses in cultural pedagogy should be based around arts practise, with teachers working in partnership with artists. You can produce Theory from Art, but you cannot produce Art from Theory.

I said earlier that I would mention the role that performance plays in my work. Many people are confused by the emphasis on performance which they see as conflicting with process. In my work performance is an integral part of process fulfilling several functions:

- Performance is a highly demanding and disciplined activity and participation can encourage focus and self discipline.

1 *Rhythm is it:* a film by Thomas Grube and Enrique Sánchez Lansch about the project »Le sacre du Printemps« (Igor Stravinsky) of Zukunft@BPhil. Choreography Royston Maldoom. Berliner Philharmoniker conducted by Sir Simon Rattle and 250 Berlin children and adolescents. Also available as CD and DVD.

und Bewegung spielen können um die Stimme des normalen Menschen hörbar zu machen, übersehen.

Tanz ist natürlich auch eine kognitive und gedankenreiche Tätigkeit. Gedächtnis, Raumbewusstsein, Struktur, Zeitverständnis, Suche nach literarischer Inspiration oder dem gesprochenen Wort, Verbindung zu anderen Künsten und kulturellen Phänomenen sowie Reflexion über soziale und Umweltbezüge und andere Themen mehr, sind oft Inhalte der kognitiven Aktivität von Künstlern.

Der wertvollste Baustein bei der Schaffung einer gesunden Gesellschaft muss die soziale Komponente sein. Beim Miteinander Tanzen wachsen wir zusammen. Wir lernen, den Raum zu teilen, unseren eigenen Platz zu finden und den der anderen wahrzunehmen. Wir lernen zu verhandeln, einsichtig zu sein und für einen gemeinsamen Zweck zusammenzuarbeiten und dennoch unsere eigene Identität zu wahren. Wir suchen mit anderen kreative Lösungen für künstlerische Herausforderungen. Wir lernen zu vertrauen, zu unterstützen und zu helfen und ebenso wichtig, wir lernen zu berühren. In der Berührung und im Unterstützen fühlen wir uns mit anderen wohl in unserem Verschieden-Sein. Deswegen haben ich und andere so oft in Konfliktzonen Tanz als Mittel benützt, um Akzeptanz und Harmonie zu fördern. Es ist schier unmöglich, jemandem zu misstrauen, den man berührt, gestützt und physisch vertraut hat.

Vorurteil geht nur bis unter die Haut!

Ich habe mit Tanz auf der ganzen Welt gearbeitet, mit Straßenkindern in Äthiopien, mit gemischten Gruppen in Kwa Zulu, mit Kinderarbeitern in Peru. Ich habe mit 140 Menschen jeden Alters in Litauen am Tag der nationalen Trauer und Hoffnung (zur Erinnerung an das Massaker an unbewaffneten Bürgern von Vilnius während der Unabhängigkeitsbewegung im Jahre 1991) eine Tanzaufführung gemacht. Ich habe während des Balkankrieges in Kroatien an einem Musiktheaterstück über Liebe in Zeiten des Konflikts zwischen Muslimen und Katholiken gearbeitet. Ich habe in Nordirland mit integrativen Gruppen von Teenagern, die aus ihren Schulen ausgeschlossen worden waren, und Kindern mit besonderen Bedürfnissen gearbeitet. Während der späten 80er- und der 90er-Jahre habe ich in Konfliktzeiten mit großen integrierten Gruppen von katholischen und protestantischen Jugendlichen an grenzübergreifenden Projekten zwischen der Republik Irland und Nordirland gearbeitet. Ich habe mit Menschen jeden Alters – von fünf bis weit über 80 Jahre – getanzt, mit männlichen und weiblichen Gefangenen, in Schulen und Colleges in ganz England, in Deutschland und den Vereinigten Staaten. Alle diese Erfahrungen haben meine Auffassung von der lebensintensivierenden Kraft des zeitgenössischen kreativen Tanzes nur verstärkt.

Zuletzt möchte ich noch etwas über das erneute Interesse an Tanz in der Schule und in der Gemeinde sagen, das sich in Deutschland zu verwirklichen scheint. Offensichtlich ist durch den Film *Rhythm is it*[3] Tanz für junge Menschen in das Bewusstsein vieler Ver-

3 *Rhythm is it:* Kinofilm von Thomas Grube und Enrique Sánchez Lansch über das Projekt »Le Sacre du Printemps« (Igor Stravinsky) der Zukunft@BPhil. Choreographie Royston Maldoom. Berliner Philharmoniker unter Sir Simon Rattle und 250 Berliner Kinder und Jugendliche. Auch als CD und DVD produziert.

- Performance gives the opportunity for children and young people to have their work and achievement acknowledged.
- It provides an opportunity for family, friends and peers and the community to share in a celebration of the pupil's new confidence and applaud their new skills.
- It is affirmation from those who matter most that dedication and commitment have produced work that is valued.

Performance goals help to motivate participants and equally important, motivate artists working in education. Teaching is not an easy job. There are frustrating, difficult times. What keeps me going in those moments is the excitement of a coming performance and the effect I know it is going to have on everyone involved. The performance, as well as requiring additional skills and presenting extra challenges beyond those we meet in a workshop or class, puts children in the position of power. They are in control.

Working with many groups of excluded or marginalised young people I enjoy seeing the growth in self esteem that ensues when beneficiaries become benefactors, and the educated become the educators. Difficulties often arise when creative dance activity in the classroom becomes linked to performance, without the teaching or acquisition of appropriate skills. There is certainly a place for free, playful creative dance activity in the curriculum, but the stage is not always the best place to present this work. There is no reason why parents and friends should not be invited into school to observe or participate in such valuable activity, but to propel pupils onto the stage, unprepared and unfocused can only confirm prejudices that see dance as a frivolous, marginal, unfocused and unnecessary activity.

I relish the moments when teachers or parents say: *I never believed my child or pupil could do that* and I can say: *Now you understand the problem.*

Finally, I am often asked »what are the essential requirements to be a good community dance teacher or choreographer«, and for me the answer is simple:

An unshakeable belief in the extraordinary potential of every human being.

treter der Öffentlichkeit, der Medien, sowie pädagogischer und politischer Einrichtungen gedrungen, und das gerade zu einer Zeit, da Fragen über die Zukunft von Erziehung als Nachwirkung der Ergebnisse der PISA-Studie neu gestellt werden. Der Film jedoch und meine Arbeit im Besonderen bilden nur ein besonders hochwertiges Beispiel für Interessen und Aktivitäten, die in Deutschland zwar seit langem existent waren, aber oft ignoriert und nicht anerkannt wurden.

Künstler haben gekämpft, um ihre eigenen Leidenschaften mit jungen Menschen in Schulen oder der weiteren Gemeinde zu teilen. Einige Schulen haben es geschafft, Tanz trotz mangelnder Unterstützung und Finanzierung in ihr Curriculum aufzunehmen. Was im Film gezeigt wurde, ist ein Prozess, in dem ich seit etwa 30 Jahre einbezogen bin. Es war nichts Neues. In Deutschland gibt es Künstler in diesem Bereich, die sogar noch länger ähnlich gearbeitet haben. Abschätzig beurteilt als eine minderwertige Form von professionellem Tanz wurden diese Menschen und ihre Projekte in den letzten 30 Jahren üblicherweise von der künstlerischen Elite und den meisten professionellen Tänzern, Choreographen und Kompanien an den Rand gedrängt. Aber die Zeiten ändern sich. Wie in Großbritannien in den letzten 30 Jahren beginnen auch hier Künstler sich darüber zu freuen, ihre eigene Faszination mit jungen Menschen teilen zu können und weitere Teile der Gesellschaft zu erreichen und zudem aktiv die Herausforderungen zu suchen, die erzieherische und gesellschaftliche Arbeit beinhalten.

Der Aufschwung im Bereich der Education[4] öffnet seine Tore. Kurse für Tanzpädagogen gibt es im ganzen Land. Kunstprogramme für die Allgemeinheit werden in Universitäten und Einrichtungen für Kunstpädagogik eingeführt. Das ist grundsätzlich zu befürworten, dennoch habe ich gewisse Vorbehalte.

Ich glaube, Erziehung beinhaltet, dass Enthusiasten ihre Leidenschaft und ihre Erfahrung mitteilen. Diese Leidenschaft und Erfahrung ist etwas Wesentliches für den Künstler. Für den Lehrer jedoch, der vielleicht nicht das Leben eines Tänzers, Schauspielers, Bildhauers oder Dichters lebt, ist es schwer nachzuvollziehen. Wenn wir kulturelle, künstlerische Aktivitäten für eine begeisterte Schulbevölkerung ermutigen wollen, dann sollten Kunstlehrer die Möglichkeit erhalten, die jeweilige Kunstform als aktiv Beteiligte zu erfahren, am besten, indem sie mit ausübenden Künstlern zusammenarbeiten. Das mag zwar aufwendig sein, aber wenn man dies ignoriert, entstehen Frustrationen und Misserfolge bei Lehrern und Schülern. Obwohl es viele Beispiele für leidenschaftlich engagierte Kunstlehrer gibt, haben sich dennoch auch Generationen von Schülern von Musik, Dichtung und Kunst abgewendet, weil sie einen undifferenzierten, uninspirierten Kunstunterricht hatten.

Ich glaube fest daran, dass Kurse in Kulturpädagogik auf künstlerischer Praxis basieren sollten, in der Lehrer partnerschaftlich mit Künstlern arbeiten. Man kann zwar eine Theorie aus der Kunst, nicht aber Kunst aus der Theorie entwickeln.

[4] Bewusst wurde hier der Terminus aus dem Originalvortrag in englischer Sprache übernommen, da die deutschen Begriffe Pädagogik und Erziehung nicht vollständig die Intention des Referenten wiedergeben (Hrsg.).

Ich erwähnte früher, dass ich noch über die Bedeutung der Aufführungen in meiner Arbeit sprechen wolle. Viele Menschen sind verwirrt über den Schwerpunkt auf »Aufführung«, sie sehen dies als Widerspruch zur prozessorientierten Arbeit. In meiner Arbeit ist die Aufführung ein integrierter Teil und erfüllt verschiedene Funktionen:

- Aufführungen setzen hohe Anforderung und disziplinierte Aktion. Die Teilnahme daran kann Konzentration und Selbstdisziplin bestärken.
- Aufführungen geben Kindern und Jugendlichen Gelegenheit, in ihren Bemühungen und ihrer Leistung anerkannt zu werden.
- Aufführungen bieten Familien, Freunden, Schulkollegen und der ganzen Gemeinde die Möglichkeit, dieses neue Selbstvertrauen der Schüler mitzufeiern und den neuen Fähigkeiten Applaus zu zollen.
- Aufführungen bringt Bestätigung von jenen, die am wichtigsten sind, dass Hingabe und Vertrauen ein Werk hervorgebracht haben, das anerkannt wird.

Aufführungsziele helfen, die Mitwirkenden zu motivieren, ebenso wichtig motivieren sie aber auch Künstler, die im kunst-/kulturpädagogischen Bereich arbeiten. Unterrichten ist keine leichte Aufgabe. Es gibt Frustration, schwierige Phasen. Was mich zu solchen Zeiten weitermachen lässt, ist die Erwartung der kommenden Aufführung und die Wirkung, die sie, wie ich wohl weiß, auf alle Beteiligten haben wird. Die Aufführung gibt Kindern neben dem Erwerb zusätzlicher Fertigkeiten und neben besonderen Herausforderungen, die über jenen liegen, die sie im Unterricht erfahren, das Gefühl der Kraft. Sie beherrschen etwas.

Während ich mit vielen Gruppen von ausgeschlossenen oder an den Rand gedrängten jungen Menschen arbeite, sehe ich mit Freude den Zuwachs an Selbstwertgefühl, der entsteht, wenn Nehmende zu Gebenden werden, Erziehende zu Erziehern. Schwierigkeiten entstehen häufig dann, wenn kreative Tanzaktivitäten aus dem Unterricht auf die Bühne gestellt werden sollen, ohne dass die nötigen Fähigkeiten dafür gelehrt oder erworben wurden. Zweifellos muss es Gelegenheit für freien und spielerisch kreativen Tanz im Curriculum geben, aber die Bühne ist nicht immer der beste Platz um solches Tun zu präsentieren. Es gibt keinen Grund, warum Eltern und Freunde nicht in die Schule eingeladen werden sollten um bei diesen wertvollen Aktivitäten zuzusehen oder auch mitzumachen, aber Schüler auf die Bühne zu treiben, unvorbereitet und unkonzentriert, bestätigt höchstens die Vorurteile, die Tanz als frivole, nebensächliche, unwesentliche und überflüssige Tätigkeit ansehen.

Ich genieße die Augenblicke, wenn Lehrer oder Eltern sagen: *Ich hätte niemals geglaubt, mein Kind oder mein Schüler könnte so etwas was tun* und ich dann antworten kann: *Jetzt glauben Sie es wohl.*

Oft werde ich gefragt, was die wichtigsten Voraussetzungen sind, um ein guter Community Dance Lehrer oder Community Dance Choreograph zu sein? Für mich ist die Antwort einfach:

Der unerschütterliche Glaube an die außergewöhnlichen Fähigkeiten jedes menschlichen Wesens.

Christin Markovic

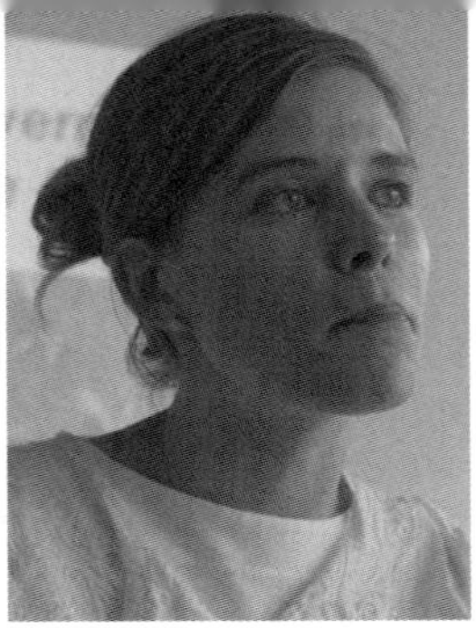

Music and Dance in the Museum for Children Creaviva, Zentrum Paul Klee, Bern

1. Institution and Mandate

The Zentrum Paul Klee, which was opened in 2005, sees itself as a cultural centre with a museum (collection and revolving exhibitions), a research centre (former Foundation Paul Klee), an auditorium for different events such as concerts and conventions and a museum for children. The Zentrum Paul Klee and the Museum for Children Creaviva have their own foundations and are, therefore, financially independent of each other. So it stands to reason that the Museum for Children Creaviva being located in the Zentrum Paul Klee has a very close co-operation with the latter. The creation of the Zentrum Paul Klee, which began in 1998, was only possible with the support of the founding families Klee and Müller, the authorities, the citizens of the city, the canton and the community of Bern as well as the partners from commerce and industry.

The Zentrum Paul Klee does not want to be a traditional museum of art. The intention is to make it the leading international centre of competence for the research, communication and presentation of Paul Klee as a person, his life and his work. By encompassing all the very varied artistic interests of Paul Klee the Centre does not restrict itself solely to the presentation of Klee's painted works but sees itself as a platform for interdisciplinary artistic forms of expression. All the interdisciplinary activities of the Museum in the field of music, painting, movement and dance are based on Paul Klee's concept: *Art does not reflect the visible but makes visible*[1].

2. Museum for Children Creaviva

The integrated Museum for Children Creaviva is the first museum for children worldwide that is dedicated solely to the work of one individual artist. The play with shapes, colours and sounds as well as the fascination with theatre and literature is meant to immerse children, adolescents and adults into the creative universe of Paul Klee to allow them to develop their own creativity.

1 Klee, Paul, 1920: *Schöpferische Konfession*, Berlin, p. 28

Musik und Tanz im Kindermuseum Creaviva, Zentrum Paul Klee, Bern

1. Institution und Auftrag

Das Zentrum Paul Klee, das 2005 eröffnet wurde, versteht sich als Kulturzentrum mit einem Museum (Sammlung, Wechselausstellungen), einem Forschungszentrum (ehemalige Stiftung Paul Klee), einem Auditorium für diverse Veranstaltungen wie Konzerte und Kongresse und einem Kindermuseum. Sowohl das Zentrum Paul Klee wie auch das Kindermuseum Creaviva haben eine eigene Stiftung und sind dementsprechend finanziell voneinander unabhängig. Es liegt folglich nahe, dass das im Zentrum Paul Klee untergebrachte Kindermuseum Creaviva eng mit der Institution zusammen arbeitet. Die Entstehung des Zentrum Paul Klee, das 1998 seinen Anlauf nahm, ist den Gründerfamilien Klee und Müller, den Behörden, der Bevölkerung von Stadt, Kanton und Gemeinde Bern sowie den Partnerinnen und Partnern aus der Wirtschaft zu verdanken.

Das Zentrum Paul Klee will kein traditionelles Kunstmuseum sein. Es soll zum international führenden Kompetenzzentrum für Forschung, Vermittlung und Präsentation der Person, des Lebens und Werks von Paul Klee werden. Mit Bezug auf die vielfältige künstlerische Tätigkeit Paul Klees beschränkt sich das Zentrum deshalb nicht nur auf die Präsentation von Klees bildnerischem Werk, sondern versteht sich als eine Plattform für spartenübergreifende künstlerische Ausdrucksformen. Alle interdisziplinären Tätigkeiten des Museums im Bereich Musik, Malerei, Bewegung und Tanz sind von Paul Klees Gedanken getragen: *Kunst gibt nicht das Sichtbare wieder, sondern macht sichtbar*[1].

2. Kindermuseum Creaviva

Das integrierte Kindermuseum Creaviva ist weltweit das erste Kindermuseum, das sich ausschließlich dem Werk eines einzelnen Künstlers widmet. Über das Spiel mit Formen, Farben und Klängen sowie über die Faszination des Theaters und der Literatur sollen Kinder, Jugendliche und Erwachsene in das schöpferische Universum von Paul Klee eintauchen und ihre Kreativität ausleben.

[1] Klee, Paul, 1920: *Schöpferische Konfession*, Berlin, S. 28

The Museum for Children Creaviva
- activates the creative potential of children and adolescents in particular,
- appeals to adults and people of different origins,
- constructively contributes to our society's understanding of art and culture by providing Aesthetic Education,
- represents education, creativity and meaningful leisure time activities,
- places quality and innovation before quantity,
- communicates its contents on a high level without creating high entry barriers so that as many people as possible are reached,
- is integrated in the Zentrum Paul Klee but has its own independent profile.

3. Range of Activities Offered – Dialogue[2] of the Arts

- *Can I do lots of things myself in the Museum for Children Creaviva? Because I want to try out a few things myself. Just looking at a painting every five meters and then going home again is not really what I am interested in.* (Timo, 12 years old)
- *I think it would be cool if school bands could also perform in the Museum for Children Creaviva.* Insula dulcamara *is my favourite painting by Paul Klee. What interests me about his paintings are the stories, the ideas behind them.* (Damaris, 15 years old)

The core element consists of three studios in which regular workshops such as the Open Studio (duration 60 min, for all age groups, no reservation required) or workshops on specific themes relating to Paul Klee for school classes, adults and teachers are offered and organized.

Another special (by now regular) event is *Le Parcour*, a family tour for families who like to dance, move and enjoy art and who can explore the Zentrum Paul Klee from different perspectives with two art pedagogues and one dance pedagogue.

Painting, Music, Movement and Dance

This addresses children, adolescents and families and is headed and held by Ursula Bovey-Steiner (graduated from the Orff Institute, Mozarteum University, Salzburg in 1975) in co-operation with the Conservatory Bern. Apart from her teaching activities she is also involved in the presentation and coordination of the organization of the children's concerts given by the Ensemble Paul Klee, in which she also participates, and she works as an artistic painter with special focus on music paintings.

The following three courses are offered in the Museum for Children Creaviva every Monday (it was decided to hold these on the first day of the week when the museum is closed so that the children can be undisturbed in the Museum for Children Creaviva):

[2] Due to a lack of time not all the items offered can be presented in this presentation. The aspects of fine arts, music and dance were the main criteria for the selection of activities presented here.

Das Kindermuseum Creaviva
- aktiviert das schöpferische Potential insbesondere von Kindern und Jugendlichen,
- spricht Erwachsene und Personenkreise unterschiedlicher Herkunft an,
- leistet mittels Ästhetischer Erziehung einen konstruktiven Beitrag für das Kunst- und Kulturverständnis unserer Gesellschaft,
- steht für Bildung, Kreativität und sinnvolle Freizeitgestaltung,
- setzt Qualität und Innovation vor Quantität,
- vermittelt seine Inhalte auf hohem Niveau, aber ohne hohe Schwellen zu setzen, um damit möglichst viele Menschen zu erreichen,
- ist eingebettet in das Zentrum Paul Klee, verfügt aber über ein eigenständiges Profil.

3. Angebote – Künste im Dialog[2]

– *Kann man eigentlich im Kindermuseum Creaviva viel selber tun? Ich möchte nämlich einiges selber ausprobieren. Einfach alle fünf Meter ein Bild anschauen und wieder nach Hause gehen, ist nämlich nicht so mein Ding.* (Timo, 12 Jahre)

– *Ich fände es cool, wenn im Kindermuseum Creaviva auch Schülerbands auftreten könnten.* Insula dulcamara *ist mein Lieblingsbild von Paul Klee. An seinen Bildern interessieren mich die Geschichten, seine Gedanken dahinter.* (Damaris, 15 Jahre)

Das Herzstück bilden die d r e i A t e l i e r s, in denen reguläre Workshops wie zum Beispiel das offene Atelier (Dauer 60 Min, für alle Altersgruppen, ohne Anmeldung) oder thematische Workshops zu Paul Klee für Schulklassen, Erwachsene und Lehrerinnen und Lehrer angeboten und durchgeführt werden.

Ein weiteres spezielles (inzwischen reguläres) Angebot ist *Le Parcour*, eine Familienführung für tanz-, bewegungs- und kunstfreudige Familien, die in 90 Minuten das Zentrum Paul Klee mit zwei Kunstpädagoginnen und einer Tanzpädagogin aus mehreren Perspektiven entdecken können.

Malerei, Musik, Bewegung und Tanz

Das Angebot richtet sich an Kinder, Jugendliche und Familien und wird von Ursula Bovey-Steiner (Absolventin des Orff-Instituts der Universität Mozarteum Salzburg 1975) in Kooperation mit dem Konservatorium Bern geleitet und durchgeführt. Neben ihrer Unterrichtstätigkeit ist sie mit Moderation, Koordination und Mitarbeit in der Organisation der Kinderkonzerte des Ensemble Paul Klee beschäftigt. Sie ist Kunstmalerin mit Schwerpunkt Musikbilder.

Folgende drei Kurse werden montags im Kindermuseum Creaviva angeboten (der Entscheid fiel auf den ersten Wochentag, da dann das Museum geschlossen ist und die Kinder sich im Kindermuseum Creaviva ungestört aufhalten können):

2 Aus zeitlichen Gründen konnte im Vortrag nicht das gesamte Angebot vorgestellt werden. Die getroffene Auswahl hat insbesondere die Aspekte der Bildenden Kunst, Musik und Bewegung berücksichtigt.

a) Paintings Resound, Paintings Dance

- First musical training with painting (semester course for children aged 4 to 6, 18 events lasting 60 minutes each[3]) and
- Orff groups with painting (semester course for children aged 6 to 10, 18 events lasting 90 minutes each)

Both are offered by the Music School of the Conservatory Bern and the Museum for Children Creaviva. The children become familiar with an artistic and musical language which they combine with movement and dance. The encounter with Paul Klee is playful, using Orff instruments as well as different artistic creative techniques – always framed by stories about the artist's paintings.

b) Music, Painting and Dance

One-day workshops for families with children from the age of 5. The motto is: be inspired by the fantasy world of Paul Klee's symbols, shapes and colours.

Paul Klee's fantasy world is an experience for all the senses. Children and adults discover their own forms of expression when they take a more in-depth look at his work. Children let adults share their intuition and imagination. The works of Paul Klee find new forms of expression in a joint rendering with Orff instruments, in song, dance, painting and drawing.

c) Children and Family Concerts

organized by the Ensemble Paul Klee. This Ensemble offers six concerts a year for adults under the heading *Musiques à voir*. Six children and family concerts are also performed along the lines of these concerts for adults.

At this point, I would like to let Ursula Bovey-Steiner talk about her experiences during the first year at the Zentrum Paul Klee herself.

> *As an artist I am very much attracted by the combination of the various arts. To integrate this in my pedagogic work has for a long time been my desire. In the Zentrum Paul Klee I can realise this and live it to the full. Music and movement are identical with what I teach at the music school where I also work with paintings; the children regularly draw and sometimes paint. However, contrary to that environment, the Museum for Children Creaviva offers endless possibilities of gathering experiences in the field of the fine arts. Just being able to paint in a real studio is an experience for the children. Paul Klee is present in his paintings and also as the man with the violin and the cat Bimbo.*
>
> *The children perform the activities with great enthusiasm and express in their behaviour: I can sing and make music, I can paint, I can dance.*

3 The courses can be taken for longer periods: first musical training 2 years; Orff groups any length of time up to an age of approx. 10 years.

a) Bilder klingen, Bilder tanzen

- Musikalische Früherziehung mit Malen (Semesterkurs für Kinder von 4 bis 6 Jahren, 18 Veranstaltungen à 60 Minuten[3]) und
- Orff-Gruppen mit Malen (Semesterkurs für Kinder von 6 bis 10 Jahren, 18 Veranstaltungen à 90 Minuten)

Beides sind Angebote des Konservatoriums Bern und des Kindermuseums Creaviva. Hierbei lernen die Kinder eine bildnerische und musikalische Sprache kennen, die sie mit Bewegung und Tanz verbinden. Die Begegnung mit Paul Klee geschieht spielerisch unter Einbezug von Orff-Instrumenten sowie verschiedenen bildnerisch-gestalterischen Techniken – jeweils umrahmt von Geschichten zu Bildern des Künstlers.

b) Musik, Malerei und Tanz

Tagesworkshops für Familien mit Kindern ab 5 Jahren. Dabei heißt es: Sich inspirieren lassen durch die fantastische Traumwelt der Zeichen, Formen und Farben von Paul Klee.

Paul Klees Traumwelt bietet ein Erlebnis für alle Sinne. In der Auseinandersetzung mit seinem Werk entdecken Kinder und Erwachsene ihre eigenen Ausdrucksformen. Die Kinder lassen die Erwachsenen an ihrer Intuition und Fantasie teilhaben. Werke von Paul Klee finden im gemeinsamen Spiel auf Orff-Instrumenten, im Singen, im Tanzen, Malen und Zeichnen neuen Ausdruck.

c) Kinder- und Familienkonzerte

veranstaltet vom Ensemble Paul Klee. Dieses Ensemble bietet pro Jahr sechs Konzerte für Erwachsene unter dem Titel *Musiques à voir* an. In Anlehnung an diese Konzerte finden ebenfalls sechs Kinder- und Familienkonzerte statt.

An dieser Stelle möchte ich Ursula Bovey-Steiner selbst über ihre Erfahrungen des ersten Jahres am Zentrum Paul Klee zu Wort kommen lassen.

> *Ich bin als Künstlerin sehr von der Verbindung der verschiedenen Künste angezogen. Deren Umsetzung in meine pädagogische Arbeit war seit langer Zeit mein Wunsch. Im Zentrum Paul Klee kann ich dies realisieren und voll ausschöpfen. Musik und Bewegung sind mit meinem Unterricht an der Musikschule identisch. Dort arbeite ich ebenfalls mit Bildern; die Kinder zeichnen regelmäßig und malen zeitweise. Im Gegensatz dazu bieten sich im Kindermuseum Creaviva unzählige Möglichkeiten an Erfahrungen auf dem Gebiet der Bildenden Kunst. Allein das Malen in einem richtigen Atelier ist für die Kinder ein Erlebnis. Paul Klee ist präsent durch seine Bilder und auch als Mann mit der Geige und mit der Katze Bimbo.*

[3] Die Kurse können länger belegt werden: Musikalische Früherziehung 2 Jahre; Orff-Gruppen beliebig, aber bis zum Alter von ca. 10 Jahren.

The basic ideas of my concept on music, painting and dancing continue to be valid for my current teaching activities because they grew out of the practical work with children and adults[4]*. Due to the constant contact with Paul Klee's paintings countless new possibilities have opened up.*

Of course, when you have a new organization not everything runs smoothly straight away. I experienced this particularly in the problems we had with the reservation of rooms and the storage area for the instruments which was difficult to access. The possibility of having a conversation and finding solutions jointly, however, exists. A lot is happening and so that a great deal of flexibility is required. For example, I had to accept that a course which was very well-attended was cancelled in favour of other events. But that gave me new ideas which I can now realise.

The Zentrum Paul Klee is a transparent building with a lot of glass: this is exciting because there is so much to see, but at the same time it can also be challenging in the Museum for Children if the children become distracted by the surrounding sounds and movements. I find the involvement in the children and family concerts very exciting and I can very much identify with the call of the Ensemble Paul Klee to confront children also with contemporary classical music. Of course this has to be done in a way that is appropriate for children; i. e. stories have to be incorporated, activities by the children themselves such as dancing to the music or accompanying the music on Orff instruments have to be offered, and after the concert the children can express their experiences in the Creaviva *by painting. The Zentrum Paul Klee is a fascinating and lively place. I wouldn't want to miss my work there and am excited about what the future holds in store for it.*

My hope now is that a multifaceted artist like Paul Klee will inspire other pedagogues for example from the Orff Institute who are interested in art to carry his work into the world. The possibilities to communicate his work are countless as Ursula Bovey-Steiner showed us.

4 The contents described here in detail stem from the publication *Musik und Tanz für Kinder* (Haselbach, Barbara/Nykrin, Rudolf/Regner, Hermann (Ed.), Mainz, 1985) and have been extended as a result of my own experience.

Die Kinder üben die verschiedenen Tätigkeiten mit viel Begeisterung aus und drücken in ihrem Verhalten aus: Ich kann singen und Musik machen, ich kann malen, ich kann tanzen.

Die Grundideen in meinem Konzept zu Musik, Malerei und Tanz sind für meine aktuelle Unterrichtstätigkeit immer noch gültig, denn sie sind aus der praktischen Arbeit mit Kindern und Erwachsenen entstanden[4]*. Dazu haben sich für mich durch den ständigen Kontakt mit Paul Klees Bildern unzählige neue Möglichkeiten eröffnet.*

Selbstverständlich kann in einem neuen Betrieb nicht alles reibungslos laufen. Ich habe dies besonders durch Probleme mit Raumbesetzungen und mit dem schwer zugänglichen Aufbewahrungsort für die Instrumente erlebt. Die Möglichkeit zu einem Gespräch und das gemeinsame Suchen nach Lösungen bei Schwierigkeiten ist aber da. Vieles ist in Bewegung und fordert dadurch auch große Flexibilität. Ich musste mich zum Beispiel damit abfinden, dass ein sehr gut besuchter Kurs zugunsten anderer Angebote gestrichen wurde. Ich bin dadurch aber auf neue Ideen gestoßen, die ich nun auch realisieren kann.

Das Zentrum Paul Klee ist ein transparenter Bau mit viel Glas: Dies ist einerseits spannend, weil so viel zu sehen ist, anderseits ist es im Kindermuseum manchmal schwierig, wenn sich die Kinder durch die tönende und bewegende Umgebung ablenken lassen. Die Mitarbeit bei den Kinder- und Familienkonzerten ist für mich sehr spannend und ich kann mich mit dem Anspruch des Ensembles Paul Klee, Kinder auch mit zeitgenössischer klassischer Musik zu konfrontieren, sehr identifizieren. Natürlich muss dabei die Umsetzung kindgerecht erfolgen; d. h. mit Einbezug von Geschichten, Eigenaktivitäten der Kinder wie tanzen zur Musik oder auf Orff-Instrumenten mitspielen und nach dem Konzert die Erlebnisse im Creaviva *malend ausdrücken. Das Zentrum Paul Klee ist ein faszinierender und lebendiger Ort. Ich möchte meine Arbeit dort nicht missen und bin gespannt, was die Zukunft noch alles bringen wird.*

Nun hoffe ich, dass ein vielseitiger Künstler wie Paul Klee weitere kunstinteressierte Pädagogen und Pädagoginnen wie z. B. aus dem Orff-Institut dazu inspiriert, sein Werk in die Welt hinauszutragen. Den Möglichkeiten der Vermittlung, wie sie uns Ursula Bovey-Steiner gezeigt hat, sind keine Grenzen gesetzt.

4 Die ausführlich beschriebenen Inhalte zu Musik und Bewegung stützen sich auf das Unterrichtswerk *Musik und Tanz für Kinder* (Haselbach, Barbara/Nykrin, Rudolf/Regner, Hermann (Hrsg.), Mainz, 1985) und sind durch meine persönlichen Erfahrungen ergänzt.

In Dialogue – Barbara Haselbach with Christin Markovic

Barbara Haselbach: Museum – School – Music and Dance Lessons – Aesthetic Education – In my opinion, these are the corner stones of our discussion. So to begin with:

What is our interest in each other, i. e. to what extent are art museums, for example the Zentrum Paul Klee (ZPK) in Bern, interested in going beyond their mandate and exploring other arts such as music and dance. And vice-versa: what interest does Music and Dance Education have in an encounter with the fine arts and museums?

Christin Markovic: It is, in fact, Paul Klee's fault because he was a person with such wide ranging interests. He was not only interested in art but he could really be called a humanist of the 20th century. The basic idea is interdisciplinary work – Klee was also an explorer throughout his entire life. And because he was a musician himself and music played such an important role in his work we have an auditorium for concerts. The purpose of the Museum for Children is to implement with children the approaches that Klee himself conveyed.

The idea of a museum for children actually came from the daughter of Professor Müller, she is a therapist, who also worked in the field of education and wanted a museum for children to be established as well.

Haselbach: Does a Museum for Children mean
- a studio where children can work or
- is it a Museum for Children that also receives exhibits from the Main Museum or
- are the exhibits the work of the children?

Markovic: The works of the children tend to be exhibited primarily because Klee's works are quite sensitive to light and we can't carry them around. But we have made copies, i. e. reproductions that the children are allowed to touch. We rarely work directly next to the originals but often go through the collection with the children during the workshops.

Haselbach: I keep trying to bring our two starting positions together: is the intention of the lessons and the possibilities offered by the staff of the ZPK and Ursula Bovey-Steiner, in particular, to provide a kind of learning by example? For instance somewhere you can go once a year or more often during your time at school, where you have a wonderful experience, where you actually stand in front of the paintings for the first time and then can get going with your own creative work? Or does it have a certain »link to the syllabus«, i. e. are these visits connected to certain topics, is it possible to go into more

Im Dialog – Barbara Haselbach mit Christin Markovic

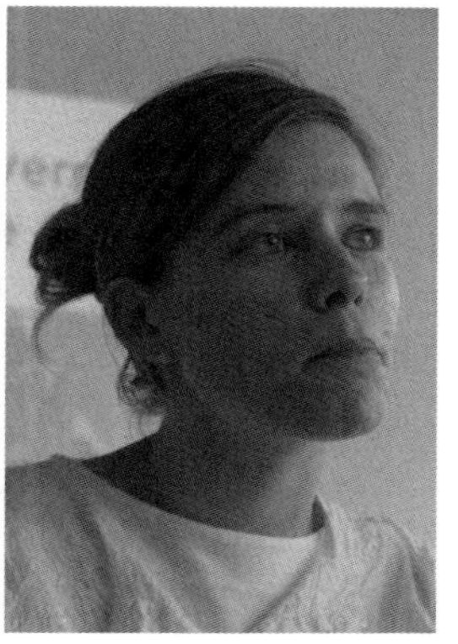

Barbara Haselbach: Museum – Schule – Musik- und Tanzunterricht – Ästhetische Erziehung – das sind für mich die Eckpfeiler unserer Diskussion. Zu Beginn also:

Welches Interesse haben wir aneinander, d. h. welches Interesse haben Kunstmuseen, z. B. das Zentrum Paul Klee (ZPK) in Bern, sich über den eigenen Auftrag hinaus auch mit anderen Künsten wie zum Beispiel mit Musik und Tanz zu beschäftigen. Und umgekehrt: Welches Interesse hat die Musik- und Tanzerziehung an der Begegnung mit Bildender Kunst und Museen?

Christin Markovic: Es ist eigentlich Paul Klees Schuld, weil er ein so vielfältig interessierter Mensch war, der sich nicht nur für die Kunst interessiert hat, sondern wirklich so etwas wie ein Humanist des 20. Jahrhunderts war. Die eigentliche Idee ist das Interdisziplinäre, das Forschen, Klee war sein Leben lang auch ein Forscher. Weil er selbst auch Musiker war und Musik eine so große Rolle in seinem Werk spielt, haben wir ein Auditorium für Konzerte. Das Kindermuseum ist dazu da, die Ansätze, die Klee selber vermittelt hat, mit Kindern umzusetzen.

Die Idee zum Kindermuseum stammt eigentlich von der Tochter von Professor Müller. Sie ist Therapeutin, hat auch in der Pädagogik gearbeitet und wollte, dass es auch ein Kindermuseum geben sollte.

Haselbach: Heißt Kindermuseum
- dass es Ateliers gibt, wo Kinder arbeiten können,
- dass Exponate aus dem Großen Museum hereingeholt werden oder
- dass die Werke der Kinder als Exponate ausgestellt werden?

Markovic: Es sind eher die Werke der Kinder, die ausgestellt werden, weil Klees Arbeiten ziemlich lichtempfindlich sind und wir sie nicht herumtragen dürfen. Wir haben aber Kopien, also Reproduktionen gemacht, die die Kinder dann auch anfassen dürfen. Wir arbeiten selten direkt neben Originalen, gehen aber mit den Kindern während der Workshops oft in die Sammlung.

Haselbach: Ich versuche immer wieder, unsere beiden Ausgangspositionen zusammen zu bringen: Ist mit den Unterrichtsstunden und den Angeboten, die die Mitarbeiter des ZPK und insbesondere Ursula Bovey-Steiner machen, eine Art von exemplarischem Lernen beabsichtigt? Also etwas, wo man einmal im Jahr oder mehrmals während seiner Schulzeit hingehen darf, wo man ein wundervolles Erlebnis hat, wo man erst einmal wirklich vor den Bildern steht und dann selbst kreativ loslegen kann? Oder hat es eine gewisse »curriculare Bindung«, d. h. werden diese Besuche thematisch vernetzt, ist da eine Vertiefung, ein

depth, to build on them or something like that? Or are these visits more of a hedonistic spotlight: »Surprise, surprise kids, we're going to the ZPK today«?

Markovic: Well, at the moment people still just want to go there because they are interested in the ZPK, in exploring Paul Klee, experiencing how he lived, how he thought, what he looked into artistically. We do not yet have courses that are linked to or built on a syllabus. The only constants at the moment are the Children's Forum which can be attended every Saturday and the project *Children Give Guided Tours for Children*.

We are not a Museum for Children in the traditional sense of the term where three quarters of the overall volume is determined by interactivity and the remaining quarter is taken up by museum-specific educational activities. In our case it is actually the other way around: three quarters of our work is taken up by museum-specific educational work, i. e. workshops with artistic activities where the focus is placed on doing it yourself in the Centre.

Haselbach: The profession of the museum pedagogue must be the most recent extension of the complex system in a museum. Do you have to be a »Jack of all trades«, do you have to be able to paint, draw and sculpt and at the same time be an outstanding teacher and expert on the theory of art as well as a musician and dancer? How do you become a museum pedagogue?

Markovic: I think we are all only human! The term »Museum Pedagogue« is not a protected term. The most important prerequisite is initially the interest, then the commitment to do practical training in different museums in order to acquire wide-ranging knowledge. In addition, one, of course, has to study the literature. Various university courses are being offered, e.g. in Salzburg at the Pedagogic Academy which offers a three-semester course on Museum Pedagogy. That is what I did. But there are also training courses in Switzerland which cost between fifteen thousand and thirty thousand Swiss Francs.

Our Museum for Children has a small core team of six people most of whom work part-time and in addition 15 freelance co-workers. When we chose our team the variety of training and professions was important: we have art teachers and artists but we also have kindergarten teachers and secondary school teachers, we have a music and dance teacher and we have art historians in our team. Our main concern is that everybody has a diploma in Museum Pedagogy. We all want to learn and benefit from each other. Sometimes when I am working on an idea for a workshop I don't know exactly how best to implement it from a technical point of view. Then it is a great help for me to be able to get some quick advice from one of our artists. Or vice-versa, a colleague might ask me: *Can you do some quick research on Klee?* It really is a very valuable give and take situation that I would recommend to all teams working in Museum Pedagogy.

Haselbach: What is the goal of your work? Is it identical with the goals pursued by teachers in schools? In other words: are the activities in the museum seen as an »impulse for creativity«, as being complementary to school learning, as part of the school pro-

weiterer Aufbau oder etwas Ähnliches möglich? Oder ist so ein Besuch eher ein hedonistisches Spotlight, à la: »Kinder freut Euch, heute gehen wir ins ZPK«?

Markovic: Also momentan ist es noch so, dass die Leute einfach mal hingehen möchten um das ZPK kennen zu lernen, um sich mit Paul Klee auseinander zu setzen, zu erfahren, wie er gelebt hat, wie er gedacht hat, womit er sich künstlerisch auseinandergesetzt hat. Bindende oder aufbauende Kurse haben wir noch nicht. Die einzigen Konstanten sind zurzeit das Kinderforum wo man jeden Samstag kommen kann und das Projekt *Kinder führen Kinder*.

Wir sind kein ganz klassisches Kindermuseum, in dem drei Viertel des Gesamtvolumens von Interaktivität bestimmt wird, und das weitere Viertel den museumspädagogischen Dienst betrifft. Bei uns ist es eigentlich genau umgekehrt: Wir machen drei Viertel museumspädagogische Arbeit, also Workshops mit künstlerischen Tätigkeiten, wo das eigene Tun im Zentrum steht.

Haselbach: Der Beruf des Museumspädagogen ist wohl der jüngste Zweig am komplexen System eines Museums. Müssen sie Alleskönner sein, müssen sie malen, zeichnen und bildhauern können und außerdem hervorragende Pädagogen und Kunstwissenschaftler sein, dazu jetzt auch noch Musiker und Tänzer? Wie wird man Museumspädagoge?

Markovic: Ich denke, alle kochen mit Wasser! Der Begriff Museumspädagoge ist kein geschützter Begriff. Die wichtigste Voraussetzung ist zunächst das Interesse, dann das Engagement, an verschiedenen Museen Praktika zu machen, um vieles kennen zu lernen. Zudem muss man sich natürlich mit der Literatur auseinandersetzten. Es gibt verschiedene Studiengänge, z. B. auch in Salzburg an der Pädagogischen Akademie, wo ein Studiengang zur Museumspädagogik in drei Semestern angeboten wird. Das war mein Weg. Es gibt aber auch Ausbildungen in der Schweiz, die 15.000 bis 30.000 Franken kosten.

In unserem Kindermuseum sind wir ein kleines Stamm-Team von sechs Personen, die meist teilzeitbeschäftigt sind und dazu noch 15 freie Mitarbeiter. Bei der Zusammensetzung war uns die Vielfalt der Ausbildungen und Berufe wichtig: Wir haben Zeichenlehrer und bildende Künstler, wir haben auch Kindergärtnerinnen und Gymnasiallehrer, wir haben eine Musik- und Tanzpädagogin und einen Kunsthistoriker im Team. Es geht uns nicht in erster Linie darum, dass jeder ein museumspädagogisches Diplom hat. Wir wollen, dass wir alle gemeinsam voneinander lernen und profitieren können. Manchmal passiert es mir bei der Ausarbeitung einer Idee zu einem Workshop, dass ich nicht genau weiß, wie ich etwas technisch am besten umsetzen kann. Da bin ich froh, wenn ich schnell einen unserer Künstler fragen kann. Oder umgekehrt fragt mich ein Kollege oder eine Kollegin: *Kannst Du das mal schnell zu Klee recherchieren?* Es ist wirklich ein bereicherndes Geben und ein Nehmen, das ich allen museumspädagogischen Teams anraten würde.

Haselbach: Wie ist die Zielsetzung Ihrer Arbeit? Ist sie identisch mit den Zielen, die von den Lehrern in den Schulen verfolgt werden? Mit anderen Worten: Werden die Aktivitäten im Museum als »Impuls zur Kreativität«, als Ergänzung zur (Lern-)Schule, als Teil des

gramme for the subject artistic education or rather as motivation for further private museum visits?

Markovic: We have already started to discuss expanding our concept, to go into schools as well but we are not yet ready to put that into practice.

Haselbach: You mentioned something earlier which probably caused many of us to prick up our ears: *Children Give Guided Tours for Children*. How did you get this idea and how does it work?

Markovic: The model *Children Give Guided Tours for Children* has already been implemented in Switzerland by the Rosengart Foundation in Luzern. We asked the Foundation Pro Juventute to sponsor the project at the ZPK. Two people are responsible for the organization and they published a tender to any children interested. The children selected were then invited for preparation two months before the opening. Information events were organized with them more or less on the building site so that they would really be prepared for the opening. They work interactively in front of the paintings, they also have a museum case which contains all the required material and they basically give the entire guided tour themselves. It takes 60 minutes and usually deals with three or four paintings. So far these events are quite well-attended. On the whole it is a great activity because it gives children the possibility to assume responsibility. The adults who are also responsible intentionally do not intervene and are only in the background on stand-by in case some specific questions are asked.

Haselbach: What tasks do the children who give the guided tour have?

Markovic: They stand in front of the paintings and say something about the painting itself and about the artist and they take the children on a little journey through the painting. Then they ask related questions and sometimes also play related games. There is a guideline but no fixed programme according to which they have to proceed. They usually spend up to 20 minutes in front of a painting, some drawing and painting is also done. So there are various elements that are introduced into the encounter with the painting.

Haselbach: So one can work in front of the exhibits? I once gave a music and dance seminar on the topic Klee in what was the old art museum in Bern. The rooms were so small that we had to continue work in a side-room. Is it possible to work directly in front of the exhibits in the ZPK now?

Markovic: One can work with coloured pencils and pencils but not with liquids.

Haselbach: And can one move, sing or play instruments there?

Schulprogramms im Fach Bildnerische Erziehung oder als Motivation für weitere private Museumsbesuche gesehen?

Markovic: Wir haben bereits eine Konzepterweiterung andiskutiert, auch in die Schulen zu gehen, sind aber noch nicht so weit es zu realisieren.

Haselbach: Sie haben vorhin etwas angesprochen, das wahrscheinlich viele unter uns aufhorchen ließ: *Kinder führen Kinder*. Wie sind Sie auf diese Idee gekommen und wie funktioniert sie?

Markovic: In der Schweiz wurde das Modell *Kinder führen Kinder* schon von der Stiftung Rosengart in Luzern durchgeführt. Wir haben die Stiftung Pro Juventute gebeten, dieses Projekt am ZPK zu sponsern. Zwei Personen verantworten die Organisation und haben eine Ausschreibung für interessierte Kinder gemacht. Dann wurden die ausgewählten Kinder zwei Monate vor der Eröffnung zur Vorbereitung eingeladen, man hat – quasi auf der Baustelle des Zentrums – schon Informationsveranstaltungen mit ihnen organisiert, damit sie dann zur Eröffnung wirklich bereit sind. Sie arbeiten interaktiv vor den Bildern, haben auch einen Museumskoffer, in dem alles Notwendige drin ist, und machen eigentlich die ganze Führung selber. Sie dauert 60 Minuten und bezieht sich meistens auf drei bis vier Bilder. Bis jetzt sind diese Veranstaltungen ziemlich gut besucht. Grundsätzlich ist es ein schönes Angebot, weil es Kindern auch die Möglichkeit gibt, Verantwortung zu tragen. Die mitverantwortlichen Erwachsenen intervenieren bewusst nicht. Sie sind nur als Reserve im Hintergrund, falls besondere Fragen gestellt werden.

Haselbach: Was sind die Aufgaben der Kinder, die führen?

Markovic: Sie stellen die Bilder vor, erzählen zu jedem ein bisschen, zum Bild, zum Künstler und machen mit den Kindern so etwas wie eine kleine Reise durchs Bild, stellen dann auch Fragen im Zusammenhang und machen manchmal auch Spiele dazu. Es gibt eine Leitlinie, aber kein fixes Schema, nach dem sie vorgehen. Meist bleiben sie bis zu 20 Minuten vor einem Werk, es wird auch gezeichnet oder gemalt. Es sind also verschiedene Elemente, die in die Begegnung mit dem Bild einfließen.

Haselbach: Darf man also doch vor den Exponaten arbeiten? Ich habe einmal noch im alten Kunstmuseum in Bern ein Musik- und Tanz-Seminar zum Thema Klee gegeben. Die Räume waren so klein, dass wir dann doch in einem Nebenraum weiterarbeiten mussten. Kann man nun im ZPK auch unmittelbar vor den Exponaten agieren?

Markovic: Man darf mit Buntstiften und mit Bleistiften arbeiten, aber nicht mit Flüssigem.

Haselbach: Und kann man sich dort bewegen, singen oder Instrumente spielen?

Markovic: At the opening we had dance performances next to the pictures. That is possible but depends on how many people are present. At the opening it was a little bit difficult because of the exhibition walls that are not fixed to the ground in our museum but are suspended. So you have to be very careful which can, of course, impair the intensity of the movements.

Ursula Bovey-Steiner's lessons for children are purposely always scheduled on days that are closed to the public.

Audience: How do the children who give these guided tours come to you? Is that organized by the parents who are interested or how does that work?

Markovic: The organizers received a long list of addresses from Pro Juventute. Then we printed flyers saying: *We are looking for guides for the art museum* and these were mailed them everywhere. The children perhaps discussed it with their parents or teachers but they contacted us themselves.

Audience: I am thinking of the summer holidays which are very long. Are there any special offers for children then?

Markovic: Yes, we have weekly workshops during the holidays where one can do some in-depth work on the topic of hand puppets, for example. Paul Klee made wonderful hand puppets for his son Felix. We establish a connection to those and then build hand puppets with the children so they develop their own puppets for a magic theatre or a puppet show, for example.

Audience: Is what you offer published throughout Switzerland so that one knows what events take place where?

Markovic: We now have an address list of a total of 5,000 people including schools. We mail brochures and put the information on the internet.

Audience: I could imagine that these initiatives could also be extended to people with special needs, like the many initiatives that offer Music and Dance Education for these target-groups?

Markovic: Yes, we do have a guide who gives guided tours on specific paintings for people with disabilities.

Audience: It seems that this Zentrum Paul Klee is a kind of paradise. I would like to get in touch with the people who implement this connection between an art museum and Music and Dance Education in your establishment.

Markovic: Ursula Bovey-Steiner, a graduate of the Orff Institute, is probably our classic example; without her we wouldn't have all of this. She is also the only person in Bern

Markovic: Wir hatten bei der Eröffnung Tanzperformances bei den Bildern. Es geht schon, hängt aber davon ab, wie viele Leute anwesend sind. Bei der Eröffnung war es ein bisschen schwierig wegen der Ausstellungswände, die bei uns nicht am Boden fixiert sind, sondern in der Luft hängen. Hierbei muss man eben sehr vorsichtig sein, was die Bewegungsintensität ein natürlich beinträchtigen kann.

Die Kinderklassen von Ursula Bovey-Steiner finden aber bewusst immer am publikumsfreien Tag statt.

Publikum: Wie kommen die Kinder, die diese Führungen machen, zu Ihnen?

Markovic: Die Organisatorinnen haben von Pro Juventute eine große Adresskartei bekommen. Es wurden Flyer gedruckt *Wir suchen Führer für das Kunstmuseum,* die überallhin verschickt wurden. Die Kinder haben sich vielleicht mit ihren Eltern oder Lehrern besprochen, aber sie haben sich selbstständig bei uns gemeldet.

Publikum: Ich denke jetzt an die Sommerferien, das ist ja doch eine lange Zeitspanne. Gibt es da vielleicht besondere Angebote für Kinder?

Markovic: Ja, wir haben in den Ferien Wochen-Workshops, in denen man vertiefte Arbeit machen kann, zum Beispiel zum Thema Handpuppen. Paul Klee hat für seinen Sohn Felix ganz wunderbare Handpuppen fabriziert, dazu stellen wir eine Verbindung her und bauen mit den Kindern Handpuppen. Daraus entstehen dann von den Kindern selbst entwickelte Stücke für Zaubertheater oder Kasperltheater.

Publikum: Werden Ihre Angebote in der Gesamtschweiz veröffentlicht, so dass man weiß, was und wann alle diese Veranstaltungen stattfinden?

Markovic: Wir haben unterdessen eine Adresskartei von 5.000 Personen inklusive Schulen. Wir verschicken Prospekte und stellen die Informationen ins Internet.

Publikum: Ich könnte mir vorstellen, dass man diese Initiativen auch noch für Menschen mit besonderen Bedürfnissen ausbauen könnte, etwa im Sinne der vielen Initiativen, die die Musik- und Tanzerziehung für solche Gruppen vorschlägt?

Markovic: Ja, wir haben einen Führer, der Führungen für Menschen mit Behinderungen zu spezifischen Bildern anbietet.

Publikum: Es scheint, dass dieses Zentrum Paul Klee eine Art Paradies ist. Ich würde gerne Kontakt zu den Menschen aufnehmen, die diese Verbindung von Kunstmuseum und Musik- und Tanzerziehung bei Ihnen realisieren.

Markovic: Ursula Bovey-Steiner, eine Absolventin des Orff-Instituts, ist eigentlich unser Musterbeispiel; ohne sie hätten wir das nicht. Und sie ist auch die einzige Person in Bern,

who connects all these aspects of music, dance and painting. We are planning to organize a course in Bern in the future, perhaps even an entire training course.

Audience: What are your main target-groups? Do you offer something for adolescents or adults and senior citizens?

Markovic: Here we have a small problem with the name *Museum for Children*. We have become aware of the fact that we are mainly reaching children between the ages of 12 and 13 but the super cool adolescents aged 14 or 15 who are in the detachment phase understandably do not want to go to a Museum for Children, they might go to a museum, view a collection, see the revolving exhibition. But that is a problem that not only the ZPK has. Other museums also say: the adolescents are the most difficult target-group because their leisure time activities just don't take place in educational institutions and that is understandable.

As far as the other age groups are concerned: yes, we do have another art communication department at the ZPK whose target-group are adults who prefer to be offered traditional communication activities. We have developed an experiment for senior citizens, for example, called *Golden Morning*. This is a guided breakfast tour which enables us to get people into the museum already in the morning.

In our Museum for Children we are more concerned about addressing children and families. We have a family offer, for example, called »Generations«, where a mother and her child might give a guided tour on a Sunday. The mother relates how she sees the painting from her perspective and the child gives its perspective, completely ad lib without having read any books. Very different things often come up which have nothing to do with the contents intended by Paul Klee. What is nice about this is that often relatives, aunts, uncles, grandmothers are also present so that the audience really does cover several generations.

Haselbach: The Zentrum Paul Klee is a brand-new museum with ideal conditions in terms of space and staff, conditions that cannot be found anywhere else in the same way. That is why projects and models can be developed there that can encourage and reinspire other museums as well as music and dance teachers in their own work.

die alle diese Aspekte von Musik, Tanz, Bewegung und Malerei verbindet. Es ist geplant, in der Zukunft in Bern einen Kurs durchzuführen, vielleicht sogar eine Ausbildung.

Publikum: Welches sind Ihre hauptsächlichen Zielgruppen? Bieten Sie auch etwas für Jugendliche oder Erwachsene und Senioren an?

Markovic: Wir haben da ein kleines Problem mit den Namen *Kindermuseum*. Es ist uns bewusst geworden, dass wir eigentlich vor allem Kinder bis 12 oder 13 erreichen, aber die supercoolen Jugendlichen, die mit 14 oder 15 in der Ablösungsphase sind, wollen verständlicherweise nicht in ein Kindermuseum, sie gehen dann vielleicht ins Museum, in die Sammlung, in die Wechselausstellung. Das geht aber nicht nur dem ZPK so. Auch in anderen Museen heißt es: Die Jugendlichen sind am schwierigsten, ihre Freizeitaktivität spielt sich nun mal kaum in Bildungseinrichtungen ab und das ist auch verständlich.

Zu anderen Altersstufen: Ja, wir haben auch noch eine andere Kunstvermittlungsabteilung im ZPK, deren Zielpublikum Erwachsene sind, die eher klassische Vermittlungsangebote haben möchten. Dazu haben wir zum Beispiel für Senioren ein Experiment entwickelt, das *Goldener Morgen* heißt. Das ist eine Frühstücksführung, mit der man die Menschen schon am Morgen ins Museum holt.

Bei uns im Kindermuseum geht's mehr darum, Kinder oder Familien, anzusprechen. Wir haben u. a. ein Familienangebot, das nennt sich »Generationen«, da macht zum Beispiel am Sonntag eine Mutter mit ihrem Kind eine Führung. Die Mutter erzählt aus ihrer Perspektive wie sie das Bild sieht und das Kind aus seiner, ganz frei ohne irgendwelche Bücher gelesen zu haben, da kommen oft ganz andere Sachen zur Sprache, die überhaupt nichts mit dem von Paul Klee gemeinten Inhalt zu tun haben. Das Schöne ist dabei auch, dass oft Verwandte, Tanten, Onkels, Großmütter mit dabei sind und das Publikum wirklich mehrere Generationen umfasst.

Haselbach: Das Zentrum Paul Klee ist ein brandneues Museum mit idealen räumlichen und personellen Voraussetzungen. Bedingungen, die in dieser Form kaum anderswo zu finden sind. Gerade deswegen können dort Projekte und Modelle entwickelt werden, die sowohl andere Museen als auch Musik- und Tanzpädagogen zu eigener Arbeit ermutigen und neu inspirieren können.

Klaus Fessmann, Thomas Heuer,
Markus Kuchenbuch

Pilot Project *ReSonanz&AkzepTanz*

This project, developed from the course *Music and Dance in Interdisciplinary Projects* at the Orff Institute, represents a dialogue between the Philharmonie Essen and the Herbart Grundschule in Essen-Katernberg (Germany).

Initial Situation

Thomas Heuer: Within the course *Practical Didactics* at the Orff Institute, Department for Music and Dance Education at the Mozarteum University, Salzburg there are many practice teaching groups in schools. These provide the students with the opportunity of using their acquired knowledge and skills in teaching practice under the supervision of a competent mentor. Concepts of Music and Movement Education based on Orff-Schulwerk form the focus of these practical courses. These concepts have been developed over many years of practical experience and have, in part, been published in new teaching works (*Musik und Tanz für Kinder, Fidelio – Musik in der Grundschule*).

The curricula of the study courses at the Orff Institute and their developments clearly express the openness of this approach set against the background of an emergent tradition. The curricula illustrate compactly and concisely how ideas from the time of the reform movement were and are carried forward to our times.

The pilot project *ReSonanz&AkzepTanz* developed also in connection with the course *Music and Dance in Interdisciplinary Projects*. The goals and content of the project were the realization of the concept of the integration of music, dance and language, learned at the Orff Institute, with pupils of a primary school in a town borough with social problems. Furthermore the educational and artistic approaches acquired during the course should be incorporated into the teaching at the Herbart Grundschule.

Development of the Project

Klaus Feßmann: The title of the pedagogical concept *ReSonanz&AkzepTanz* contains a range of different activities, phenomena, necessities and perspectives.

ReSonanz refers to the sounding, the ringing, the resonance as the basic phenomena of life, the sounds of nature. The sounds of everything around us are necessary for our sense of balance, our orientation. We produce sounds for mutual understanding and

Klaus Fessmann, Thomas Heuer,
Markus Kuchenbuch

Pilot-Projekt *ReSonanz&AkzepTanz*

Hervorgegangen aus der Lehrveranstaltung *Musik und Tanz in fächerübergreifenden Gestaltungsprojekten* am Orff-Institut stellt dieses Projekt einen Dialog mit der Philharmonie Essen und der Herbart-Grundschule in Essen-Katernberg dar.

Ausgangssituation

Thomas Heuer: Am Orff-Institut, der Abteilung für Musik- und Tanzpädagogik der Universität Mozarteum in Salzburg gibt es im Rahmen der *Praktika zur Didaktik* zahlreiche u. a. an Schulen gebundene Praxisgruppen. Diese bieten den Studierenden die Möglichkeit, erworbenes Wissen und Können unter der Leitung von kompetenten Mentoren in der eigenen Lehrpraxis anzuwenden. Diese Praktika sind an Konzepten der Musik- und Bewegungserziehung orientiert, wie sie, basierend auf dem Orff-Schulwerk, im Verlauf jahrelanger Praxis entwickelt wurden und werden und teilweise in neueren Unterrichtswerken (z. B. *Musik und Tanz für Kinder*, *Fidelio – Musik in der Grundschule*) veröffentlicht wurden.

Das Curriculum der Studiengänge am Orff-Institut und sein Wandel sind beredter Ausdruck für die Offenheit des Ansatzes vor dem Hintergrund einer gewachsenen Tradition. In den Studienplänen stellt sich komprimiert und konzentriert dar, wie Ideen aus der Zeit der Reformbewegung in die heutige Zeit übertragen wurden und werden.

So entstand auch das Pilot-Projekt *ReSonanz&AkzepTanz* in Anbindung an die Lehrveranstaltung *Musik und Tanz in fächerübergreifenden Gestaltungsprojekten*. Inhalt und Ziel von *ReSonanz&AkzepTanz* war es, das am Orff-Institut gelehrte Konzept der Integration von Musik, Tanz und Sprache im Unterricht mit Schülern einer Grundschule eines sozial problematischen Stadtbezirks umzusetzen. Außerdem sollten konkret innerhalb der Lehrveranstaltung erarbeitete pädagogische und künstlerische Vorgehensweisen mit in den Unterricht in der Herbart-Grundschule einfließen.

Projektentwicklung

Klaus Feßmann: Der Titel des pädagogischen Konzeptes *ReSonanz&AkzepTanz* beinhaltet eine ganze Reihe verschiedener Tätigkeitsbereiche, Anknüpfungsphänomene, Notwendigkeiten und Perspektiven.

comprehension, whether these are differentiated in speech or in the handling of an instrument that we developed and built, ranging from the simple drum to a symphony orchestra.

Re-Sonanz is firstly re-sonance, re-sounding, being excited by the sound waves of another producer of sounds. The sounds bump against potential »re-sounds« during the event of vibrancy, against matter and psyche, materials in the building or against the human body. This re-sounding determines the communication, it enables a healthy balance and it creates active living. If resonance does not take place then aggression, violence and incomprehension result. Elemental music education, that teaches the basics of musical communication irrespective of culture, education or age, has the task of preventing this.

AkzepTanz refers to movement, dance, the human body, physical co-operation, encounter and also, in conjunction with nearness and distance, always respecting and accepting others.

AkzepTanz contains the concept of dance[1], the putting into motion of different parts of one's own body within the flow of the individual's pulse and breath. This connects different cultures and generations and enables accepted and respectful co-existence.

Sound, music, ringing, resonating, accepting, dancing: communication through these media is the basis of our pedagogical concept *ReSonanz&AkzepTanz*. It is the prerequisite in order to give different nations and languages a shared platform in media, teaching, training and school.

Project Participants

The partners and participants of the pedagogical project *ReSonanz&AkzepTanz* are the Philharmonie Essen, the all-day school Herbart Grundschule in Essen-Katernberg and the Orff Institute, Mozarteum University, Salzburg.

The project was initiated by Michael Kaufmann, the director of the Philharmonie Essen, and Klaus Feßmann in the summer of 2005. The director proposed to the Mozarteum University to use funds from the Philharmonie to support the development of a pilot project in Music and Dance Education – based on the ideas of Carl Orff – over 3 years and to initially implement it in the Herbart Grundschule. This undertaking was agreed upon by the named partners. All three institutions have different interests in the project that without the financial support of the Philharmonie Essen and the long-sightedness of its director would not be possible.

The then acting head of department of the Orff Institute, Thomas Heuer, agreed to be the project manager and Markus Kuchenbuch, a graduate of the Orff Institute, was employed as a mentor.

Christina Grodotzky, social educational worker at the Herbart Grundschule, supervised the project within the school. Both of the class-teachers of the 3a and 3b, Ms. Kricki

[1] German: *Tanz* (Ed.)

ReSonanz verweist auf das Klingende, die Sonanz, das Sonieren als Grundphänomen unseres Lebens, die Klänge der Natur. Die Klänge alles uns Umgebenden benötigen wir für unseren Gleichgewichtssinn, unserer Orientierung in dieser Welt. Zum gegenseitigen Verstehen und Begreifen erzeugen wir selbst Klänge, sei es in der Differenzierung der Sprache oder dem Handhaben von Instrumenten, die wir entwickelt und gebaut haben, von der einfachen Trommel bis hin zum Symphonieorchester.

Re-Sonanz ist zunächst einmal das Wieder-Klingen, das Angeregt-Werden durch die Schallwellen eines anderen Schallerzeugers. Die Klänge im Resonanzvorgang stoßen auf potientielle Wiederklinger, auf Materie und Geist, auf Material in der Architektur oder auf den menschlichen Körper. Dieses Resonieren bestimmt die Kommunikation, es ermöglicht gesundheitliches Gleichgewicht, es verursacht aktives Leben. Sollte Resonanz nicht erreicht werden, sind Aggression, Gewalt und Unverständnis angesagt. Dies zu vermeiden, ist die Aufgabe einer Elementaren Musikerziehung, die die Grundlagen menschlicher musikalischer Kommunikation lehrt, unabhängig von Kultur, Bildung und Alter.

AkzepTanz verweist auf die Bewegung, den Tanz, den menschlichen Körper, das körperliche Miteinander, das Sich-Begegnen und damit in der Verbindung von Nähe und Ferne das Respektieren und Akzeptieren des jeweils Anderen.

Akzeptanz enthält den Begriff Tanz, das In-Bewegung-Setzen sämtlicher Teile des eigenen Körpers im Fluss der eigenen Pulsation, des eigenen Atems. Dies verbindet die verschiedenen Kulturen, die verschiedenen Generationen und ermöglicht akzeptiertes, respektiertes Zusammenleben.

Klang, Musik, Sonieren, Resonieren, Akzeptieren, Tanzen: Verständigung über diese Medien ist die Grundlage unseres pädagogischen Konzeptes *ReSonanz&AkzepTanz*, ist die Voraussetzung, um unterschiedliche Nationen, unterschiedliche Sprachen auf eine gemeinsame Plattform stellen zu können, auf die Plattform Vermittlung, Lehre, Ausbildung, Schule.

Projektteilnehmer

Die Teilhaber und Teilnehmer des pädagogischen Projektes *ReSonanz&AkzepTanz* sind die Philharmonie Essen, die offene Ganztangsschule Herbartschule in Essen-Katernberg und das Orff-Institut der Universität Mozarteum Salzburg.

Das Projekt wurde von Michael Kaufmann, dem Intendanten der Philharmonie Essen und Klaus Feßmann im Sommer 2005 initiiert. Das Angebot des Intendanten an die Universität Mozarteum hieß, mit Mitteln der Philharmonie ein – auf den Ideen Carl Orffs basierendes – musik- und tanzpädagogisches Pilotprojekt über drei Jahre hinweg zu entwickeln und zunächst an der Herbart-Grundschule umzusetzen. Dieses Vorhaben wurde zwischen den beschriebenen Vertragsparteien vereinbart. Alle drei Institutionen haben ein differenziertes Interesse an diesem Projekt – das ohne die finanzielle Unterstützung der Philharmonie Essen und die Weitsichtigkeit seines Intendanten nicht möglich wäre.

Als Projektleiter konnte außerdem der damals amtierende Abteilungsleiter des Orff-Instituts, Thomas Heuer, gewonnen werden. Markus Kuchenbuch, Absolvent des Orff-Instituts, wurde als Mentor engagiert.

and Ms. Wahl, strongly supported the 37 children aged 8–10 throughout the first year of the project.
The Herbart Grundschule in Essen-Katernberg, known as one of the poorest boroughs in West Germany and predominantly inhabited by foreigners of Muslim background, was threatened with closure at the end of the 1990s. Thanks to the school director and the staff it was turned into an all-day school and, through the attention of the director of the Philharmonie Essen, was given the chance to work on an artistic-pedagogical project in music, dance and language with its pupils and to perform at the Philharmonie.

A press conference in July 2005 represented the official start and the concrete work at the Herbart Grundschule started in the September.

Realisation of the Project

During the academic year 2005/06 third and fourth year students of the Orff Institute, Mozarteum University, Salzburg had the opportunity of taking part in this project.

On the one hand the students had the possibility of coming into contact with everyday life and the challenges in a primary school with 86 % of the pupils being foreigners and, with the help of a mentor, running the project for two terms independently. In this way they could gather important experiences for their personal and professional development.

On the other hand underprivileged children had the opportunity of dealing with their own body and voice as means of expression in a playful manner and of participating in the process of developing a piece borne from their own ideas. In doing so the children also had new experiences and were involved in initiating and forming the project through their own motivation and joy in designing. The exitement and success of the joint performance in the Philharmonie Essen was part of this.

Markus Kuchenbuch (Mentor): The course of the pedagogical development in the project was in two parts. In the first part of the school year the main emphasis lay in imparting basic structures in music and dance. Examples of expression in music, dance and language were developed with the children and these were later incorporated into the following artistic work.

The students taught independently and observed and recorded in writing the lessons of their fellow students. The mentor accompanied and added to the discussions on planning that took place before and after lessons. Due to organizational necessities the student teachers were always changing. This was, on the one hand, a difficulty but, on the other hand, an advantage in that concepts such as team teaching or dividing the lesson into shorter units could be practiced. This relaxed form of teaching that reduced pressure on individual students appeared to be advantageous and was received very positively by the children.

The second half of the year was prefaced by a five day intensive phase with the children of the Herbart Grundschule following the style of the course at the Orff Institute. The texts that had been chosen by the students stimulated the individual initiative of

Christina Grodotzky, Sozialpädagogin im Dienste der Herbart-Grundschule betreute das Projekt auf Schulseite. Die beiden Klassenlehrerinnen der 3a und 3b, Frau Kricki und Frau Wahl, unterstützten ihre 37 Kinder im Alter zwischen acht und zehn Jahren im ersten Jahr des Projektes nachhaltig.

Die Herbart-Grundschule in Essen-Katernberg, bekannt als einer der ärmsten Stadtteile Westdeutschlands und überwiegend von Ausländern muslimischer Herkunft bewohnt, Ende der 90er-Jahre von der Schließung bedroht und nur Dank seiner Schulleiterin und Lehrerschaft in eine offene Ganztagsschule umgewandelt, hat durch die Aufmerksamkeit des Intendanten der Philharmonie Essen Michael Kaufmann die Chance bekommen, ein künstlerisch-pädagogisches Projekt im Bereich Musik, Tanz und Sprache mit ihren Schülern zu erarbeiten und zur Aufführung in der Philharmonie zu bringen.

Eine Pressekonferenz im Juli 2005 stellte den öffentlichen Beginn dar, die konkrete Arbeit an der Herbart-Grundschule in Katernberg begann im darauffolgenden September.

Durchführung des Projektes

Im Studienjahr 2005/06 hatten Studentinnen des 3. und 4. Studienjahres des Orff-Instituts der Universität Mozarteum Salzburg die Gelegenheit, an diesem Pilotprojekt teilzunehmen.

Einerseits erhielten die mitwirkenden Studentinnen die Möglichkeit, mit dem Alltag und den Herausforderungen innerhalb einer Grundschule mit etwa 86 % Ausländeranteil in Berührung zu kommen und dort mit der Unterstützung eines Mentors das über den Zeitraum von zwei Semestern angelegte Projekt eigenständig zu leiten, um auf diese Weise wertvolle Erfahrungen für Ihren persönlichen und beruflichen Werdegang zu sammeln.

Andererseits wurde Kindern sozial benachteiligter Bevölkerungsschichten die Gelegenheit gegeben, sich in spielerisch kreativer Weise mit ihrem Körper und ihrer Stimme als Ausdrucksmittel auseinanderzusetzen und am Prozess der Erarbeitung eines von eigenen Ideen getragenen Stückes teilzunehmen. Dabei hatten die Kinder die Möglichkeit, neue Erfahrungen zu machen und diesen Prozess aus eigener Motivation und Gestaltungsfreude heraus mit zu initiieren und zu prägen. Dazu gehörten auch die Aufregung und das Erfolgserlebnis einer gemeinsamen Aufführung in der Philharmonie Essen.

Markus Kuchenbuch (Mentor): Der Verlauf der pädagogischen Erarbeitung des Projektes teilte sich in zwei Abschnitte. Im ersten Teil des Schuljahres lag der Arbeitsschwerpunkt auf der Vermittlung von musikalischen und tänzerischen Grundstrukturen. Mit den Kindern wurden Modelle musikalischer, sprachlicher und tänzerischer Ausdrucksformen erarbeitet, die in den späteren künstlerischen Arbeitsprozess mit einflossen.

Die Studentinnen führten den Unterricht eigenständig durch und hospitierten und protokollierten im Unterricht ihrer Kolleginnen. Vor- und Nachbesprechungen über den Unterrichtsverlauf wurden von ihrem Mentor begleitet und ergänzt. Die organisatorisch bedingte Situation ständig wechselnder Lehrpersonen erwies sich einerseits als erschwerend, war aber andererseits auch von Vorteil, denn Konzepte wie Team-Teaching oder die

the children. The introduction of a »prototype of Indo-European language« denoting the protolanguage of all European languages together with their sounds and word sounds stimulated the children's rich fantasy and motivated them to play with words, invent new movement sequences and to produce musical compositions. The cornerstone of a joint language and the title of the artistic realisation of the project *GUNIBAGU – do you want to play with me?* was laid.

The pleasure in working freely with syllables and the development of a particular common language resulted last but not least in the fact that many children from different cultural backgrounds and whose mother tongue and everyday speech was not German encountered each other. Communication, which was newly created through using music, dance and language, was an important theme. The development of an individual language as well as the joint music making and dancing strengthened the team-work and the cohesion among the project children. This gave new impulses to the social structure within the class.

Different groups formed within the existing structure of the class. Conspicuous or particularly inconspicuous children found new possibilities of individual expression and were able to contribute constructively in forming social co-operation. The cultural peculiarities that the children »brought« from their country of origin were mutually stimulating and the children got to know each other in a new way.

The social-creative frame of the project allowed them to see themselves anew, to hear and particularly to takes themselves seriously and to work together on something of their own – *ReSonanz&AkzepTanz* as a chance of communicating and co-operating!

The processes of learning, compiling and developing found their limits by the children as well as by the students and were not always easy, but this speaks in favour of the vitality of the processes.

Thanks to the huge commitment of the students, that of their mentor as well as the enthusiastic, lively, creative and socially competent children it was possible for the project unflinchingly to go through ups and downs and finally result in a successful joint performance. The piece *GUNIBAGU* war performed in the Philharmie Essen and was greeted enthusiastically by parents, school children and the broad public.

First conclusion

Klaus Feßmann: The conception of *ReSonanz&AkzepTanz* has established itself in Essen after one year of intense work. It reacted to a politically highly explosive situation in which the children from the most diverse countries of the world come together by chance in Essen. They go to school here, encounter many different cultures, encounter a school system that is not set up to bring these different cultures in touch with each other. The pedagogy that we advocated and our artistic work proved to be suitable. This involved the sounds and musical dimension of language in connection with dance and one's own music that evolved from the language. This is the important approach that worked and that we will develop further during the next academic year.

Unterteilung in kürzere Lehreinheiten konnten auf diese Weise erprobt werden. Diese auflockernde und den Einzelnen entlastende Art des Unterrichts stellte sich als überaus förderlich heraus und stieß bei den Kindern auf große Resonanz.

Das zweite Studienhalbjahr wurde von einer fünftägigen Intensivphase mit den Kindern der Herbart Grundschule in Anlehnung an die Lehrveranstaltung am Orff-Institut eingeleitet. Von Studentinnen ausgewählte Texte ermunterten die Kinder zu großer Eigeninitiative. Das Vorstellen der »proto-indo-europäischen« Sprache, bezeichnenderweise die Ur-Sprache aller europäischen Sprachen, und deren Laute und Wortklang, regten die reiche Phantasiewelt der Kinder zu Wortspielereien, neuen Bewegungsmustern und musikalischen Kompositionen an. Der Grundstein einer gemeinsamen Sprache und der Titel der künstlerischen Umsetzung des Projektes *GUNIBAGU – Willst Du mit mir spielen?* wurde gelegt.

Die Freude am freien Umgang mit Silben sowie die Entwicklung einer eigenen gemeinsamen Sprache resultierte nicht zuletzt aus der Tatsache, dass so viele Kinder unterschiedlicher kultureller Hintergründe aufeinander trafen, deren Mutter- und Alltagssprache nicht Deutsch war. Kommunikation, die zum Teil durch den musikalischen, tänzerischen und sprachlichen Umgang neu geschaffen wurde, stellte somit ein wichtiges Thema dar. Die Entwicklung einer eigenen Sprache ebenso wie das gemeinsame Musizieren und Tanzen stärkte die Zusammenarbeit und den Zusammenhalt der Kinder innerhalb des Projektes, was auch dem sozialen Gefüge innerhalb der Klassen neue Impulse gab.

Es bildeten sich unterschiedliche Gruppen innerhalb der bestehenden Klassenstrukturen. Auffällige oder besonders unauffällige Kinder fanden zu neuen Möglichkeiten persönlichen Ausdrucks und konnten sich konstruktiv in die Gestaltung des sozialen Miteinanders einbringen. Die von den Kindern »mitgebrachten« kulturellen Eigenheiten ihrer Herkunftsländer befruchteten sich gegenseitig und die Kinder lernten sich und ihre Mitschüler auf eine neue Art und Weise kennen.

Der kreativ-soziale Rahmen des Projektes erlaubte es ihnen, sich neu zu sehen, zu hören und vor allem ernst zu nehmen und gemeinsam an etwas Eigenem zu arbeiten – *ReSonanz&AkzepTanz* als Möglichkeit der Kommunikation und des Miteinanders!

Dass dieser Lern-, Erarbeitungs- und Entwicklungsprozess bei den Kindern sowie Studierenden auch an Grenzen führte und nicht immer einfach war, sprach nur für die Dynamik des Prozesses.

Dem großen Engagement der unterrichtenden Studentinnen und des Mentors sowie der Begeisterungsfähigkeit der lebhaften, kreativen und sozial kompetenten Kinder ist es zu verdanken, dass das Projekt, unbeirrt durch Höhen und Tiefen, schließlich in einer erfolgreichen gemeinsamen Aufführung endete und das Stück *GUNIBAGU* in der Philharmonie Essen begeistert von Eltern, Schulkindern und einer breiten Öffentlichkeit angenommen wurde.

Erstes Fazit

Klaus Feßmann: Nach einem Jahr intensiver Arbeit hat sich die Konzeption *ReSonanz&AkzepTanz* in Essen etabliert. Sie hat auf eine Situation reagiert, die politisch

In the continuation of the pilot project *ReSonanz&AkzepTanz* in a second and third year possibilities of consolidating the compositional principles of Imitatio, Repetito and Variatio will be created for the participating students. The project with its holistic approach will be extended and envisages students and graduates of the Orff Institute being integrated into everyday school life.

Possible Perspectives

The project is illuminated from the perspective of the university training.

Thomas Heuer: As project leader I advocate the project

- as continuation and renewal of Elemental Music and Dance Pedagogy,
- as consolidation of practical work achieved through the transferring of the course contents to the reality of a school in a particularly difficult social setting in the Ruhr valley. The societal relevance of the goals, contents and methods can be verified here,
- as a possible integrating moment of teachers' concerns that are seemingly divergent (the transition from the founding stage to the stage of organization),
- in its relevance to the current situation in the treatment of themes such as migration and the prevention of violence,
- as access to a newly developing labour market which has come about as a result of the »all-day schools«,
- as an opportunity to develop and establish project work as an independent occupational field (see the qualification profile in the current curricula),
- as initial and further training for graduates (alumni) and teachers,
- as a chance to be distinguished within the university landscape,
- as a prototype of a unique co-operation but also as a model to develop other co-operations (e.g. with the Folkwang Hochschule Essen).

hochbrisant ist, das schulische Lernen von Kindern, die aus den unterschiedlichsten Ländern dieser Welt kommen und die in Essen zufälligerweise aufeinander treffen. Sie gehen hier in die Schule, treffen auf sehr verschiedene Kulturen, treffen auf ein Schulsystem, welches gar nicht darauf angelegt ist, diese Kulturen miteinander in Beziehung zu setzen. Hier erwies sich die von uns vertretene Pädagogik, unser künstlerisches Arbeiten als das Adäquate. Sprache in ihrer klanglichen, musikalischen Dimension als Ausgangspunkt, verbunden mit Tanz und eigener Musik, die sich aus der Sprache entwickeln. Dies ist der bedeutungsvolle Ansatz, welcher funktioniert und den wir im nächsten Schuljahr weiter entwickeln werden.

Mit der Fortführung des Pilot-Projektes *ReSonanz&AkzepTanz* in ein zweites und drittes Studienjahr werden Möglichkeiten zur Vertiefung der Kompositionsprinzipien Imitatio, Repetitio und Variatio geschaffen und für die beteiligten Studentinnen Möglichkeiten erarbeitet, dieses Projekt in seinem ganzheitlichen Ansatz auszudehnen mit der Vision, Studierende und Absolventen des Orff-Instituts in die Prozesse des Schulalltags zu integrieren.

Mögliche Perspektiven

Das Projekt wird noch einmal aus der universitären Ausbildungsperspektive beleuchtet.

Thomas Heuer: Als Leiter des Projektes vertrete ich das Projekt

- in seiner Fortführung und Erneuerung des Ansatzes einer Elementare Musik- und Tanzpädagogik.
- als Vertiefung des Praxisbezugs durch die zeitlich verschobene Transformation von Inhalten aus der Lehrveranstaltung in die Schulrealität in einem besonderen sozialen Brennpunkt (»Ruhrpott«). Die gesellschaftliche Relevanz der Ziele, Inhalte und Methoden wird hier direkt überprüfbar,
- als mögliches integrierendes Moment scheinbar auseinanderstrebender Anliegen der Lehrenden (Übergang von der Gründungs- zur Organisationsphase),
- in seinem Bezug zur aktuellen Situation durch die Bearbeitung von Themen wie Migration und Gewaltprävention,
- als Zugriff auf einen sich neu bildenden Arbeitsmarkt, der durch die Einführung »offener Ganztagsschulen« am Entstehen ist,
- als Gelegenheit, Projektarbeit als eigenständiges Berufsfeld zu entwickeln und zu etablieren (s. a. Qualifikationsprofil des gültigen Studienplans),
- als Fort- und Ausbildungsangebot für Absolventen und Lehrer,
- als Profilierungschance im universitären Kontext,
- als Modell einer einmaligen Kooperation bzw. der Möglichkeit der Erweiterung von Kooperationen (z. B. mit der Folkwang Hochschule Essen).

James Harding

Music in Dialogue with Moving Pictures, Lights, Camera, Action – Workshop

This report has three levels: the activities of the workshop participants, DVD examples from the pupils in the seventh class of the San Francisco School and, lastly, comments by the workshop leader.

Part 1: Flip-books at an Exhibition

Activity of the workshop participants: To the tune of Moussorgsky's *Promenade* Theme from *Pictures at an Exhibition*, participants wander through the space of the room, discovering a variety of animated »flip-books« which have been set out for viewing on music stands, chairs and other surfaces.

Instructions: to discover as many books as possible, to experiment with viewing them at different tempos and in different directions (backwards as well as forwards), and eventually to choose a favourite book to work on with a few collaborators, creating a short performance of some kind (movement, sound etc.) inspired by the tiny moving scene.

After a short work period, a rondo-form performance takes place featuring the Moussorgsky as the theme and the animation-inspired pieces as the episodes.

James Harding: The animated image is a rich medium to explore in the music classroom, an extension of the dialogue between movement and sound which is at the heart of *Orff-Schulwerk*. Flip-books are possibly the most accessible form of animation – no batteries required ... Small enough to hold in the palm of your hand ... And these days I am finding many delightful new ones in museum shops, bookstores, and even in airports. My collection includes over 50 titles, and is growing ... Even in this time of extraordinarily sophisticated technology, the simple flip-book remains fascinating and magical for children, and it is common to hear exclamations of delight and surprise from even the most jaded 21st century students as they witness these miniature worlds coming to life in their hands.

DVD example: Participants watch a DVD project completed at the San Francisco School in the fall of 2005 by the 7th grade class. The screen shows 9 small windows, each a title of a flip-book. In the background sounds a recording of the class performing a mallet percussion arrangement of the »Promenade Theme« from Moussorgsky's *Pictures at an Exhibition*. As each window is selected, the screen comes to life with a short animated cartoon accompanied by music composed by groups of students. The cartoons were cre-

Musik im Dialog mit Bewegten Bildern, Licht, Kamera und Aktion – Workshop

Dieser Bericht berücksichtigt drei Ebenen: Zunächst die Aktivitäten der Teilnehmer an diesem Workshop selbst, dann Einspielungen von Aktivitäten von Schülern einer siebten Klasse der San Franciso School (DVD) und schließlich Erläuterungen des Workshop-Leiters zu beiden Realitäten.

Teil 1: Daumen-Kino-Büchlein-Ausstellung

Aktivität der Workshop-Teilnehmer: Zur Musik von Mussorgskis *Promenade* aus *Bilder einer Ausstellung* wandern die Teilnehmer durch den Raum und entdecken eine Reihe von Daumen-Kino-Büchlein (*flip-books*), die zum Ansehen auf Notenständern, Stühlen und anderen Objekten postiert sind.

Aufgabenstellung: möglichst viele dieser Büchlein betrachten, sie in verschiedenen Tempi vorwärts und rückwärts durchblättern, ein Buch zur gemeinsamen Bearbeitung mit einigen anderen Personen auswählen und schließlich eine wie immer geartete, kurze Gestaltung (mit Tönen oder Bewegungen) vorstellen, die von einer kleinen »Kinoszene« des ausgewählten Buches inspiriert wurde.

Nach einer kurzen Arbeitsperiode entsteht die Aufführung einer Rondo-Form mit dem Mussorgski Thema als A-Teil und den durch die Animation inspirierten Stücken der Teilnehmer als Zwischenteile.

James Harding: Das bewegte Bild ist ein reiches Medium der Anregung für den Musikunterricht, eine Erweiterung des Dialogs zwischen Musik und Bewegung, dem Herzstück des *Orff-Schulwerks*. *Flip-books* sind vermutlich die am leichtesten zugängliche Form von Animation, sie brauchen keine Batterie, sind klein genug, um sie in einer Hand zu halten ... Zurzeit finde ich viele neue entzückende Exemplare in Museumsshops, Buchhandlungen und sogar auf Flughäfen. Meine Sammlung umfasst etwa 50 Titel und wächst ständig. Sogar in dieser Zeit außerordentlich differenzierter Technologie bleiben die einfachen Daumen-Kino-Büchlein für Kinder faszinierend und man hört nicht selten Ausrufe des Entzückens und der Überraschung von den übersättigten Schülern des 21. Jahrhunderts, wenn sie diese Miniaturwelten in ihrer Handfläche zum Leben bringen.

Einspielung: Die Teilnehmer betrachten die DVD-Aufzeichnung eines Projektes, das 2005 von einer siebten Klasse der San Francisco School durchgeführt wurde. Der Bildschirm

ated from the flip-books by digitally photographing each page of the book and playing these pictures in sequence through a film-editing program on the computer. The final cartoon was a compilation of original animations drawn by the students.

James Harding: This DVD project was an example of using the new imagery technology to enhance what was essentially a visually-inspired composition exercise. I worked quite a bit behind the scenes, taking pictures of all the pages of the books, for example, and editing them into the short films on the computer. The students had nothing to do with this technical side – their task was simply to create a piece of music that was inspired by the flip-book that they chose. I recorded their compositions in class and then edited the short animations to fit, sometimes repeating visual material to match the form of the music. I added as an introduction to each cartoon an image of the real book being flipped in the hands of a student, and a coda showing a still picture of the composers with their names.

One of the unexpected outcomes of this project was the compositional coherence of all the episodes. Since the students were hearing and studying the melody of the Moussorgsky Promenade Theme, most groups naturally incorporated elements of that theme into their own compositions. This was a wonderful preparation for listening to the whole *Pictures at an Exhibition* where Moussorgsky develops the motives of the Promenade Theme throughout the piece and in several of the painting episodes.

Part 2: The Lumière Project

Activity of the workshop participants: Participants are shown six silent black-and-white films, each about 50 seconds long. Instructions: imagine that you are film composers gathered together with the assignment of creating soundtracks to these silent films. Make notes after each viewing related to the elements of sound – timbre, pitch, dynamics, tempo, form, and rhythm. After seeing all six, choose one film to work on. Find others in the room who also want to work on that film and work together on an original collaborative soundtrack.

James Harding: I have described my work with *Lumière and Company* in an article in the Winter 2005 edition of the *Orff-Schulwerk Informationen*[1]. The films come from the collection *Lumière and Company*, a project to commemorate the 100th anniversary of the invention of the movie camera. In this project, 40 contemporary directors were given the original camera and asked to contribute a film. Because of the size and workings of the camera, the resulting films were each about 50 seconds. I chose the six examples which seemed to have the richest possibilities for sound exploration. Again, using the new digital imaging technology, it was possible to prepare a DVD in which all six short films appeared simultaneously in six windows on the screen, allowing all groups to work productively at once.

1 Harding, James: *The Lumière Project. A Journey into the Art of Film music*, in: *Orff-Schulwerk Informationen*, Nr. 75, Salzburg 2005

zeigt neun Fenster, jedes mit der Titelseite eines solchen kleinen *flip-books*. Als musikalischer Hintergrund dient das Promenaden-Thema aus Mussorgskis *Bilder einer Ausstellung*, in einer Fassung für Stabspiele und Perkussion, das von der Klasse eingespielt wurde. Beim Anklicken jedes einzelnen Fensters wird dann ein kurzer, bewegter Cartoon sichtbar, der durch Musik untermalt wird, die von einer Schülergruppe komponiert und aufgezeichnet wurde. Die Cartoons kamen dadurch zustande, dass die einzelnen Seiten des Büchleins digital fotografiert wurden und dann durch ein Filmbearbeitungsprogramm als Sequenz auf dem Computer wiedergegeben werden. Der abschließend gezeigte Cartoon war eine Zusammenstellung von Originalanimationen, die von den Schülern gezeichnet wurden.

James Harding: Dieses DVD-Projekt ist ein Beispiel dafür, wie man die neuen Bildtechnologien dazu verwenden kann, eine zunächst visuell inspirierte Kompositionsaufgabe weiter zu entwickeln. Ich arbeitete dabei ziemlich intensiv im Hintergrund, indem ich beispielsweise alle Seiten eines Büchleins fotografierte und sie am Computer zu kleinen Animationssequenzen weiterverarbeitete. Die Schüler hatten mit diesen technischen Aufgaben nichts zu tun, ihre Aufgabe bestand ausschließlich darin, ein Musikstück zu gestalten, das durch das von ihnen ausgewählte Daumen-Kino-Büchlein inspiriert war. Ich nahm ihre Kompositionen im Unterricht auf und montierte sie dann so, dass sie zur Animation passte. Manchmal musste ich Bilder wiederholen um die musikalische Form zu erfüllen. Als Anfang eines jeden Cartoons montierte ich ein Bild des ursprünglichen Buches, das dann in den Händen eines Schülers lebendig wird, als Coda fügte ich ein Standfoto der Komponistengruppe mit ihren Namen hinzu.

Eines der unerwarteten Ergebnisse dieses Projektes war der logische kompositorische Zusammenhang aller Teile. Da die Schüler alle das Promenaden-Thema Mussorgskis gehört und gelernt hatten, fügten die meisten Gruppen ganz natürlich Elemente dieser Musik in ihre eigenen Kompositionen ein. Dies war eine hervorragende Einstimmung für das Anhören der gesamten Musik von *Bilder einer Ausstellung*, da ja Mussorgski die Motive des Promenaden-Themas nicht nur durch diesen Satz, sondern auch durch die anderen Bilder weiterführt.

Teil 2: Das Lumière-Projekt

Aktivität der Workshop-Teilnehmer: Den Teilnehmern wurden sechs Schwarz-weiß-Stummfilme von je etwa 50 Sekunden Länge gezeigt. Aufgabenstellung: Stellt Euch vor, Ihr seid Filmkomponisten, die sich mit der Aufgabe treffen, zu diesen Stummfilmen Soundtracks herzustellen. Macht Euch nach jedem Durchlauf Notizen bezüglich Klangfarben, Tonhöhe, Dynamik, Tempo, Form und Rhythmen. Nachdem Ihr alle sechs Beispiele gesehen habt, wählt ihr eines aus um damit zu arbeiten. Sucht Euch aus der Gruppe Mitarbeiter, die ebenfalls an diesem Film arbeiten wollen und gestaltet miteinander einen Soundtrack.

James Harding: Ich habe meine Arbeit mit *Lumière und Konsorten* in einem Artikel im Winterheft 2005 der Orff-Schulwerk Informationen beschrieben[1]. Die Filme kommen aus

1 Harding, James: *The Lumière Project. A Journey into the Art of Film music*, in: *Orff-Schulwerk Informationen*, Nr. 75, Salzburg 2005

Activity of the workshop participants: The participants create and perform their soundtracks live with the projection.

DVD example: Participants watch some examples of soundtracks created by 7th grade students at the San Francisco School, including several examples from the Lumière films. Also included are some films of the students as they recorded their compositions.

James Harding: In trying variations of this lesson with 7th grade students over the past few years, I have found that using a digital video camera to film the students as they perform their soundtracks works very well. The concentration on the faces of the performers is absolute! And I have found that I can fairly easily extract the sound recording from this video and synchronize it to the original film footage so that the students can watch and enjoy their own work.

I greatly enjoy the discussions which grow out of the students watching each other's completed films. The students always have insightful comments to make about how music interacts with the imagery on screen. After the discussion, I show the students a list compiled by Larry Tim, a professor of film composition, of some of the functions of film music:

- Intensify or relax the pace of the film
- Reflect emotion
- Create »unspoken« thoughts of a character or unseen implications of a situation
- Parallel or underscore the action
- Create atmosphere of time and place
- To provide unity or coherence to a story (for example, Leitmotif)
- Play against the action

The students can always relate some example of their own or each others' work to each of the functions of film music in this list. I hope that they see themselves as composers taking part in the fascinating dialogue between film and music, a dialogue which was born with the Lumière brothers' invention in 1895.

Bibliography / Bibliographie

Timm, Larry M., 2003: *The Soul of Cinema: An appreciation of Film Music*, Prentice Hall, Pearson Education

Lumière and Company (Dir. Sarah Moon) 1995, Fox Lorber

Sources for Flip-Books/Quellen für Daumen-Kino-Büchlein

Fliptomania, 1435 Fourth Street, Berkeley, CA 94710, USA, www.fliptomania.com

Melazzini, Santiago: *Cine de Dedo*, lme@lamarcaeditora.com

Sénac, Jean-Vincent: *Livres Animés*, 6, rue de la Folie-Méricourt, 75011 Paris, France, www.jeanvincentsenac.com

der Sammlung *Lumière und Konsorten,* einem Projekt, das den 100. Geburtstag der Erfindung der beweglichen Kamera feiert. In diesem Projekt wurde die originale Kamera an 40 zeitgenössische Filmemacher gegeben, mit der Aufforderung, einen Film damit zu machen. Auf Grund der Größe und Technik der Kamera waren die Filme alle etwa 50 Sekunden lang. Ich habe daraus diejenigen sechs Filme gewählt, die mir die reichste Anregung zur Klanggestaltung zu haben schienen. Wieder war es durch die digitale Bildtechnik möglich, eine DVD vorzubereiten, bei der alle sechs Filme simultan am Bildschirm gezeigt werden, so dass alle Gruppen gleichzeitig damit arbeiten konnten.

Aktivität der Workshop-Teilnehmer: Die Teilnehmer gestalten ihre eigenen Soundtracks und führen sie dann synchron zur Filmprojektion vor.

Einspielung: Den Teilnehmern werden einige Beispiele (einschließlich einiger Lumière-Filme), die von Schülern der siebten Klasse der San Francisco School gestaltet wurden, gezeigt. Dabei waren auch Aufzeichnungen zu sehen, die die Schüler während der Aufnahme ihrer Kompositionen zeigten.

James Harding: Im Versuch, dieses Thema während der letzten Jahre mit Siebtklässlern zu variieren, habe ich herausgefunden, dass es sehr nützlich ist, die Schüler mit einer Digitalkamera aufzunehmen, wenn sie ihre Soundtracks aufführen. Die Konzentration in den Gesichtern der Spieler ist absolut. Ich habe auch herausgefunden, dass es relativ einfach ist, die Soundspur von diesem Video abzunehmen und sie auf das originale Filmmaterial zu synchronisieren, so dass die Schüler ihre eigene Arbeit ansehen und genießen können.

Ich freue mich immer über die Diskussionen, die entstehen, wenn Schüler gegenseitig ihre fertig gestellten Arbeiten betrachten. Sie äußern oft sehr verständnisvolle Kommentare über die Wechselwirkung von Musik mit den Bildern auf dem Bildschirm. Nach solchen Gesprächen zeige ich den Kindern eine Liste von Larry Tim, einem Professor für Filmmusik, die zu den Funktionen der Filmmusik zusammengestellt wurde. Filmmusik

- intensiviert oder beruhigt die Gangart des Filmes,
- spiegelt Emotionen wieder,
- gestaltet hörbar die unausgesprochenen Gedanken eines Darstellers oder nicht sichtbare Verwicklungen von Situationen,
- läuft parallel zur Handlung oder betont sie,
- erschafft die Atmosphäre des Ortes und der Zeit des Filmgeschehens,
- unterstützt die Geschlossenheit und die Stimmigkeit eines Drehbuchs,
- kontrastiert die Handlung.

Die Schüler können ihre eigenen Beispiele oder die ihrer Mitschüler immer zu der einen oder anderen Funktion der Liste in Beziehung setzen. Ich hoffe, dass sie sich selbst als Komponisten sehen, die an einem Dialog zwischen Film und Musik mitwirken, einem Dialog, der durch die Erfindung der Brüder Lumière 1895 entstanden ist.

Soili Perkiö

Music and Movement with Babies Workshop

Mother's poem

Long before you were born
I listened to the murmur of your voice,
A bouncing bow in a constellation of stars,
Music flowing from your fingertips,
Where someone had blown a swell of waves.

I see your nails now, like small crescents,
Breath of mist above a lake,
Clouds on the soles of your feet; my eyes
Gently stroke the hills and dales
Of a small world,
Your downy earlobes shine in the light
And we are surrounded by a mighty, living
Silence.

Hannele Huovi[1]

1. Introduction to the Theme and Activities with the Participants

Babies are surprisingly capable when it comes to perceiving music and responding to it. They detect the smallest changes in pitch and timing that are crucial to the appreciation of music. Mothers everywhere make music while caring for their infants. They sing distinctive materials – lullabies and play songs – and their performances are highly expressive and finely tuned to the interests and abilities of their young listeners. Infants are mesmerized by these multi-modal performances (song, gesture, and movement), and their mothers oblige them by providing encore after encore.

In short, children begin with ideal musical circumstances – exposure to expressive music in a natural and nurturing environment. The challenge for music educators is to build on this musical foundation rather than beginning anew.

1 translation into English by David Hackston from the original poem *Jo ennen kuin synnyit*, Kirjapaino, 1999, Rauma.

Musik und Bewegung mit Babys
Workshop

Gedicht einer Mutter

Lange bevor du geboren wurdest
Lauschte ich dem Flüstern deiner Stimme,
Eine schwingende Saite in einer Sternenkonstellation,
Musik fließt von deinen Fingerkuppen,
Wo jemand die Wellen aufwirbelte.

Jetzt sehe ich deine Nägel, wie kleine Monde,
Ein Nebelhauch über einem See,
Wolken unter deinen Fußsohlen; meine Augen
Schweifen sanft über Hügel und Täler
Einer kleinen Welt,
Deine weichen Ohrläppchen glänzen im Licht
Und wir sind umgeben von einer mächtigen, lebendigen
Stille.

Hannele Huovi[1]

1. Einführung und Aktivitäten mit den Teilnehmern

Babys haben überraschende Fähigkeiten, was das Wahrnehmen von Musik und die Reaktion darauf betrifft. Sie vernehmen die kleinsten Nuancen in Tonhöhe und »Timing« der Musik, die für das Musikverständnis so wesentlich sind. Überall musizieren Mütter auf natürliche Weise, wenn sie sich um ihre Babys kümmern. Sie singen Verschiedenes – Schlaflieder und Spielliedchen – und ihre Lieder sind dabei ausdrucksvoll und genau auf die Bedürfnisse und Fähigkeiten ihrer jungen Zuhörer abgestimmt. Kleinkinder sind begeistert von diesen multi-medialen Darbietungen (Gesang, Gestik und Bewegung), und ihre Mütter erfreuen sie durch immer neue Wiederholungen.

Kurz: Kinder beginnen mit idealen musikalischen Gegebenheiten, sie erleben expressive Musik in einer natürlichen und geborgenen Umgebung. Die Herausforderung für Musiklehrende ist es nun, eher auf diesem musikalischen Fundament aufzubauen als neu zu beginnen.

[1] Übersetzung der finnischen Originalfassung: *Jo ennen kuin synnyit,* Kirjapaino, 1999, Rauma ins Englische von David Hackston, Übersetzung aus dem Englischen ins Deutsche von Adelheid Weidlich

Before Birth

The first sensory perceptions of an unborn child are the beat, the rhythm of the mother's heart. The baby feels the movement of his mother and hears sounds from outside. Long before birth, the baby is sensitive to touch and is able to hear. It is not uncommon to hear a pregnant woman say that her unborn child kicked wildly when she attended a live music concert. From three months before birth the baby's brain processes sounds, remembering and learning them.
Example: Participants listen to sound examples from the CD *Womb Sound*[2].

Everywhere in the world parents communicate with their unborn children, mothers sing lullabies during pregnancy, fathers in Nepal tell stories to their unborn child.

Babies begin to learn their musical language before birth.

New Born Baby

A new born baby needs warmth, nearness, touching, rhythmical movements and sounds. Singing the same lullaby every evening gives security and a structure for the day.

Group activitiy: Participants sing several lullabies from different cultures with Soili Perkiö's accompaniment on the Kantele, an instrument from Finland, specially suited for this type of song.

Familiar songs calm babies down and the babies recognize the voices of their mothers and fathers.
Example: Selected video examples from Soili Perkiö's documentation of her parent-baby classes.

The nervous system is stimulated by fast music, it calms down when listening to slow music, but this process takes time. Daily life today has a fast tempo, and speed is also highly valued. As a result, the nervous system of children can be over-activated, which causes restlessness. Therefore it is advisable to stay silent for a short while after a song or a rhyme, to wait for the child's reaction which can be a sound, a movement or a smile.

First Smile

It is important, that babies feel loved and that adults enjoy being in their company. Songs and rhymes are a form of being and playing together. A soft baby-massage is a message that baby is wished for and loved. It helps the baby to understand the picture of his body. Mother's and father's face are the most interesting thing to look at, the voices of parents, brothers and sisters are the best sound in the world. The babies also need time to be alone, time for exploring and hearing their own voice.
Example: Selected video examples (see above).

2 *Womb Sound*, privately produced CD by Dr. Sheila Woodward

Vor der Geburt

Die ersten Sinneserfahrungen eines ungeborenen Kindes sind Puls und Herzrhythmus der Mutter. Das Baby fühlt die Bewegungen der Mutter und hört Töne aus der Außenwelt. Lange vor der Geburt ist das Kind empfänglich für Berührungen und kann hören. Es ist nicht ungewöhnlich, wenn eine schwangere Frau erzählt, dass ihr ungeborenes Kind wild getreten hat, als sie ein Livekonzert besuchte. Drei Monate vor der Geburt beginnt das Gehirn des Kindes, Töne aufzunehmen und sie im Gedächtnis zu speichern.
Einspielung: Die Teilnehmer hören Klangbeispiele aus der CD *Womb Sound*[2].

Überall auf der Welt kommunizieren Eltern mit ihren ungeborenen Kindern, Mütter singen ihnen während der Schwangerschaft Schlaflieder. Väter in Nepal erzählen ihren ungeborenen Kindern Geschichten.

Babys beginnen vor der Geburt, ihre musikalische Sprache zu lernen.

Neugeborenes Baby

Ein neugeborenes Kind braucht Wärme, Nähe, Berührung, rhythmische Bewegung, Laute und Klänge. Jeden Abend dasselbe Schlaflied zu singen bietet Sicherheit und Struktur für den Tag.

Gruppenaktivität: Die Teilnehmer singen einige Wiegenlieder aus verschiedenen Kulturen, begleitet von Soili Perkiö auf der Kantele, einem finnischen Instrument, das für diese Art von Liedern besonders geeignet ist.

Bekannte Lieder beruhigen Babys, und sie erkennen die Stimmen von Mutter und Vater.
Einspielung: Videobeispiele aus Soili Perkiös Dokumentation ihrer Eltern-Kind-Klassen.

Das Nervensystem wird von schneller Musik stimuliert und beruhigt sich bei langsamer Musik, doch dieser Prozess braucht Zeit. Der Alltag fordert ein schnelles Tempo, und der Schnelligkeit wird heute viel Bedeutung beigemessen. Das kann dazu führen, dass das Nervensystem von Kindern überstrapaziert wird, was wiederum Ruhelosigkeit bewirken kann. Daher ist es ratsam, nach einem Lied oder Gedicht eine Weile still zu bleiben und auf die Reaktion des Kindes zu warten: Als Reaktion kann ein Ton, eine Bewegung, ein Lächeln kommen.

Erstes Lächeln

Es ist wesentlich, dass das Baby sich geliebt fühlt und erfährt, dass Erwachsene gerne in seiner Nähe sind. Gesang und Reime sind eine Form des Zusammenseins, des Spiels. Eine sanfte Baby-Massage ist eine Botschaft, dass das Baby erwünscht ist, geliebt wird. Es hilft dem Baby, seinen Körper zu erspüren, zu verstehen und sein Körperbild zu ent-

2 *Womb Sound*, privat hergestellte CD von Dr. Sheila Woodward

On the Lap

A child enjoys games on the lap. Babies have a strong need for movement and they need help for that. Bouncing, rocking, swaying help the sense of balance to develop. The stimulation and development of the nervous system needs touching and moving. When children can make a rhythmical movement, they are ready to learn to speak. The adult is preparing the baby for spontaneous walking.

Walking and Dancing

The baby learns to turn, to crawl, to creep, to walk. When children learn to walk, they attempt it in endless repetitions. Children conquer the world by walking and parents may help them to do so. Dancing together with the baby is communication; the child perceives space, directions and speed.

In traditional songs, rhymes and games we find the wisdom that is needed to support the development of a child. This knowledge has nowadays become weaker and more rare. One way to share the joy and wisdom of old songs and games is to collect together babies, mothers and fathers and to start to make music, to sing songs, to play finger games and games on the lap.

Group activitiy: Participants are asked to remember and demonstrate examples from their respective cultures.

Important Points for Making Music and Movement with Babies and Parents

Be ready to:
- Establish a warm, positive, peaceful atmosphere,
- Give time to feelings, to thoughts, to reflections,
- Accept that babies have different temperaments,
- Make sure to give time for reactions, because the nervous system of a baby is slow,
- Understand that a baby perceives the world through all senses.

Be aware that music can be harmful if it is too loud and if the children listen too long. The nervous system can be activated rapidly with quick music, to calm it down takes longer.

2. Baby Projects and Activities in Finland

- Music playschool groups for babies since 1990
- Chamber and orchestra music performances
- Theater performances (Jyväskylä City Theather 2003, Kuopio City Theather 2005)
- Dance performances for babies
- Literature and fine art schools for babies
- Baby medical clinic project in co-operation with reading readiness center

wickeln. Das Gesicht von Mutter und Vater ist das interessanteste Objekt der Betrachtung, die Stimmen der Eltern und Geschwister sind die schönsten Laute der Welt. Auch braucht das Baby Zeit, alleine zu sein: Zeit für das Entdecken und das Hören der eigenen Stimme.
Einspielung: Videobeispiele (siehe oben).

Auf dem Schoß

Ein Kind genießt Spiele auf dem Schoß. Das Baby hat einen starken Bewegungsdrang und braucht dafür Unterstützung. Auf und Ab, Vor und Zurück, Hin und Her, all das hilft, Balance zu entwickeln. Die Stimulierung und Entwicklung des Nervensystems erfordert Berührung und Bewegung. Wenn das Kind rhythmische Bewegungen ausführen kann, ist es bereit, sprechen zu lernen. Zudem hilft der Erwachsene dem Baby bei seinen spontanen Gehversuchen.

Gehen und tanzen

Das Baby lernt sich zu drehen, zu krabbeln, zu kriechen, zu gehen. Wenn ein Kind gehen lernt, übt es dies in unermüdlichen Wiederholungen. Das Kind erobert die Welt in der Fortbewegung und die Eltern können es dabei unterstützen. Mit dem Baby zu tanzen bedeutet Kommunikation; das Kind erfährt Raum, Richtungen, Geschwindigkeit.

In traditionellen Liedern, Reimen und Spielen finden wir Weisheiten, die wir brauchen, um die Entwicklung eines Kindes zu fördern. Dieses Wissen ist heutzutage selten und verflacht geworden. Ein Weg, die Freude und Weisheit von alten Liedern und Spielen zu teilen, besteht darin, Babys, Mütter und Väter zusammenzubringen um gemeinsam Musik zu machen, Lieder zu singen, Finger- und Kniereiterspiele mit ihnen zu spielen.

Gruppenaktivität: Die Teilnehmer werden aufgefordert, Beispiele aus ihrer jeweils eigenen Kultur zu erinnern und vorzustellen.

Hinweise für das Musizieren und Bewegen mit Babys

Auf Folgendes sollte geachtet werden:
- Eine warme, positive, friedliche Atmosphäre zu schaffen,
- Gefühlen, Gedanken, Reflexionen Zeit zu geben,
- Zu akzeptieren dass Babys verschiedene Temperamente haben,
- Zeit für Reaktionen zu lassen, da das Nervensystem des Babys langsam ist,
- Zu verstehen, dass ein Baby die Welt mit allen Sinnen wahrnimmt.

Musik kann schaden, wenn sie zu laut ist und wenn kleine Kinder zu lange Musik hören sollen. Das Nervensystem wird durch schnelle Musik sehr rasch aktiviert, es zu beruhigen braucht länger.

Description of the Helsinki Philharmonic Orchestra Baby Project

a) Background
In the year 2000 the Helsinki Philharmonic Orchestra invited all babies born in the year 2000 to be »the godchildren« of the Orchestra. 6,000 babies were born and 4,000 were enrolled for the project. As a very first present they got a CD made by the Orchestra. The *Godchildren Program* will last until the children go to school at the age of seven. It is sponsored by the city of Helsinki.

b) Intention and framework
The idea is to awaken the interest for orchestral music and to support the musical development of the whole family. The program consists of three main activities:

- Concerts with chamber music ensembles in different parts of the city, maximum 30 babies, singing, playing, listening and dancing together.
- Concerts with the whole Helsinki Philharmonic Orchestra: families are invited to Finlandia Hall, the home of the City Orchestra, the program is short and planned specially for the children.
- Lectures for parents – parents are invited to listen to specialists speaking about the musical development of children.

c) Co-operation with the Sibelius Academy of Music
Students from the Sibelius Academy's Music Education department with their teacher Soili Perkiö are involved with the project. They have been co-operating in the concerts and some students are writing their Master's thesis about the project.

d) Implications
The implications of the project will be significant because it will reach 4,000 families, fathers, mothers, grandparents and the children of the families. The students of the Sibelius Academy are very interested in the social impact of the project. Their research will be in the form of individual case studies and concern the seven year process of the project.

2. Baby-Projekte und Aktivitäten in Finnland

- Musikalische Spielgruppen für Babys seit 1990
- Kammermusik - und Orchesterkonzerte
- Theateraufführungen (Jyväskylä City Theater 2003, Kuopio City Theater 2005)
- Tanzaufführungen für Babys
- Literatur und Kunstschulen für Babys
- Klinisch-medizinisches Babyprojekt in Zusammenarbeit mit dem Zentrum für Lesebereitschaft

Babyprojekt des Philharmonischen Orchesters Helsinki

a) Hintergrund
Im Jahr 2000 lud das Philharmonische Orchester Helsinki alle Babys, die im Jahr 2000 geboren wurden ein, »Patenkinder« des Orchesters zu werden. 6.000 Babys wurden geboren, 4.000 wurden für das Projekt angemeldet. Als erstes Geschenk erhielten sie eine CD mit Aufnahmen des Orchesters. Das von der Stadt Helsinki geförderte *Patenkinderprojekt* wird weitergeführt, bis die Kinder mit sieben Jahren in die Schule kommen.

b) Intention und Rahmenbedingungen
Die Idee ist, Interesse für Orchestermusik zu wecken und die musikalische Entwicklung der gesamten Familie zu fördern. Das Programm setzt sich aus drei Hauptaktivitäten zusammen:

- Kleine Konzerte mit Kammermusikensembles in verschiedenen Teilen der Stadt: Maximal 30 Babys und ihre Begleitpersonen hören zu und singen, spielen und tanzen miteinander.
- Konzerte des Philharmonischen Orchesters Helsinki: Die Familien werden in die Finlandia Halle geladen, wo das Stadtorchester beheimatet ist. Das jeweilige Programm ist kurz und direkt auf die Kinder ausgerichtet.
- Vorträge für Eltern: Die Eltern werden eingeladen, Spezialisten über die musikalische Entwicklung von Kindern zu hören.

c) Kooperation mit der Sibelius Musikakademie
Studenten der Abteilung für Musikerziehung der Sibelius Akademie mit ihrer Lehrerin Soili Perkiö sind in das Projekt involviert. Sie beteiligen sich an den Konzerten, manche Studenten schreiben ihre Magisterarbeiten zu diesem Projekt.

d) Auswirkungen
Die Ergebnisse des Projektes werden signifikant sein, denn 4.000 Familien – Väter, Mütter, Großeltern und Kinder der Familien – werden damit erreicht. Die Studierenden der Sibelius-Akademie sind sehr an den gesellschaftlichen Wirkungen interessiert. Ihre Recherchen erfolgen in Form von individuellen Fallstudien und werden die sieben Jahre des Projekts dokumentieren.

Barbara Haselbach

Musik and Dance in the Museum Workshop

For many years, a dialogue between Music and Dance Education and the fine arts has been taking place on classroom topics in projects, lectures, performances and publications[1] which also led to a number of diploma theses on this subject.

The workshop related to these experiences and consisted of practical work with the participants as well as didactic discussions of this particular dialogue-based work method.

1. Encounter between Dance and Sculpture

As an introduction to the practical experience of a model, various communication and perception tasks were set to give the participants the preliminary experiences for the subsequent dance interpretation of two sculptures. Various concurrent and sequential movements such as flowing and resisting, soft and powerful, curved and angular were explored in partner improvisations – in keeping with the concept of *Learning from Corporeal Experiences*[2] –, accompanied musically by the dancers themselves with the aid of simple means and then compared and considered in terms of different corporeal forms of expressions.

Since the workshop, unfortunately, did not take place in the sculpture hall of a museum but in the quasi »laboratorial environment« of the rooms of the Orff Institute we were only able to use slides of sculptures instead of real exhibits. A phase of quiet observation of two sculptures on the topic »Dance«[3] gave the participants sufficient time for personal perception and a reflective comparison of the two different works of art.

In the summarising group discussion the participants expressed and collected impressions which were often contradictory. The head of the workshop pointed out that (especially when similar work is done with children and adolescents) all their statements

1 cf. Haselbach, Barbara, 1991: *Tanz und Bildende Kunst. Modelle zur Ästhetischen Erziehung,* Stuttgart; *Orff-Schulwerk Informationen*, 1997, Nr. 59 *Interdisciplinary Aesthetic Education*, Salzburg and 2003, Nr. 71 *Music and Dance in an Art Museum*, Salzburg

2 Haselbach 1991, p. 18

3 Archipenko, Alexander, 1912: *Tanz*, The Tel Aviv Museum; Lekakis, Michail, 1958: *Tanz*, Konvos Gallery, New York

Musik und Tanz im Museum Workshop

Seit vielen Jahren findet am Orff-Institut der Dialog zwischen Musik- und Tanzerziehung und den Bildenden Künsten in Form von Unterrichtsthemen, Projekten, Vorlesungen, Performances und Veröffentlichungen[1] statt. Als Folge dessen entstanden auch eine Reihe von Diplomarbeiten zu diesem Thema.

Der Workshop bezieht sich auf diese Erfahrungen und umfasst sowohl praktische Arbeit mit den Teilnehmern wie auch die didaktische Diskussion dieser besonderen dialogischen Arbeitsform.

1. Begegnung zwischen Tanz und Skulptur

Als Einstieg in die praktische Erfahrung eines Modellthemas dienen zunächst verschiedene Kommunikations- und Wahrnehmungsaufgaben, um den Teilnehmern entsprechende Vorerfahrungen für die spätere tänzerische Interpretation zweier Skulpturen zu ermöglichen. Unterschiedliche Bewegungsqualitäten wie fließend und widerständig, weich und kraftvoll, kurvig und eckig, gleichzeitig und aufeinander folgend werden – entsprechend dem Konzept des *Lernens aus der Leiberfahrung*[2] – in der Partnerimprovisation erprobt, von den Tanzenden selbst mit einfachen Mitteln musikalisch begleitet und hierauf in Bezug auf unterschiedliche körperliche Ausdrucksformen verglichen und reflektiert.

Da der Workshop leider nicht in der Skulpturenhalle eines Museum, sondern quasi als »Laborsituation« in den Unterrichtsräumen des Orff-Instituts stattfindet, können nur Diapositive von Skulpturen anstelle von realen Exponaten verwendet werden. Eine Phase ruhiger Betrachtung zweier Plastiken zum Thema »Tanz«[3] gibt den Teilnehmern ausreichend Zeit für individuelle Wahrnehmung und reflektierende Gegenüberstellung der beiden unterschiedlichen Kunstwerke.

1 vgl. Haselbach, Barbara, 1991: *Tanz und Bildende Kunst. Modelle zur Ästhetischen Erziehung,* Stuttgart; *Orff-Schulwerk Informationen*, 1997, Nr. 59 *Interdisziplinäre Ästhetische Erziehung*, Salzburg und 2003, Nr. 71 *Musik und Tanz im Kunstmuseum*, Salzburg

2 Haselbach 1991, S. 18

3 Archipenko, Alexander, 1912: *Tanz*, The Tel Aviv Museum; Lekakis, Michail, 1958: *Tanz*, Konvos Gallery, New York

– including critical and disapproving ones – are legitimate and have to be accepted as a personal opinion. During the discussion, a more or less common interpretation of the sculptures was achieved in the process of *learning in the presence of a work of art*[4].

Information on the works, their artists and the period of origin led to the question of how static sculptures can develop into dynamic dance scenes.

The participants again improvised with their partners to develop a *creative interpretation*[5] of one of the two sculptures, some tried to create a connection between the conceptual ideas of both pieces of art expressed in dance. In order to get to know the conceptual ideas of the others, various solutions were presented which were then gently and understandingly commented on by the group and the head of the workshop.

Due to a lack of time a musical interpretation could only be touched upon, however, the possibilities of live accompaniment or the insertion of selected pieces of music were discussed briefly.

2. Didactic Reflections

The contents discussed can only be represented here in a listing of key points.

2.1 Goals

In-depth encounters with selected works of art on the levels of

- perception
- reaction and reflection
- information
- creative interpretation and interaction

enable

- learning processes based on corporeal experiences
- learning processes on the work of art
- learning processes resulting from the creative process

2.2 Discussion on Co-operation between Institutions

Schools (also independent music schools and private music and dance lessons) and museums differ and complement each other in terms of the contents they offer and their working conditions. However, museum educators and music and dance teachers can stimulate each other and jointly create and enable encounters with works of art, that go far beyond the experiences made in normal classroom lessons. It is quite possible that differing opinions are also discussed, e. g.

4 Haselbach 1991, p. 18

5 ibid.

Im zusammenfassenden Gruppengespräch werden von den Teilnehmern oft widersprüchliche Eindrücke zum Ausdruck gebracht und gesammelt. Von Seiten der Leiterin wird darauf hingewiesen, dass (vor allem auch in einer ähnlichen Arbeit mit Kindern und Jugendlichen) alle – auch kritische oder ablehnende – Äußerungen ihre Berechtigung haben und als persönliche Meinung akzeptiert werden müssen. In der Diskussion entsteht schließlich eine mehr oder weniger gemeinsame Deutung der Skulpturen im Prozess des *Lernens am Kunstwerk*[4].

Informationen über die Werke, ihre Künstler und die Entstehungszeit leitet über zu der Frage, wie statische Skulpturen sich zu dynamischen Tanzszenen entwickeln können.

Die Teilnehmer gestalten, – wiederum in der Improvisation mit einem Partner – eine *kreative Interpretation*[5] einer der beiden Skulpturen, einige versuchen eine Verbindung der Gestaltungsideen beider Werke tänzerisch zu realisieren. Um auch die Gestaltungsansätze anderer kennen zu lernen, werden verschiedene Lösungen gezeigt und von der Gruppe gemeinsam mit der Leiterin behutsam und verständnisvoll kommentiert.

Aus Zeitgründen kann eine musikalische Interpretation nur noch angedeutet werden, doch werden die Möglichkeiten von Live-Begleitung bzw. ausgewählten Musikeinspielungen andiskutiert.

2. Didaktische Reflexion

Die besprochenen Inhalte können hier nur stichwortartig wiedergegeben werden.

2.1 Ziele

Vertiefte Begegnungen mit ausgewählten Kunstwerken auf den Ebenen von

- Wahrnehmung
- Reaktion und Reflexion
- Information
- Kreativer Interpretation und Interaktion

ermöglichen

- Lernprozesse aus der Leiberfahrung
- Lernprozesse am Kunstwerk
- Lernprozesse aus dem Gestaltungsprozess

2.2 Diskussion über die Zusammenarbeit der Institutionen

Schule (auch Musikschule oder Musik- und Tanzunterricht in der freien Praxis) und Museum unterscheiden und ergänzen sich in ihren inhaltlichen Angeboten und ihren Arbeitsbedingungen. Doch können Museumspädagogen und Musik- und Tanzpädagogen sich gegensei-

[4] Haselbach 1991, S. 18

[5] ebda.

- whether a visit to a museum should be understood as exceptional and exemplary learning,
- whether a link to the syllabus and work methods in school would be sensible and/or necessary,
- whether interdisciplinary stimulation could lead to a wider horizon and a more in-depth wide-ranging understanding of art, or
- whether such interdisciplinary activities simply result in trying to do too many things at the same time.

Any collaboration between a museum and a school requires well-organized planning.
- How can the various skills of the educators and teachers be used best?
- What experiences and information can be prepared in school to facilitate access and an understanding for the original pieces of art in the museum?
- How can the inspiring atmosphere of a museum be used directly for creative activities by the visiting group? Do the respective rooms and time schedules exist or does the teacher have to try to recall the original impression of the visit to the museum at a later point in order to be able to build on it?
- What can/must be followed up and continued in school?
- How can what the arts have in common and what is specific to each of them be communicated in a way that can be experienced and that is understandable?
- How can the link between the experience in the museum and the reality in the life of the young visitors be found and expressed?

The more areas that are addressed the more open questions arise.
Participants who had made their own experiences on this topic reported on their work and made a valuable contribution to the discussion.

Summary: The dialogue between the arts, but also between the school and the museum opens up fascinating experiences but needs to be carefully prepared in a dialogue between the museum educators and the music and dance teachers.

tig anregen und gemeinsam Begegnungen mit Kunstwerken entwerfen und vermitteln, die weit über die Erfahrungen des normalen Unterrichtes hinausgehen. Dabei mögen durchaus auch unterschiedliche Ansichten zur Sprache kommen,

- ob etwa ein Museumsbesuch als exzeptionelles und exemplarisches Lernen zu verstehen sei,
- ob eine Vernetzung mit dem Lehrplan und schulischen Arbeitsformen sinnvoll und/ oder notwendig wäre,
- ob durch interdisziplinäre Anregungen ein weiterer Horizont und ein vertieftes, übergreifendes Kunstverständnis bewirkt werden könne oder
- ob solche interdisziplimären Aktivitäten schlichtweg zur Verzettelung führen.

Jede Zusammenarbeit zwischen Museum und Schule bedarf einer gut organisierten Planung.

- Wie können die unterschiedlichen Kompetenzen von Museumspädagogen und Lehrern am besten eingesetzt werden?
- Was kann im Unterricht an Erfahrungen und Informationen vorbereitet werden, um den Zugang zu und das Verständnis für Originale im Museum zu erleichtern?
- Wie kann die inspirierende Atmosphäre eines Museums unmittelbar zu kreativen Aktivitäten der Besuchsgruppe genützt werden? Sind entsprechende räumliche und zeitliche Bedingungen gegeben oder muss der Lehrer zu einem späteren Zeitpunkt versuchen, den ursprünglichen Eindruck aus dem Museumsbesuch wieder wach zu rufen, um daran anknüpfen zu können?
- Was kann/muss in der Schule nachbereitet und fortgeführt werden?
- Wie kann hier wie dort das Gemeinsame, aber auch das jeweils Spezifische der Künste erfahrbar und verständlich gemacht werden?
- Wie kann der Zusammenhang zwischen dem Museumserlebnis und der Lebenswirklichkeit der jungen Besucher gefunden und dargestellt werden?

Je mehr Bereiche angesprochen werden umso mehr offene Fragen entstehen.
Teilnehmer mit eigenen Erfahrungen zu diesem Thema berichten von ihrer Arbeit und bereichern die angeregte Diskussion.

Fazit: Der Dialog zwischen den Künsten, aber auch zwischen Schule und Museum, eröffnet faszinierende Erfahrungen, bedarf aber auch einer sorgfältigen Vorbereitung im Dialog zwischen Museumspädagogen und Musik- und Tanzpädagogen.

Andrea Sangiorgio

Models of an Orff Approach Integrating Edwin E. Gordon's Music Learning Theory – Workshop

In the last years the psychology of music has developed further with the aid of new conceptual tools provided by cognitivism, neurosciences, cybernetics and linguistics.

The focus has been in particular on the thought processes which underlie the acts of hearing, reproducing or producing music: perception, memory, segmentation, grouping, hierarchy, organization, abstraction. Based on empirical research, the cognitive psychology of music has outlined some models for the musical mind as it works out, analyses and creates sound structures and representations.

The inquiry about the ways through which the mind processes sound information, giving them a rhythmical, melodic or tonal character, constitutes essential knowledge for music education, because it helps teachers in this regard to determine consciously the direction of their pedagogical action.

Among the wide research in the field of the psychology of music Edwin Gordon's *Music Learning Theory (MLT)* represents a systematic, theoretical and scientifically grounded model of the development of the cognitive musical thought (»audiation«) from the birth onwards. MLT provides furthermore a structured orientation for the implementation of this cognitive approach in educational practice.

Patterns and Learning Sequences

The focus is on the use of tonal and rhythm patterns, as contents to be used for the development of audiation skills. The pattern is the minimal unit of syntactic organization in music: it may be defined as an elementary scheme (in cognitive terms), a configuration or a rhythmic or melodic-harmonic cell (in musical terms). Music learning – the development of audiation – is the learning of patterns, schemes, structures, relationships among elements that constitute mental representations (⇨ Gordon, p. 222). The use of patterns aims at supporting this process of decoding and coding of musical expressions.

The other fundamental principle of *Music Learning Theory* is that of learning sequence. Along the whole arch of growth, beginning from birth up to the higher levels of musicianship, the child is guided through a series of stages and developmental levels. Beside the content (tonal and rhythmical) learning sequences, a key concept is

Modell einer Verbindung von Orff-Schulwerk und Music Learning Theory (Edwin E. Gordon) – Workshop

In den letzten Jahren hat sich die Musikpsychologie mit Hilfe neuer konzeptioneller Programme aus den Bereichen der Kognitionswissenschaften, Neurowissenschaften, Kybernetik und Linguistik weiterentwickelt.

Der Fokus lag im Besonderen auf den Denk-Prozessen, die den Vorgängen des Hörens, Produzierens und Reproduzierens von Musik zugrunde liegen: auf Wahrnehmung, Gedächtnis, Segmentierung, Strukturierung, hierarchischer Gliederung, Organisation und Abstraktion. Auf empirischen Untersuchungen basierend hat die Kognitive Musikpsychologie in einigen Modellen dargestellt, wie der musikalische Verstand Klangstrukturen und Klangrepräsentationen verarbeitet, analysiert und gestaltet.

Die Untersuchung der Vorgänge, durch die der Verstand Klanginformationen verarbeitet und ihnen einen rhythmischen, melodischen oder tonalen Charakter verleiht, stellt eine entscheidende Erkenntnis für die Musikpädagogik dar, denn sie unterstützt Lehrer darin, bewusst die Ausrichtung ihrer pädagogischen Handlungen zu bestimmen.

Unter den zahlreichen Untersuchungen auf dem Gebiet der Musikpsychologie verkörpert die *Music Learning Theory (MLT)* von Edwin E. Gordon ein systematisch, theoretisch und wissenschaftlich fundiertes Modell der Entwicklung des musikalischen Denkens (*Audiation)* ab der Geburt. MLT stellt darüber hinaus eine strukturierte Orientierung für die Anwendung dieses kognitiven Ansatzes in der pädagogischen Praxis zur Verfügung.

Pattern (Muster) und Lernsequenzen

Der Fokus liegt in der Einführung und Anwendung von tonalen und rhythmischen Pattern, die als Inhalte für die Entwicklung der Fähigkeiten zur *Audiation* herangezogen werden. Ein Pattern ist die kleinste Einheit einer syntaktischen Organisation der Musik; es kann als elementares Schema (in der Terminologie der Kognitionslehre), als Konfiguration oder als rhythmische oder melodisch-harmonische Zelle (in der Terminologie der Musik) bezeichnet werden. Das Lernen von Musik – die Entwicklung der *Audiation* – ist ein Erlernen von Pattern, Schemata, Strukturen und Beziehungen zwischen Elementen, die die mentale Repräsentation konstituieren (⇨ Gordon, S. 223). Die Anwendung dieser Muster zielt darauf ab, den Prozess der Codierung und Decodierung des musikalischen Ausdrucks zu unterstützen.

that of skill learning sequence, i. e. the gradual, hierachically ordered acquisition of music abilities.

Integration of the *Music Learning Theory* within the Orff Approach

Gordon's *Music Learning Theory* can be profitably integrated within Elemental Music Education and, in particular, within the Orff approach to Music and Dance Education, with which it already shares many methodical traits and to which it can offer precious indications about procedures as well as contents, pointing out the role of musical thought and of the thinking processes.

The methodical guidelines that the Orff approach, since the beginning, has adopted and that we also see confirmed by Gordon's researches are essentially:

- the fundamental role of movement in music learning;
- the principle of oral transmission and oral learning (as the starting point for musicianship);
- the importance attributed to improvisation and the autonomous elaboration of musical contents.

Learning Areas in Elemental Music Education

The following scheme presents the main learning areas of Elemental Music Education, including the new perspective outlined above.

Beside the »traditional« areas – movement/dance, use of voice, playing instruments, social learning, creativity – on the basis of this new conception of music learning we can now reformulate the previous areas »ear training« and »music theory« as »development of the musical mind«.

The task of future pedagogical field research is to investigate the possibilities of a coherent integration of this cognitive approach with regard to contents, goals and procedures in the various contexts of elemental music education. That is to say: a cognitive perspective on music learning needs to be included in a wider, holistic approach to music education, centred on the development of the person in his or her wholeness (⇨ p. 371).

About the Process

The theme presented in the workshop is a Mixolydian song in 7/8. A warm-up phase introduces rhythm patterns in duple and triple meter repeated in echo or invented by couples, also accompanied by fluent movement and body percussion. These patterns serve as activation and preparation for the subsequent work. A rhythm phrase (break)

Das andere grundlegende Prinzip der MLT bezieht sich auf die Abfolge des Lernens. Auf dem Wege seiner Entwicklung, beginnend mit der Geburt und bis hin zu den höheren Ebenen der Musikalität, wird das Kind durch eine Reihe von Entwicklungsstadien und Ebenen geführt. Neben den inhaltlichen, auf Tonalität und Rhythmus bezogenen Lernsequenzen ist ein weiteres Schlüsselkonzept das der Sequenzen zum Erlernen von Fertigkeiten, d. h. des schrittweisen, hierarchisch geordneten Erwerbs musikalischen Könnens.

Zur Integration der *Music Learning Theory* mit dem Orff-Schulwerk

Gordons MLT kann gewinnbringend mit der Elementaren Musik- und Bewegungserziehung, im Besonderen mit der Musik- und Tanzerziehung im Sinne des Orff-Schulwerks integriert werden, mit dem sie viele methodische Merkmale teilt. MLT kann viele wertvolle Hinweise zu Vorgehensweisen und Inhalten anbieten, soweit sie die Rolle des musikalischen Denkens betreffen.

Methodische Richtlinien, die das Orff-Schulwerk seit seinen Anfängen verfolgt und die wir auch durch die Forschungsarbeit von Gordon bestätigt sehen, sind im Wesentlichen:

- die fundamentale Rolle der Bewegung im Musiklernen,
- das Prinzip der oralen Vermittlung und des oralen Lernens (als Ausgangspunkt für Musikalität),
- die Betonung der Improvisation und der selbständigen Gestaltung musikalischer Inhalte.

Lernbereiche der Elementaren Musikerziehung

Das folgende Schema stellt die wichtigsten Lernbereiche der Elementaren Musikerziehung unter Einbeziehung der oben skizzierten neuen Perspektiven dar.

Neben den traditionellen Gebieten wie Bewegung/Tanz, Stimme, Instrumentalspiel, sozialem Lernen und Kreativität können wir nun die früheren Lernbereiche »Gehörbildung« und »Musiktheorie« umformulieren in »Entwicklung des musikalischen Verstehens«.

Die Aufgabe für zukünftige pädagogische Forschungsarbeiten ist es, Möglichkeiten einer schlüssigen Integration dieses kognitiven Ansatzes in Bezug auf Inhalte, Ziele und Vorgehensweisen in verschiedenen Kontexten der Elementaren Musikerziehung zu erforschen. Mit anderen Worten: Eine kognitive Sicht auf das Lernen von Musik muss eingebettet werden in einen breiteren, ganzheitlichen Ansatz, bei welchem die Persönlichkeit als Ganzes im Zentrum der Musikerziehung steht (⇨ S. 372).

Verlauf des Prozesses

Das im Workshop vorgestellte Thema ist ein mixolydisches Lied im 7/8 Takt (⇨ S. 374). Eine Einleitungsphase führt rhythmische Pattern in geradem und ungeraden Takt ein, die als Echo wiederholt oder in Paaren erfunden und mit fließender Bewegung und Body Per-

Learning Areas in Elemental Music Education

A Map

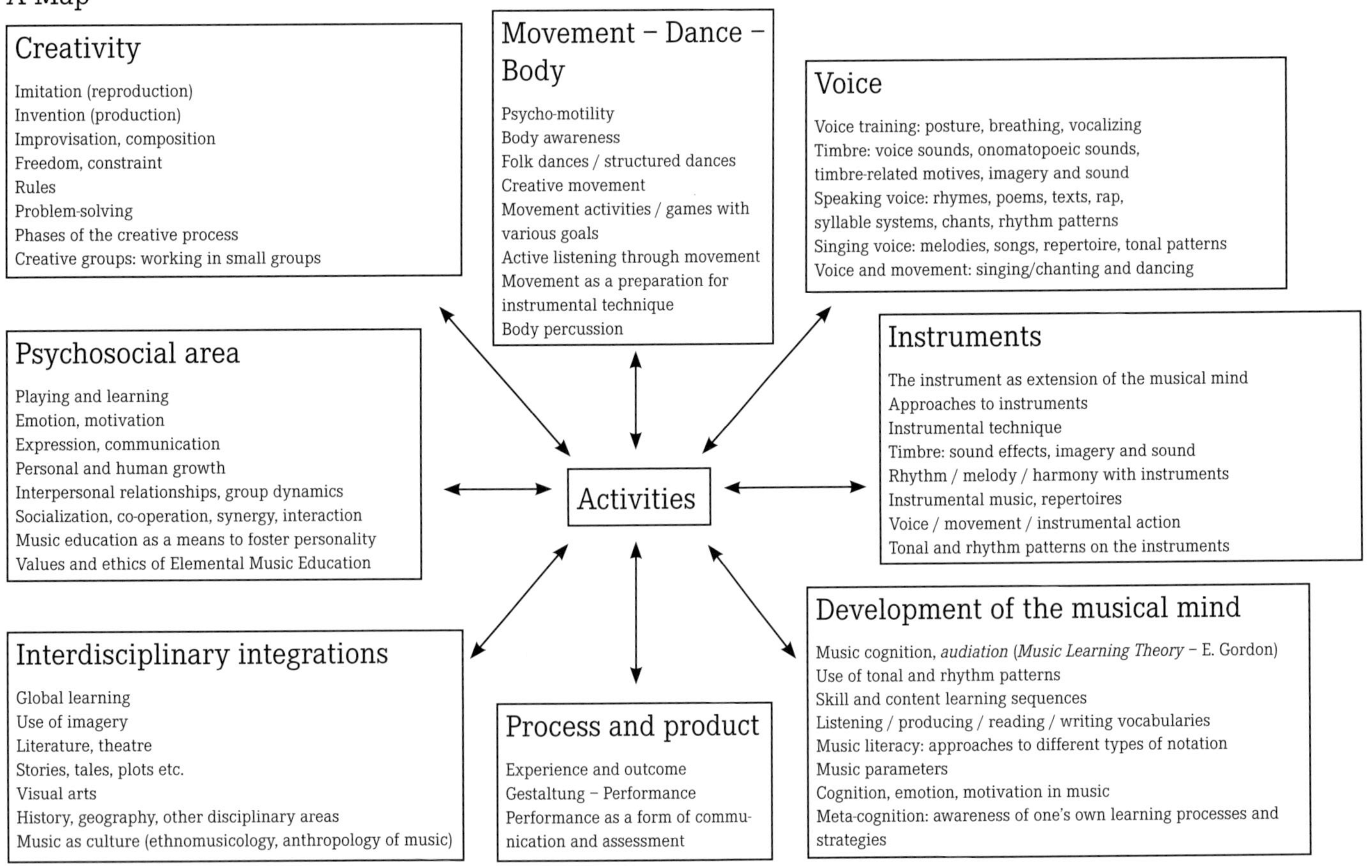

Lernbereiche der Elementaren Musikpädagogik

Ein Orientierungsschema

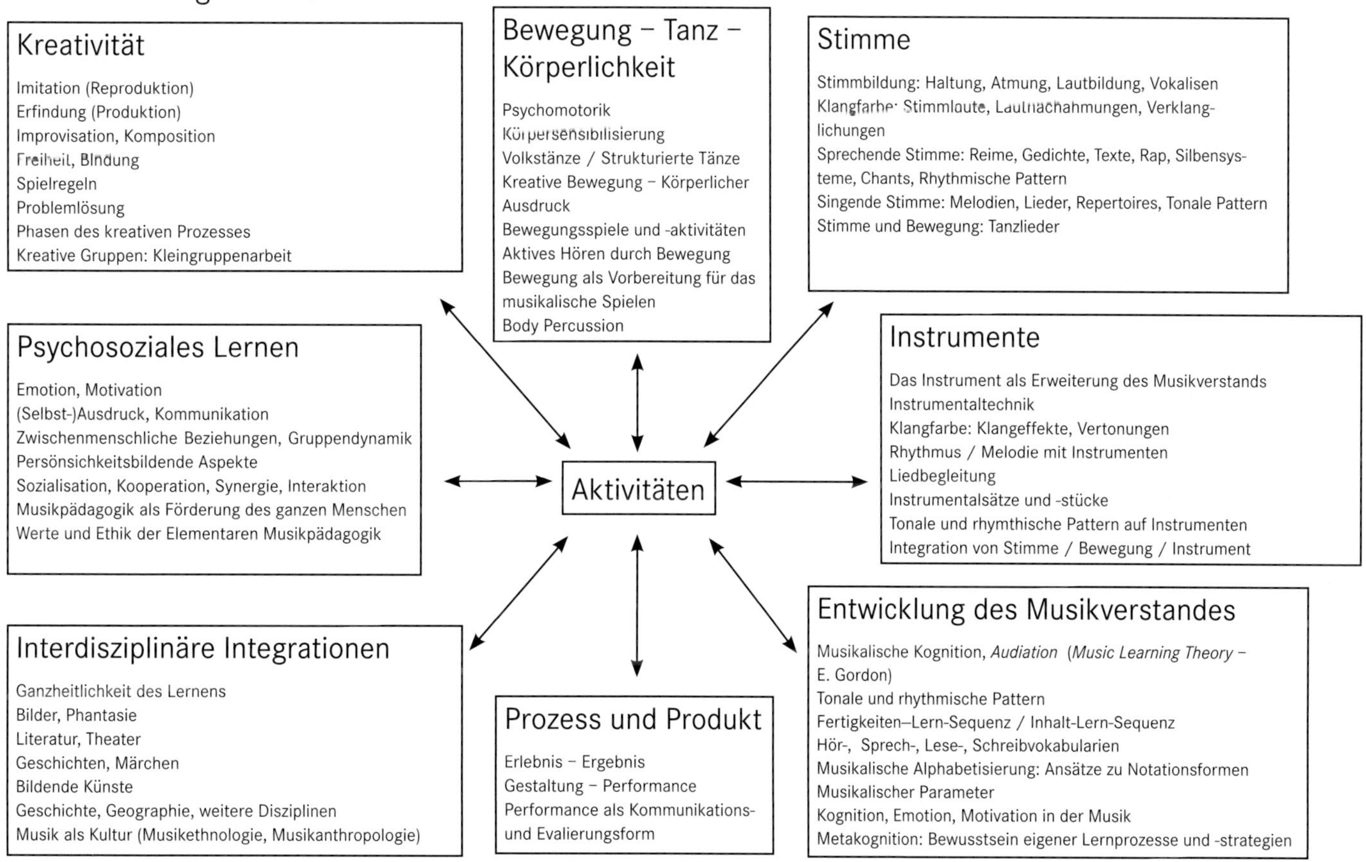

is also introduced. In a reproductive phase of work the group learns the melody by ear, alternating it with tonal patterns and accompanying it with a bass line.

In the subsequent productive phase the participants, divided in small groups, improvise and compose either melodic or rhythmic layered ostinati or longer unisono breaks, using Orff instruments, various percussion instruments and voice.

The process aims at showing the possible uses of tonal and rhythm patterns in connection with a melody as well as some possible extensions of the work with rhythm patterns (linear development: a sequence of four patterns forms a rhythm phrase; vertical development: the superimposition of contrasting patterns results in a rhythmic/melodic ostinato).

The outcome of the process is a piece for voices and Orff instruments in which the given overall structure includes the creative elaborations of the participants.

Summarizing a huge topic in a few words: this way of working in small groups – typical of the Orff-Schulwerk tradition – is from a methodological point of view extremely valuable. It integrates in a creative and interactive way different areas of music learning: ear training (or better, »mind training«), music analysis, elemental composition, instrumental technique, ensemble playing and performance.

But beyond the purely cognitive or musical advantages this procedure has above all a strong psycho-social value: development of the ability of decision-making, group problem-solving, negotiation, co-operation and synergy.

It is a motivating, open and inter-personal process through and with music.

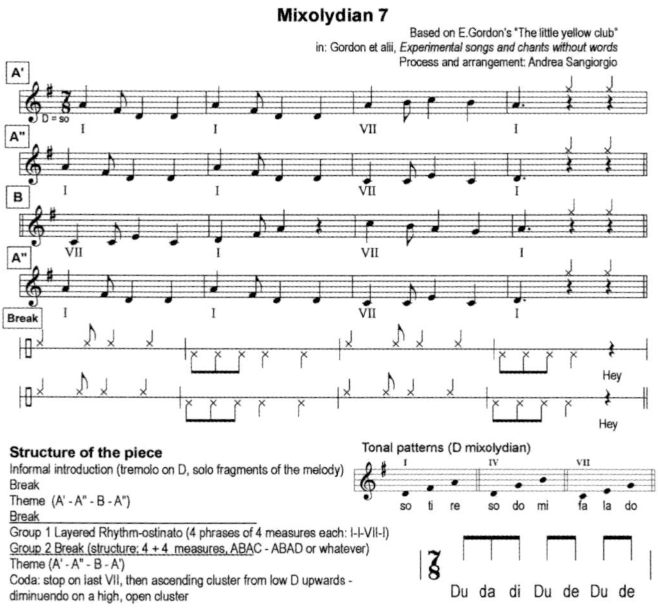

cussion verbunden werden. Diese Pattern dienen zur Aktivierung und Vorbereitung der folgenden Arbeit. Eine rhythmische Phrase (*break*) wird auch einbezogen. Durch Vor- und Nachsingen erlernt die Gruppe reproduktiv die Melodie im Wechsel mit tonalen Motiven und unter Begleitung durch eine Basslinie.

In der darauf folgenden produktiven Phase erfinden und gestalten die Teilnehmer in kleinen Gruppen entweder rhythmisch/melodische, geschichtete Ostinati oder längere, einstimmige Rhythmusphrasen (*breaks*) auf Stabspielen, Schlaginstrumenten oder mit der Stimme.

Der Prozess zielt darauf ab, mögliche Anwendungen von tonalen und rhythmischen Motiven in Verbindung mit einer Melodie sowie die Erweitung der Arbeit mit rhythmischen Pattern aufzuzeigen (lineare Entwicklung: die Verbindung von vier Motiven ergibt eine rhythmische Phrase; vertikale Entwicklung: die Überlagerung von kontrastierenden Motiven ergibt einen rhythmisch/melodischen Ostinato-Klangteppich).

Das Ergebnis des Prozesses ist ein Stück für Stimme und Orff-Instrumente, bei dem die vorgegeben Struktur kreative Beiträge der Teilnehmer einbezieht.

Um ein großes Thema in wenigen Worten zusammenzufassen: Die Arbeit in Kleingruppen – typisch für die Orff-Schulwerk Tradition – ist aus methodischer Sicht besonders wertvoll. Sie integriert auf kreative und interaktive Weise verschiedene Bereiche des musikalischen Lernens: Gehörbildung (oder besser *»mind training«*), Musikalische Analyse, Elementare Komposition, Instrumentaltechnik, Ensemblespiel und Aufführung.

Jenseits aller rein kognitiven oder musikalischen Vorteile hat dieses Vorgehen vor allem einen hohen psycho-sozialen Wert: Förderung der Entscheidungsfähigkeit, Problemlösung in der Gruppe, Kooperation und Synergie.

Es ist ein motivierender, offener und interpersoneller Prozess durch und mit Musik.

Bibliography / Bibliographie

Gordon Institute for Music Learning (GIML): www.giml.org

Gordon, Edwin E., 1997: *Learning Sequences in Music. Skill, Content and Patterns. A Music Learning Theory*, GIA Publications, Chicago

Gordon, Edwin E., 1997: *A Music Learning Theory for Newborn and Young Children*, GIA Publications, Chicago

Gruhn, Wilfried, 2005: *Der Musikverstand. Neurobiologische Grundlagen des musikalischen Denkens, Hörens und Lernens*, Georg Olms Verlag, Hildesheim

Reynolds, Alison M./Valerio, Wendy H./Bolton, Beth M./Taggart, Cynthia C./Gordon, Edwin E., 1998: *Music Play. The Early Childhood Music Curriculum. Guide for Parents, Teachers and Caregivers*, GIA Publications, Chicago

Manuela Widmer
with students of the Orff Institute

Jumping into Play – Creative Forms with Parents and Children – Workshop

The playing structure of Elemental Music Theatre offers ideal foundations for an artistic and integrative dialogue. Adult workshop participants and children from the third grade in a Montessori school develop and create theatrical encounters in guided plenary sessions and in small groups which give them the chance to astonish and to appreciate each other with their specific forms of expression.

Is playing only something for children? Of course not! But children usually play their own games and adults play others. Only seldom do they play together in which one group allows the other to join in. I would very much like to bring children and adults together in my music theatre »games« because in joint play one can meet and appreciate each other better than anywhere else.

It is for this reason that the idea for this workshop arose. We had already prepared a few things with the children, but only to form a basis for working together and for the dialogue between people: large and small.

At the first meeting between the adults and the children, we begin together with an introductory dance and a movement game. The children already know the form and rules and help the adults to find the right way. The old traditional Chinese story about Stone Soup builds the basis for creating a scene together. The student Wang Yang from China together with Manuela Widmer alternately read aloud sections of the text in Chinese and German. Some elements of the play prepared beforehand by the children bind together those elements which happen at the moment when the children and the workshop participants work together.

A Short Summary of the Story

Three monks are on a pilgrimage searching for the source of cheerfulness. When they arrive in one town, all the villagers disappear grumpily into their houses. The monks decide to cook the stone soup which they believe to be the best means for awakening good cheer in people. They build a fire, set a pot of water on it and place three large stones in it. At first the children from the village are curious and come readily. They are also the ones who move their parents to contribute vegetables, eggs and tofu to make the soup better. Thus the whole village comes together

Manuela Widmer
mit Studenten des Orff-Instituts

Spring ins Spiel – Kreatives Gestalten mit Eltern und Kindern – Workshop

Die Spielform des Elementaren Musiktheaters bietet ideale Voraussetzungen für einen künstlerischen und integrativen Dialog. Erwachsene Workshopteilnehmer und Kinder der 3. Grundschulklasse einer Montessorischule entwickeln und gestalten im Plenum unter Anleitung und in Kleingruppen szenische Begegnungen und erhalten dadurch die Chance, einander mit ihren spezifischen Ausdrucksformen zum Staunen zu bringen und schätzen zu lernen.

Ist Spielen nur etwas für Kinder? Natürlich nicht! Aber meistens spielen Kinder ihre Spiele und Erwachsenen spielen andere. Nur selten kommt es zu gemeinsamen Spielen, bei denen die eine Gruppe die andere mitwirken lässt. Bei meinen Musiktheaterspielen würde ich sehr gerne öfter mal Kinder und Erwachsenen zusammen bringen, weil man sich fast nirgendwo so gut kennen und schätzen lernt, wie beim gemeinsamen Spiel!

So ist die Idee für diesen Workshop entstanden: Wir haben zwar mit den Kindern einiges vorbereitet, aber nur, um eine Basis für das gemeinsame Spiel zu schaffen und damit für den Dialog zwischen Menschen: großen und kleinen.

Zur ersten Begegnung von Groß und Klein beginnen wir gemeinsam mit einem Begrüßungstanz und einem Bewegungsspiel. Die Kinder kennen die Formen und Regeln bereits und helfen den Erwachsenen, sich zurecht zu finden. Die alte überlieferte chinesische *Geschichte von der Steinsuppe* bildet dann die Basis für die gemeinsame Gestaltung einiger Szenen. Die Studentin Wang Yang aus China und Manuela Widmer lesen abwechselnd einzelne Textstellen auf Chinesisch und auf Deutsch vor. Vorbereitete Spielelemente der Kinder verbinden sich mit gemeinsamen Gestaltungen, die aus dem Augenblick im Zusammenwirken von Kindern und Workshopteilnehmern entstehen.

Kurze Inhaltsangabe der Geschichte

Drei Mönche sind auf der Wanderschaft und auf der Suche nach der Quelle des Frohsinns. Bei ihrer Ankunft in einem Dorf verschwinden alle Bewohner mürrisch in ihren Häusern. Die Mönche entscheiden sich, die Steinsuppe zu kochen – wie sie meinen, das beste Mittel, um Frohsinn in Menschen zu wecken. Sie machen ein Feuer, setzen einen Topf mit Wasser darauf und legen drei schöne große Steine

around the pot of soup, excited by their co-operative task, where they eat, sing, dance and celebrate together.

Interpretation of the Story

The combined interpretation of the story was developed in seven phases:

1. Movement improvisation
Presenting the individual professions with each one's typical movements.

2. Scene prepared beforehand
Dialogue between the monks who want to come in contact with the villagers.

3. Combined scene
The different professions introduce themselves accompanied by three children who play a plucked psalter, a pentalyra[1] and a Chinese cymbal.

4. Combined scene
The villagers turn away from the monks and close their windows ending with the prepared dialogue of the monks about deciding to cook the soup.

5. Scene prepared beforehand
Dialogue between the monks who are preparing the fireplace, and the children who are curious about what is happening. Recitative singing.

6. The ingredients are presented jointly in the form of a verse
The villagers approach hesitatingly. All are excited about what they want to contribute to the stone soup making little verses, rhythms and songs. The children have already created some models, performed them and augmented them with examples from the adults.

7. In conclusion – Festival and »Stone Dance«
Communal eating of the stone soup and a cheerful celebration with a dance that is accompanied by »Stone Music«.

1 pentatonic glockenspiel

hinein. Neugierig kommen zunächst die Kinder des Dorfes herbeigelaufen. Sie sind es auch, die ihre Eltern nach und nach bewegen, Gemüse, Eier und Tofu beizusteuern, damit die Suppe noch besser wird. So trifft sich – angeregt durch die gemeinsame Aufgabe – schließlich das ganze Dorf um die Steinsuppe und isst, singt, tanzt und feiert zusammen.

Darstellung der Geschichte

In sieben Spielphasen entsteht die gemeinsame Darstellung der Geschichte:

1. Bewegungsimprovisation
Darstellung der einzelnen Berufsgruppen mit typischen Bewegungen für einzelne Berufe.

2. Vorbereitete Szene
Dialog zwischen den Mönchen, die mit den Dorfbewohnern in Kontakt kommen wollen.

3. Gemeinsames Spiel
Die einzelnen Berufsgruppen stellen sich vor, begleitet von drei Kindern, die auf einem Zupfpsalter, einer Pentalyra[1] und einem chinesischen Becken die Bewegungen begleiten.

4. Gemeinsames Spiel
Die Dorfbewohner wenden sich von den Mönchen ab und verschließen ihre Fenster, diese beschließen daraufhin in einem vorbereiteten Dialog die Steinsuppe zu kochen.

5. Vorbereitete Szene
Dialog zwischen den Mönchen, die die Feuerstelle vorbereiten, und den Kindern, die neugierig wissen wollen, was da geschieht. Rezitativisches Singen.

6. Die Zutaten werden gemeinsam in Gedichtform präsentiert
Auch die Dorfbewohner nähern sich zögernd. Alle werden angeregt über die Zutaten, die sie der Steinsuppe beifügen wollen, kleine Sprüche zu dichten, zu rhythmisieren und zu singen. Die Kinder haben bereits im Vorfeld solche Modelle gestaltet, die vorgeführt und durch die Beispiele der Erwachsenen ergänzt werden.

7. Zum Abschluss – Fest und »Steintanz«
Gemeinsames Essen der Steinsuppe und fröhliches Feiern mit einem Tanz, der von einer Stein-Musik begleitet wird.

1 pentatonisches Glockenspiel

Künstlerisch-pädagogische Praxis
Aufführungen mit Kindern und Jugendlichen

Artistic and Pedagogical Practice
Performances with Children and Teenagers

DVD

KALEIDOSKOP / *KALEIDOSCOPE*

für Perkussion und Orff-Instrumente / *for Percussion and Orff Instruments*

Aufführung der Teenager Gruppe / *Performance of the teenagers group*
ALPHA 4

Leiter / *Conductors*: Andrea Sangiorgio, Marco Iadeluca
Centro Didattico Musicale (CDM), Rom, Italien / *Rome, Italy*

Die Gruppe besteht aus Teenagern zwischen 11 und 16 Jahren, die einmal wöchentlich am Instrumentalunterricht des CDM, einer privaten Musikschule in Rom, teilnehmen. Ihre musikalischen Erfahrungen erstrecken sich bei einigen auf wenige Monate, bei anderen auf mehrere Jahre Unterricht. Die Gruppe beschäftigt sich vor allem mit Orff-Instrumenten und anderen Instrumenten.

The group consists of teenagers (11 to 16 years old) who attend the weekly instrumental courses at the CDM, a private music school in Rome. Their experience with music ranges from a few months to several years. The group focuses on the use of Orff instruments and other instruments.

PROGRAMM / *PROGRAMME*

Wolken / *Clouds*
Nach einer ungarischen Melodie / *based on a Hungarian melody*

Phrygisch / *Phrygian*
Nach einer Melodie von / *based on a melody by*
Beth Bolton

Dialoge / *Dialogues*
Mechanismus – Mediterraner Traum / *Mechanisms – Mediterranean Dream*
Improvisation mit Klangfarben / *Improvisation and timbre*

Afrikanische Verschmelzung / *African Fusion*
Nach einer Melodie von / *based on a melody by*
Wolfgang Roggenkamp

Sturm / *Tempest*
Nach einer Idee von / *based on an idea by*
Guem et Zaka Percussion

Alle Bearbeitungen von / *all arrangements by* Andrea Sangiorgio, Marco Iadeluca
in Zusammenarbeit mit / *in collaboration with* Alpha 4

Zur Idee / *The idea*
Die Gruppe stellt einige Musikstücke für Orff-Instrumente und Percussionsinstrumente vor. Ihr Ziel ist es, neue musikalische Stile mit diesen Instrumenten zu erproben um ihre Möglichkeiten bis zur Weltmusik zu erweitern: Verschmelzungen mit arabischen, mediterranen und westafrikanischen Atmosphären, Begegnung mit New-Age-Musik, Rock und Fusion. Verschiedene Modi (nicht nur pentatonische, sondern auch mixolydische, phrygische, dorische und äolische Skalen), unübliche Taktarten (neben 4/4 auch 7/8 und 10/8). Improvisationen, Gestaltungen und Versuche mit Klangfarben sind die Zutaten, die diese Aufführung farbenfroh und amüsant machen. Tatsächlich verwenden wir durchaus »alte« Ideen von Carl Orff, die wir in einem zeitgenössischen Stil interpretieren.

The group presents some pieces for Orff instruments and percussion instruments. Their goal is to explore new styles of music with these instruments, expanding their potential to the wide area of world music: fusion with Arabic, Mediterranean and West African atmospheres, meeting with new-age music and with rock/fusion music. Different modes (not only pentatonic, but also Mixolydian, Phrygian, Dorian and Aeolian scales), unusual meters (besides 4/4 also 7/8 or 10/8). Improvisation, composition and explorations of timbre are the ingredients that make this performance colourful and enjoyable: actually, we are using once again original Orff ideas, interpreting them in a new, up-to-date style.

DVD

MOMO

nach dem gleichnamigen Buch von / *based on the book by* Michael Ende

Eine Musiktheaterproduktion der **Schule für Musik und Bewegung Aystetten**
A music-theatre production by the ***School for Music and Movement Aystetten***

Leitung / *Director*: Erika Karez-Knoblich

Phantasie – Zuhören – Zeit

> *Die Phantasie ist wichtiger als das Wissen. Wissen ist beschränkt,*
> *Phantasie umspannt die Welt. (Albert Einstein)*
>
> *Um zu verstehen, müssen wir zunächst zuhören können! (Christoph Mergler)*
>
> *Es ist vielleicht nicht die schönste Zeit, aber es ist die unsere. (Jean-Paul Sartre)*

Auch wir, eine Gruppe von Kindern und Jugendlichen der Schule für Musik und Bewegung Aystetten und deren Leiterin, machten uns unsere Gedanken um diese drei Aussagen, die Hauptthema in dem Märchenroman »Momo« von Michael Ende sind. Vor etwa einem Jahr haben wir begonnen, aus dieser faszinierenden Geschichte ein Musiktheaterstück zu gestalten. Mit vielen eigenen Texten und Tänzen, selbst komponierten und tradierten Musikstücken versuchten wir, die »Kunst des Zuhörens und Zeit-Habens« uns allen etwas näher zu bringen. Für uns selbst war es eine der wichtigsten Erfahrungen zu erleben, wie notwendig das Zuhören für den Dialog untereinander und auch für die Entwicklung dieses Opus war. Unser Alltag wird schon viel zu sehr von den »grauen Herren« eingenommen. In unterschiedlichster Form stehen wir unter ihrem Einfluss, z. B. in der großen Welt der Medien und Telekommunikation, eintöniger, immer stressiger werdender Arbeit, die uns keine Freude mehr machen kann, als gehetzte Menschen, die kein bisschen Zeit mehr haben.

»Wir hoffen, ›Momo‹ inspiriert uns dazu, im Alltag etwas mehr Ruhe einkehren zu lassen, sich Zeit zu nehmen, in sich hineinzuhorchen und kurz in die eigene Welt abzutauchen, sich auch Zeit zu nehmen, um anderen zuzuhören und auf sie einzugehen.« (Lillemor Kuht, Aystetten)

»Denn Zeit ist Leben und Leben wohnt im Herzen.« (Meister Hora in »Momo«)

Fantasy – Listening – Time

> Fantasy is more important than knowledge. Knowledge is limited,
> fantasy embraces the world. *(Albert Einstein)*
>
> In order to understand we must first be able to listen! *(Christoph Mergler)*
>
> It is not perhaps the best time but it is our time. *(Jean-Paul Sartre)*

We – a group of teenagers and children from the School for Music and Movement Aystetten together with the director – also thought about these three concepts that are the main theme of Michael Ende's fairytale-novel »Momo«. About a year ago we began working on creating a music-theatre piece from this fascinating story. We tried to make »the art of listening and having time« accessible for all the children through our own texts and dances and through compositions that were traditional or composed by ourselves. Listening was one of the most important experiences, necessary for dialogues between each other as well as for the development of this »opus«. Our everyday life is already to often taken over by the »grey men«. We are influenced by them in many ways e.g. in the wide world of the media, tele-communications, monotonous and stressful work what we don't enjoy, people in a hurry that don't have time.

»Momo has inspired us – we hope that a little more peace will enter our lives, that we'll take time, listen inside ourselves und briefly enter our own inner world, taking time in order to listen to others and respond to them.« (Lillemor Kuht, Aystetten)

»For time is life and life lives in our hearts.« (Meister Hora in Momo*)*

DVD

»HIN UND HER – HER UND HIN« / *»TO AND FRO – FRO AND TO«*

Eine Aufführung des **Schnurpsenchores** im Dialog mit dem Publikum
*A concert by the **Schnurpsen Children's Choir** in dialogue with the audience*

Leitung / *Conductor*: Christiane Wieblitz

PROGRAMM / *PROGRAMME*

Lieder, Kanons, Chorsätze aus verschiedenen Ländern, Sprechstücke, Englischer Tanz
musiziert und getanzt im Dialog mit dem »aktiven« Publikum

*Songs, rounds, choral pieces from different countries, spoken pieces, English dances
sung and danced in dialogue with the »active« audience*

Der »Schnurpsenchor«
(so genannt nach Michael Ende: »Das Schnurpsenbuch«) wurde vor ca. 24 Jahren von Christiane Wieblitz am Orff-Institut der Universität Mozarteum Salzburg ins Leben gerufen und wird bis heute (unter der Trägerschaft des Salzburger Musikums in den Räumen des Orff-Instituts) von ihr geleitet. Studierenden des Orff-Instituts praktizieren und hospitieren bei der Chorarbeit.

Die Kinder sind zwischen 7 und 12 Jahre alt. Sie erfahren eine breit gefächerte Förderung allgemeiner Musikalisierung über das Hören, über die Arbeit an der Stimme, über Rhythmus, Bewegung, Tanz und szenische Darstellung. Im Zentrum steht das vokale Gestalten und Musizieren von Liedern, Kanons und einfacher Mehrstimmigkeit. Jedes Kind, das gerne mittun möchte, ist willkommen, unabhängig von Vorkenntnis oder besonderer Begabung. Der Unterricht findet einmal wöchentlich statt.

Besondere Höhepunkte seiner Geschichte waren die szenisch-musikalischen Aufführungen wie etwa »Die wundersame Nachtigall«, »Gibt's wirklich nur, was du siehst?«, »Die Maus Frederik« und andere. Sie alle entstanden in der Zusammenarbeit mit Ernst Wieblitz, der die Stücke textiert und komponiert hat. Schnurpsenchor und »IBKIs« (die Kinder aus Ernst Wieblitz' Instrumentenbaukurs) haben diese Produktionen gemeinsam an verschiedenen Orten und Spielstätten (u. a. beim Internationalen Kinderchorfestival in Halle/Saale) aufgeführt.

The Schnurpsen Children's Choir
(named after Michael Ende's »Schnurpsen Book«) was founded about 24 years ago by Christiane Wieblitz at the Orff Institute of the Mozarteum University, Salzburg. It is till this day directed by her, (organized by the Musikum Salzburg and working in the Orff Institute). Students of the institute have the opportunity to observe and to work with the choir.

The children are between 7 and 12 years old. They experience a broad musical education covering general music through listening, working on the voice, on rhythm, movement, dance and drama. Vocal work, the singing of songs, rounds and simple works for more than one voice are at the centre. Every child who wants to join is welcome without reference to previous experience or special talents. Classes are held every week.

The music-theatre performances »Die wundersame Nachtigall«, »Gibt's wirklich nur, was du siehst?«, »Die Maus Frederik« and others were particular highlights of the choir's history. They were all created in co-operation with Ernst Wieblitz who wrote the words and music to the pieces. The Schnurpsen choir and the »IBKIs« (children from Ernst Wieblitz' instrument-building course) worked together on these productions which were performed in various places (including the international children's choir festival in Halle/Saale).

DVD

»FOLLOW THE DRINKING GOURD«

nach dem gleichnamigen Buch von / *based on the book of the same name by* Jeanette Winter

Eine Aufführung der **Carl-Orff-Volksschule Traunwalchen**
A performance by the ***Carl Orff Primary School Traunwalchen***

Gesamtleitung / ***Director*****: Reinhold Wirsching**

Kinder, Jugendliche und Lehrende der Carl-Orff-Volksschule Traunwalchen
Children, teenagers and teachers of the Carl Orff School Traunwalchen

Der Schule wurde 1978 von der Bayerischen Regierung der Titel »Carl-Orff-Volksschule Traunwalchen« verliehen. Unter ihrem langjährigen Rektor Georg Angerer und seiner Nachfolgerin Christiane Makulik bietet die Schule erweiterten Musikunterricht in allen Klassen und schulinterne sowie regionale und landesweite Lehrerfortbildung an. Nahezu jedes Jahr werden (auch in Zusammenarbeit mit der Musikschule) große Aufführungsprojekte gestaltet. Die Schule hat – in Zusammenarbeit mit der Gemeinde Traunwalchen und dem Orff-Schulwerk Forum Salzburg – das Symposion 2000 »Im Wandel der Zeit – 50 Jahre ›Musik für Kinder‹« ausgerichtet.

Im Rahmen des Musikunterrichts der 3. Klassen wurde das Projekt »Follow the Drinking Gourd« musikalisch und szenisch mit der pädagogischen Zielsetzung durchgeführt, alle Kinder zu beteiligen. Nur der Grund- und Hauptschulchor sind so genannte Neigungsgruppen an der Carl-Orff-Volksschule. Im Fachunterricht Kunsterziehung/Werken entstanden mit Hauptschülern aus verschiedenen Klassen Requisiten und Bühnenausstattung. Schüler der 8. Klasse übernahmen die Aufgaben der Licht- und Bühnentechnik.

The school was given the title »Carl Orff Primary School Traunwalchen« by the Bavarian government in 1978. Under the long-standing director Georg Angerer und his successor Christiane Makulik the school offers extended music teaching in all classes and in-service training in the school, on regional and county level. Nearly ever year (also in co-operation with the music school) they perform a large piece. The school was – in co-operation with Traunwalchen and the Orff-Schulwerk Forum Salzburg – the host of the Symposion 2000 »50 Years 'Music for Children'«.

The musical and dramatic project »Follow the Drinking Gourd« took place within the music lessons of the 3rd classes and aimed at including all the children. The only special groups at the school are the junior and senior choirs. The requisites and scenery were made by the senior children in art and handicrafts lessons while children in the 8th class took over the lighting and staging.

Zum Inhalt / ***Contents***

»Follow the Drinking Gourd« ist ein Lied, das bei den Sklaven in den Baumwollfeldern der Südstaaten als fester Bestandteil ihrer afrikanisch-amerikanischen Geschichte verbreitet war. Doch es war mehr als ein Lied, es war eine Botschaft. Verborgen im Text waren Hinweise zur Flucht aus der Sklaverei in die Freiheit im Norden. Die vielen Strophen sind für die kleine Familie von Molly und James wie eine geheime Landkarte. Auf ihrem Weg folgen sie dem Sternbild des Großen Wagens – the big dipper oder in der Tradition der Farbigen »The Drinking Gourd«.

»Follow the Drinking Gourd« is a song which was sung by slaves in the cotton fields of the southern states of the USA and was spread as part of their African-American heritage. But it was more than a song – it had a message. Hidden in the text there are tips about how to flee from slavery to freedom in the north. The many verses are for Molly's and James' small family like a secret map. On their journey they follow the constellation of the great wagon, the big dipper or, in the African-American tradition »The Drinking Gourd«.

DVD

»RED' MA DRÜBER« / *»LET'S TALK ABOUT IT«*

Eine Aufführung der **Musikhauptschule St. Johann im Pongau**
A performance by the ***Music Secondary School St. Johann im Pongau***

Entstanden aus einer Projektarbeit mit den Schülern der Klasse 3 C und Studierenden des Orff-Instituts
Developed in a project with pupils of the 3 C class and students from the Orff Institute

Leitung / *Directors*: Josef Wörgötter, Susanne Rebholz

Die Form der Musikhauptschule ist eine besondere österreichische Einrichtung. Die Schüler legen eine Eignungsprüfung ab und haben anfänglich sechs, später vier Wochenstunden Musik (Chor, Spielmusik, Musiktheorie, Bewegung usw.) und spielen alle ein Instrument. Neben dem Besuch von Konzerten sind viele eigene Aufführungen vorgesehen.

Im ersten Schuljahr führte diese Klasse das Singspiel »Aufstand der Tiere« (nach Erich Kästner) auf. Die Klasse hat zudem erfolgreich beim Landesjugendsingen in Salzburg teilgenommen.

This type of secondary school is special to Austria. The pupils have an aptitude test, have at the beginning six music lessons a week and later four (choir, ensemble, music theory, movement etc.) and they all play an instrument. Apart from going to concerts many performances are planned.

In their first year this class performed the vocal piece »The Uprising of the Animals« (by Erich Kästner). The class took part successfully in the county Youth Singing in Salzburg.

Zur Idee / *The idea*
Die etwa 13-jährigen Schüler geben einen Einblick in das, was sie in und aus den Begegnungen dieses Jahres erlebt und gelernt haben. Dabei gibt es fließende Übergänge von einem finnischen Lied zu einem Body Percussion Stück, von einem japanischen Trommelstück zu einem Sprechstück, von einem Stampfrhythmus zu einem Tanz.

Es gab für diese Klasse der Musikhauptschule St. Johann im Pongau, angeleitet von Josef Wörgötter, während des Schuljahres viele bedeutende Ereignisse: sei es die Begegnung mit einem Flüchtling aus Uganda im Fach Religion, Konzerte peruanischer Musiker und eines ägyptischen Trommlers in der Schule, der Besuch der nun schon befreundeten Partnerklasse aus Helsinki (Finnland) im September 2005 und der Gegenbesuch im Mai 2006, die Vorbereitung auf eine Sprachwoche und vor allem die Begegnung mit Studentinnen des Orff-Instituts.

Susanne Rebholz, Lehrerin für das Fach »Modelle musikalisch-tänzerischen Gestaltens« am Orff-Institut der Universität Mozarteum Salzburg, kooperierte im Rahmen dieser Lehrveranstaltung mit der Musikhauptschule. Die Studierenden arbeiteten mit den Schülern und brachten sie in Bewegung, zum Sprechen, Singen, Trommeln und Tanzen.

The pupils, who are about 13 years old, give as a look at what they have experienced and learned through encounters during the year. The transitions are flexible – a Finnish song flows into a body percussion piece, a Japanese drumming piece into a speaking piece, a stamping rhythm into a dance. Other unplanned »dialogues« will probably appear in this performance.

There were many events during this school year for this class at the Music Secondary School in St. Johann im Pongau led by Josef Wörgötter. There was the encounter with a refugee from Uganda in Religion, the concerts of an Egyptian drummer and musicians from Peru, the visit of friends of the partner-class in Helsinki (Finland) in September 2005 and the return visit in May 2006, the preparation for a week of languages and most of all the encounters with students from the Orff Institute.

Susanne Rebholz teaches »Modelle musikalisch-tänzerischen Gestaltens« at the Orff Institute of the Mozarteum University, Salzburg. She organized this class in co-operation with the school, so that students worked with the pupils getting them moving, speaking, singing, drumming and dancing.

III
Artistic Contributions

III
Künstlerische Beiträge

DVD

Eröffnung des Internationalen Symposions »IM DIALOG«
Opening of the International Symposium »IN DIALOGUE«

Konzert / *Concert*
Carl Orff Chor, Marktoberdorf
Leitung / *Director:* Robert Blank

Begrüßung durch den Abteilungsleiter des Orff-Instituts,
Welcome by the Head of the Orff Institute,
Univ. Prof. Thomas Heuer

Claudio Monteverdi/Carl Orff	2 Chöre aus Orpheus/Orfeo Preist diesen Tag der Freude Froher, lichter Tag

Eröffnung durch den Vorstand der Carl Orff-Stiftung,
Opening words by the Chairman of the Carl Orff-Foundation,
Wolfgang Hartmann

Carl Orff	Catulli Carmina Odi et amo Vivamus, mea Lesbia (Tenorsolo Robert Blank) Miser Catulle
Carl Orff	Sirmio Iam ver egelidos Multas per gentes
Carl Orff	Laudes creaturarum
Greogrianischer Choral/Carl Orff	Veni creator spiritus
Hermann Regner	Alles zu seiner Zeit (6 Miniaturen zu Gedichten von Catarina Carsten) Stimmen Die Kinder der Welt Die Gezeiten Zuflucht Raumengel Hab Geduld
Carl Orff	Fröhlicher Ostergesang (Orff-Schulwerk)
Carl Orff	Morgensegen (Orff-Schulwerk)

Im Anschluss an das Konzert »Begegnung mit Freunden« im Foyer und Innenhof
After the concert »Meeting friends« in the foyer and courtyard

Presentation of Exam Pieces from Students and Graduates of the Orff Institute

In the curricula of the courses studies at the Orff Institute there are many classes that further the students' abilities in composition and choreography. They come together in a class entitles *Music and Dance in Multidisciplinary Projects*. In this class students learn to work in groups and create pieces using music, dance and drama on particular themes. The first two pieces have shown excerpts from these project pieces and were created last term.

For their finals each student has to create and direct a piece of his/her own which uses music and dance. The pieces by Katja Ojala Kocak and Anna Töller are examples of pieces for the masters' degree. The pieces were developed under the guidance of a team of teachers (Klaus Feßmann, Petra Sachsenheimer, Thomas Heuer, Helmi Vent and Hermann Urabl).

The piece by Judith Hirsch was created after her finals at the Orff Institute and demonstrates the independent artistic developments of Orff Institute graduates.

Präsentation von Prüfungsarbeiten von Studierenden und Absolventen des Orff-Instituts

Im Curriculum der Studiengänge des Orff-Instituts gibt es zahlreiche Lehrveranstaltungen, die die kompositorischen und choreographischen Begabungen der Studierenden fördern. Sie alle kulminieren in einem Fach mit dem Titel *Musik und Tanz in fächerübergreifenden Gestaltungsprojekten*. In dieser Lehrveranstaltung lernen die Studierenden in Gruppen bestimmten Themen musikalisch/tänzerisch/szenisch zu gestalten.

Die beiden ersten Stücke des Abends zeigten Ausschnitte aus solcher Projektarbeit und entstanden im letzten Semester.

Zur Abschlussprüfung stellt jeder Student eine Gestaltung vor, für deren musikalische und tänzerische Gestaltung sowie Regie er allein verantwortlich zeichnet. Die Stücke von Katja Ojala Kocak und Anna Töller sind Beispiel für solche Magisterarbeiten. Die Arbeiten entstanden unter der Betreuung eines Lehrerteams (Klaus Feßmann, Petra Sachsenheimer, Thomas Heuer, Helmi Vent und Hermann Urabl).

Das Stück von Judith Hirsch entstand nach Abschluss ihres Studiums am Orff-Institut und zeigt die selbständige künstlerische Entwicklung von Absolventen.

DVD

»Des is jå a Wåhnsinn!« / *»That's just crazy!«*

Choreographie, Komposition und Ausführung
Choreography, composition and performance
Studierende des 3. und 4. Jahrganges des Bakkalaureatstudiums Musik- und Tanzpädagogik
Students of the third and fourth year of the Bachelor Studies in Music and Dance Pedagogy

Sabine Agricola, Elisabeth Brittner, Elisabeth Hillinger, Nadja Köllich, Arnika Ludwig und Johanna Mathias

Nach Texten von / *Texts by*
Jostein Gaarder, Johanna Mathias, Dieter Mersch und Rainer Maria Rilke

Zum Stück / *Contents*
Das Stück entstand als Ergebnis eines Projekts in der Lehrveranstaltung »Musik und Tanz in fächerübergreifenden Gestaltungsprojekten« im 6. und 8. Semester. Jede Studierende ist als Teil eines Teams in einem Satz für die Komposition, in einem anderen Satz für die Choreographie oder das Licht verantwortlich. Alle daraus resultierenden Ergebnisse sind zu einem Gesamtstück zusammengefügt.

The piece is the result of a project in the course »Music and Dance in Multidisciplinary Projects« in the 6th and 8th semester. Each student is part of a team and responsible for the composition in one part and for the choreography or lighting in another part. The results are combined to form a whole piece.

* * *

DVD

Sprachen im Dialog / *Languages in Dialogue*

Choreographie, Komposition und Ausführung
Choreography, composition and performance
Studierende des Magisterstudienganges Musik- und Bewegungspädagogik
Students of the Master Studies Music and Movement Pedagogy

Petra Brdnik, Patricia Gallob, Wajd Ghazal, Elfa Lilja Gisladóttir, Christine Nilica, Marcella Sigur-Matic, Yang Wang

Zum Stück / *Contents*
Studierende des Magisterstudiums Musik- und Bewegungspädagogik aus sechs voneinander weit entfernten Ländern (China, Island, Kroatien, Libanon, Österreich, Slowenien) stellen sich gemeinsam der Aufgabe, ihrer Vielsprachigkeit Ausdruck zu verleihen und zeigen Ausschnitte aus dieser Projektarbeit.
Ausgangspunkt für die Auseinandersetzung mit der fremden Sprache war allein ihr Klang. Daraus entstanden viele Teilstücke, die dann von den Ausführenden mit Unterstützung ihrer Lehrer zu einem in sich geschlossenem Stück zusammengesetzt wurden.

Gezeigt wurden Interpretationen von arabischen, chinesischen, deutschen, isländischen, kroatischen und slowenischen Texten im Dialog von Musik und Bewegung.

Students on the masters' course Music and Movement Pedagogy from 6 countries far away from each other (China, Iceland, Croatia, Lebanon, Austria, Slovenia) took on the task of expressing their differing languages in a composition. They presented parts of their project.

The starting point for their debate on foreign languages was the sound of them. Many small pieces developed from this. With the help of their teachers, the students combined these parts to make a finished piece.

The presentation shows interpretation of Arabic, Chinese, German, Icelandic, Croatian and Slovenian texts in a dialogue of music and movement.

* * *

Abschied / *Parting*

DVD

Gewidmet allen Emigranten auf dieser Welt
Dedicated to all the emigrants in the world

Idee, Komposition, Choreographie, Regie von
Idea, composition, choreography, directed by
Katja Ojala Kocak
zu Gedichten von / *on poems by*
Sarah Kirsch

Ausführende / *Performers*

Tanz / *Dance*
Meral Hees, Elisabeth Hillinger, Johanna Mathias
Musik / *Music*
Tugay Başar, Damaris Boutsoulila, Saila Pusa, Miwa Saeki

Zum Stück / *Contents*
Meine eigene Lebensgeschichte als eine ›Dreifache Emigrantin‹ war Anlass, die Emigration zum Thema für meine Abschlussstudie zu machen. Das Stück erzählt die Geschichte eines Emigranten.

Die Unzufriedenheit in der eigenen Heimat führt zu einem langen Weg unterschiedlichster Emotionen: Angst vor Ungewissem, Freiheitsrausch, melancholische Sehnsucht und schließlich – wenn alles gut abläuft – zu Integration in der neuen Heimat. Gedichte von Sarah Kirsch waren die Inspirationsquelle für die Musikstücke und die Choreographie. In der Musik klingen viele Elemente von Volksmusik aus meinen beiden Heimatländern Finnland und Türkei an. (Katja Ojala Kocak)

The story of my life as a ›triple emigrant‹ was the reason for taking emigration as the theme of my study for my finals. The piece tells the story of an emigrant.

The discontentment in one's home country leads to a long path of different emotions: fear of the unknown, love of freedom, melancholy longing and lastly – if everything works out – integration in the new country. Poems from Sarah Kirsch were the inspiration for the music and choreography. Many elements of folk-music from my home countries Finland and Turkey can be heard. (Katja Ojala Kocak)

* * *

DVD

Eine künstlerisch-mephistophelische Studie in einem Akt;
beginnt naiv, droht tragisch sich zu wenden, will humorvoll enden.

An artistic, mephistophelean study in one act;
beginning naïve, threatening to become tragic, wants to finish humorously.

Idee, Komposition, Choreographie, Regie
Idea, composition, choreography, directed by
Anna Töller

Ausführende / *Performers*
Tanz / *Dance*

Mephisto	Anna Rudhardt
Adam	Andrea Hartmann
Eva	Felicia Zeilner

Gesang / *Singing*
Sophie Mitterhuber, Daniela Spitzer, Anna Töller, Wiebke Wieghart
Klavier / *Piano*
Simona Gallova

Zum Stück / *Contents*
Der Liebhaber aller Äpfel, Mephisto selbst platzt in die paradiesische Idylle von Adam und Eva. Besessen von der Jagd auf sein neuestes weibliches Opfer bedient er sich ungeniert seiner Macht, um Eva habhaft zu werden. Scheinbar gelingt ihm dies, doch Monsieur Mephisto ist auch nur eine Figur des Theaters.

Das Blatt wendet sich, der Schriftsteller will es anders.
Vier extravagante Damen, die dem Geschehen bisher kommentierend gegenüber gestanden waren, werden in den Lauf der Dinge zunehmend involviert. Sie verhelfen schließlich dem Paar zum Sieg. (Anna Töller)

Mephistopheles, the lover of all apples, drops into Adam and Eve's paradisiac idyll. Obsessed with the pursuit of his new victim, Mephistopheles uses his power to overcome Eve. It appears that he has managed it but Mephistopheles is only a theatrical figure.

The page is turned – the author wants to change it.
Four extravagant women, who up till now have been commenting on the proceedings, become more and more involved. Finally they help the pair to victory. (Anna Töller)

* * *

DVD

African Blues
für zwei Marimba und Percussion / *for two marimbas and percussion*
Komposition / *Composition*
Wolfgang Raggenkamp
Ausführende / *Performers*

Judith Hirsch, Yoko Yagihara	Marimba
Maria Eppensteiner, Miwa Saeki	Percussion

* * *

DVD

Dominos

Künstlerische Leitung / *Artistic director*
Judith Hirsch

Choreografie und Tanz / *Choreography and dance*
Emmalena Fredrikksson, Andrea Hartmann, Judith Hirsch, Asher O'Gorman

Musik / *Music*
»Marimba Spiritual«, Teil II von / *part II by* Minoru Miki
(mit einem von den Musikern neu arrangierten Improvisationsteil /
with a new improvisation part arranged by the musicians)

Musikerinnen / *Musicians*
Judith Hirsch, Maria Eppensteiner, Miwa Saeki, Yoko Yagihara

Zum Stück / *Contents*
Minoru Miki's »Marimba Spiritua« (1983–1984) wurde vom japanischen Rundfunk, als Reaktion auf eine akute Hungersnot in Afrika, in Auftrag gegeben. Der erste Teil des Stücks zeigt ein meditatives ›Requiem‹. Dieser Teil wird von den Musikerinnen und Tänzerinnen in seiner ursprünglichen Form nicht aufgegriffen, trotzdem aber in verkürzter und veränderter Form eingearbeitet. Der zweite Teil ist vor allem durch seine markante, durchgehende rhythmische Begleitung gekennzeichnet. Die Pattern der Perkussionistinnen stammen aus den rituellen Trommelrhythmen der Chichibus, welche nordwestlich von Tokio beheimatet sind. In einem Solo-Teil der Perkussionistinnen kennzeichnen laute Ausrufe den Höhepunkt des Stückes. Die thematischen Hintergründe von »Marimba Spiritual« bilden die Basis der choreografischen Erarbeitung. (Judith Hirsch)

Minoru Miki's »Marimba Spiritual« (1983–1984) was commissioned by the Japanese radio as a reaction to the severe starvation in Africa. The first part of the piece is a meditative ›Requiem‹. This part is not taken up by the musicians and dancers in its original form but is shortened and changed. The second part is above all characterized by its marked, continuous rhythmical accompaniment. The patterns of the percussionists stem from the ritual drum rhythms of the Chichibus who come from northwest of Tokyo. Loud interjections form the climax and characterize the solo part of the percussionists. The background themes of »Marimba Spiritual« are the basis of the choreography. (Judith Hirsch)

Keith Terry

DVD

International Body Percussion Project

Performing groups and their leaders: *Body-Gang* (Ari Glage), Austria; *Kekeça* (Tugay Başar), Turkey; *Ocho por uno* (Sofia López-Ibor), Spain; *Syrjähyppy* (Elina Kivelä-Taskinen), Finland; *Xephyr* (Doug Goodkin), USA

Keith Terry's work was first introduced to the international Orff community at the Orff Symposium in Salzburg in 1990. Since then various groups have been formed that are inspired by his work. Now, 16 years later, Keith Terry performed with some of these body percussion groups. Each group presented original material and then joined together with Keith Terry in an international celebration of body percussion.

The International Body Percussion Project was conceived in 2005 at the suggestion of Doug Goodkin. The sound gestures that have always played an important role in Orff Schulwerk formed the starting point. The project showed their development up until Keith Terry's form of body percussion and some of the pieces that were inspired by him. A year later, five ensembles were brought together in Salzburg for four days of rehearsals, followed by a public performance.

The project was directed by Keith Terry who requested each ensemble in advance to prepare a ten minute piece to be performed on the program. During the four days project, Keith Terry met with each ensemble individually to view their work. He also taught new material – short body percussion pieces to be performed by all the participants, intended as transitions between the individual ensemble pieces. Nine participants were selected for a body percussion piece to be used as part of the finale of the performance.

During the following days the running order of the program was settled and the show was practised in order, with each ensemble concentrating on logistics, showing only the beginnings and endings of their pieces, the transitional sequences were incorporated, tying the individual ensemble's works together.

After moving into the Orchesterhaus, spacing, prop placement/striking, sounds/lights and other logistic concerns were worked on. The run through of the program was the first opportunity for the entire group to see the work of the individual ensembles. It was an enlightening moment!

The performance on Sunday was part of the final event at the Orff-Schulwerk Symposium 2006. The Orchesterhaus was overflowing with an eager audience, awaiting the premiere of the project. The show flowed nicely; the ensembles were enthusiastically received by

Keith Terry

DVD

Internationales Body Percussion Projekt

Mitwirkende Gruppen und ihre Leiter: *Body-Gang* (Ari Glage), Österreich; *Kekeça* (Tugay Başar), Türkei; *Ocho por uno* (Sofia López-Ibor), Spanien; *Syrjähyppy* (Elina Kivelä-Taskinen), Finnland; *Xephyr* (Doug Goodkin), USA

Die Arbeit von Keith Terry wurde am Orff-Symposion 1990 in Salzburg zum ersten Mal einem am Orff-Schulwerk interessierten Publikum vorgestellt. Seither entstanden international verschiedene Ensembles, die sich an dieser Arbeit inspirierten. 16 Jahre später trat Keith Terry nun mit einigen dieser Body Percussion Gruppen wieder bei einem Internationalen Symposion auf. Jede Gruppe präsentierte eigenes Material und gestaltete gemeinsam mit Keith Terry eine internationale Performance zum Thema Body Percussion.

Das Konzept zu diesem Internationalen Projekt entstand 2005 auf Anregung von Doug Goodkin und zeigte, ausgehend von den Klanggestenrhythmen wie sie schon im Orff-Schulwerk eine wichtige Rolle spielen, die Entwicklung bis zu Keith Terrys heutiger Form der Body Percussion und einige von seiner Arbeit inspirierte Stücke aus verschiedenen Ländern. Ein Jahr später trafen sich fünf Ensembles in Salzburg zu Proben und einer abschließenden Aufführung.

Die Leitung des Projekts übernahm Keith Terry, der jedes Ensemble im Vorhinein aufforderte, ein eigenes Stück von zehn Minuten Dauer mitzubringen, das in die Aufführung integriert werden sollte. Während des viertägigen Projektes traf sich Keith Terry zunächst mit allen Gruppen einzeln, um ihre Arbeit kennen zu lernen. Er unterrichtete auch neues Material, kurze Body Percussion Stücke, die von allen Mitwirkenden gemeinsam ausgeführt werden sollten und die als Übergänge zwischen den einzelnen Ensemblestücken gedacht waren. Darüber hinaus arbeitete er mit einer ausgewählten Gruppe von neun Teilnehmern an einem Stück für das Finale der Aufführung.

Während der nächsten Tage wurde die Reihenfolge des Programms festgesetzt und der Ablauf geprobt, wobei sich alle Ensembles vor allem auf die Logistik konzentrierten und nur Auftritte und Abgänge ihres Beitrags andeuteten. Die Übergänge wurden eingebaut und die Stücke der einzelnen Ensembles auf diese Weise miteinander verbunden.

Nach der Verlegung der Proben in das Orchesterhaus arbeitete man an den Raumgegebenheiten, an der Organisation der Requisiten, an Licht und Ton und anderen logistischen Belangen. Der Durchlauf des ganzen Stückes bot der ganzen Gruppe zum ersten Mal Gelegenheit, die individuellen Beiträge der einzelnen Ensembles kennen zu lernen. Ein spannender Augenblick!

the audience and their fellow performers; the transitions threaded the pieces together. Keith Terry performed a solo the group had not previously seen, which involved playing the audience; and the finale, which began with the nine-member group, culminated in all the performers entering, circling the space, and exiting through the audience as they stepped, percussed and sang their way out of the Orchesterhaus.

Die Aufführung am Sonntag war gleichzeitig Teil der Abschlussveranstaltung des Orff-Schulwerk Symposions 2006. Das Orchesterhaus war überfüllt mit einem interessierten Publikum, das die Premiere des Projektes erwartete. Die Vorstellung lief bestens, alle Ensembles wurden vom Publikum und den mitwirkenden Kollegen enthusiastisch gefeiert. Keith Terry zeigte ein Solo, das auch die Mitwirkenden vorher noch nicht gesehen hatten und das Publikum mit einbezog. Das Finale begann mit dem neuen Stück für die ausgewählte Gruppe und fand seinen Höhepunkt im Auftritt aller Mitwirkenden, die schließlich singend, tanzend und mit Body Percussion aus dem Orchesterhaus auszogen.

Michel Widmer
with students from the Orff Institute

DVD

A Building Site of Sounds

The building site of sounds, with all its necessary conceptual and building preparations, was part of the major field of study *Music and Dance in Social Work and Integrative Pedagogy* within the bachelor's programme at the Orff Institute.

The starting impetus was the symposium theme »In Dialogue«. By means of building instruments leading to a musical performance, it was intended as »a lively awakening«.

The planning and building phases began with a dialogue between the students and me. I presented the idea of building instruments that could be connected to each other with drain pipes and then be used for playing together in dialogue. The students got together, and formed small teams of two or three persons who decided about building one kind of instrument, e. g. xylophone, »stone-bar-instrument« (xylophone made from bathroom tiles), clarinet, drums, other percussion or string instruments. A renewed planning phase began in the teams and then the construction started. Problems that arose were discussed with me or other teams, clarified and solved. By doing this, new and marvellous discoveries were always made. By inserting pieces for binding the pipes together along with wooden supports, the single instruments, after a group discussion and trying them out, were fitted together into dialogue instruments.

Concluding the work we improvised and from the improvisation came compositions. Arrangements were made for the presentation.

The musical part of the presentation consisted of »sound mosaics«, layered ostinati, composed breaks and melodies, free dialogues between two or three instruments as well as including the audience by giving them someone's part to play.

MICHEL WIDMER
MIT STUDENTINNEN DES ORFF-INSTITUTS

DVD

Klangbaustelle

Die Klangbaustelle mit allen notwendigen konzeptionellen und baulichen Vorbereitungen war im Sommersemester 2006 Inhalt der Lehrveranstaltung *Modelle für den Einsatz von Musik und Bewegung in Sozialer Arbeit und Integrativer Pädagogik* im gleichnamigen Schwerpunkt des Bakkalaureat-Studiums am Orff-Institut.

Ausgangspunkt war das Symposium-Thema »Im Dialog«. Es sollte mittels Instrumentenbau und einer dazugehörigen musikalischen Performance zum Leben erweckt werden.

Auch die Planungs- und Bauphase fand zuerst im Dialog zwischen mir und den Studierenden statt. Ich schlug vor, Instrumente in Kanalisationsröhren einzubauen, diese miteinander zu verbinden und dann im gemeinsamen Spiel in Dialog zu treten.

Nun bildeten die Studierenden untereinander kleine Teams zu zwei oder drei Personen, die sich für den Bau eines Instrumententyps wie z. B. Xylophone, ein Steinstabspiel (ein Xylophon aus Badezimmerfließen), eine Klarinette, Trommeln oder andere Percussions- oder Saiteninstrumente entschieden. Es begann eine erneute Planungsphase in den Teams und dann ging es mit dem Bauen los. Auftretende Probleme wurden mit mir oder anderen Teams besprochen, geklärt und gelöst. Dabei gab es immer wieder neue wunderbare Entdeckungen zu machen. Durch das Einsetzen von Rohrverbindungsstücken und Holzstützen wurden die Einzelinstrumente im gemeinsamen Diskutieren und Ausprobieren zu Dialoginstrumenten zusammengefügt.

Abschließend wurde improvisiert, aus der Improvisation heraus komponiert und Verabredungen für die Präsentation getroffen.

Die musikalischen Teile der Präsentation bestanden aus Klangmosaiken, Schichten von Ostinati, komponierten Breaks und Melodien, freien Dialogen zwischen zwei oder drei Instrumenten und Einbeziehung des Publikums durch Übergabe der eigenen Spielrolle an Personen aus dem Publikum.

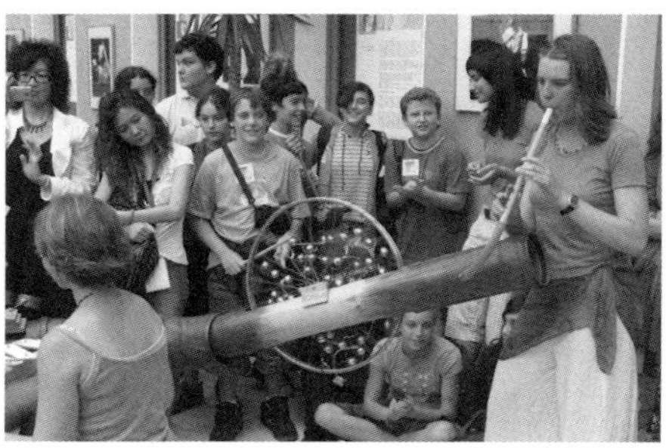

Fringe Programme

The numerous presentations, lectures, workshops and performances were surrounded by other artistic contributions and festivities of getting together. They impressively contributed to the variety and liveliness of the international symposium.

Welcome spots and musical upbeats
Participants are greeted by Orff Institute students with masks, as players, jugglers and artistes. The students performed before the main lectures as did the Duo Florian Müller and Felicitas Speer.

DVD

Improvisation Duo – Erich Heiligenbrunner and Karl Aigner, Austria
They constantly encountered something new in order to improvise with each other. It all had to do with winning an indestructible joy and love for living by making music beyond their different starting points (able-bodied/disabled).

DVD

Singing Bamboo, Taiwan
Members of the Taiwanese Orff-Schulwerk Association presented a music and dance creation inspired by the sounds of their native vegetation, especially bamboo. Even the accompanying instruments were made of bamboo. The audience was invited to sing with them at the end of their presentation.

Rundadinella – Musikum, Salzburg – School for music, dance and theatre, Austria
Students in the Samba group Sambistas, the guitar and percussion ensemble Tourdion, the flute ensemble Esprit des Flutes and the string playing group Saitenwirbel presented music expressing the symposium's motto not only for the symposium participants but also for the people of Salzburg. Rundadinella was a colourful music and dance activity in and around the symposium venue.

Summer Night's Festival
The evening setting of Schloss Frohnburg and its park offered the great number of international participants an impressive and cheerful baroque framework for the traditional festival on the last evening of the symposium. Students from the Orff Institute and guests presented various artistic performances. The Austrian Orff-Schulwerk Association organized the event.

Carl Orff Elementary School and Music School, Traunwalchen, Germany
The joyful conclusion to which all were invited, took place in Bavarian Traunwalchen where the symposium was held in 2000. Children, teenagers and adults from the Carl Orff Elementary School and the Music School of the town of Traunreut, sang, danced and played. They presented a kaleidoscope of music and dance creations with the theme »In Dialogue« for all the guests as well as a repitition of the production *Follow the Drinking Gourd*.

Rahmenprogramm

Die Vielzahl von Vorträgen, Referaten, Workshops und Aufführungen wurden von weiteren künstlerischen Beiträgen und Festen der Begegnungen umrahmt, die Vielseitigkeit und Lebendigkeit des Internationalen Symposions eindrucksvoll belegen.

Willkommen-Spots und musikalische Auftakte
Studenten des Orff-Instituts begrüßen die Teilnehmer mit Masken, als Spieler, Gaukler und Artisten. Vor den Plenumsveranstaltungen musizierten sie wie auch das Duo Florian Müller und Felicitas Speer.

Improvisationsduo – Erich Heiligenbrunner und Karl Aigner, Österreich
Immer wieder begegnen sie sich aufs Neue, um miteinander zu improvisieren. Dabei geht es ihnen – jenseits ihrer unterschiedlichen Voraussetzungen (nicht behindert/behindert) – um den Gewinn von unzerstörbarer Lebensfreude und Lebensliebe durch das Musizieren.

DVD

Singing Bamboo, Taiwan
Mitglieder der taiwanesischen Orff-Schulwerk-Gesellschaft zeigten eine musikalisch-tänzerische Gestaltung, inspiriert von den Geräuschen und Bewegungen ihrer heimatlichen Vegetation, im Besonderen des Bambus. Selbst die Begleitinstrumente waren aus diesem Material. In einem vokalen Abschluss waren die Zuseher zum Mitsingen eingeladen.

DVD

Rundadinella – Musikum Salzburg, Schule für Musik – Tanz – Theater, Österreich
Schülerinnen und Schüler der Sambagruppe Sambistas, des Gitarren- und Schlagwerk-Ensembles Tourdion, des Querflötenensembles Esprit des Flutes sowie der Gruppe Saitenwirbel musizierten hier entsprechend dem Tagungsmotto nicht nur für die Teilnehmer des Symposions, sondern auch für die Salzburger Bevölkerung. Rundadinella stand hierbei für ein buntes musikalisches und tänzerisches Treiben rund um den Haupttagungsort.

Sommernachtsfest
Die nächtliche Kulisse von Schloss und Park Frohnburg bot den zahlreichen internationalen Tagungsteilnehmern einen eindrucksvollen barock-heiteren Rahmen für das schon traditionelle Fest am letzten Symposionsabend. Studierende des Orff-Instituts und Gäste brachten vielfältige künstlerische Beiträge. Die Gesellschaft Förderer des Orff-Schulwerks in Österreich hatte das Fest organisatorisch und lukullisch inszeniert.

Carl-Orff-Volksschule und Musikschule Traunwalchen, Deutschland
Zum festlichen Ausklang wurde ins bayerische Traunwalchen eingeladen, dem Veranstaltungsort des Orff-Schulwerk-Symposions im Jahr 2000. Hier sangen, spielten, tanzten Kinder, Jugendliche und Erwachsene der Carl-Orff-Volksschule und der Musikschule Traunwalchen der Stadt Traunreut. Sie präsentierten ein Kaleidoskop von musikalisch-tänzerischen Gestaltungen zum Thema »Im Dialog« sowie die Wiederholung der Aufführung *Follow the Drinking Gourd*.

IV
Appendix

IV
Anhang

Biographies

Aigner Karl (Austria)
Karl Aigner grew up in the residential homes of the Diakonie (institution for welfare and social work) in Gallneukirchen. He now works there in their workshops und lives in a supervised flat-sharing community. He shares his great interest in music with Erich Heiligenbrunner, whom he has known for 25 years. They improvise together regularly on different occasions.

Altenmüller Eckart, Univ. Prof. Dr. med. (Germany)
Director of the Institute for the Physiology of Music and Medicine for Musicians at the Hochschule for Music and Theatre, Hannover. Studied medicine in Tübingen, Paris and Freiburg/Breisgau and at the same time music (main subject: flute). Consultant for neurology, postdoctoral qualification. More than 200 articles on auditory and sensory motor learning, on disorders of music processing after a stroke, and on the emotional processing of music. Member of the Göttingen Academy of Sciences.

Bacher Esther, Mag. phil. Bakk. art. (Austria)
Studied humanities at the Paris Lodron University, Salzburg. Worked in industry for many years and then studied Elemental Music and Dance Education at the Orff Institute, Mozarteum University, Salzburg specializing in Music and Dance in the Community and in Integrative Education. Has worked for the Orff-Schulwerk Forum since 2005.

Başar Tugay, M.A. (Turkey)
Ethnomusicologist, trained also in psychodrama. Participant on many Orff-Schulwerk courses. Has taught music and movement (Orff-Schulwerk) in pre-school and primary school classes since 1982 as well as in adult education. Works also in the area of music therapy and in-service training for teachers. He plays in different ensembles (Ezginin Günlüğü, Rönesans, Bezmara, Emin Igüs, Uçan Halı) and founded the body percussion trio Kekeça in 2003.

Beidinger Werner, Univ. Prof. (Germany)
Studied piano and Elemental Music Education in Mannheim and Music and Dance Education at the Orff Institute, Mozarteum University, Salzburg. Professor of Elemental Music Education at the Institute of Music, Potsdam University since 1994. Chairman of the Orff-Schulwerk Association in Germany, editor of *musikpraxis* (Fidula Verlag) and member of the ensemble BodySounds. Publishes on the topic of Music and Movement Education, lectures and holds workshops in Europe, Australia, Asia and USA.

Blank Robert (Germany)
Robert Blank studied school music and choir conducting at the Hochschule für Musik in Munich. Director of the Carl Orff Choir while still a student. The first high-light of this work was winning the 2nd prize at the international chamber choir competition in Riva del Garda in 1998. Robert Blank is artistic director of the Munich Concert Choir and is active as guest conductor of the Bavarian Radio Choir. He works with different orchestras (Münchner Symphoniker, Junge Münchner Philharmonie, Philharmonie Györ, Arcis Kammersolisten, Collegium Cracoviense, Georgisches Kammerorchester Ingolstadt and the Ensemble Lodron) and has been artistic director of the concert series »Festlicher Sommer in der Wies« since 2005.

Biografien

Aigner Karl (Österreich)
Karl Aigner ist in den Wohnheimen des Diakoniewerkes Gallneukirchen aufgewachsen. Er arbeitet dort in Werkstätten und lebt in einer betreuten Wohngemeinschaft. Sein großes Interesse an Musik teilt er mit Erich Heiligenbrunner, den er seit 25 Jahren kennt. Gemeinsam improvisieren sie immer wieder bei verschiedenen Anlässen.

Altenmüller Eckart, Univ. Prof. Dr. med. (Deutschland)
Direktor des Instituts für Musikphysiologie und Musiker-Medizin der Hochschule für Musik und Theater Hannover. Medizinstudium in Tübingen, Paris und Freiburg/Breisgau und zeitgleich Musikstudium (Hauptfach Querflöte). Facharzt für Neurologie, Habilitation. Über 200 Arbeiten zum auditiven und sensomotorischen Lernen, zur Störung der Musikverarbeitung nach Schlaganfällen und zur emotionalen Verarbeitung von Musik. Mitglied der Göttinger Akademie der Wissenschaften.

Bacher Esther, Mag. phil. Bakk. art. (Österreich)
Geisteswissenschaftliches Studium an der Paris Lodron Universität Salzburg. Mehrere Jahre in der Wirtschaft tätig. Anschließend Studium der Elementaren Musik- und Tanzpädagogik am Orff-Institut der Universität Mozarteum Salzburg mit dem Schwerpunkt Musik und Tanz in der Sozialen Arbeit und Integrativen Pädagogik. Seit 2005 Mitarbeiterin im Orff-Schulwerk Forum.

Başar Tugay, M.A. (Türkei)
Ethnomusikologe, Zusatzausbildung in Psychodrama. Teilnahme an vielen Orff-Schulwerk-Kursen. Seit 1982 unterrichtet er Musik und Bewegung (Orff-Schulwerk) in Vorschul- und Grundschulklassen, aber auch mit Erwachsenen. Zudem ist er im musiktherapeutischen Bereich und in der Lehrerfortbildung tätig. Mitglied verschiedenster Musikensembles (Ezginin Günlüğü, Rönesans, Bezmara, Emin Igüs, Uçan Halı). 2003 Gründung des Body Percussion Trios Kekeça.

Beidinger Werner, Univ. Prof. (Deutschland)
Studierte Klavier und Elementare Musikpädagogik in Mannheim sowie Musik- und Tanzerziehung am Orff-Institut der Universität Mozarteum Salzburg. Seit 1994 Professor für Elementare Musikpädagogik am Institut für Musik der Universität Potsdam. Seit 2003 Vorsitzender der Orff-Schulwerk-Gesellschaft in Deutschland, Herausgeber der *musikpraxis* (Fidula-Verlag) und Mitglied des Ensembles BodySounds. Werner Beidinger veröffentlicht zu spezifischen Themen der Musik- und Bewegungserziehung und hält Vorträge und Workshops in Europa, Australien, Asien und den USA.

Blank Robert (Deutschland)
Studierte Schulmusik und Chor-Dirigieren an der Hochschule für Musik in München. Bereits während seiner Studienzeit war er Leiter des Carl Orff Chores, erster Höhepunkt seiner Arbeit war der 2. Preis beim Internationalen Kammerchorwettbewerb in Riva del Garda 1998. Er ist künstlerischer Leiter des Münchner Konzertchors, übernimmt Einstudierungen und Gastdirigate beim Chor des Bayerischen Rundfunks und arbeitet mit verschiedenen Orchestern, z. B. den Münchner Symphonikern, der Jungen Münchner Philharmonie, der Philharmonie Györ, den Arcis Kammersolisten, dem Collegium Cracoviense, dem Georgischen Kammerorchester Ingolstadt und dem Ensemble Lodron. Seit 2005 ist Blank künstlerischer Leiter der Konzertreihe Festlicher Sommer in der Wies.

Coogan Christa, B.A. (USA – Germany)
Dancer, choreographer, teacher. Studied at the Juiliard School, New York City. Has worked in New York City, Boston, Munich, Salzburg, Augsburg etc. Teaches and works as a choreographer at universities (Orff Institute, Mozarteum University, Salzburg, Music Academy Augsburg-Nürnberg), in schools and dance, music and theatre companies. Teaches courses internationally. Member of the dance jury in Munich. Works with the Theaterakademie A. Everding (drama + school), teaches on further education courses for teachers and in school projects. Publishes in specialist journals.

Feßmann Klaus, Univ. Prof. Mag. phil. (Germany – Austria)
German philologist, music pedagogue and composer. Is active on the cutting-edge of music, the graphic arts, sculpture and multi-media. Discovered and developed the »Sound Stones« (Klangsteine). Has been on the faculty of the College of Music in Stuttgart since 1983 and has taught at the Orff Institute, Mozarteum University, Salzburg since 1997. International exhibitions, concerts and lectures.

Feuser Georg, Univ. Prof. Dr. (Germany – Switzerland)
Teacher for primary, secondary, grammar schools and special schools. Professor for Special Education, Didactics, Therapy and Integration of Children/People with Cognitive Disabilities and Severe Developmental Problems at the University of Bremen since 1978 (at present guest professor at the University of Zürich). Developed and put into practice among other projects »Universal Pedagogy and developmentally logical Didactics« as well as Inclusive Education in intercultural contexts.

Glage Ari (Austria)
Studied Music and Dance Education at the Orff Institute, Mozarteum University, Salzburg. Freelance teacher of rhythm and percussion, director of the training course »Integrative Drum and Rhythm Teacher« at the Bildungszentrum St. Virgil, Salzburg. Teaches on international courses. Has taught at the Orff Institute since 2006.

Goodkin Doug (USA)
Teaches at the San Francisco School in California. He is an internationally well known Orff-Schulwerk teacher and has frequently worked as a visiting teacher on the Postgraduate University Course and on summer courses at the Orff Institute, Mozarteum University, Salzburg. His special interests are the relationship between Orff-Schulwerk and Jazz and World Music, and the bringing together of a holistic music education in connection with research about multiple intelligences. He is author of several books and co-author of the 1994 Macmillan textbook series *Share the Music*. Doug is a founding member of the Orff-based performing group Xephyr.

Gordon Edwin Elias, Univ. Prof. Dr. phil. (USA)
BA and MA in string bass performance from the Eastman School of Music, MA in education and a Ph.D from Ohio University. He has taught at the University of Iowa and at the State University of New York at Buffalo and became general editor of *Studies in the Psychology of Music*. Dr. Gordon has published widely. He is currently Research Professor at the University of South Carolina. His primary interests are research in the psychology of music, music aptitudes, *Music Learning Theory*, *audiation*, rhythm and improvisation. He presents seminars and lectures throughout the world.

Grüner Micaela, Mag. art., MAS (Germany – Austria)
Studied Music and Movement Education at the Orff Institute, Mozarteum University, Salzburg and Cultural Administration at the ICCM Salzburg/Johannes-Kepler-University, Linz. Taught at music

Coogan Christa, B.A. (USA – Deutschland)
Tänzerin, Choreographin, Pädagogin. Studium an der Julliard School, New York City. Tätig in NYC, Boston, München, Salzburg, Augsburg etc. Lehrt und choreographiert an Universitäten (Orff-Institut der Universität Mozarteum Salzburg, Musikhochschule Augsburg-Nürnberg), an Schulen, Tanz-, Musik- und Theaterkompanien. Internationale Kurstätigkeit. Mitglied der Tanzjury der Stadt München. Mitarbeit an der Theaterakademie A. Everding (Theater + Schule), in der Lehrerfortbildung und bei Schulprojekten. Veröffentlichungen in Fachzeitschriften.

Feßmann Klaus, Univ. Prof. Mag. phil. (Deutschland – Österreich)
Germanist, Musikpädagoge und Komponist. Bewegt sich in den Grenzbereichen von Musik, Bildender Kunst, Bildhauerei und multimedialem Denken. Entdecker und Weiterentwickler von Klangsteinen. Seit 1983 Dozent der Musiktheorie an der Musikhochschule Stuttgart, seit 1997 Lehrtätigkeit am Orff-Institut der Universität Mozarteum Salzburg. Internationale Ausstellungen, Konzerte und Vorträge.

Feuser Georg, Univ. Prof. Dr. (Deutschland – Schweiz)
Grund-, Haupt-, Real- und Sonderschullehrer. Seit 1978 Professor für Behindertenpädagogik, Didaktik, Therapie und Integration bei geistiger Behinderung und schweren Entwicklungsstörungen an der Universität Bremen (zurzeit Gastprofessor an der Universität Zürich). Entwickelte und erprobte u. a. Allgemeine Pädagogik und Entwicklungslogische Didaktik, sowie Inklusive Pädagogik im interkulturellen Kontext.

Glage Ari (Österreich)
Studium der Musik- und Tanzpädagogik am Orff-Institut der Universität Mozarteum Salzburg. Freischaffender Rhythmuspädagoge und Percussionist, Leitung der Ausbildung zum Integrativen Trommel- und Rhythmuspädagogen im Bildungszentrum St. Virgil, Salzburg. Unterrichtet bei internationalen Lehrgängen und seit 2006 am Orff-Institut.

Goodkin Doug (USA)
Unterrichtet an der San Francisco School in Kalifornien. Als international bekannter Orff-Schulwerk-Lehrer lehrt er u. a. auch als Gastdozent am Postgraduate University Course und an Sommerkursen am Orff-Institut der Universität Mozarteum Salzburg. Sein Hauptinteresse gilt der Beziehung zwischen Orff-Schulwerk, Jazz und Weltmusik, sowie einer ganzheitlichen Erziehung in Verbindung zur Forschung über Multiple Intelligenzen. Doug Goodkin ist Autor zahlreicher eigener Bücher und u. a. Mitautor der 1994 herausgegebenen Macmillan Textbuch Serie *Share the Music.* Er ist Gründungsmitglied der – auf dem Orff-Schulwerk fußenden – Performing Gruppe *Xephyr.*

Gordon Edwin Elias, Univ. Prof. Dr. phil. (USA)
Bakkalaureat und Master (Konzertfach Kontrabass) an der Eastman School of Music. Master in Pädagogik und Doktorat, Ohio University. Lehrtätigkeit an der University of Iowa und an der State University of New York, Buffalo. Herausgeber von *Studies in the Psychology of Music.* Zahlreiche Publikationen. Zurzeit forscht Edwin Gordon an der Universität von South Carolina. Sein primäres Interesse gilt dabei der Musikpsychologie, der musikalischen Begabung, der *Music Learning Theory*, der *Audiation*, Rhythmus und Improvisation. Weltweite Seminar- und Vortragstätigkeit.

Grüner Micaela, Mag. art., MAS (Deutschland – Österreich)
Studium der Musik- und Bewegungspädagogik am Orff-Institut der Universität Mozarteum Salzburg und Kulturmanagement am ICCM Salzburg/Johannes-Kepler-Universität Linz. Lehrtätigkeit

schools (including directorship) and at the Ludwig-Maximilian University, Munich. University assistant and teacher at the Orff Institute since 2003. Author, teacher in further education and advanced training for different target groups over many years.

Harding James (USA)
Music pedagogue and composer, teacher at the San Francisco School, lecturer at the California State University, L. A. and founding member of the group Xephyr. Publications in various specialist journals.

Haselbach Barbara, Univ. Prof. em. (Austria)
Studied German language and literature and musicology (Vienna) and modern dance (Bern) and was the first graduate of the Orff Institute. Professor emeritus for Dance Didactics at the Orff Institute, Mozarteum University, Salzburg. Director of the Orff Institute and of the Postgraduate University Course for many years. Editor of the *Orff-Schulwerk Informationen.* Teaches internationally, has published on the topics of Orff-Schulwerk, Dance Education, Dance Improvisation, Aesthetic Education, Dance and the Fine Arts, Integration of the Arts. Teaches at the universities in Hamburg, Bern and Calw. Lecturer at Música, Arte y Proceso in Vitoria, Spain.

Heiligenbrunner Erich (Austria)
Erich Heiligenbrunner trained as a school teacher, studied music therapy (Vienna) and Music and Movement Education (Orff Institute, Mozarteum University, Salzburg). Founded and established cultural-educational groups, integrative projects and instrument-building workshops. He works as a cultural arts teacher in the Diakonie Gallneukirchen training teachers of people with disabilities; teaches on international courses; author of books on creative work and holistic learning.

Heuer Thomas, Univ. Prof. (Austria)
Thomas Heuer studied at the Sporthochschule Cologne with Maya Lex and Graziela Padilla. He has been teaching at the Mozarteum University, Salzburg since 1983, training actors, singers and teachers of Music and Dance Education.

Kallós Coloman (Austria)
Studied at the Orff Institute, Mozarteum University, Salzburg. Varied experience in youth work, television and video techniques. Teacher and director of a music school. Has taught media didactics, video and stage techniques at the Orff Institute since 1987 and in the Drama department of the Mozarteum University, Salzburg. Teaches further education courses internationally with an emphasis on Eastern Europe. Initiator and director of the Cultural Workshop Tannberg/Upper Austria.

Karez-Knoblich Erika (Germany)
Studied music at the Leopold Mozart Conservatory in Augsburg and the Orff Institute, Mozarteum University, Salzburg. She taught at the Academies for Music and Social Science in Augsburg and at the further training college for teachers in Dillingen. She founded and directs the School for Music and Movement Aystetten in Bavaria, Germany.

Kivelä-Taskinen Elina (Finland)
Elina Kivelä-Taskinen is a choreographer and a composer and, most of all, a pedagogue. She teaches in her two professional fields – dance and music – nationally and internationally. She is one of the pioneers of Finnish Body Percussion and started the first performing Body Percussion group

an Musikschulen (u. a. mit Leitungsaufgaben) und an der Ludwig-Maximilians-Universität München. Universitätsassistentin und seit 2003 Lehrerin am Orff-Institut. Langjährige Erfahrung im Fort- und Weiterbildungsbereich unterschiedlicher pädagogischer Zielgruppen. Autorentätigkeit.

Harding, James (USA)
Musikpädagoge und Komponist, Lehrer an der San Francisco School, Lehrbeauftragter an der California State University, L. A. und Gründungsmitglied der Gruppe Xephyr. Veröffentlichung diverser Artikel in Fachzeitschriften.

Haselbach Barbara, Univ. Prof. em. (Österreich)
Studierte Germanistik, Musikwissenschaft (Wien), modernen Tanz (Bern) und war erste Absolventin des Orff-Instituts. Professorin (em.) für Didaktik des Tanzes am Orff-Institut der Universität Mozarteum Salzburg. Langjährige Leiterin des Instituts und des Postgraduate University Course. Redakteurin der *Orff-Schulwerk Informationen*. Internationale Lehrtätigkeit, zahlreiche Publikationen zu den Themen: Orff-Schulwerk, Tanzpädagogik, Tanzimprovisation, Ästhetische Erziehung, Tanz und Bildende Kunst, Integration der Künste. Lehraufträge an den Universitäten Hamburg, Bern, Calw. Dozentin bei Música, Arte y Proceso, Vitoria, Spanien.

Heiligenbrunner Erich (Österreich)
Ausbildung zum Pflichtschullehrer, Studium der Musiktherapie (Wien) und Musik- und Bewegungserziehung am Orff-Institut der Universität Mozarteum Salzburg. Gründung und Mitaufbau von kulturpädagogischen Arbeitsgruppen sowie Integrations-Projekten und Instrumentenbauwerkstätten. Erich Heiligenbrunner arbeitet als Kulturpädagoge im Diakoniewerk Gallneukirchen in der Aus- und Fortbildung von Behinderten-PädagogInnen und als Dozent im In- und Ausland. Autor und Mitautor von Büchern für schöpferische Ausdrucksgestaltung und ganzheitliches Lernen.

Heuer Thomas, Univ. Prof. (Österreich)
Studium an der Sporthochschule Köln bei Maja Lex und Graziela Padilla. Unterrichtet seit 1983 an der Universität Mozarteum Salzburg und bildet Schauspieler, Sänger und Lehrer für Musik- und Tanzpädagogik am Orff-Institut aus.

Kallós Coloman (Österreich)
Studium am Orff-Institut der Universität Mozarteum Salzburg. Vielfältige Erfahrungen in den Bereichen Jugendarbeit, Fernsehen und Videotechnik. Leitung und Lehrtätigkeit an einer Musikschule. Seit 1987 Lehrtätigkeit am Orff-Institut und an der Schauspielabteilung der Universität Mozarteum Salzburg in den Fächern Mediendidaktik, Video- und Bühnentechnik. International aktiv in der Lehrerfortbildung mit Schwerpunkt Osteuropa. Initiator und Leiter der Kulturwerkstatt Tannberg/Oberösterreich.

Karez-Knoblich Erika (Deutschland)
Studierte Musik am Leopold Mozart Konservatorium Augsburg und am Orff-Institut der Universität Mozarteum Salzburg. Sie unterrichtete an den Fachakademien für Musik und für Sozialpädagogik in Augsburg und an der Lehrerfortbidungsanstalt in Dillingen, gründete und leitet die Schule für Musik und Bewegung Aystetten/Bayern.

Kivelä-Taskinen Elina (Finnland)
Elina Kivelä-Taskinen ist Choreographin und Komponistin und vor allem Pädagogin, sie lehrt ihre beiden beruflichen Fachgebiete – Tanz und Musik – im In- und Ausland. Sie zählt zu den Body Per-

in Finland. This group, Syrjähyppy, combines body percussion with drama and dance. Elina Kivelä-Taskinen has also published teaching materials on Music and Body Percussion.

Markus Kuchenbuch, M.A. (Germany)
Studied at the the Orff Institute , Mozarteum University, Salzburg specializing in dance and at the University of Western Sydney Nepean, Austrialia. Teaches dance and flute internationally and works also as a musician and organizer of concerts. He is a teacher and mentor of the project ReSonanz&AkzepTanz.

López-Ibor Sofia (Spain – USA)
Concert diploma in recorder, diploma in Music Pedagogy from the Royal College of Music, Madrid. Master course in recorder at Trinity College of Music in London. Further educational studies at the Orff Institute, Mozarteum University, Salzburg. Presently teaching at the San Francisco School, California, USA. Faculty member at international summer courses, at Orff-Schulwerk »level courses« at Mills College, California and guest teacher on the Postgraduate University Course at the Orff Institute. Publications on Music and Dance Education.

März Martina, Dr. phil. (Germany)
Studied Pedagogy for Children with Learning Disabilities in Munich, and Music and Movement Education at the Orff Institute, Mozarteum University, Salzburg. Assistant to the chair of Pedagogy for Learning and Physical Disabilities at the University in Munich (teaching classes in Didactics of Music; Diagnostic Furthering) 2001–06. Doctoral project: The effect of music education in early childhood on the development of basic skills relevant for school – a preventative approach to avoid impending learning problems.

Markovic Christin, lic. phil. (Switzerland)
Studied History of Art and Roman languages and literature at the Universities of Bern, Creneva and Zürich. Teacher at various grammar schools, trainee at the Art Museum, Chur and the museum Franz Gertsch, Burgdorf. Diploma in museum's Pedagogy from the pedagogical Academy, Salzburg. Scientific collaborator at the Children's Museum Creaviva, Paul Klee Centre, Bern. Publications on museum education.

Maschat Verena (Germany – Spain)
Studied at the Conservatory in Munich (viola and voice), at the Orff Institute, Mozarteum University, Salzburg (Music and Dance Education) and at the Paris Lodron University Salzburg (psychology and education). Established and directed a Music School in Malta. Assistant Professor at the Orff Institute until 1993. She currently lectures at the Escuela Superior de la Danza in Madrid, Spain, and is a free-lance teacher of music and dance. Teacher and director of international summer courses and seminars. Publications on Music and Dance Education.

Milliken Catherine (Australia – Germany)
Completed her music degree majoring in performance (piano and oboe) in Brisbane and Europe and studied Dalcroze Rhythmics at the Musikhochschule in Hannover. As a founding member of Ensemble Modern she worked with Boulez, Ligeti, Stockhausen and others. As a composer she has since 1990 received various commissions from international radio and television stations, festivals, theatres and opera houses. Over the last 14 years she has been involved in education projects in Frankfurt, London and Melbourne and has taught at various universities. She has been the Director of Education for the Berlin Philharmonic since September 2005.

cussion Pionieren Finnlands und hat als erste ein finnisches Body Percussion Ensemble auf die Bühne gebracht. Dieses Ensemble, Syrjähyppy, verbindet Body Percussion mit Schauspiel und Tanz. Elina Kivelä-Taskinen veröffentlichte zahlreiche Unterrichtsmaterialien zu den Themen Musik und Body Percussion.

Markus Kuchenbuch, Mag. art. (Deutschland)
Studien am Orff-Institut der Universität Mozarteum Salzburg mit Schwerpunkt Tanz, am European Center for New Dance Development in Arnheim, Niederlande und an der University of Western Sydney Nepean, Australien. Internationale Lehrtätigkeit mit Flöte und Tanz, zudem als Musiker und Konzert-Veranstalter tätig. Er ist Lehrer und Mentor des Projektes *ReSonanz&AkzepTanz*.

López-Ibor Sofia (Spanien – USA)
Konzertdiplom Blockflöte, Diplom für Musikpädagogik der Königlichen Musikhochschule Madrid. Meisterkurs Blockflöte am Trinity College of Music in London. Studium am Orff-Institut der Universität Mozarteum Salzburg. Zurzeit unterrichtet sie an der San Francisco School (USA) und ist Dozentin an internationalen Sommerkursen, an den Level Courses in Kalifornien und Gastdozentin am Postgraduate University Course am Orff-Institut. Veröffentlichungen zur Musik- und Tanzpädagogik.

März Martina, Dr. phil. (Deutschland)
Studium der Lernbehindertenpädagogik (Lehramt) in München sowie der Musik- und Bewegungserziehung am Orff-Institut der Universität Mozarteum Salzburg. 2001–06 Assistentin am Lehrstuhl für Lern- und Körperbehindertenpädagogik an der Ludwig Maximilian Universität München (mit Lehrverpflichtung für Musikdidaktik und Förderdiagnostik). Promotionsprojekt: Auswirkungen musikalischer Förderung in der frühen Kindheit auf die Ausbildung schulrelevanter Basiskompetenzen. Ein präventiver Ansatz zur Vermeidung von drohenden Lernschwierigkeiten.

Markovic Christin, lic. phil. (Schweiz)
Studium der Kunstgeschichte und Romanistik an den Universitäten Bern, Genf und Zürich. Lehrtätigkeit an diversen Gymnasien, Volontariate im Bündner Kunstmuseum Chur und im Museum Franz Gertsch, Burgdorf. Diplom in Museumspädagogik an der Pädagogischen Akademie, Salzburg. Wissenschaftliche Mitarbeiterin im Kindermuseum Creaviva, Zentrum Paul Klee, Bern. Veröffentlichungen zur Museumspädagogik.

Maschat Verena (Deutschland – Spanien)
Studien am Konservatorium München (Viola und Gesang), am Orff-Institut der Universität Mozarteum Salzburg (Musik- und Tanzerziehung) und an der Paris Lodron Universität Salzburg (Psychologie und Pädagogik). Aufbau und Leitung einer Musikschule in Malta, Assistenzprofessor am Orff-Institut bis 1993. Zurzeit Dozentin an der Escuela Superior de la Danza, Madrid, Spanien und freischaffende Musik- und Tanzpädagogin. Dozentin an und Leiterin von internationalen Sommerkursen und Seminaren. Veröffentlichungen zur Musik- und Tanzpädagogik.

Milliken Catherine (Australien – Deutschland)
Absolvierte Klavier und Oboe als Konzertfach in Brisbane und Europa und Rhythmik an der Musikhochschule Hannover. Als Gründungsmitglied des Ensemble Modern für zeitgenössische Musik arbeitete sie mit Boulez, Ligeti, Stockhausen und anderen. Als Komponistin ab 1990 Auftragswerke für internationale Theater, Opernhäuser, Festivals, Fernseh- und Radiostationen. Seit 14 Jahren in pädagogischen Projekten in Frankfurt, London und Melbourne tätig. Lehrtätigkeit an verschiedenen Universitäten, seit 2005 Leiterin des pädagogischen Programms der Berliner Philharmoniker.

Maldoom Royston, O.B.E. (Great Britain – Germany)
Choreographer, dance teacher, lecturer. Has worked as guest choreographer with state dance companies and orchestras in Europe, Africa, North and South America. As former director of Dance United he has worked on social, educational and multicultural community dance projects particularly in problem areas with people of all ages and abilities. Most recent projects with the Berlin Philharmonic are *Le Sacre du Printemps* 2004 (documented in the film *Rhythm is it*) and *Carmina Burana* (2006).

Nykrin Rudolf, Univ. Prof. Dr. päd. (Germany – Austria)
Studied Schools' Music in Munich. Participated in the development of the Laborschule in Bielefeld and was then involved in teacher-training. Professor for Elemental Music Education and Elemental Composition at the Orff Institute, Mozarteum University, Salzburg since 1982. Director of the Orff Institute for many years. Many publications on academic subjects and on teaching practice.

Özevín Banu, Univ. Ass. (Turkey)
Studied Sociology and Music Education. Masters degree in Musicology. At present a doctoral student and assistant in Music Education at the University of Dokuz Eylul, Izmir, Turkey.

Palacios Fernando (Spain)
Music educator and composer. Studied Music Education at the Royal Academy of Music in Madrid. Author and presenter of many radio and TV programs on Music and Music Education (Radio Nacional de España). International lecturer. Advisor for the Music Education Department of the Fundación Orquesta Filarmónica, Gran Canaria. Director of the Music Education department of the Teatro Real Madrid, Spain since 2006. Author of numerous publications.

Pauls Regina, Univ. Prof. em. Dr. phil. (Germany – Austria)
Studied psychology and education at the Humboldt University Berlin. Professor emeritus for Music Education and Psychology of Music at the Hochschule für Musik und Theater Felix Mendelssohn Bartholdy, Leipzig. Guest Professor at the Orff Institute, Mozarteum University, Salzburg since 1994. Lecturer at the Hochschule für Tanz Gret Palucca, Dresden. Her main research areas are on the highly gifted, fear of achieving and of performing, coping with stress for musicians, teaching and being taught music. Director of an advisory centre for diagnosing giftedness and for furthering the highly gifted.

Perkiö Soili, Prof. (Finland)
Soili Perkiö studied Music Education in Finland. Further training in the Special Course 1992 at the Orff Institute, Mozarteum University, Salzburg. At present Director of the Music Education Department at the Sibelius Academy in Helsinki. Teaches all over the world, teaches at international summer courses and guest teacher on the Postgraduate University Course at the Orff Institute. Present focus of her work is Music with Babies and Parents. Composer.

Rebholz Susanne (Austria)
Studied at the Orff Institute, Mozarteum University, Salzburg. Further dance training in USA. Teaches Dance and Teaching Practice at the Orff Institute. Dance performances solo, and in ensembe. Works also as a freelance movement therapist having studied at the Fritz Perls Institute.

Maldoom Royston, O.B.E. (Großbritannien – Deutschland)
Choreograph, Tanzlehrer, Vortragender. Arbeitet als Gastchoreograph mit staatlichen Tanzkompanien und Orchestern in Europa, Afrika, Nord- und Südamerika; als ehemaliger Direktor von Dance United in sozialen, pädagogischen, multikulturellen Gemeinschaftstanzprojekten, speziell in Problemgebieten mit Menschen jeden Alters und Könnens. Jüngste Projekte mit den Berliner Philharmonikern: *Le Sacre du Printemps* 2004 (verfilmt als *Rhythm is it*) und *Carmina Burana* 2006.

Nykrin Rudolf, Univ. Prof. Dr. päd. (Deutschland – Österreich)
Studium der Schulmusik in München. Mitwirkung am Aufbau der Bielefelder Laborschule, anschließend in der Lehrerausbildung tätig. Seit 1982 Professor für Elementare Musikerziehung und Elementare Komposition am Orff-Institut der Universität Mozarteum Salzburg; er leitete das Orff-Institut über mehrere Amtsperioden. Zahlreiche theoretische und unterrichtspraktische Veröffentlichungen.

Özevín Banu, Univ. Ass. (Türkei)
Studium der Soziologie und Musikerziehung. Magisterium in Musikwissenschaft. Zurzeit Doktoratsstudentin und Assistentin für Musikerziehung an der Dokuz Eylul Universität in Izmir, Türkei.

Palacios Fernando (Spanien)
Musikpädagoge und Komponist. Studium der Musikpädagogik an der Königlichen Musikhochschule Madrid. Autor und Moderator diverser Radio- und Fernsehreihen (Radio Nacional de España) über Musik und Musikerziehung. Internationale Kurstätigkeit. Langjähriger Berater der Musikpädagogischen Abteilung der Fundación Orquesta Filarmónica de Gran Canaria. Seit 2006 Leiter der Musikpädagogischen Abteilung des Teatro Real, Madrid, Spanien. Zahlreiche Publikationen.

Pauls Regina, Univ. Prof. em. Dr. phil. (Deutschland – Österreich)
Studium der Psychologie und Pädagogik an der Humboldt-Universität Berlin. Professorin (em.) für Musikpädagogik/Musikpsychologie an der Hochschule für Musik und Theater Felix Mendelssohn Bartholdy, Leipzig. Seit 1994 Gastprofessorin am Orff-Institut der Universität Mozarteum Salzburg. Lehrauftrag an der Hochschule für Tanz Gret Palucca, Dresden. Schwerpunkte ihrer Arbeit sind Hochbegabungsforschung, Leistungs- und Podiumsangst, Stressbewältigung bei Musikern, musikspezifisches Lehren und Lernen. Leiterin eines Beratungszentrums für Begabungsdiagnose und Begabungsförderung.

Perkiö Soili, Prof. (Finnland)
Soili Perkiö studierte Musikpädagogik in Finnland. Fortbildung im Rahmen des Special Course 1992 am Orff-Institut der Universität Mozarteum Salzburg. Zurzeit Leiterin der Abteilung Musikpädagogik an der Sibelius Akademie in Helsinki. Weltweite Kurstätigkeit, Dozentin an internationalen Sommerkursen und Gastdozentin am Special Course. Derzeitiger Schwerpunkt ihrer Arbeit: Musik mit Babies und Eltern. Komponistin.

Rebholz Susanne (Österreich)
Studium am Orff-Institut der Universität Mozarteum Salzburg. Tänzerische Weiterbildung in den USA. Unterrichtet am Orff-Institut im Bereich Tanz und Lehrpraxis. Eigene Tanzperformances mit Gruppen und solistisch. Nach einem Studium am Fritz Perls Institut ist sie auch Bewegungstherapeutin in eigener Praxis.

Rumpf Horst, Univ. Prof. em. Dr. phil. (Germany)
Studied German language and literature, history, theology and philosophy. Grammar school teacher, lecturer in education at Frankfurt University and Konstanz University. Professor of Pedagogy at the University of Innsbruck since 1971 and at Frankfurt University since 1976. Main areas: educational history of sensuosness, Aesthetic Education, didactics of understanding teaching.

Salmon Shirley, B.A., Mag. phil. (Great Britain – Austria)
Studied music (York University, England), trained as a kindergarten and primary school teacher (Froebel Institute, London) and completed a Master's degree in education (Leopold-Franzens University Innsbruck). Has taught Music and Dance in Social Work and Integrative Pedagogy and teaching practice at the Orff Institute, Mozarteum University, Salzburg since 1984. International freelance work, publications in journals.

Sangiorgio Andrea, Mag. phil. (Italy)
Studied piano in Italy. Graduated from the Orff Institute, Mozarteum University, Salzburg. Masters Degree in Ethnomusicology. Vice president and director of the continuing education courses at the Centro Didattico Musicale, Rome. Teaches courses in Italy and abroad on Elemental Music and Movement Education, vocal education for children, ensemble music for percussion instruments, group improvisation, applications of cognitive psychology of music.

Schumacher Karin, Univ. Prof. Dr. (Germany)
Studied music therapy in Vienna and Elemental Music and Movement Education in Salzburg. Worked for many years in a psychiatric clinic; music therapist and psychotherapist for children and adolescents with severe developmental problems, in particular autism. Teacher and researcher at the Arts University, Berlin and at the University for Music and Dramatic Arts, Vienna. Developed the EBQ-Instrument (together with the developmental psychologist Claudine Calvet) which can be used for evaluating music therapy.

Terry Keith (USA)
Percussionist, rhythm dancer, composer, teacher, producer. Has performed as a soloist and with various well-known groups at countless famous festivals in many parts of the world creating a new theatre style out of music, dance, theatre and performance art. Intercultural projects with musicians from all over the world. He has taught at the department of World Art & Culture at UCLA since 1998. Keith Terry has released numerous albums and video productions and has received many awards and prizes.

Vallejo Polo, Dr. phil. (Spain)
Music pedagogue, (studied at the Royal Academy of Music, Madrid; further training at the Orff Institute, Mozarteum University, Salzburg) and Ethnomusicologist with focus on the life and music of the Wagogo, Central Tanzania (Africa), composer. Lectures internationally in Europe, America and Asia. Published *Musical Heritage from the Wagogo (Tanzania): context and music systematic* (CNRS, Paris /UCM Madrid).

Wickel Hans Hermann, Prof. Dr. phil. (Germany)
Studied Music (Organ, Piano, Music Theory), Musicology and Pedagogy. Professor for Music in Social Work at the Fachhochschule Münster. Lecturer for arranging and piano improvisation at the University of Münster. Church musician, numerous publications.

Rumpf Horst, Univ. Prof. em. Dr. phil. (Deutschland)
Studium der Germanistik, Geschichte, Theologie und Philosophie. Gymnasiallehrer, Dozent für Pädagogik an den Universitäten Frankfurt/Main und Konstanz. Seit 1971 Professor für Erziehungswissenschaften an der Universität Innsbruck, seit 1976 an der Universität Frankfurt. Hauptarbeitsgebiete: Erziehungsgeschichte der Sinnlichkeit, Ästhetische Erziehung, Didaktik des Verstehen Lehrens.

Salmon Shirley, B A., Mag. phil. (Großbritannien – Österreich)
Ausbildung als Kindergarten- und Grundschulpädagogin (Froebel Institut, London). Studium der Musik (York Universität, England) und Pädagogik (Leopold-Franzens-Universität Innsbruck). Seit 1984 Lehrtätigkeit am Orff-Institut der Universität Mozarteum Salzburg in den Bereichen Musik und Tanz in Sozialer Arbeit und Integrativer Pädagogik sowie Lehrpraxis. Internationale Kurstätigkeit und Publikationen.

Sangiorgio Andrea, Mag. phil. (Italien)
Klavierdiplom in Italien. Studium am Orff-Institut der Universität Mozarteum Salzburg. Magisterabschluss in Musikethnologie. Vizepräsident und Leiter der Aus- und Fortbildungskurse am Centro Didattico Musicale, Rom. Lehrtätigkeit im In- und Ausland über Elementare Musik- und Bewegungserziehung, Kinderstimmbildung, Percussionsensemble, Gruppenimprovisation, Anwendungen der kognitiven Musikpsychologie.

Schumacher Karin, Univ. Prof. Dr. (Deutschland)
Studium der Musiktherapie und Elementaren Musik- und Bewegungserziehung in Wien und Salzburg. Langjährige Tätigkeit in einer psychiatrischen Klinik, Musik- und Psychotherapeutin für Kinder und Jugendliche mit tiefgreifenden Entwicklungsstörungen, speziell Autismus. Lehr- und Forschungstätigkeit an der Universität der Künste Berlin und Universität für Musik und darstellende Kunst Wien. Mit der Entwicklungspsychologin Claudine Calvet entwickelte sie das so genannte EBQ-Instrument, das zur Evaluierung musiktherapeutischer Arbeit verwendet werden kann.

Terry Keith (USA)
Schlagzeuger, Rhythmustänzer, Komponist, Lehrer, Produzent. Auftritte als Solist und mit diversen Gruppen bei internationalen Festspielen in aller Welt mit seinen spezifischen Musik-Tanz-Theater-Performances. Gemeinsame interkulturelle Projekte mit Musikern verschiedenster Kulturen. Seit 1998 Dozent an der Abteilung für Weltkunst und -kultur der Universität von Kalifornien, Los Angeles. Zahlreiche Alben und Videos seiner Produktionen. Diverse Preise und Auszeichnungen.

Vallejo Polo, Dr. phil. (Spanien)
Musikpädagoge (Studium an der Königlichen Musikhochschule, Madrid, Fortbildung am Orff-Institut der Universität Mozarteum, Salzburg) und Ethnomusikologe mit dem Forschungsschwerpunkt: Leben und Musik der Wagogo, Zentral-Tansania (Afrika), Komponist und Dozent mit internationaler Lehrtätigkeit in Europa, Amerika und Asien. Publikation: *Musical Heritage from the Wagogo (Tanzania): context and music systematic* (CNRS, Paris/UCM Madrid).

Wickel Hans Hermann, Prof. Dr. phil. (Deutschland)
Musikstudium (Orgel, Klavier, Musiktheorie), Universitätsstudium der Musik- und Erziehungswissenschaft. Professor für Musik in der Sozialen Arbeit an der Fachhochschule Münster. Lehrbeauftragter für Arrangement und Klavierimprovisation an der Universität Münster. Kirchenmusiker, Veröffentlichungen.

Widmer Manuela, Mag. phil. (Austria)
Studied at the Orff Institute, Mozarteum University, Salzburg and taught afterwards at the youth music school and Conservatory in Hamburg, and at the Musikhochschule in Hannover, Germany. Has taught at the Orff Institute since 1984. Studied education at the Paris Lodron University Salzburg. Has taught in further education nationally and internationally for many years. Publications on music and movement education in kindergarten and primary school.

Widmer Michel, Dipl. Soz. Päd. (Austria)
Studied social pedagogy with special emphasis in the areas of music and theatre. Actor and clown, numerous performances with Theater aus dem Koffer (Theatre from a suitcase) since 1995. Has taught since 1990 at the Orff Institute, Mozarteum University, Salzburg in the field of Music and Dance in Social Work and Integrative Education.

Wieblitz Christiane (Austria)
Primary and secondary school teacher, studied at the Orff Institute, Mozarteum University, Salzburg, music and dance teacher. Taught at the Orff Institute from 1970–1999. Main areas: methods of voice-training for children, teaching children's choirs, creative children's dance, teaching practice (mother and child group, early Music and Dance Education, music and dance for seniors). Teaches internationally. Author on the topic of children's choirs.

Wirsching Reinhold (Germany – Austria)
Studied at the Musikhochschule in Würzburg and at the Orff Institute, Mozarteum University, Salzburg. Has taught at the Orff Institute since 1984. He also teaches at the Bruckner University in Linz and in the Carl Orff-Volksschule, Traunwalchen. Teaches internationally, conductor of the Bavarian Teachers' Choir, co-author of publications on music education.

Wörgötter Josef (Austria)
Trained as a teacher and studied at the Orff Institute, Mozarteum University, Salzburg. Teacher of English, music and religion at the Music Secondary School in St. Johann. Performances of various musical comedies and musicals, teaches on further training courses and is member of the ensembles Vocal Art and Flaschenköpfe.

Widmer Manuela, Mag. phil. (Österreich)
Studium am Orff-Institut der Universität Mozarteum Salzburg, danach Lehrtätigkeit an Jugendmusikschule und Konservatorium Hamburg und an der Musikhochschule Hannover. Seit 1984 Lehrerin am Orff-Institut. Pädagogikstudium an der Paris Lodron Universität Salzburg. Seit vielen Jahren in der Lehrerfortbildung im In- und Ausland tätig. Veröffentlichungen zur Musik- und Bewegungserziehung im Kindergarten und in der Grundschule.

Widmer Michel, Dipl. Soz. Päd. (Österreich)
Sozialpädagoge mit Schwerpunkt Musik und Theater. Clown und Theatermacher, zahlreiche Aufführungen seit 1995 mit seinem »Theater aus dem Koffer«. Gaststudium 1987/88 am Orff-Institut der Universität Mozarteum Salzburg. Seit 1990 Lehrer am Orff-Institut mit Schwerpunkt Musik und Tanz in der Sozialen Arbeit und Integrativen Pädagogik. Internationale Kurs- und Spieltätigkeit.

Wieblitz Christiane (Österreich)
Volks- und Realschullehrerin, Studium am Orff-Institut der Universität Mozarteum, Salzburg. Musik- und Tanzpädagogin. Von 1970 bis 1999 Lehrerin am Orff-Institut. Arbeitsschwerpunkte: Methodik der Kinderstimmpflege, Kinderchorleitung, Kreativer Kindertanz, Lehrübung (Mutter-Kind-Gruppen, Musikalische Früherziehung, Musikalische Grundausbildung, Seniorengruppe). Internationale Kurstätigkeit. Veröffentlichungen zum Thema Kinderchor.

Wirsching Reinhold (Deutschland – Österreich)
Studien an der Musikhochschule Würzburg und am Orff-Institut der Universität Mozarteum Salzburg. Seit 1984 Lehrer am Orff-Institut, zudem Lehrbeauftragter an der Bruckner-Universität in Linz und an der Carl Orff-Volksschule Traunwalchen. Internationale Lehrtätigkeit, Leiter des Bayerischen Lehrerchors, Mitarbeiter an musikpädagogischen Veröffentlichungen.

Wörgötter Josef (Österreich)
Lehramtsstudium und Studium am Orff-Institut der Universität Mozarteum Salzburg. Lehrer an der Musikhauptschule St. Johann für Englisch, Musik und Religion. Aufführungen verschiedener Singspiele und Musicals. Referententätigkeit in der Lehrerfort- und -weiterbildung. Mitglied der Ensembles Vocal Art und Flaschenköpfe.

Organization of the Symposium

The Orff Institute, Mozarteum University, Salzburg in co-operation with the Orff-Schulwerk Forum Salzburg were the organizers of the International Symposium Orff-Schulwerk *In Dialogue*, Salzburg 2006.

Director, coordination and programme .... Barbara Haselbach
Co-director, finances, coordination of contributors .... Micaela Grüner
Co-director, translations .... Shirley Salmon

Over-all assistance .... Esther Bacher
Registration, accommodation, care of guests .... Henriette Keil
Media and venues .... Michel Widmer
Media and documentation .... Coloman Kallós

as well as
Homepage .... Eric Lebeau
Co-ordination Traunwalchen .... Reinhold Wirsching,
.... Christiane Makulik
Co-ordination Musikum Salzburg .... Monika Sigl
Co-ordination Orchesterhaus .... Gabi Fischer
Co-ordination Summer night's party .... Eva Bernhard,
.... Katja Ojala-Kocak,
.... Evi Paulusberger
Secretaries, Orff Institute .... Sonja Czuk,
.... Gabriele Hamerle
Housekeeping Frohnburg and Orff Institute .... Wolfgang Fischer
Room organization, transport of instruments etc. .... Students of the Orff Institute
Media, sound, film .... Hanz Eder,
.... Wolfgang Frauendienst,
.... Helfried Hassfurther,
.... Steffen Lindner,
.... Thomas Pohlhammer,
.... Jakob Sigl

Contact

Orff-Schulwerk Forum Salzburg: www.orff-schulwerk-forum-salzburg.org

Mozarteum University Salzburg: www.moz.ac.at

Department for Music and Dance Education – Orff Institute:
www.moz.ac.at/department.php?nr=14010&lang=2

Frohnburgweg 55, A-5020 Salzburg, Austria

Symposionsorganisation

Veranstalter des Internationalen Symposions Orff-Schulwerk *Im Dialog*, Salzburg 2006, war das Orff-Institut der Universität Mozarteum Salzburg in Zusammenarbeit mit dem Orff-Schulwerk Forum Salzburg.

Leitung, Koordination und Programmgestaltung .... Barbara Haselbach
Co-Leitung, Finanzen, Mitarbeiterkoordination .... Micaela Grüner
Co-Leitung, Übersetzungen .... Shirley Salmon

Gesamtassistenz .... Esther Bacher
Anmeldungen, Unterkünfte, Gästebetreuung .... Henriette Keil
Technik und Räume .... Michel Widmer
Technik und Dokumentation .... Coloman Kallós

sowie
Homepage .... Eric Lebeau
Koordination Traunwalchen .... Reinhold Wirsching,
.... Christiane Makulik
Koordination Musikum Salzburg .... Monika Sigl
Koordination Orchesterhaus .... Gabi Fischer
Koordination Sommernachtsfest .... Eva Bernhard,
.... Katja Ojala-Kocak,
.... Evi Paulusberger
Sekretariat Orff-Institut .... Sonja Czuk,
.... Gabriele Hamerle
Gebäudedienst Frohnburg und Orff-Institut .... Wolfgang Fischer
Saalbetreuung, Instrumententransport etc. .... Studierende des Orff-Instituts
Technik, Ton, Film .... Hanz Eder,
.... Wolfgang Frauendienst,
.... Helfried Hassfurther,
.... Steffen Lindner,
.... Thomas Pohlhammer,
.... Jakob Sigl

Kontakt

Orff-Schulwerk Forum Salzburg: www.orff-schulwerk-forum-salzburg.org

Universität Mozarteum Salzburg: www.moz.ac.at

Abteilung für Musik- und Tanzpädagogik – Orff-Institut:
www.moz.ac.at/department.php? nr=14010&lang=1

Frohnburgweg 55, A-5020 Salzburg, Österreich

DVD

Thanks to the Collaborators and Sponsors

We wish to thank all lecturers and performers, all teachers, students and staff members of the Mozarteum University, Salzburg for their help and commitment, because without them, this Symposium would not have been possible. Special thanks to the staff of the Orchesterhaus Salzburg.

We would like to express our gratitude to the sponsors for their committed support.

- Carl Orff-Stiftung, Dießen am Ammersee
- Fidula Verlag, Boppard am Rhein
- Gemeinde Aystetten und Handels- und Gewerbe Bank Augsburg
- Gesellschaft der Förderer des Orff-Schulwerks in Österreich (Orff-Schulwerk Association Austria)
- KeyWi Music, Salzburg
- Kulturforum Hallein
- Lebenshilfe Salzburg
- Musik+Tanz+Erziehung Orff-Schulwerk Association Germany
- Musikum, Salzburg
- Orff España (Orff-Schulwerk Association Spain)
- Orff-Schulwerk Schweiz (Orff-Schulwerk Association Switzerland)
- Pro Musica Viva (Maria Strecker-Daehlen Stiftung), Wiesbaden
- Raiffeisenverband, Salzburg
- Studio 49 Instrumentenbau, Gräfelfing
- Verein Freunde des Orff-Instituts, Salzburg

We cordially thank Hermann Regner for the Logo of the Symposion 2006.

Participants and Nations

More than 650 participants from 32 countries from all over the world attended the Symposium:

Australia, Austria, Belgium, China, Croatia, Corea, Cyprus, Czech Republic, Estonia, Finland, France, Georgia, Germany, Great Britain, Greece, Iceland, Italy, Japan, Lebanon, Netherlands, New Zealand, Poland, Russia, Sweden, Switzerland, Slovakia, Slovenia, South Africa, Spain, Taiwan, Turkey, USA

Dank an Mitarbeiter und Sponsoren

DVD

Unser Dank gilt allen Referenten und Darstellern, allen Lehrern, Studenten und Mitarbeitern der Universität Mozarteum Salzburg, insbesondere jenen des Orff-Instituts, ohne die dieses Symposion nicht möglich gewesen wäre. Ein herzlicher Dank auch an die Mitarbeiter des Orchesterhauses Salzburg.

Ein besonderer Dank gilt den Sponsoren für ihre engagierte Unterstützung.

- Carl Orff-Stiftung, Dießen am Ammersee
- Fidula Verlag, Boppard am Rhein
- Gemeinde Aystetten und Handels- und Gewerbe Bank Augsburg
- Gesellschaft der Förderer des Orff-Schulwerks in Österreich
- KeyWi Music, Salzburg
- Kulturforum Hallein
- Lebenshilfe Salzburg
- Musik+Tanz+Erziehung Orff-Schulwerk Gesellschaft Deutschland
- Musikum, Salzburg
- Orff España (Orff-Schulwerk-Gesellschaft Spanien)
- Orff-Schulwerk Schweiz (Gesellschaft für Musik- und Tanzerziehung), Fattwil
- Pro Musica Viva (Maria Strecker-Daehlen Stiftung), Wiesbaden
- Raiffeisenverband Salzburg
- Studio 49 Instrumentenbau, Gräfelfing
- Verein Freunde des Orff-Instituts, Salzburg

Für das Logo des Symposions 2006 bedanken wir uns sehr herzlich bei Hermann Regner.

Teilnehmer und Nationen

Bei diesem internationalen Symposion waren über 650 Teilnehmer und Mitwirkende aus 32 Nationen vertreten:

Australien, Belgien, China, Deutschland, Großbritannien, Estland, Finnland, Frankreich, Georgien, Griechenland, Island, Italien, Japan, Kroatien, Korea, Libanon, Niederlande, Neuseeland, Österreich, Polen, Russland, Schweden, Schweiz, Slowakei, Slowenien, Spanien, Südafrika, Taiwan, Tschechien, Türkei, USA, Zypern

Inhaltsverzeichnis der DVD / *Contents of the DVD*